シリーズ三都

江戸巻

吉田伸之――［編］

東京大学出版会

Series: The Three Great Cities of Early Modern Japan
Volume: Edo

Nobuyuki YOSHIDA, editor

University of Tokyo Press, 2019
ISBN 978-4-13-025181-5

刊行にあたって

日本近世は、人口数十万～百万人規模の巨大都市・三都（江戸・大坂・京都）を産み出した「都市の時代」であった。日本近世の都市史研究は、戦前以来の長い歴史を有しているが、一九七〇年代に都市住民生活の基礎単位である「町」とそれを構成する町屋敷（家屋敷）への着目によって、それまでの都市の全般的・階層的把握から、都市の社会構造に踏み込んだ研究へと大きな飛躍を遂げたことは周知の事実である。都市社会史への展開である。その後の近世都市社会史研究は、第一段階（一九七〇―八〇年代）、第二段階（一九九〇―二〇〇〇年代）を経て、現在、第三段階を迎えている。

第一段階は、京都と江戸を主たるフィールドに展開した。そこでは、京都における「町」や町組の研究が大きな進展を見せるとともに、江戸においては、「町」と大店をめぐる社会関係、市場社会の構造、分厚く展開する日用層の存立構造などが次々と解明されていった。それに続いて、大坂においても、引き続き「町」や（株）仲間、非人などの周縁的な社会集団について、「法と社会」の視点からの研究が進展した。第一段階の研究は、即自的に巨大都市研究としての性格を持っていたため、この段階では、都市の巨大化によってもたらされる通有性が着目された。

一九九〇年代に入ると、二つの側面から研究状況が大きく展開していく（第二段階）。一つは、地方の小城下町→人口数万人程度の中大規模の城下町→巨大城下町という城下町の発展段階の中に巨大都市・三都を位置づけることで、三都の巨大性を相対化して捉える視野が拓けたことである。二つ目は、一九九〇年代以降、三都それぞれの都市社会史研究の進展によって、巨大都市としての通有性とともにそれぞれの社会構造の固有性が浮かび上がってきたことである。これにより、それぞれの都市（特に江戸と大坂）に即して、藩邸（蔵屋敷）社会、寺院社会、大店と表店の位相、市場社会、遊廓社会、芝居地、かわた町村と非人仲間などの様々な都市内社会の複合構造（分節構造）が明らかにされていった。

こうしたなかで、三都それぞれにおける固有の社会構造を前提にしながら、地方都市（城下町）とは質を異にする三都の巨大都市としての特質も顕著であることが自覚され、改めてその意味を問うことが課題として浮上してきている（第三段階）。本シリーズは、こうした第三段階の都市社会史研究の達成を示すとともに、今後の発展の契機とするために企画した。

なお、その準備のために科研費（基盤研究（B）「三都の巨大都市化と社会構造の複合化に関する基盤的研究」二〇一六―一九年度）の助成を得て、三都研究会を組織し、そこでの共同の討論を踏まえた成果であることを申し添えておきたい。

＊　＊　＊

本シリーズでは、三都の固有性と通有性を念頭に、次の三つの課題を設定し都市社会構造の分析を進める。第一に、三都に共通する分析レベル（「権力と社会」「町方の社会」「民衆世界の諸相」）に即して、それぞれの都市の特質を表現する対象を取り上げる。第二に、三都を往来する人とモノ、すなわち三都を結ぶ要素に着目して、その共通する局面と固有性を浮かび上がらせる。第三に、都市の巨大化は、中心部での高密度化と外延部への拡大の両面から進行するが、現在の研究状況をふまえ、三都それぞれの特質を浮き彫りにすべく、とりわけ後者（外延部への拡張）に焦点を当てる。

なお、いずれの巻においても、中世からの展開を踏まえること、さらに近代都市への展開を具体的に展望することを意図した。特に都市の巨大化、外延部への拡大は、近代都市への歴史的前提をなすものであり、そうした視角から三都の近代化のあり方を見通したい。本シリーズが、今後の都市史研究の発展につながることを願っている。

二〇一九年四月

杉森哲也
塚田孝
吉田伸之

序

吉田伸之

『シリーズ三都』の中で、本巻は江戸を主題とする。はじめに、現在までの研究蓄積を念頭において江戸の成立やその構造的な特徴について概観する。続いて、収録した諸論考の位置づけ、またその意味合いを述べておきたい。

江戸の成立

近世における江戸は、関東入部後の徳川家による所領支配の拠点である城下町として、ついで一七世紀初めからは、幕府の所在地である政治・軍事の中核としての位置を占めた。また一七世紀末までに京都・大坂に匹敵する流通の中軸としての地位、すなわち全国市場を起動させる巨大城下町として確立した。

江戸の中心で広大な空間を占める江戸城は、徳川将軍家の居所であり、また徳川家直属の家臣団による強大な軍事組織が展開した。そして将軍家とともに幕藩体制の国家機構を構成する全国の諸大名は、将軍への臣従の証しとして江戸への集中（参勤）を強いられ、多数の大名屋敷――ある種の小城下町（後述）――を形成した。江戸はこうして武家勢力の総体が凝集し、江戸城を核に多数の小城下が複合する大城下町となった。

江戸は、一二世紀に有力な在地領主となった江戸氏の館（武士のイエ）を萌芽とする。一五世紀半ば、太田資長（道灌）による江戸城建設と平川河口の町場化によって、城下町としての原型が形作られた。一六世紀以降、江戸は小田原北条氏の有力な支城として、その関東支配の拠点である領国城下町となるが、一五九〇（天正一八）年、関東に入部した徳川氏により、江戸城は大きく拡張された。この時、惣構が城下町域として設定され、都市インフラ（堀・運河・道路・海面埋立）が大規模に整備され始めた。そして広大な武家地の整備とともに、町屋地区（町人地、町方）、有力寺社の境内域や多数の中小寺院からなる寺町の建設を進めた。こうしてほぼ寛永年間（一六二四―四四年）までに、江戸は規模の上で大坂に匹敵するかこれを凌駕する空前の大城下町として立ち現れた。一六五七（明暦三）年一月の大火（明暦大火）で、江戸城をはじめ江戸市中はほぼ灰燼に帰すが、その後、急速に復興し、都市域の大幅な拡大と整備が進み、一七世紀末までに、惣構から周辺部へと膨張して巨大城下町に発展し、幕末期までその規模を維持することになる。

江戸の構造

享保から寛政年間にいたる一八世紀、江戸はほぼ固定した広大な空間を枠組みとし、その内部に都市社会を熟成させた。以下、近世中後期を念頭において、その社会や空間の構成要素を見ておこう。これらは、身分社会を象徴するものとして、身分毎に社会＝空間が区分される分節的な構造を持つ点に特徴がある。以下、そうした構造の特徴を、a—eで概観しておこう。

a　江戸城　江戸城は、本丸・二ノ丸・三ノ丸・西ノ丸、吹上御庭を中心に、面積は三〇・七万坪にも及ぶ。ここは極限にまで巨大化した「武士のイエ」である。本丸には広壮な御殿がひろがり、奥と表に区分された。奥はさらに将軍の居宅と政務を営む場である中奥、将軍の家族や女中が居住する大奥、とに分化している。また表は、儀礼の場であるとともに、旗本らの諸役人が公務を勤める座敷や、諸大名が登城したときに詰める諸座敷が置かれた。また本丸南側の西ノ丸もほぼ同じ構造の一回り小さい御殿が置かれ、奥は大御所や世子の居所として、また表は儀礼や政務の空間として用いられた。一八六三（文久三）年に本丸・西ノ丸が焼失したあと、将軍は西ノ丸に作られた仮御殿を居所・政務空間とすることになる。
御城・西ノ丸の廻りを江戸城外郭が取り囲み、その内側には幕府の諸施設（御厩・御春屋・御蔵・御畳蔵）や役所（評定所・南北町奉行所・伝奏屋敷・御普請所・御作事方・小普請方）、三卿や譜代有力大名の上屋敷などが分布した。以上の外郭内部を広い意味での「江戸城」とみなすことができる。

b　武家地　江戸に幕府を開いた徳川将軍家にとって、全国の諸大名らは、主従関係の下にある家臣であり、江戸には、諸大名と家族の居宅――大名屋敷――が設けられた。大名屋敷を藩邸とも呼ぶ。これには大名と家族の居所である上屋敷のほか、中屋敷、下屋敷など複数の広大な屋敷地が将軍から与えられた。これらの大名屋敷のうち主要な譜代大名の上屋敷は惣構内部、江戸城の周囲ごく近辺に集中して配置され、「大名小路」（内桜田）と呼ばれる地区が形成された。また隅田川沿いの浜町、築地、などにも配置された。

一六五七（明暦三）年正月の大火（明暦大火）は、数万人の焼死者を出す大惨事となり、江戸城本丸をはじめ巨大城下町の大半を焼き尽くしたが、幕府はこれを奇貨とするかのように、江戸の大規模な復興に乗り出す。この中で、大名屋敷地の多くが郭外（惣構の外部）に移転させられた。

御三家をはじめ、外様の大大名などの屋敷地は、惣構周辺の郭外各所に与えられた。これら屋敷地の規模や広狭、そして位置は、大名の石高や家格に対応する。これら大名屋敷の内部には、大名やその家族の居所があり、江戸での政務の場である御殿の部分（御殿空間）と、江戸に滞在する家中や奉公人層が詰める長屋・小屋や諸役所が分布する部分（詰人空間）とに大きく二分された。これらは大名の本拠地である国元の城郭と武家地・足軽町を凝縮した構造であり、藩邸近隣の町人地と併せて、江戸武家地に嵌め込まれた小城下町ともいえる特質をもった。こうして藩邸とその周辺の都市社会からなる独自の社会を、藩邸社会と呼ぶ。

五四〇〇家に及ぶ旗本も、それぞれの家格や知行高に応じて、惣構の内外各所にまとめて屋敷地を与えられた。これらは侍町として、永田町、表猿楽町、表神保小路、表二番町、裏二番町、稲荷小路、御台所町、法眼坂など町名、小路名、坂名で呼ばれた。

また一万七四〇〇家前後に達する幕府御家人層は、御先手組、御書院番組、御持筒組、御槍組、御賄方組など、組を単位に屋敷地を与えられ（組屋敷）、これらは町奉行所与力・同心屋敷（町御組屋敷）を除くと、郭外の各所に分布した。また、下級の御家人層は、武家地にではなく町方にまとめて町屋敷地を拝領し、これを大縄拝領町屋敷と呼ぶ。以上みたような武家地は、江戸城を含め、江戸の総面積の三分二を占める。

c 寺社地　江戸には、将軍家の菩提寺や祈禱寺を始めとして、諸大名の菩提寺・祈禱寺、町人地住民の旦那寺など、多くの宗派に及ぶ寺院が集められた。なかでも将軍家の廟所である寛永寺（天台宗）と増上寺（浄土宗）、また浅草寺、護国寺（新義真言宗）、小石川伝通院（浄土宗）などの大寺院は、多数の子院からなる寺中により構成され（一山寺院）、広大な境内と、江戸市中や近隣の村々に与えられた朱印地を寺領として有した。そして寺領の住民である町人・百姓に対し寺院領主として相対した。江戸市中の寺領には門前町が展開した。こうした要素からなる独自の都市社会を、寺院社会と呼ぶ。

大寺院以外にも、江戸には中小の寺院が多数存在した。それらの大半は、宗派の別を超えて地区ごとにまとめて配置され、寺町を形成した。寺町を構成する中小寺院の中には、ごく小規模の門前町を持つものも多い。

神社についてみると、有力なものは寺院に較べて少数であるが、日枝社、神田明神、芝神明社、牛込八幡社、湯島神社、根津社、などが主なものである。これらは、日枝社を除いて何れも惣構の外に分布した。有力神社には別当寺が置かれ、社家や神職、社僧を中心とする独自の社会が営まれ、門前町も形成された。こうした神社を中心とする社会を、神社社会と呼んでいる。

これら寺社地の面積は、町方全体とほぼ同じ規模で、江戸全体の六分一を占める。ここは、僧侶や神職をはじめ、宗教者の諸身分が居住するべき社会＝空間として、寺社奉行の管轄下におかれた。しかし、境内や、寺社領に形成される門前町などにみられるように、実質的には町方の社会と不可分の部分が相当程度含まれ、この内、門前町の住民については、一八世紀半ばまでに町奉行支配に編入された。

d　町方（町人地）　一七世紀前半、完成した江戸の惣構の内に面として拡がる町人地（町方）には、町（チョウ）と呼ばれる共同体が密集した。この頃、町の数はすでに三〇〇を超え、その後「古町三百町」と呼ばれた。これらは日本橋を境に、「北之方」と「南之方」の二つの「惣町」（町の連合体）に区分された。この内、日本橋や中橋・京橋には職人町が数多く分布し、またこれら中心部の堀川沿いは諸国からの物資荷揚・流通の一大センターとなり、多数の問屋・商人たちが集まった。

明暦大火後、江戸は惣構を超えて大きく膨張してゆく。一六六二（寛文二）年には、上野・下谷・芝などの代官支配地や、浅草寺領の町々が江戸市中に包摂され、また五街道沿いを中心に在方社会が急速に都市化する。そして一八世紀の初頭までに形作られた江戸の大枠は、その後幕末まで大きく変化することはなかった。

江戸の町方は、総面積で全体の六分一程度にとどまるが、人口は江戸全体のほぼ半数五〇万人に達した。町方は江戸市中各所にみられるが、惣構の内側（郭内）をみると、江戸城の東側部分一体に、ほぼ正方形のブロックを単位とする街区（方形街区）が面として広がっていることに気づく。これらは一七世紀前半に展開し、後に「古町三百町」と呼ばれる範囲にあたる。惣構の外側、郭外を見ると、方形街区域が見られるのは、浅草寺南側、浅草御門や筋違橋の北側部分、四谷御門の西側、増上寺の東側など、小規模なものが散在する程度である。これ以外は、街道や水路などに沿う線状の町々とその裏町が大半である。

一七一三（正徳三）年に、深川・本所・浅草・小石川・牛込・市谷・四谷・赤坂・麻布などで「町と名のつく」所二五九町が江戸市中に編入され、江戸町方は九三三町に達する。また、それまで寺社奉行支配の下にあった寺社門前町四四〇ヵ所と境内町屋二二七ヵ所が、一七四五(延享二)年に町奉行の管下に編入された。こうして江戸町方は総数一六七八町となり、「古町三百町」の五―六倍の規模にも達した。また明暦大火前後に、江戸の中心部にあった遊廓が浅草周縁部に移転されて出来た新吉原には、小規模な方形街区域に、遊女屋仲間が統括する五町からなる小規模な惣町があった。ここは名主番組の「番外」とされつつ、江戸町方の一部をなす特異な性格をもった。

こうした中で、都市の民衆世界が顕在化する。江戸の町人地は、幕府や諸大名の奢侈的な消費生活を賄うだけでなく、多様な雑業の機会を生み出した。水上運送の荷役(艀下、水主、小揚)、陸上の運搬(牛車、車力仕手方、飛脚人足、馬子、駕籠舁)、市場での諸労働(軽子)、都市社会の隅々に消費物資を提供する小商人(振売、棒手振)、などである。また、武家や商家に大量の奉公人や日用を供給する「労働市場」が生み出された(人宿)。特に幕府の諸機構や諸大名の屋敷には、下級の足軽を始め、雑務を担う中間・小者などが、江戸周辺諸国や江戸市中から多数供給された。かれら武家奉公人は、一年・半季で雇用される場合も多く、事実上の都市労働者となった。そして、雇用先が見つからず浪人となった場合は、町人地の民衆世界にその身を置いた。こうした多様な要素からなる都市民衆層は、各町の裏店や場末に居住し、あるいは大名ら武士の屋敷内で長屋・部屋などに集住するなど、無視できない社会層となってゆく。

e　かわた町村　浅草山谷堀の北側にかわた町村《まちむら》(新町)が置かれた。ここには関八州や伊豆などの広域を支配するえた頭・弾左衛門屋敷とその役所、郷宿(新町宿)、牢屋敷などが存在した。そして一万三四〇〇坪ほどの一画に、近世後期に二三〇軒余のえたと十数軒の猿飼が居住した。新町は、南北の門を持つ周囲から囲繞された空間で、内部には皮革や雪踏の問屋などを中心とする独自の都市社会が展開した。この他、品川に隣接する地区などにも、別個に小規模なかわた町村が存在した。

「江戸巻」の構成と収録論考の位置づけ

本巻では、シリーズ全体の主題に即して、まず〈近世へ〉で中世からの展開を辿り、ついで「権力と社会」「町方の社会」「民衆世界の諸相」の三つの分析レベルから、江戸の特質を表現する対象を取り上げる。また、〈三都を結ぶ〉では、江戸と京都・大坂とを結ぶ要素に着目し共通性と固有性を浮かび上がらせ、最後に〈周縁へ〉において、巨大化を遂げた江戸と外延部との関係を見る。

江戸の〈近世へ〉を見る上で、小田原北条氏の拠点であった江戸に先行し、すでに寺院都市と港湾都市の複合として都市的な発展を遂げた浅草と品川の性格をどのように把握するかが重要な問題となる。巻頭に掲げる第1章**柘植信行「中近世品川の都市的変容」**では品川を取り上げ、中世後期おいて、寺院と多様な性格を有す港町からなる品川の都市的な様相を多面的に検討し、「東部の一都会」としての成熟を見る。また戦国期に表出する町人衆が主導する近世化の歩みを辿り、東海道の初宿であり有力寺社やその門前からなる江戸近郊町場への変容を見通す。

第I部「権力と社会」では、最大の城下町であった江戸の武家地や寺社地に注目し、都市社会における大名・旗本、さらには一山寺院の存立構造とこれを支える基盤、あるいは周辺社会との関係について見てゆく。

まず、第2章**小松愛子「加賀藩邸と周辺社会」**では、最大の大名であった加賀藩の江戸屋敷を素材に、藩邸に出入りする江戸町人の実態を解明しつつ藩邸社会の構造的な特質を掘り下げる。本章では、藩邸社会の維持・運営にとって不可欠の要素である出入り町人による藩邸への資金調達、諸物資供給のシステムを検討し、これらを統括する江戸会所の性格を見て行く。そして、御用達を統括する内用方町人と呼ばれる一群に注目し、その役割を明らかにする。

続く第3章**角和裕子「彦根藩世田谷領と江戸藩邸」**は、彦根藩が江戸近郊に領有した世田谷領の村々(二〇ヵ村・二三〇〇石余)と、江戸藩邸との関係を取り上げる。世田谷領村々は江戸藩邸むけの多様な労働力負担を強いられたが、その主要なものである御用人馬負担に注目する。藩邸における人馬需要の補完や、世田谷領村々における御用人馬の負担システムや変容（賦課から雇用へ）を見ることで、藩邸への武家奉公人供給とともに、労働力の供給源として位置づけられた江戸近郊所領の特質を明らかにする。

特論1滝口正哉「幕臣屋敷と都市社会」では、旗本・御家人ら幕臣の屋敷と、都市社会との関係を検討する。旗本の家臣や奉公人層に見られる流動性、御家人層の経済的な存立基盤（内職や町屋敷経営）、また旗本・御家人の屋敷稲荷とその公開、町方との文化的交流などに触れる。

江戸には数多くの寺院・神社が集中するが、その中で一部の有力な一山寺院は、武家と並び領主権力の一部を構成する。第4章下田桃子「増上寺の寺院社会と武家・民衆」は、将軍家菩提寺である一山寺院・増上寺とその周辺社会を対象に、寺院社会の特質や武家・町人との関係をみる。まず僧侶集団や門前・寺領などの有り様を見ながら固有の特質を検討する。また子院三〇ヵ院と大名家との関係、さらには名目金貸付や赦免願の分析を通じて、増上寺と大名・旗本や町人ら江戸社会との関わりを見る。

第Ⅱ部「町方の社会」は、巨大化を遂げた江戸の町人地に焦点を定め、都市自治の骨格や、その下での都市社会におけるヘゲモニーの具体相、あるいは周辺社会との関係構造を探る。

はじめに第5章髙山慶子「名主制度の成立」において、江戸市中の名主を取り上げ、その来歴に見られる特質、さらには市中各地域における差異を踏まえた制度的な展開を検討する。そこでは、日本橋に限らず、草分名主やその他の名主が権威的・特権的な性格を持ち、一般の家持層とは異なる位相にあることに注目する。その後、名主は専業化・世襲化を遂げ、権威的な存在として、町奉行所行政との相剋を孕みつつ展開したことを見る。

第6章岩淵令治「大店」は、町方における社会的権力としての大店の個別事例分析を試みる。ここでは江戸居住の大店の典型として、町方中心部日本橋北の美濃屋加藤家を取り上げる。まず古着屋と質屋からなる経営の様相を明らかにし、ついでこうした経営を支える家や奉公人の重層的な構造、さらには本家―分家関係からなる商家同族団としての有り様を検討する。また上総の有力豪農商と、金融や奉公人供給をめぐってネットワークを形成した点にも注目する。

特論2永原健彦「硫黄の山方地主」は、硫黄の流通を素材に、西国で生産された下り硫黄の流通販売を独占してきた江戸硫黄問屋が、近世後期、新たに上州硫黄が台頭する中で、山方荷主や江戸市中の附木屋（硫黄の売子）の動向にどう対応したかの検討を通じて流通支配の実態を見る。

こうした江戸町方社会の骨格となった行政枠組みや、大店や問屋などのヘゲモニーは、近代にどのように展開したのか。幕末維新期から明治前期にかけての東京の「富裕住民」を対象に、こうした点を見通そうと試みるのが、第7章池田真歩「近代初頭の代議と地域」である。ここでは、「江戸の余風を受け」て一八七八年に成立した一五区という新たな政治行政の枠組みの下にある日本橋区を取り上げ、富裕区民に見られる結合の諸相とその特質を検討する。

第Ⅲ部「民衆世界の諸相」では、江戸の民衆世界の実態を、乞食＝勧進層や「日用」層の事例で見て行く。まず、第8章竹ノ内雅人「修験と都市社会」は、江戸の勧進宗教者の代表的な存在である修験とその集団を取り上げる。ここでは、近世後期における本山派、当山派、羽黒修験という三つの修験集団を確認しながら、それぞれの組織編成の特徴や本山との関係などをみる。そして、江戸市中に広く展開する道場を拠点とする修験の宗教活動など、その生業の実態を明らかにする。ついで、その居住や祭祀の空間、檀家の構成、相続や弟子との関係などを検討してゆく。

一方、江戸の非人を素材に、近世の賤民組織が明治初期にどのような変容を強いられるかを検討するのが、第9章ジョン・ポーター「非人集団の近代」である。ここでは、近世期における非人集団の存在形態を前提としながら、特に役負担がいかに再編成されるかに注目する。非人の役負担とは、主として御仕置御用、無宿野非人の狩込、牢番や溜の御用などであるが、これらが、明治初期東京の武家地処理に伴う新たな状況を背景にどのように継承・変容されたかを見、非人における「生存」にとっての役負担の意味を探る。

また特論3吉田伸之「駕籠舁」では、「日用」層の事例として、江戸と近郊の品川界隈における駕籠舁の具体像を探る。そして、江戸の辻駕籠と品川の片棒駕籠舁の同質性を指摘し、貸駕籠を営む駕籠屋との二重の構造を見る。

本巻〈三都を結ぶ〉では、浮世絵版画と役者に注目する。まず第10章浅野秀剛「三都の浮世絵版画」で、三都における浮世絵版画に見られる共通性と、それぞれの固有性、差異について詳論する。その中で、大量に現存する「江戸絵」を検討の軸とし、これとの対比で、上方の合羽摺や絵入折手本、中判錦絵などの特質を明らかにし、また江戸における錦絵のみに見られる特質を浮かび上がらせ、浮世絵を素材とする「三都論」に迫ろうとする。

一方、特論4西田亜未「人気役者の抱え方」は、役者に焦点を当てる。天保改革前後の二人の「人気役者」――四代中村歌右衛門、二代尾上多見蔵――の給金問題を検討する中で、江戸と上方を行き交う役者の活動や、歌舞伎興行の背景にある実態を垣間見ようと試みる。

巻末の〈周縁へ〉には、江戸近郊の社会=空間構造を検討すべく、第11章吉田伸之「巨大城下町近郊地帯の海面秩序」を収録する。巨大城下町江戸の外延部は、それぞれ多様で複雑な様相を呈する。ここでは、江戸南部にあたる品川から大森・羽田など武蔵国荏原郡域の、特に臨海部の社会を取り上げている。そして海苔を中心とする海面利用の秩序が、江戸との関係でどのように形成・展開するのかを見通す。

目次

〈第1章〉

中近世品川の都市的変容

栢植信行

はじめに

首都江戸の創成を考えたときに、東西に立地した品川と浅草・石浜地域が果たした役割は大きい。多摩川、隅田川の河口部に立地し、さかのぼれば武蔵国の国府津に比定される地域である。中世において交通・流通の要衝として発展した町であり、ともに江戸の都市的発展の大きな契機となった〔栢植 二〇一六、一〇五―一〇六頁〕。浅草周辺は江戸に先行した都市的場であり近年研究の進展が著しい〔栢植 一九九七、湯浅 二〇〇五、鈴木 二〇〇五、加増 二〇〇七、田中 二〇〇七、伊藤宏之 二〇一六、今野 二〇一七〕。本章では西に位置する品川を取り上げ、中世から近世への移行過程における都市的場の形成と変容をさぐることにする。

一　港湾都市の萌芽

1　帆別銭

近世の品川は海沿いの主要道と背後の耕地に挟まれた町場であるが、近世都市によく見られる均質性には乏しい。

主要道から派生する多様な道に寺社と寺社門前が入りくむ構成が特色とされる。宿駅を基調に寺社を始め多様な地域・集団が重層する宿村であり、その都市的構成の要因は中近世の都市的変容に由来するものと考えられる。

多摩川河口部に位置する品川の地は、武蔵国衙の在庁官人に始まり、鎌倉殿御家人として活躍する武士団紀姓大井氏と品河氏の拠点であった。一二世紀末以降、品川郷（東京都品川区）・大井郷（品川区）・六郷保大杜〔森〕永富郷（東京都大田区）など多摩川左岸の地域が開発された。なかでも鎌倉街道と立会川流域に展開した大井郷が在地領主の居館を中心とする町場の起点となった。武蔵国衙にとって多摩川水運と湾内交通を槓桿に太平洋を介して各地とむすぶ港湾部の開発はことさら重要であり、その一端を担った大井浦が品川の港湾機能の端緒となった〔柘植 二〇一六、一〇九頁〕。

大井氏・品河氏の没落後、品川は太平洋海運を担う港に発展していく。鎌倉府下、一四世紀末には品川や神奈川（神奈川県横浜市）で出入りの船から帆別銭が徴収された。港湾機能が一程の水準に達していたことは、「永和四（一三七八）年八月三日付武蔵国守護上杉憲春施行状」〔『龍隠庵文書』〕を初出とし、応永六（一三九九）年にかけての帆別銭の動向から窺うことができる。近年、「明徳三年湊船帳」〔『金沢文庫文書』〕をめぐり、湊船帳の史料的性格・伊勢大湊との関わり・品川の港湾としての規模など、多様な視点から論じられている〔稲本ほか 一九九八、綿貫 一九九八、宇佐見 一九九九、黒嶋 二〇一二〕。関東では室町幕府支配の下、東国政権とも位置づけられる鎌倉府が領主層を統制しつつ在地社会を統治した。鎌倉府は寺社造営事業の展開を通して関東に広く流通圏を形成して独自の経済政策を展開し、その経済基盤は関料・津料・帆別銭・地子等により賄われた〔小森 二〇〇八、一二頁、井原 二〇一五、二一三頁〕。港湾機能をもった品川も御料所に組み入れられて地域流通圏の一画に位置を占めた。徴収された帆別銭は鎌倉円覚寺や金沢称名寺（横浜市）に寄進され広く鎌倉寺社の財源となった。帆別銭を勧進の一形態とする視角からは、史料に現れない鎌倉諸寺社と品川の広範な関わりが想定される〔黒嶋 二〇一二、二四一―二四二頁〕。鶴岡八幡宮寺の勢力下、師岡保柴関所（横浜市）、岩淵関所（東京都北区）、彦名河関（埼玉県三郷市）などの経済関も設けられた。永徳二（一三八二）年には「御修理料所」である品川の関所が確認される（『頼印大僧正行状絵詞』）。品川へは遍照院頼印を介した鶴岡八幡宮寺の関与があった。頼印は鎌倉の寺社権門勢力の象徴とも言える護持僧である。弟子の俊誉は六浦光徳寺（龍華寺合併、横浜市）供僧で応永五（一三九八）年には品川妙行寺（廃寺）の別当となっている（『鶴岡八幡宮寺供僧次第』）。品川は関東内陸部との流通を担うとともに、鎌倉を経済的に支える港であった。

2　品河衆四七〇人

南北朝時代、武州御岳山の勧進活動による『普済寺版五部大乗経』に「品河衆四百七十人」が登場する。武蔵御嶽神社（東京都青梅市）別当金峯山世尊寺（廃寺）へ助援したもので経文の行間に多摩川沿いの地域を中心とする助援者の法名等が刻記されている。品河衆は「大方広仏華厳経」の貞治二（一三六三）年の項に記され、「金峯参詣衆」に次ぐ人数であった（白石 二〇〇三、一一頁、渋江 二〇〇五、三八—四二頁）。町の住人が競って助援したことが窺われ、町衆の成長が顕著であったことがわかる。

近年、一四世紀が都市の転換期として改めて注目されているが、品川でも終盤に大きな変動が現れる。明徳二（一三九一）年に足利氏満が下総国利生塔である大慈恩寺（千葉県成田市）へ大森郷の一部を寄進するなど、大井氏の勢力に陰りが見え始めた。一方、品河氏も応安七（一三七四）年には管領上杉能憲配下の奉行衆にその名を確認できるが、一五世紀に入りその勢力は衰退している（『空華日用工夫略集』）。応永三一（一四二四）年になると足利持氏が「品河太郎跡」を母の所領とし、在地の品河氏は没落を余儀なくされた（「応永三一年鎌倉公方足利持氏所領寄進状」『上杉家文書』）。すでに一族は大井氏が薩摩国、品河氏が紀伊・安芸国など戦功に応じて西遷していた。大井氏・品河氏の所領喪失と町衆の勃興はきわめてパラレルで在地領主の勢力の弱体化が町場の充実を促した。町衆の実態を示す史料は乏しいが、神奈川では前後して港を背景に在地の蔵衆が活躍している（「(年欠)一二月九日付長尾忠景書状」『雲頂庵文書』）。品川においても「品河衆四百七十人」に象徴されるように町衆の力が大きく都市的な発展に関わる。

品川は中世中期の都市とされるが、港町の成立条件とする河口、住人・町家の集住、寺院・堂など信仰の場の形成、有徳人の成長、市の開設といった諸要素にも照応している（五味 二〇〇一、六四―六五頁）。港の立地という点では南北品川の境界をなす目黒川（品川）河口部が候補とされてきたが、河口に収斂しない広がりをもつ。

明徳二(一三九一)年九月、法華僧日什が品川で説法した後、船で下総国弘法寺（千葉県市川市）へ向かった（『門徒古事』）。目黒川河口部は砂州に護られ、自然地形を利用・改変した港湾施設の設営には最適な立地にある（市村 二〇〇六、二二一―二二四頁）。続く南品川の浜辺や大井浦の鮫洲も港湾に適した立地である。近世史料からの敷衍であるが、海岸部は広範に干潟が生じることから、船の運航・停泊・着岸に自然状況が大きく関わり、瀬取りが港湾活動の重要な構成要素となる（柘植 二〇一八、一一一―一一三頁）。港湾機能が特定の場所に限定されることなく船の規模・気候・自然条件等を勘案し、エリアを使い分けた港湾利用がされたことが考えられる。品川は多様な顔をもった港であった。

二　港湾都市の形成

1　大大道・大堀・御堂

室町時代の品川には、太平洋海運を背景に突出した富裕層が現れた。

中世を象徴する妙国寺（現、天妙国寺　南品川）の創建には、廻船商人・鈴木道胤が壇越として関わる。道胤は宝徳二(一四五〇)年、鎌倉公方足利成氏に蔵役を免除され特権的な商人として東国を基盤に広範囲な活動を繰り広げた（「宝徳二年一一月一四日付鎌倉公方足利成氏御教書」『妙国寺文書』）。同時代に海晏寺（南品川）の壇越榎本道琳（『鷹峯卍山和尚広録』）、周辺地域を見ると神奈川の宗興寺（横浜市）の壇越奥山氏、安房妙本寺（千葉県鋸南町）の住持日永（佐藤 二〇〇三、六一―六九頁）などの活躍が見られる。志摩国阿久志島の道妙が一四世紀を代表する有徳人であるのに対し、道胤は一五世紀を代表とする有徳人とも評される（桜井 二〇〇二、一三五頁）。妙国寺は享徳二（一四五三）年に足利氏の祈願所とされ、海晏寺・清徳寺（北品川）など他の建長寺系寺院とともに権門的な寺院として屹立した。

以下、『妙国寺文書』から寺地寄進の経緯と町の形成の一端を探ることにする。永享六（一四三四）年、某氏が南品川の芝原の地を与えた寄進状を初出として、寄進は永享期に集中する。南北品川の地域分けは貞応二年（一二二三）年にさかのぼる（「貞応二年六月二〇日付関東安堵下知状」『田代文書』）が、南品川での寺院形成は一五世紀中頃に画期を迎える。「永享六年五月一三日付某寺領宛行状」（『妙国寺文書』）に寄進地の東南を大道堺、西を田堺、北を荒居道場堀堺の四至が示されている。それに次ぐ「永享一〇年七月一八日付憲泰寺領寄進状」（『妙国寺文書』）には二つの土地が併記され、一つの土地は東側が不明であるが南を四波堀堺、西を大大道堺、北を塔頭堺とし、他方は東を海堺、南を観音堂垣堺、西を大大道堺、北を大堀堺とする四至を示す。史料に記された「大大道」等をメルクマールとして道路の整備状況を見てゆく。寺地西側の「大大道」を中心に、東と南側の「大道」、さらに海辺に沿った街道が確認できる。強調された「大大道」は大井と品川を結ぶ鎌倉街道下道と考えられる（柘植 二〇一六、一〇六―一〇八頁）。鎌倉街道は海岸線に並行しつつ幾分内陸部に位置し、この道沿いが都市的な場の端緒となる。道は大井境の近世に権現台（現、JR大井町駅付近）と呼ばれる丘陵から品川方面に進む。突き当ると荒居道場や本光寺などの寺院がある。道は丘陵部を下ったところで東の海岸部に方向を変えて南品川の中心部、寺院が点在する両側町へ向かう。

なお鎌倉街道は途中権現台に至る前で海晏寺方面に向かうもう一つの道に分かれる。これが大井境の海晏寺から海辺に沿って妙国寺門前を通る東側の「大道」である。

南品川には、「大大道」＝南北に通る鎌倉街道下道、「大道」＝プレ東海道、もう一つ内陸部、目黒方面から武蔵国府方面へ向かう東西の「大道」が主要道として重層的に整備されていたのである。

次に注目されるのは堀の存在である。『妙国寺文書』には「大堀」「荒居道場堀」「四波堀」などの堀が登場する。寺院と門前町屋が一体となって町場を形成していた博多を例にあげると、禅宗寺院の聖福寺・承天寺境内の外縁には堀が巡らされていた（「聖福寺古図」聖福寺所蔵）。南品川の堀が街区や寺院区画に関わるものかは史料の上では確認できない。「大堀」の名称からは一定の規模を備えた堀の存在が想定される。「荒居道場堀」は寺院を囲む堀とも想定されるが博多ほどの規模はない。各地の発掘事例では同時代に堀溝による街区や道路側溝等が検出される場合が多いが、南品川の場合は町を区画する境界としての堀溝であった可能性が強い。なお享和期に作成された『東海道分間延絵図』には海蔵寺（荒居道場）から東に向かう道に沿って水路が描かれている。排水施設としての利用が近世に継承されていたと考えられる。これらの堀が室町時代の町場を構成する重要な要素の一つであったことは間違いない。

品川には寺社形成の前段階を物語る諸堂や社が点在していた。例えば品河氏の居館伝承が残る権現台には、吉野金峰山から勧請された蔵王権現堂（現、大井蔵王権現神社）があった。町の各所には御堂が象徴的に現れている。永享八（一四三六）年の「沙弥正三寺領寄進状」（『妙国寺文書』）には南品川洲宮（現、諏訪神社）が登場し、神田を寄進しその造営と祭礼を妙国寺の寺家に任せる旨が記されている。開山とされる天目が弘安八（一二八五）年に諏訪大明神を勧請して門前の洲に建立したとされる（「妙国寺鎮守洲ノ宮諏訪大明神勧請古伝之記」『妙国寺文書』）。前述の永享一〇年の寄進状には寺地の南、大井境の観音堂が登場する。水月観音を祀る品河氏の持仏堂に始まるとされるが、海運の安全を祈願する宿の御堂（惣堂）として隣接する海晏寺とも関連する可能性が強い（藤木 一九九七、三―五頁）。また永享一一年の寄進状に登場する熊野堂は、鈴木道胤ゆかりの御堂である。鈴木氏は熊野権現の神主や御師の出自と伝えられ熊野信仰と関わりをもつ。日親『伝燈抄』の文明二（一四七〇）年条には、鈴木氏が外護した品川の権現堂が登場する。品川には一五世紀を通じて熊野那智大社実報院に関わる熊野御師を介した信仰が普及した。このほかにも虚空蔵堂

（現、北品川養願寺）、薬師堂（北品川光厳寺　廃寺）、閻魔堂（南品川東光寺　廃寺　閻魔堂　長徳寺へ移転）など多様な宗教施設が散在している。周辺の御厨に関わる神人、熊野御師、修験者、時衆など多様な宗教者の痕跡が色濃く残る。東国の都市的先進地は、宗教者の注目を集め海運を通して多様な信仰と宗教勢力が流入・交錯する場となった〔柘植　一九九四、二三五―二三六頁〕。妙国寺などの地方大寺院の開創を契機に多様な宗教的要素が派生・拡散して御堂、寺社、寺社門前が併存する地域空間が形づくられていった。

2　寺町誕生

品川では法華寺院が大きな存在感をもつ。永享六（一四三四）年からの一〇数年で妙国寺の伽藍は次第に整備され、住持日叡の代に日什門流（のちの顕本法華宗）に組み入れられた〔「武蔵国荏原郡南品河郷鳳凰山妙国寺縁起由来之事（寛永一三年卯月上旬　日延記）」『妙国寺文書』〕。門流の本拠は品川の法華の先駆けである本光寺にあった(1)。日什は東海道沿いに寺院を建立し、上洛を果たして妙満寺（京都市）を創建した。文明八（一四七六）年、本光寺の住持日鏡は寺地を鈴木氏所有の馬場地と交換したが、その時寺地の西側に法蔵房、南側に善仲寺、北側に妙行寺があった〔「文明八年六月二〇日付本光寺日鏡寺地相博状」『妙国寺文書』〕。妙行寺は鶴岡八幡宮寺供僧の俊誉が関わった寺院である。現存しないが鎌倉街道が海側へ向かう本光寺などの寺院が集住する地域にあった。周辺に所在する妙蓮寺と本栄寺（ともに南品川）も日什門流傘下の寺院であり、妙蓮寺の日泰は房総への布教の足がかりとした。池上本門寺（大田区）の末寺も建立されるなど法華寺院を中心とする寺町の様相を呈した。

一方、鎌倉府直結の臨済禅は、港に関わる要地に拠点を置いた。鮫洲の海晏寺は、北条時頼の開基を伝え、蘭渓道隆を勧請開山とする。寺内には有力な壇越が造立した明応四（一四九五）年銘五輪塔などの供養塔が残る〔本間　二〇〇七、五〇頁〕。目黒川河口部に創建された清徳寺（北品川）は、枢翁妙環開山を伝える建長寺雲外庵の末寺である〔「福聚山清徳禅寺再興記」『清徳寺文書』)。清徳寺の末寺には二階堂貞藤の開基を伝える光厳寺(北品川　廃寺)もあり、建長寺の宗教勢力が大きく影を落とす。また浄土系寺院の願行寺(南品川)も鎌倉光明寺に連なる寺院である。鎮西派の布教が進み観誉祐崇が念仏聖の草庵を再興した。法禅寺(北品川)とともに品川の一角にしっかりと足場を築いた(柘植　一九九六、六〇—六三頁)。関東布教をめざす時衆もまた品川をめざした。遊行二祖・他阿真教は江戸周辺に道場を開設したが、品川には荒居道場に比定される海蔵寺(南品川)をはじめとする五ヵ寺が創建された。室町時代の品川は多様な宗派が教線を延ばし、競い合うかのような様相を呈していた。町衆の結集とともに、寺社が勧進等により結縁を結ぶ宗教活動を繰り広げた。公共的な機能の一端を担い町衆と交流することにより在地社会に根付き、寺社とその門前が特異な地位を占める町が形成された。権門寺社が領主的に君臨した形跡は希薄であり、自然発生的に町系と境内系の要素が複合しつつ都市的な場を作り上げた(伊藤毅　二〇〇三、一二七—一二八頁)。南品川が町場の中心になるとともに、周縁部には中世墳墓が営まれた。近世に御殿山と呼ばれる北品川の丘陵と大井境の海晏寺周辺の丘陵が儀礼域と想定される(柘植　一九九〇、二四四—二四六頁)。残存する一四世紀初〜一五世紀後半をピークとする板碑・宝篋印塔・五輪塔はことごとく御殿山周辺から出土しており、供養や逆修を目的とした葬送等の儀礼の場であることがわかる(柘植　一九九一、二二一—二二七頁)。丘陵東側から南側へ広範囲に墳墓が造営され、地域的特色をもった多様な石塔が流入された(本間　二〇〇九、八四—八五頁)。中世都市には祭祀儀礼や葬送の場が形成される事例が多い。南北品川を分かつ目黒川を境界として左岸の丘陵が霊地化されるとともに、大井浦の丘陵を背にした海晏寺周辺には観音霊場が形成されたのである。

3　「東武之一都会」

寺社の在地社会との関わりを伝える史料は少ないが、町の宗教的雰囲気は多様な史料に窺える。応永一二(一四〇五)年には仏師の工房の存在が想定される。[2] 鈴木氏や榎本氏が寄進した梵鐘はともに上総国矢那郷（千葉県木更津市）の鋳物師貞吉の手になるもので、宗教的なつながりと物資流通の経路を示している。

応仁元(一四六七)年には連歌師の十住心院心敬が鈴木氏の招きにより戦乱を避けて品川を訪れている。品川に庵を結んだ心敬は太田道真・道灌父子の主催する連歌の会に鈴木氏とともに参加するなど交流を深めた。心敬が詠んだ歌は品川の宗教的な情景を醸し出す（柘植 二〇一五、二一頁）。文明一七(一四八五)年、道灌に招かれた万里集九が江戸に来た。海沿いの街道の整備も進み品川に入った万里は、軒を連ねる寺院に驚嘆している。地方都市でありながら岐軒（鍼灸医）や挿花（立て花）の師匠が活躍する町の繁栄ぶりを紹介した（『梅花無尽蔵』）。禅僧の詩文とはいえ一五世紀後半の文化的に成熟した港町が彷彿する。天正二(一五七四)年に下るが、安房妙本寺（千葉県鋸南町）の僧日我は法華の学匠・智者は品川にありと記した（「唯我尊百日記」九月四日条　妙本寺所蔵）。品川の宗教的場とネットワークは持続していた。港湾をベースとする流通の拠点であり寺町としての顔をもつ品川は、商いや生業に従事する職能民、宗教者など多様な都市住民が集住し、人々が行き交う結節点であった。長禄元(一四五七)年の江戸城築城以降は、道灌の江戸城下を支える港でもあった。内海と接する江戸郷前島が得宗家、さらに円覚寺領となったことから江戸の港湾機能も想定されるが（「正和四年一二月二四日付円覚寺文書目録」『円覚寺文書』ほか）、主要な流通拠点は品川に依存していた。中世の江戸の町については不明な点が多い。江戸郷の領主であった秩父平氏系の江戸氏が日比谷入江最奥の平川辺りを本拠にしたとされる（山田 二〇一四、一八二―一八三頁）。築城後の江戸が平川に展開した町場を城下として発展したことは明らかである。近年の発掘調査等の進展により、平川南側の江戸城と北側の城下、鎌倉と浅草を繫ぐ鎌倉街道下道、城下の市など町場の様相が見え始めた（齋藤 二〇一〇、四四二―四四八頁、岡野 二〇一四、三三五―三三七頁）。江戸の発展は先行する品川に負うところが大きかった。文明八(一四七六)年に建長寺僧の子純（暮樵）が江戸城静勝軒からの眺めを詠んだ詩文のなかで、品川を「東武之一都会」と称賛している（「江戸城静勝軒詩序並江亭記等写」『荏柄天神社文書』)。

三　街道と宿

1　妙国寺酒屋

大永四(一五二四)年、北条氏綱の江戸城攻略以来、江戸を支配下に置いた北条氏は領国の体制固めに邁進した。品川は当初、北条氏の直轄地であったが「葛西様」古河公方足利義氏の所領とされた(『小田原衆所領役帳』「御家門方」項)。小田原と各地をむすぶ東海道の整備が進められ、品川は宿として広域的な流通拠点の地位を維持した。品川では天文一九(一五五〇)年の段階で南北品川百姓中に物資運搬が命じられている(「天文一九年四月一日付北条氏康朱印状写」『下大崎村清左衛門所蔵文書』)。すでに町衆の主導により運送業務などの流通活動が繰り広げられ、北条氏は宿の実態と町衆の要望を取り入れた支配を展開した。品川は米の集積地とされ、軍事的兵糧を調達する港としても機能していた(「年未詳六月一五日付北条氏朱印状」『潮田文書』)。

品川は室町時代の町場を引き継ぎ、街道、寺社地、門前町屋、耕地からなる内陸部と海岸部の港湾施設、漁民集落が重層した地域構成をとっていた。町衆の活躍が顕著な内陸部では、近世品川宿の前身となる南北の宿が展開し、貫高に応じた懸銭や伝馬役・陣夫役等の公事が課せられていた(「(天正一四年)一二月一八日付北条氏照朱印状写」『立石知満所蔵文書』)。寺社にあっても、天文一七(一五四八)年、妙国寺は境内にあった濁酒の酒屋三軒の酒役免除を北条氏に要請している。(「八月六日付遠山綱景判物」、「八月六日付同書状」、「四月一三日付同書状」(『妙国寺文書』)。その前年には江戸城代遠山綱景に寺への不入権を獲得する交渉を進めるなど、主要寺院は新たな領主に在地での保護を求めた(「天文一六年六月一一日付関善左衛門書状」『妙国寺文書』)。寺社とその門前は商業活動を展開する町場でもあった。寺社、町衆がともに町場の経済的基盤を守ることに力を注いだ。領主層も領国の経済開発を進めた。北条氏の配下に転じた吉良頼康は世田谷（東京都世田谷区）を本拠としたが、品川に着目するとともに目黒（東京都目黒区）・上小田中（神奈川県川崎市）などの寺院とも関係を結んだ〔谷口 二〇〇九、九九―一〇一頁〕。願行寺の長老在誉は領主層への働きかけを強めて頼康と密接な関係をもった〔「天文一八年九月日付吉良頼康判物」、「二月一九日付同書状」『泉沢寺文書』〕。北条氏は経済政策として新宿や六斎市の開設にも力を入れている。近隣では世田谷新宿、上小田中市場、久良岐郡弘明寺門前市（横浜市）などで市立てを奨励し諸役免除によって町場の繁栄を図った。近世の東海道からやや奥まった南品川の一角に二日五日市村がある。鎌倉街道が海沿いの街道に差し掛かる地点である。宿に隣接しながらも独立した村である。六斎市の市立てによる市場の様相をうかがわせる。隣接して御岳稲荷社（現、御嶽稲荷神社）が祀られ、南北朝期の町衆に例があるように、蔵王権現を祀る御岳山から勧請された社の可能性がある。市立てには作法があり町場の結界に市神が祀られ商業活動を円滑にする役割を果したとされる〔桜井 一九九二、二四八―二五二頁〕。市は物資の集積・流通する交流の場として街道が交錯する場に開かれた。近世に入り村としての形態を整え、零落した市神に変わる祭神を迎えた。

2　新たな町衆

永正一五（一五一八）年、伊勢御師の久保倉藤三が関東各地をめぐって獲得した道者を書き上げている。道者四〇〇人程のうち品川住人が一三二人を占めていた〔「永正一五年道者日記」神宮文庫所蔵〕。「道者日記」では鈴木氏に代わり宇田川氏、鳥海氏の名が目立ち、住人構成の変化が読みとれる〔佐藤 二〇〇〇、二〇二―二〇三頁〕。後北条氏領国下での有力町人の性格については見解が分かれるが、室町時代の特権商人に替わり新たな町衆が登場したことは間違いない〔佐藤 二〇〇〇、久保 二〇〇一、遠藤 二〇〇七、池上 二〇一二〕。天正一一（一五八三）年の「北条氏照朱印状」には町人中として中嶋三右衛門尉・宇田川石見守・鳥海和泉守・宇田川出雲守らが名を連ねる〔「天正一一年四月一一日付北条氏照朱印状写」『立石知満氏所蔵文書』、「(年欠)三月四日付吉原安能書状」『妙国寺文書』〕。江戸城代遠山綱景の下で宇田川氏と鳥海氏は南北品川の代表者としての地位を得ていた。宇田川氏の祖は和泉守長清で、長禄年中(一四五七―六〇)日比谷郷から品川へ移り住んだと伝える〔「宇田川・小泉家系図」『品川神社文書』〕。宇田川氏と道灌との関わりは不明であるが、道灌が品川を足掛かりとしたことからも肯首できる〔柘植 二〇一五、二四―二五頁〕。宇田川氏と勝種が北品川稲荷社(現、品川神社)の神主となり、その子勝定が家康からの朱印状を受けた。弟の定正が宿役人となり一族はそれぞれ神主家、北品川の名主家を受け継ぐ。戦国期に力を得た町衆がそのまま近世の宿の運営にあたっている。他方和泉守として登場する鳥海氏は、海徳寺(南品川)の開創に関わって登場する。海徳寺は大永二(一五二二)年、一族とされる京都本圀寺の僧松陽院日増によって創建されている〔「乗機斎見聞録」『里見叢書』〕。鳥海氏はのちに利田氏を名乗り、南品川の名主家を世襲している。戦国期に卓越した町衆である宇田川氏と鳥海氏はともに近世に形を変えながらも在地での地位を継続した。新たな町衆の台頭とともに身分と役による地域の再編が進められた〔池上 一九九九、一六九―一七一頁〕。町場は宿・寺社・門前町屋が重層し、背後には「百姓地」である耕地が控えた。町場では町人と百姓間の人返しをめぐる争いがしばしば起こり、伝馬役等の確保のために町人が百姓地に逃散・欠落することがないよう相互の分離が命じられた〔「天正二年九月三日付北条氏照判物写」『下大崎村清左衛門所蔵文書』、「天正一一年四月一一日付同朱印状写」『立石知満氏所蔵文書』、「(天正一四年)一二月一八日付「同朱印状写」『下大崎村清左衛門所蔵文書』〕。欠落は在地内での移動であって多くは速やかに還住した。町場の「品川南北町人衆」とともに「百姓衆」、「散田之衆」にも夫銭などの諸税・諸役が賦課され、耕作は南北町人衆と百姓衆に従属する散田作人による階層的な支配構造の下で行われた〔「(年欠)一二月一五日付瑞雲院周興判物写」『立石知満氏所蔵文書』〕。耕地の開発経緯は不明であるが、天正二〇(一五九二)年、家康が検地を実施して妙国寺と清徳寺に与えた寺領から宿周辺に広がる耕作地が確認される。(3) 近世では耕地・松杉雑木林・芝原に南北品川宿と二日五日市村の複雑な入会地が形成されていた[4]。弘治二(一五五六)年に北条氏が近在の中延(品川区)の山野開発を命じるなど耕地拡大に力を入れた(「弘治二年正月一八日付清水永英判物」『新編武蔵風土記稿』)。多様な耕地の分布は町場が宿と惣村の二面性をもって成り立つことを示す。入会地が交錯する様相は、町人中が支配の末端を担いつつ自治と連携による在地経営がなされたことをうかがわせる。戦国期は近世的再編への始まりであった。

四　都市江戸の発展と品川

1　品川御殿と東海寺

天正一八(一五九〇)年、入府した徳川家康は江戸城の再整備に取り掛かり、大規模な首都江戸の建設を進めた。宿駅と市町に発展した品川は、港湾・流通拠点として江戸の発展の重要な足掛かりとなった。幕府直轄領として代官伊奈忠次の支配下に置かれ東海道の整備と宿駅、伝馬制の設置など幕府の新政策に組み込まれた。慶長六(一六〇一)年正月、人馬提供三六疋の負担が定められ、引き換えに地子の免除を受けた。寛永一五(一六三八)年前後には馬一〇〇疋・人足一〇〇人に改訂されている。江戸初期の宿の利用は江戸下向の公卿の日記などからわずかに窺うことができるが、江戸の出入口に位置する宿駅として入府の身支度を整える場としても利用された(船橋秀賢『慶長日件録』、日野資勝「日光山薬師堂開眼供養参向記」〔大嶌 一九九五、九九―一〇一頁〕、近衛基熙「基熙公記」〔名和 一九九五、四〇五頁〕)。

他方、海上交通ルートの整備も進められ、品川沖が御城米船など諸国から江戸に航行する廻船の停泊地として重要な位置を占めるとともに、品川の港湾活動にも変化をきたすことになる(柘植 二〇一八、二二頁)。

また幕府の支配体制が整備される中で寺社の再編が進められた。家康入府に際して寺社に朱印状が給付された。徳川家由緒の寺社を中心に妙国寺一〇石、清徳寺一〇石、長徳寺五石、品川大明神(北品川稲荷社・南品川貴布祢社)が両社で五石の朱印地を下付された。日蓮宗寺院では元和五(一六一九)年に妙国寺と本光寺の二ヵ寺が浅草の慶印寺とともに妙満寺派の触頭に任ぜられた(宇高 一九九九、六八〇頁)。幕府は新寺建立を禁じ、古跡・新地寺院を区分するなどの政策に着手し、寺領調査による寛永末寺帳がまとめられた⑤。

江戸城下では寺社が周辺部の神田台・下谷方面へ移転され、武家地・町人地・寺社地に区分した城下町の整備が進められた。品川では寺社構成に大きな変化はなく近世寺院への転換がなされた。北品川稲荷社と南品川貴布祢社はそれぞれ南北品川の鎮守となった。そのような状況下、北品川には徳川家光の品川御殿と東海寺が新たに建立され、町が大きく変貌することになる。寛永一三(一六三六)年、北品川の丘陵に将軍の御殿が設けられた。天正から慶長にかけて主要街道には家康や秀忠の御殿や御茶屋が建立されている。江戸の入り口への建設に流通拠点の掌握や江戸防衛の軍事的意図があったことは当然であるが、家光の景観の地品川への思いがこめられた御殿でもあった。建設には小堀政一(遠州)が関わったが、家光の休息所としての性格を濃厚にした。御殿は元禄一五(一七〇二)年二月に焼失し再建されることなく廃絶した⑥。

家光は品川に頻繁に御成し、寛永一五(一六三八)年には御殿の南麓に新寺を創建した。新寺建立禁止令の下、厚い信頼を置いた沢庵宗彭のために建立する私寺的な性格の寺院であった。その建立には沢庵の宗教行政への関与を期待する意図がこめられていた(「四月一一日付小出吉英宛沢庵書状」『沢庵和尚書簡集』)。翌年四月には沢庵が入寺し、五月になって家光が寺名を万松山東海寺とした。また北品川稲荷社には寺を護る鎮守の役割が与えられた。東海寺は寺域約四万七〇〇〇余坪(約一五万七〇〇〇㎡)、朱印地五〇〇石の規模をもつ大規模な禅宗寺院となり、御殿の廃絶後はその役割も引き継ぐことになる⑦。

創建当初は品川(目黒川)を隔てて中世の町場を臨むように南向きに建設されている。沢庵が普請の様相を伝えた書状に「品川に橋を渡し、橋向うに門前を立てた」とあり、建設予定の堂宇の構成が記されている。[8] 発足から数年の間は、家光側近による塔頭も臨川院（堀田正盛開基）、長松院（酒井忠勝開基）の二院に止まり草深い寺地が広がっていたとされる〔「寛永二〇年正月九日付細川光尚宛沢庵書状」『沢庵和尚書簡集』〕。

東海寺の建立に際して寺院が移転されるなど地域的再編がもたらされた。北品川には他阿真教の開創を伝える善福寺（北品川）があり、丘陵周辺には時衆の足跡が残されている。但馬国竹野興長寺（兵庫県竹野町）の僧が草庵を開いていたが別所に移転している〔「（寛永一七年）近衛家臣某宛沢庵書状」『沢庵和尚書簡集』〕。本坊辺りにあった時宗寺院が末寺の定光寺（南品川）の所在地に移り寺を退転し寺号を長徳寺と改めた〔「天和三年七月二五日付「寺社奉行本多淡路守忠周覚書写」『長徳寺文書』〕。武蔵吉良氏の祈願所である大円寺（世田谷区）も移転したと伝えられる。建立以前に所在した宗教施設の詳細は不明であるが、周辺での宗教者の痕跡は御殿山の霊地性を想定させる。

品川北側の境界には、高輪台の突端に位置する八ッ山（大日山）がある。大日如来を祀り海上からの山当ての立地にある。その先は大永四（一五二四）年、北条氏江戸城攻略の合戦の舞台となった「高縄原」に続く〔『北条記（小田原記）』「江戸合戦之事」〕。高輪（東京都港区）は塩屋の煙がたなびく芝浦（『東路の津登』）、さかのぼれば竹柴の浦（『更級日記』）の一角で製塩と漁場が展開する浜辺であった。寛永期には高輪に木喰但唱の創建した「芝の大仏」（如来寺）や東禅寺などの堂宇が建立される。江戸庶民で賑わう七月の月待行事廿六夜待の舞台も高輪が中心である。高輪は品川の周縁に位置したが、江戸が発展してからは品川とともに江戸の周縁となった。

2　承応・明暦期の変容

近世に入ると幕府の宗教政策とも照応して、関東の真言・天台寺院の勢力分布も大きく変化する。従来の聖護院門跡による修験教団は、醍醐三宝院門跡の復興とも相まって当山派が飛躍的に勢力を広げた〔関口　二〇一一、二八二―二八三頁〕。また天台宗では寛永二（一六二五）年に天海によって東叡山寛永寺が創建され、江戸周辺の有力寺院の掌握が進められた。品川の寺院分布にも変化が現れた。特に承応・明暦期に入ると、寺院の移転によって地域が再編されることになる。真言宗当山派が勢力を強めるなかで、承応元（一六五二）年に僧弘尊によって観音堂が再建される。明暦三（一六五七）年には梵鐘が鋳造され、翌年海照山品川寺普門院の号を受けて醍醐寺の傘下に入った[9]〔「明暦四年六月一日付山号寺院号醍醐寺座主覚定書付」（『醍醐寺文書』）〕。天台宗の動向も顕著となり、目黒不動として知られる瀧泉寺（目黒区）が寛永七（一六三〇）年に寛永寺の傘下に置かれた。また大井の拠点寺院として所在し、鶴見川流域（横浜市鶴見区）や大師河原（川崎市川崎区）等に末寺を展開した常行寺も承応二（一六五三）年になると町場の中心地である南品川へ移転することになる。慶安四（一六五一）年には、西の処刑場である鈴ヶ森刑場が大井村外れに開設された。町の再編は明暦の大火以前にすでに始まっていた。

猟師町の形成も大きな変容の一つである。戦国期にはすでに生業としての漁業の始まりが想定される。近世に入って南品川猟師町（品川浦）と大井御林猟師町（大井御林浦）の二つの漁村が形成された。南品川猟師町は明暦元（一六五五）年、周辺の漁民が目黒川の砂州である洲崎へ移転されたことに始まる（柘植 一九九〇、二三六頁）。漁村集落としての猟師町（「南品川町之枝郷」）の名称は『元禄一五年武蔵国郷帳』に確認される。家康入府後に芝金杉、本芝とともに魚を定例の毎月四回と御殿に御成りの際に臨時的に献上していた〔「享保二年四月二二日付御菜肴献上に付芝浦書上」『平林文書』〕。慶安二（一六四九）年前後の『武蔵田園簿』には品川町六〇〇文、生麦（横浜市鶴見区）六〇〇文、神奈川町（同市神奈川区）一貫九〇〇文の舟役が課され、近世初頭の周辺の漁業実態が確認できる。隅田川左岸には深川猟師町（東京都江東区）が形成され、内湾漁業の展開に向けた再編が進められた。万治元（一六五八）年には芝金杉で武家地に収公された一部の漁民が移転して大井御林猟師町が誕生し、ともに魚を上納する「御菜肴四ヶ浦」に位置付けられた。享保期以降には幕府直結の「御菜肴八ヶ浦」の一翼を担うことになる〔「芝浦漁業起立」『東京市史稿　産業篇』、「享保九

①本坊
②勅使門・唐棟門
③西廊(御成廊下)
④御成書院
⑤開山塔
⑥経堂
⑦泉水
⑧茶屋
⑨品川〔目黒川〕
⑩〔要要橋〕
⑪東海寺門前町屋
⑫清徳寺
⑬天王山〔北品川稲荷社〕
⑭品川海道〔東海道〕
⑮〔御殿山〕
⑯天龍寺

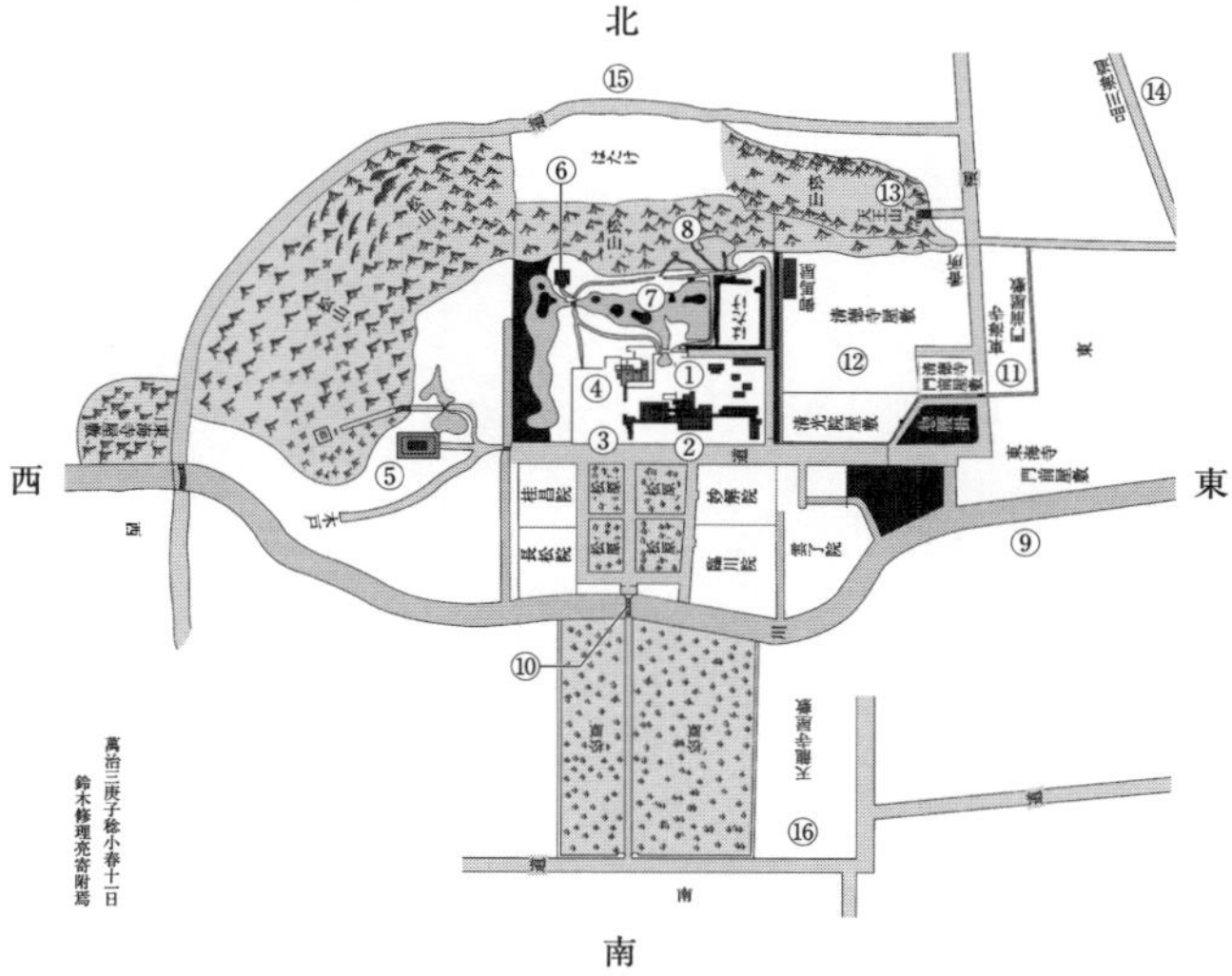

図1　「万治3年10月東海寺想絵図」

出典）東海寺所蔵・品川歴史館特別展図録『品川を愛した将軍徳川家光――品川御殿と東海寺』(2009年)より転載.

年六月付御菜肴八ヶ浦願書」『平林文書』)。役による地域再編の一環として江戸を支える水辺の生産拠点が創出された。

3　方角を変えた東海寺

徳川家光が創建した東海寺は元禄七(一六九四)年の火災により焼失したが、五代将軍徳川綱吉と桂昌院の外護によって再建された。その後、東海寺は塔頭一七ヵ寺を擁する大寺院となった。東海寺には数種の境内絵図が所蔵されているが、万治三(一六六〇)年一〇月「東海寺想絵図」(「幕府大工頭鈴木修理亮長常寄進図」以下「万治三年図」図1)と再建後の元禄七(一六九四)年一二月「東海寺惣絵図」(「幕府大工頭柏木伊兵衛寄進図」以下「元禄七年図」図2)から境内の変遷を見ることにする。まずは「万治三年図」から当初の境内を確認する。南に開かれた門前に松林が描かれ、南北に延びる参道が目黒川を越えて伽藍の中心部に続く。本坊前に猿頭塀が設けられ勅使門に至る。西側に客寮があり、西廊(御成廊下)を北側に進むと彩色を変えて描かれた家光の御成書院がある。勅使

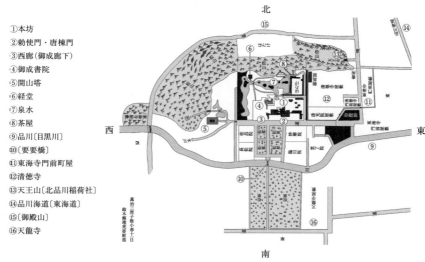

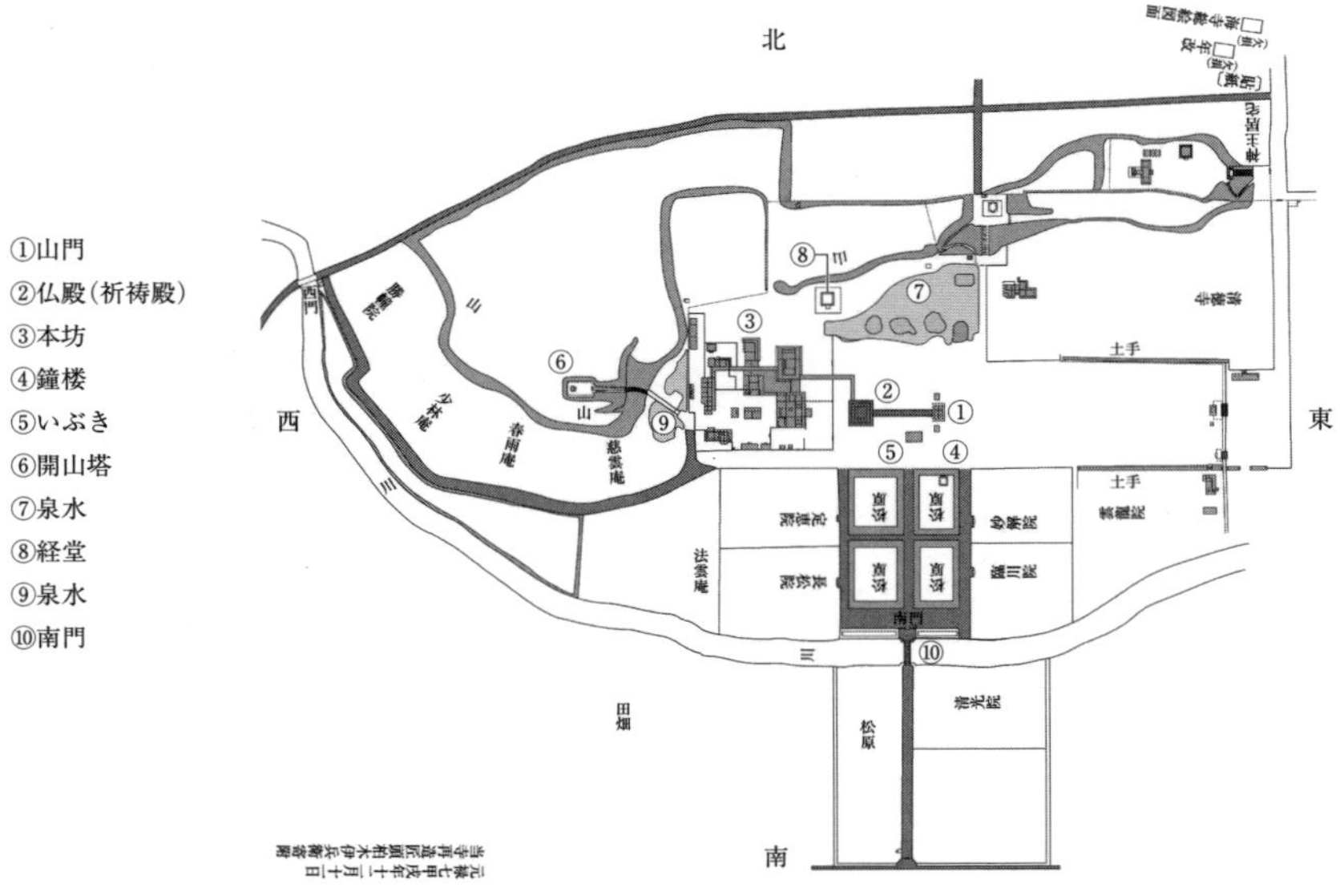

図２「元禄７年12月東海寺惣絵図」

出典) 図１と同じ.

門の東側には唐棟門があり、方丈など本坊の建物が展開する。御成書院から御殿山方面を望んで小堀遠州が作事したとされる庭園(泉水)がある。庭園の池は北側から西側にかけて大きく広がり東側に茶屋が設けられている。池が西に婉曲する山側に経堂がある。池の普請は寛永一九(一六四二)年に実施され、伽藍の整備が数年をかけて進められたことがわかる(「(寛永一九年)一〇月一一日付大徳寺塔頭三玄院住持天祐紹果宛沢庵書状」『東海寺文書』)。塔頭はこの時点で臨川院、長松院、桂昌院、妙解院、雲了院の五院である。「万治三年図」から見ると、南向き東西軸の伽藍が構成され、仏殿など一部の堂宇を除いて当初の計画通りに竣工されている。正保二(一六四五)年一二月に沢庵が死去し、翌年西側の松山に造営された墓所が描かれている。

その後、五十数年余を隔てて堂宇の配置が大きく変更されることになる。元禄七(一六九四)年三月二七日に町家からの出火により方丈が全焼し類焼は鎮守の北品川稲荷社にも及んだ。すぐさま住持天倫宗忽と神主小泉出雲が幕府に再建を願い出ている。五月に入ると未着手の山門・仏殿・位牌所の造営も願い出され、再建は足早に進展することになる（「明和四年七月東海寺御建立幷御再建来由外ニ山門之儀御尋御返答覚」『東海寺文書』）。同年七月には柱立てが行われ、一二月には新たな堂塔が竣工した(10)。再建後ただちに作成されたのが「元禄七年図」である。「万治三年図」と比較すると西側に広がる池が埋められ、そこに書院・客殿・方丈などの新設された仏殿（祈祷殿）には再建の大棟札が掲げられた（「元禄七年棟札」東海寺所蔵）。本坊が建設されている。本坊は西に大きく移動し、その跡地に山門と仏殿が建てられた(11)。新たな伽藍では東側を正面にして山門と仏殿が並び、西側の本坊と東西に直線的につながる配置となっている。寺地には家光側近大名による一院の塔頭が建てられた。再建後の伽藍は東海道方面を向いた方角に大きく変更された。沢庵没後に京都大徳寺の末寺となった東海寺では、慶安二（一六四九）年、住持清巌宗渭の代に幕府の主導により輪番住持制が導入されていた〔伊藤克己 一九八七、六九―七〇頁〕。この住持制度により輪番役者が触頭の役割を務めて幕府の宗教支配の一端を支えた。本末制度による宗教統制が進展する中で、家光の私寺として性格は希薄となり公儀寺の色彩が一層強まっていった。江戸を中心とした地域編成が進展する中で、東海寺の伽藍は大きく変更されたのである。品川が中世の町から近世の町へ大きく変容したことを象徴する。

おわりに

以上、中世から近世へ移行する都市の様相を素描したが、品川の地域的再編は江戸から独立した先行地域が首都・江戸に従属する町場に組み入れられる過程でもあった。品川は江戸の発展とともに近郊地として行楽・遊興の場となり、同時に御仕置場・溜の設置など負の側面を担う境界性が強められた。江戸との地位は逆転したが、中世以来の町の素型を維持しつつ、東海道の主要な宿駅（親宿）としての地位を得た（「東海道宿毎対応日記」郵政博物館所蔵）。近世になっても天王祭に見られるような町衆の伝統が息づく独自の領域・地域性を持続していた。武蔵国の国府津を端緒に鎌倉を支える港町として歴史的な経緯をたどった品川は、先行する港湾都市として江戸の発展を支えるとともに、戦国期・近世初期の再編をへて都市的変容を遂げていった。

(1) 日運記『門徒古事』明徳二年九月二三日条では「日春ノ坊」とされるが後段の記述から「本光寺」とも想定される。「寛正六年一一月一九日付沙弥道扶寺領寄進状」(『妙国寺文書』)では本光寺へ「瑞応庵跡敷地」が寄進されている。

(2) 日源開山の法明寺(東京都豊島区)旧蔵の木造日蓮坐像銘に「造立大旦那妙典同妻女楠女」、「仏諸品河常慶」との墨書が確認されている(『武蔵史料銘記集』)。

(3) 妙国寺領は南品川内の町田・ねがらみ・南石地・上原、清徳寺領は、北品川内の会下之台・みはし・やしきの内・馬庭崎・宮の上・宮の下・山の後とされた。(「天正二〇年三月一一日付沢次郎右衛門寺領打渡状」(『妙国寺文書』)、「同年三月一三日付同寺領打渡状」(『清徳寺文書』)。長徳寺領は下蛇窪村とされた。

(4) 南品川には三木耕地・石地・かぶき・浅間台・権現台・苗木原・広町耕地・池下耕地・三竹耕地・屋敷廻り・屋敷添・芝前・大崎・根河原、二日五日市村には石地・浅間台・権現台・根川原・苗木原・山崎・三木・三竹・広町、北品川には道成谷・一本木・大崎・池下・榎下台・芝前・川添・小関・居木橋・百反・山腰・三竹・川原・かぶき・三木・広町・根川原の耕地等があった。耕地内の田畑は上田・中田・下田・下々田・上畑・中畑・下畑・下々畑のランク付けされた。(「元禄一〇年一二月南品川町検地帳」、「同二日五日市村検地帳」『品川区史資料編』、「品川宿絵図」『宇田川家文書』)。

(5) 寛永末寺帳に、願行寺・法禅寺(「寛永九年浄土宗増上寺末寺帳」)、清徳寺・光厳寺・清台寺(「寛永一〇年相州鎌倉建長寺末寺帳」)、本光寺及び同末寺・本栄寺・妙国寺・妙蓮寺(「寛永一〇年妙満寺末寺帳」)の記載がある。

(6) 御殿建設段階では「品川台」と記された(『甲子夜話続篇8』)。桜の御殿山については、寛文期に徳川家綱植樹の伝承がある(『再校江戸砂子』)。享保期には徳川吉宗が櫨を植樹し(『有徳院殿御実紀付録』)、この頃には御殿山も花見の名所として整備されて江戸近郊の行楽地となった。

(7) 境内面積は「嘉永五年　東海寺一山惣絵図」(東海寺所蔵)の記載による。朱印地は、荏原郡小林・安方・不入斗三村(現、東京都大田区)に所在した。

(8) 堂宇の構成は「方丈、庫裡、衆寮、小書院、御成書院、東廊、西廊、唐門、惣門、客寮、文庫、土蔵」とし、次いで「仏殿、法堂、山門」を建てる計画とされた（「（寛永一五年）七月二日付小出吉英宛沢庵書状」『沢庵和尚書簡集』）。

（9）鈴木長瀬『鈴木修理日記』元禄七年七月二七日条、一〇月二日条には「山門再建打合」とある（『近世庶民生活史料未刊日記集成六　鈴木修理日記』巻二）。

（10）山門に「潮音閣」の扁額を掲げ、楼上に観音像・一六羅漢像が安置された。祈禱殿に「世尊殿」の扁額を掲げ、大徳寺よりの移設を伝える釈迦三尊像が安置された。

参考文献

池上裕子『戦国時代社会構造の研究』校倉書房、一九九九年
池上裕子『日本中近世移行期論』校倉書房、二〇一二年
市村高男「中世日本の港町――その景観と航海圏」歴史学研究会編『港町の世界史2　港町のトポグラフィ』青木書店、二〇〇六年
伊藤克己「東海寺輪番住持制に関する史料――博多崇福寺所蔵「東海寺輪住紀事」」『品川歴史館紀要』二、一九八七年
伊藤毅『都市の空間史』吉川弘文館、二〇〇三年
伊藤宏之「中世の浅草地域」『東京都江戸東京博物館調査報告書』三〇、二〇一六年
稲本紀昭・宇佐見隆之・柘植信行・峰岸純夫・綿貫友子「〈座談会〉中世太平洋海運と品川」『品川歴史館紀要』一三、一九九八年
井原今朝男『中世日本の信用経済と徳政令』吉川弘文館、二〇一五年
宇佐見隆之『日本中世の流通と商業』吉川弘文館、一九九九年
宇高良哲『近世関東仏教教団史の研究』文化書院、一九九九年
遠藤務「後北条領国における宿と身分」『年報都市史研究』一五、二〇〇七年
大嶌聖子「中世交通の諸相　公家の江戸下向」『史学研究集録』二〇、一九九五年
岡野友彦「「静勝軒寄題詩序」再考」江戸遺跡研究会編『江戸の開府と土木技術』吉川弘文館、二〇一四年
加増啓二「中世「墨田渡」と隅田宿および石浜について」佐藤博信編『中世東国論　下　中世東国の社会構造』岩田書院、二〇〇七年
久保健一郎『戦国大名と公儀』校倉書房、二〇〇一年
黒嶋敏『中世の権力と列島』高志書院、二〇一二年

小森正明『室町期東国社会と寺社造営』思文閣出版、二〇〇八年
五味文彦「中世都市の展開」佐藤信・吉田伸之編『新体系日本史6　都市社会史』山川出版社、二〇〇一年
今野慶信「中世における東京湾内湾交通と寺社造営」『浅草寺縁起絵巻』台東区教育委員会、二〇一七年
齋藤慎一『中世東国の道と城館』東京大学出版会、二〇一〇年
桜井英治「市の伝説と経済――十四～十七世紀」五味文彦編『中世を考える　都市の中世』吉川弘文館、一九九二年
桜井英治「中世・近世の商人」桜井英治・中西聡編『新体系日本史12　流通経済史』山川出版社、二〇〇二年
佐藤博信『江戸湾をめぐる中世』思文閣出版、二〇〇〇年
佐藤博信『中世東国日蓮宗寺院の研究』東京大学出版会、二〇〇三年
渋江芳浩「『普済寺版』刊経の刻記にみえる南北朝期多摩の地名と人々」『多摩のあゆみ』一一八、二〇〇五年
白石克「中世武州御岳山の勧進活動――「五部大乗経」出版の場合」『帝京史学』一八、二〇〇三年
鈴木敏弘『中世成立期の荘園と都市』東京堂出版、二〇〇五年
関口真規子『修験道教団史　当山派を通して』勉誠出版、二〇一一年
田中禎昭「中世・隅田宿の景観――隅田川流域における「都市的な場」の復原」『専修考古学』一二、二〇〇七年
谷口雄太「武蔵吉良氏の散在所領と関係地域――品川、大井との関係をめぐって」『品川歴史館紀要』二四、二〇〇九年
柘植信行「都市形成と儀礼域の変容」地方史研究協議会編『都市周辺の地方史』雄山閣、一九九〇年
柘植信行「中世品川の信仰空間――東国における都市寺院の形成と展開」『品川歴史館紀要』六、一九九一年
柘植信行「開かれた東国の海上交通と品川湊」網野善彦・石井進編『中世の風景を読む――2　都市鎌倉と坂東の海に暮す』新人物往来社、一九九四年。
柘植信行「江戸寺院由緒記――寺院縁起にさぐる中世」『歴史手帖』二四―一二、一九九六年
柘植信行「隅田川沿岸に生きる人々」『台東区史　通史編Ⅰ』台東区、一九九七年
柘植信行「中世品川の有徳人鈴木氏と連歌師――新出史料・吉田文庫所蔵心敬自注句集『於関東発句付句』」『品川歴史館紀要』三〇、二〇一五年。
柘植信行「水辺から見た中・近世の品川――中世大井の歴史空間を中心に」『都市史研究』三、二〇一六年
柘植信行「近世品川の水辺空間の変容」『品川歴史館紀要』三三、二〇一八年
名和修「近衛基熙延宝八年関東下向関係資料」村井康彦編『公家と武家――その比較文明的考察』思文閣出版、一九九五年
藤木久志『村の領主と戦国世界』東京大学出版会、一九九七年、

本間岳人「海晏寺五輪塔に見る中世品川の一特性」『品川歴史館紀要』二二、二〇〇七年
本間岳人「品川御殿山出土石塔に関する若干の考察」『品川歴史館紀要』二四、二〇〇九年
山田邦明『鎌倉府と地域社会』同成社、二〇一四年
湯浅治久『中世東国の地域社会史』岩田書院、二〇〇五年
綿貫友子『中世東国の太平洋海運』東京大学出版会、一九九八年

Ⅰ　権力と社会

〈第2章〉

加賀藩邸と周辺社会

小松愛子

はじめに

徳川将軍家のお膝元である城下町江戸、大名二六〇家余りはそこに屋敷地を与えられ、国元と江戸を隔年で往復する生活を送った。本章は国元から遠く離れた江戸において、大名は日々の生活をどのように存立させていたか、加賀藩上屋敷（本郷邸）を素材に検討するものである。

江戸藩邸を検討するにあたって、吉田伸之の「藩邸社会論」を参照したい〔吉田 二〇〇〇〕。吉田は、巨大城下町江戸を解明する方法として、都市社会を部分的に編成・統合する磁極のような要素に着目し、それらを分節的に把握する分析視角を提示した。大名藩邸を磁極とする「藩邸社会」の特質については、加賀藩上屋敷を事例に、以下の指摘をしている。①藩邸全体は門・塀・表長屋などによって一個の閉じた空間を構成。その内部は江戸藩邸の政庁、藩主・藩主家族の居所である御殿空間と、御殿空間の外縁に広がる諸役所や家中・足軽・中間らの住居で構成される詰人空間という二元的な空間構造をもつこと。②江戸藩邸と国元城下町の武家地の構成は相似的であるが、一方で江戸藩邸には町人地・寺社地を欠く。この欠如した町人地・寺社地が担う要素（生産・流通、葬祭・信仰等）は、周辺の江戸都市社会や国元に依存しなくてはならず、そのために多様な出入関係を形成。[1] このうち江戸町人の出入は御殿空間・詰人空間と二重化されていた。③藩邸に出入する江戸町人は将軍徳川家の領民であり、前田家との間には領主―領民関係をもたず、国元城下町人との関係とは決定的な差違があった。ゆえに、江戸町人社会との関係は御用聞・出入といった「個別的・契約的・対自的」なものであり、こうした関係の総体が寺院社会の門前町屋のような一つの固有な領域を形成しなかった。

吉田の藩邸社会論は、大名藩邸の社会＝空間を明らかにしたうえで、これを単体としてではなく、磁極によって編成・統合される社会全体を一体として捉えた点、さらに江戸という都市社会全体に有機的に位置づけた点が最も重要だと思う。

城下町江戸において、江戸城御用が消費物資の調達という問題にとどまらず、国役の勤め方、御用達町人の身分など、江戸町人の編成の問題と不可分な関係にあった点と比較すると、大名家御用は単に大名が自身の存立をはかるために築いた関係にすぎない。しかし、江戸が世界的な大都市に発展した背景を考えれば、大名家と江戸町人の関係がもっと注目されてもよいと考える。③に関わって藩と直接の領主―領民関係にない江戸町人がどのような関係を形成し、それを維持させえたのか、藩と江戸町人の関係の実相が気になってくる。

この藩邸に出入する江戸町人の具体相については、岩淵令治・市川寛明らによる研究成果によって理解が深まった〔岩淵 一九九五ほか、市川 二〇〇一ほか〕。岩淵は、大名家の消費に着目し、出入町人の職種、地理的・階層的分布などから全体像の把握を行ったほか、具体的な納品・取引のありようや大名家に出入する町人の経営の実態を明らかにした。市川は、出入町人側の史料から、出入関係の形成、関係維持のための町人の動きを検討した。これらの研究成果は重要であるが、藩と江戸町人の関係のあり方は、大名家の家格・藩の組織機構・藩邸の立地・所領の遠近などの属性によって異なるもので、さらなる事例蓄積が必要となろう。

以上から、本章では、出入町人側にのこされる文書を主な対象とし、まだ個別事例の把握にとどまるが、藩邸社会を明らかにするために、藩に出入する町人の全体像を見渡すことをめざす。藩邸での日々の生活に必要な諸物資や貨幣の調達に関わる「江戸会所」など、加賀藩邸内の機構にもふれた上で、これに出入する町人の性格を、町人同士のネットワークのありようにも注目して検討していく。

一　加賀藩における物資・資金調達機構

本論に入る前に、加賀藩江戸藩邸の概要についてふれておきたい。加賀藩は加賀国金沢に藩庁を構え、加賀・能登・越中三ヵ国に表高一〇二・五万石の所領を有した。江戸藩邸は天和三(一六八三)年以降、明治初年まで上屋敷は本郷、中屋敷は巣鴨、下屋敷は板橋、蔵屋敷は深川に構えた。天和三年以前の上屋敷は、より江戸城に近い筋違・辰ノ口などに所在していたが、明暦の大火で類焼に遭い、その後は本郷邸に移転したため、明暦三(一六五七)年以降は本郷邸が実質的に上屋敷として機能した。なお、本郷邸の拝領は元和二、三(一六一六―一七)年といわれており、以来明治初年まで変わらず保持した点が特徴といえる。本郷邸の御殿建築は、天和三・元禄一七(一七〇四)・享保一五(一七三〇)年に全焼するが、享保一五年に再建されたあとは増改築・修復を経ながらも明治元(一八六八)年まで維持された。

次に、藩の財政全般を司る算用場奉行の記録から江戸藩邸の年間支出の規模、内訳についてみておきたい。表1は延享四(一七四七)年八月、宝暦四(一七五四)年七月に作成された金沢・江戸・京・大坂それぞれの年間支出の概算額を示したが、ここから江戸での支出は国元よりも多く、全体の過半に及んだことがわかる。表

表1　加賀藩の年間費用

	延享4(1747)年		宝暦4(1754)年	
御国	*3,489.70	(37%)	4,440.10	(31%)
江戸	6,000	(57%)	7,045.70	(50%)
京	780	(7.4%)	550.3	(4%)
大坂	260	(2.4%)	**2,117.10	(15%)
計	10,529.70		14,153.20	

注）単位：銀貫目，*明細の合計値より算出．**うち1,800貫目は借銀利足．1747年は借銀利足を含まないとみられる．
出典）延享4年：「御入用銀中勘両種」(金沢市立玉川図書館所蔵)，宝暦4年：「御入用壱ヶ年分大概御図方帳」(同)．

表2　江戸藩邸における支出概算（天明8年）

	在府	在国
a 藩主家族および藩公用に関わる経費	1796.6	1464.8
御献上幷遣わされ方，御次御用共	307	181
年頭御献上御進物判金25枚代	33.5	33.5
御献上御時服代	2.9	2.9
三御広式御印章金	368.9	368.9
御台所御印章金	144.5	70.5
清泰院様・光現院様御調菜代	3	3
表奥御納戸方幷御露地方・御下屋敷御入用	52.1	39.9
御厩御入用	64.8	36
御作事方御用御買上物代幷諸職人手間料，二季御払	255	255
御作事方所々御修復請負現銀渡	139.5	139.5
御作事方・割場方日用賃銀	77.6	66
買手方現銀御買上物代	51.3	34.9
買手方二季御払	130	105
会所附御用代二季御払	80	55
御国三度幷京都飛脚賃銀・蠟燭御買上代共	54.1	47.4
深川御蔵御入用幷御蔵元かり代	16.2	16.2
聞番役用金	16.2	10.1
b 家中らの扶持・給銀	2111.2	1496.8
交代のため御国え罷帰る人々仕切・御扶持方代	41.5	41.5
詰人御扶持方代	1780	1200
三御広式女中御扶持方代	48	48
三御広式女中御給金幷万物渡り	70.7	70.7
三御広式女中湯沸かし松木代	6.2	6.2
狩野伯圓等御扶持方代	15.5	15.5
藤井貞三・宝生大夫御合力扶持代	4.6	4.6
寿光院様御附寺川斧右衛門等御合力知幷御切米代および年賦渡り共	14.2	14.2
御手役者御給金幷御合力金共	33.2	33.2
御下屋敷定番足軽御切米代幷御畑作小者御給金	12.2	12.2
御陸尺御給金	9.8	
鳶の者御給金	21.4	21.4
青山五左衛門ほか町廻御徒横目・深川才許・御算用者役用金	5.1	5.1
山本彦右衛門手代給金幷雑用金	12.2	11.2
馬指七右衛門え下され金	2.1	2.1
御城使御徒・御給仕役御徒等下され衣類代幷坊主・足軽・小者御仕着代銀渡り	34.5	10.9
c 借銀利足	225.1	225.1
桂香院再建引請金500両，天明元年ゟ10ヶ年賦渡り	3	3
長元寺祠堂金利足	3.6	3.6
丸屋文右衛門・三河屋源之助・三河屋権右衛門より御借金年賦御返済	14.2	14.2

元金8000両 但利1ヶ月100両に付1両づつ，三谷喜三郎御利足渡り	57.6	57.6
岸本太兵衛御年賦渡り	90	90
西御殿御普請御入用，富田屋六兵衛御年賦渡り	51	51
元銀30貫目為替敷銀利足，江嶋屋太郎次渡り	2.2	2.2
安永元年より天明5年7月迄御用代本勘差引不足，天明8年より20ヶ年賦，宮田屋久兵衛・富田屋六兵衛・表屋九郎兵衛3人渡り	3.5	3.5
d 参勤交代入用	226.7	325
御帰国御用	226.7	
御参勤御待ち受け御用		325
e その他	63.4	63.4
前田信濃守殿え御助力銀	4.3	4.3
千路潟内代米代御上納金	49.8	49.8
猿楽配当米代御上納金	9	9
上野鐘撞き役金	0.3	0.3
合計*	4421.8	3574.9

注） 単位：銀貫目．*史料上の合計値．明細の合計値とは若干異なる．
出典）「御在府御留守壱ヶ年分江戸御入用大概書」（金沢市立玉川図書館所蔵）．

2は、天明八(一七八八)年に作成された江戸藩邸における支出概算を項目別に整理したもので、a藩主家族および藩公用に関わる経費、b家中らの扶持・給銀、c借銀利足、d参勤交代入用、eその他に区分した。aは、藩主や藩主家族名目の消費・贈答代と、諸役所にあてた経費で構成され、このうち後者は金額の大きい順に、作事方（江戸藩邸・菩提寺等の修復費、ここに割場方が諸役所へ手配する日用賃金も計上）、会所方（日常消費材全般を扱う。買手方・飛脚関係・深川蔵屋敷を傘下におく）、厩方（馬）、表奥御納戸（衣服・調度）・露地方（庭）であった。この他に幕府・大名らとの交渉を担う聞番に対して交際費として支給された分もみられる。b家中らの扶持・給銀は、江戸での支出全体の中で最も多くを占めた。江戸藩邸全体の詰人は、延享四年では藩主在府中で四二五〇人・在国で二七五〇人に及び、在国時には一五〇〇人減少する分、扶持代も三割強減少しており、藩主在国・在府の差が最も大きくあらわれた（「御入用銀中勘両種」）。

cの借銀利足は、天明八年段階では全体の五%程度にとどまるが、天保四(一八三三)年には七万両余に達し、江戸での支出総額一七・三万両余（銀一〇九一二・五貫余）の約四割に達した（「成瀬掃部留記」九、金沢市立玉川図書館所蔵）。その原因として、文政一〇(一八二七)年に藩主正室に将軍姫君を迎えた影響が考えられる。

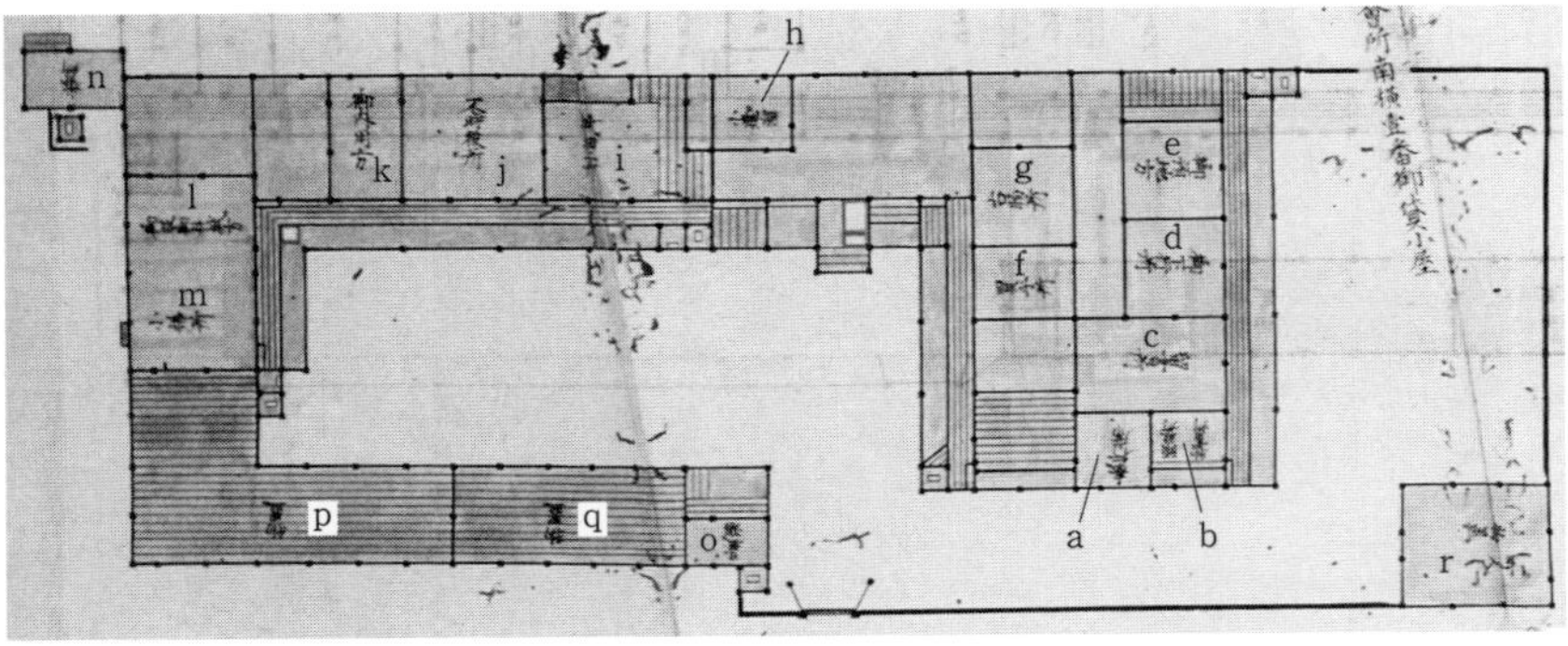

図1　江戸会所の間取図

注）a奉行席，b棟（頭）取所・物書所，c留書所，d御下行所，e御預地方，f買手所，g古物所，h小遣溜，i紙細工所，j不時役所，k御内用方，l御服御料紙方，m小払所，n番所，o日□（用ヵ）溜，pq物置，r町人物置．

出典）「江戸屋敷総図」（金沢市立玉川図書館所蔵）．

なお、加賀藩の資金調達は、元禄期では藩領内と京・大坂を中心に行われており、江戸の比重は小さかった。一七〇〇年代には大坂へ毎年一〇万石前後が廻米されており、安永期にはこのうち一・五万石が借銀返済にあてられていた。しかし、大坂での借銀高が嵩むと、返済及び新規の借り入れは次第に困難となった。天明期には大坂での米価安を理由に国元での蔵米売却を志向したほか、江戸での支払いを優先させるために廻米を見送ることを大坂の銀主に通告している。大坂への廻米が減少すると、その分江戸への仕送りも減少するため、これを補塡するため江戸における資金の調達が増加していった。

続いて、藩邸で必要な日常消費材全般の調達を担った会所について、一八世紀半ばに作成された「江戸会所御定書」〔『加賀藩御定書』〕や図1に示した幕末期の江戸会所の絵図面などを用いてみていきたい。

会所を統轄した会所奉行は定員六―八名であったが、その大半は金沢におり、江戸には一―二名が一年半交代で勤務した。会所奉行は算用場奉行直属であるが、同奉行は在府しなかったため、江戸では日常的に家老の差配を受けていた。会所の主な職務は次の通りである。①藩主家族の衣食住全般に関わる物品や諸奉行からの注文品・金銀の調達。これらに付随して調達先となる町人に対して藩邸に出入するための鑑札を授与（買手所・小払所・古物所・内用方で取扱）。②江戸詰人全般の扶持・給銀・

各種手当の支払い、生活費不足分の貸付、帰国・出張時の幕府関所手形の作成（下行所・留書所）。③能登幕領の年貢諸役の納入（御預地方《じかた》）。④江戸・金沢間の御用状・荷物の取扱。⑤深川蔵屋敷における廻米・産物の管理があった。このうち①について補足すると、買手所には各種御用をつとめる町人手代が日々出入りして御用品の受注・納入を行い、小払所には大名貸を行う御金《かね》御用をつとめる町人手代を派遣させて御用をつとめさせた。御内用《ないよう》方は、御用達町人の中でも藩と関係が深い町人の詰所で、藩と江戸町方との調整・仲介役をつとめた。これについては後述する。

江戸会所が発行した鑑札は御用札と商札の二種あり、藩主家族や藩公用など御用を担う町人に対しては御用札、家中の需要に応じて諸用を担う町人へは商札が発行された。鑑札の渡し方について、「御用札・商札、町人共相望み候ても随分相渡し申さず候、然しながら御用札の儀は御用指し支え申す品これ有り候えば何時に依らず相渡し申し候、又御用人など拠んどころなく申され候えば、同役僉議致し相渡し申す儀もこれ有り候、大形の儀にては相渡し申さず様仕り置き候事」（「江戸会所御定書」）とあり、御用札・商札とも町人が望んでも容易には渡さない決まりとなっていた。ただし御用札については、支障がないように臨機応変な対応をとり、御用人（藩主側近、姫附役人の長など）が要求した場合には会所奉行同士で相談した上で渡すこともあったという。発行枚数は御用札は不定、商札は上限が一〇六枚と決められていた。藩邸に出入りした町人の総数は、享保元（一七一六）年で五〇三人（出入先の種別：御守殿方六一・台所方五七・会所方三二七・作事方五八）（「中川長定覚書」六、金沢市立玉川図書館所蔵）、安政二（一八五五）年で五五九人（御用聞町人二八九・商札持五七・商札持売子二一三）（『加賀藩史料』藩末篇上巻、七三六頁）に及んだ。

二　御用達町人の御用と身分

加賀藩の御用達町人の職種について、吉田伸之の整理によれば、①有力な両替商や廻船問屋など藩庁の公的業務に

表3 「御用聞」の内容

A	御館入町人
	御仕法金取捌御用
	御内用方
	両替御用
B	会所廻船方御用
	御廻米積廻船方御用
	深川御蔵米
C	諸御役所料紙其外種々御用向
	筆墨御用
	紙御用
D	御広敷御用
	御召料呉服物御用
	御仕立物御用
	縮御用
	合羽御用
	奥御納戸小買物御用
	御□中所幷稽古方小買物等御用
E	御膳所御用
	御膳米御用
	塩噌物御用・酒造御用
	魚鳥御用
	川魚御用
F	御茶堂方御茶御用
	御菓子御用
	当分焚出御用
	書林
	唐物商売
	御厩方御馬具等御用
	鋳物師
	経師
	時計師
G	畳方御用
	指物御用
	木具御用
	屋根方御用
	壁方御用
	御作事所棟梁
	植木屋
H	日用頭
	道造御用
	人足□かご御用
	御六尺
I	御殿御構内下掃除
	詰人下掃除

出典）〔吉田 2000〕表3.

携わるもの（表3、A―C）、②藩主などの生活・消費・学文関係（Aの一部とD―F）、③藩邸内の諸施設・建造物の作事関係（G）、④藩邸内の普請、国元や周辺社会との交通・通信を担う日用層の供給元（H）、⑤藩邸内の下掃除人（I）で構成されていた。このうち本章では主に①―③に関わった町人の事例を扱う。

まず、②に該当する、藩主・藩主家族の食生活、贈答に関わった御用達町人である、日本橋・小舟町三丁目の鰹節問屋伊勢屋伊兵衛の事例を紹介しておきたい。

1 伊勢屋伊兵衛の事例

伊勢屋は、初代伊兵衛の時、宝永二（一七〇五）年から加賀藩の干肴御用をつとめた。のちに三代（一七一四―七九）が子孫のために書き遺した先祖の事績集「追遠訓」[2]を手がかりに加賀藩御用の内容をみていく。伊勢屋は、加賀藩で複数の御用を同時につとめたが、御用を開始・拡大させた契機をみると、「伊勢屋仁兵衛といふ人より貸金の贖《ツクノイ》に松平加賀守様の干肴御用を譲り受け」とあり、経営が悪化した前任者伊勢屋仁兵衛の負債を引き受けて御用の権利を得たことがわかる。また、乾物御用を得た事例では、「本郷の乾物御用嶋屋又兵衛代を、山城屋清九郎と我方とへ仰せつけられ、名目は山城屋にて勤め」、「本郷乾物御用、是迄は山城屋清九郎名目にて勤め来るところに、今度清九郎死するに依りて、我名目に願て、日々に本郷へ通ひ、役人に諂らい、或伊藤・承（永カ）来を頼みて甚だ労心」とあり、嶋屋又兵衛の後任として山城屋清九郎と伊勢屋が勤めることになったが、御用達の名目人は山城屋で、伊勢屋は名目人にはなれず、山城屋の下請けとして勤めていたことがうかがえる。御用達の名目人に渡される御用札（鑑札）は、当人が病死した場合、自動的に後継へ引き継がれるわけではなく、鑑札を一度会所に返却させた上で改めて授与するという規則があり（「江戸会所御定書」）、伊勢屋はその機を狙って、藩役人と内用方町人である伊藤・永来《えいらい》に自らが御用達の名目人になれるように働きかけた。町人が初めて加賀藩の御用達になろうとする場合、すぐに御用達になれるのではなく、この事例のようにまず名目人の下請けを勤めるか、あるいは「御買合御用」など試行的な段階を経たうえで、正式な御用達名目人となるという手順を踏んだ。それはつまり、御用達名目人以外にも実質的に同様の取引を行う町人が複数存在したことを示しており、競合相手ともなった。

伊勢屋は初代没後まもなく、御用の一部（因幡御前御用。因幡御前は五代綱紀娘・敬で鳥取藩主に嫁ぐ）を召し上げられるという処分を受けた。その理由は、表向きには進物用生鯛の価格設定が不備であるためとされたが、内実は伊勢屋の後任となった尾張屋久右衛門が、因幡御前御用を得ようと、因幡御前附御用人の内藤十兵衛に働きかけたためであった。内藤は伊勢屋に対し、賄賂金二〇両を要求したが、伊勢屋はこれを拒否したので、内藤は難癖をつけて御用を取り上げ、尾張屋に御用達名目がわたった。御用達名目人の地位を巡る熾烈な争いが内在したこと、また名目人になって御用を全うに勤めたとしても、その立場は必ずしも安泰ではなく、御用達名目人を決める権限をもつ加賀藩役人との関係次第であったことがわかる。藩役人の心証を悪くして、見せしめ的に本来の原因とは異なる理由で御用取り上げとなった事例は他にも確認される[3]。藩役人との関係を悪くすることは、町人にとっていわれなき風評被害に類する報復を覚悟を必要とした。

伊勢屋はこの事態を打開するのに数年を要した。加賀藩は因幡御前関係の御用を取り上げたとき、それまで伊勢屋に未払いであった御用代金千両の返済も拒否した。この御用代金の支払い方法について、「かようの者〈筆者注・内用方町人三人〉に御用相勤め銀高十貫目もこれ有り候えば、二、三貫目も相渡し申す儀これ有り候、右三人の外にも拠んどころなき趣これ有り候えば、売上物又は細工代にても詮議致し相渡し申し候、未だ中勘と申す趣これ無く候、日用頭共御払い久しくこれ無き節、必至と難儀致し候様子に候えば、賃銀の内五ヶ一も相渡し申し候」(「江戸会所御定書」)と記されている。意味をとるのが難しいが、御用達町人への支払いは、中途での勘定はせず、売掛が基本であった。具体的には、内用方町人であっても当座に支払ったのは御用高の二、三割のみで、加賀藩御用のせいで経営難に陥りかけた日用頭の場合でさえも二割を渡した程度であったという(4)。御用達町人にとっては御用が継続的に続くことこそが重要であり、一方で加賀藩はそのような御用達町人側の心情を逆手にとって、御用達町人が経営難に陥るか否かの瀬戸際のラインで漸く支払いを行うといった体であった。

伊勢屋は返済を拒否された御用代金の回収に奔走することになった。当初、その役を担ったのは重役手代の清兵衛であった。清兵衛は、尾張屋と同様に藩役人に賄賂を贈り、さらには江戸城の年寄女中豊岡〈元・御守殿〈六代藩主吉徳正室松姫〉附の上臈おさよ〉という奥のルートにも働きかけるなど、大金を使って工作をはかった。しかし効果がなかったため、さらに幕府へ直訴しようと企てたところで二代伊兵衛が制止したという。二代は清兵衛を経営の中枢から外し、内用方町人の伊藤・山本・竹屋を頼み、問題の解決をはかった。事態は内藤がその後失脚したことで動き、未回収金は年賦で返済されることが決まった。年賦金の受取りは御用達の両替商・永来新左衛門宅にて行われ、毎年の受取のたびに伊藤に謝礼が贈られた。内用方町人のうち特に伊藤が尽力したとみられる。

伊勢屋の取引は日々売掛で行われ、しかも藩の支払いは滞りがちであったため、まずもってそれに耐えうる経済力、町方など他に売り先をもつ町人のみが御用達になり得たといえよう。経営難により御用達をやめざるを得ない町人も存在し、その後任候補は、すでに御用達名目人の下請けなどを勤めることで加賀藩との接点を獲得し、前任者の負債を引き受けたのちに、御用達の権利を譲り受けることができた。これは御用達の権利が事実上金銭で売買可能、すなわち株化していることを示す。しかし、御用達の任免権は加賀藩側にあり、加賀藩の承認なくして御用達名目を得ることはできなかった。また、この御用達の任免は担当する藩役人の裁量によるところが大きく、藩役人と御用達町人の癒着、不正も発生しやすかった。藩役人の不正を含む案件を御用達町人が単独で解決しようとすることは不可能で、効果があったのは藩役人に口利きができる内用方町人に頼ることであった。次にこの内用方町人について検討する。

2　内用方町人

「内用方」とは、『加能郷土辞彙』によれば「加賀藩の兵制軍備に関する一切の事務を掌る所」とある。しかし内用方町人の関与は兵制軍備に限定されず、藩主家族の御用向全般にわたった。「御内用方町人」と称されるのは一九世紀以降とみられるが、一八世紀半ばにはその役割を担った町人がすでに存在しており、「山本彦右衛門・伊藤弥兵《（五脱カ）》衛・竹屋七兵衛など、押し立て御用相勤め申す者、町方御用の儀これ有り候えば、会所え呼び寄せ承り申し候、外の者と違い毎月《（日カ）》大形会所え罷り出申し候」〔「江戸会所御定書」〕とあり、御用達町人の中でも格別に御用をつとめている者に、江戸町人社会に関わる御用を勤めさせ、また他の者と違って会所に詰めさせたという。図1でみたように、会所内に内用方の詰席が設けられているのはこれに符合しているといえよう。

内用方町人と確認される町人は、山本彦右衛門・伊藤弥五兵衛・竹屋七兵衛、清水九兵衛・岸本太兵衛・辻又四郎（金五郎）、津国屋善兵衛などで、常時二―四家が勤めた。このうち由緒がわかる山本・清水・岸本について以下の史料でみていく。山本と岸本は文政期に各町で作成された「町方書上」29〔国立国会図書館所蔵〕に、清水は明治二（一八六九）年一一月に割場役所に提出された願書〔「御手役者幷御用聞町人一件」金沢市立玉川図書館所蔵〕に、それぞれ記載されたものである。

・山本彦右衛門　「同町（注――本郷五丁目）家持彦右衛門、先祖義は源語《ママ》と申す者にて、近江国朽木郡に住居候由、（中略）天文十一年前田蔵人利久殿御懇意につき、数度指物箱御用相勤め、その後大納言利家卿え指物御用等相勤め、尾州表より越前府中幷加州表え御供仕り御用承り、（中略）その後数度代替り、延宝年中七代以前、彦右衛門義御当地に住居仕り、御徒並に順ずべき旨の趣にて、只今以って御出入仕り、先祖より当彦右衛門迄九代相続仕り罷りあり候」

・岸本太兵衛　「同町（注――本郷五丁目）家持太兵衛、先祖の義は佐々与左衛門と申し、その子同苗主膳と申し候は、織田信雄卿に召し仕され罷りあり候所、天正十八年信雄卿御配流の節浪人仕り、越中富山え蟄居仕り、悴義佐々の苗字遠慮仕り、佐々木源兵衛と相改め、金沢表え罷り出、加州様御家来に召し抱えられ、御知行下し置かれ相勤め候所、頓病にて相果て、実子御座なく候て家断絶仕り候、其砌召し仕い候女子懐胎にござ候間、越中魚津にて、常徳寺と申す一向宗の僧、右女子身寄りの者につき、常徳寺引取り出産致させ、則ち四代目先祖宗兵衛と申す者にござ候、（中略、四代宗兵衛の二男次郎三郎に）男女七人出生致し男子三人安兵衛・久兵衛・太兵衛と申す者、元禄年中　御領主え相願い江戸表え罷り出、右三人の内太兵衛義駒込片町に住居仕り、加州様の御儀は御領主の上御旧恩もござ候につき、御出入仰せ付けられ罷りあり、享保年中より御金方御用相勤め、その後御蔵元も相勤め申し候、御扶持方頂戴仕り御徒並に仰せ付けらる」

・清水九兵衛　「私先祖清水右甫儀、永禄十一年濃州岐阜において始めて高徳院様（前田利家）え御目見仰せ付けられ、御弓料呉服調進仕るべき旨仰せ付けられ、その後代々御目見え仕り、微妙院（前田利常）御代四代清水九兵衛より江戸表え召させられ、始めて蒔絵御用仰せられ、五代目清水源四郎より御扶持方代々頂戴仕る」

この三家は職種の違いはあるが、いずれも初代利家代からの家中、または御用を勤めたという由緒をもち、一七世紀後半に国元から江戸に移住し、そして土着した加賀藩所縁の江戸町人であった。三家はいずれも本郷邸に隣接する地域に居住している。

山本・岸本は、「御徒並に順ずべく」「御徒並に仰せつけられる」と加賀藩から徒並に準じる者、あるいは徒並に命じられたと主張しているが、両人共「町方書上」に「家持」として登場していることからみても、本郷五丁目の正規の構成員であったことがわかる。では、なぜ「徒並」とあえて表現したのか、山本の事例から検討したい。

山本は明和九(一七七二)年にこれまでの勤功により、藩から加増及び徒並の身分に処すると命じられたが、「家人に相成り候ては、商買方に必至と指し支え難渋に及び候、一段御請も申し上げ候て、重ねて相断り候儀迷惑に候えども、歩並の所免除、本の如く町人に申し付け置き候様これ有りたきの段、願紙面指し出す」(『太梁公日記』一二巻五八頁)とあり、山本は加賀藩家臣の扱いになっては商売上支障が生じるので、以前のように町人として扱ってほしいという願書を藩に提出したことがわかる。この記事は一一代藩主治脩の筆になるもので、藩主も承知する出来事であった。山本は一度承諾したのに、拒否に転じたので藩側を不快にさせたが、そこまでしても家人となるより江戸町人のままでいることを選んだ。江戸城御用達町人の場合、身分は「両支配」と「支配違」という二つの型がある。「両支配」は、町奉行支配で御用に関わる時間と場所に限って御用の管轄機関の支配下に入り、「支配違」は、町奉行支配から離れて御用の管轄機関の支配下に入り、当人は町方人別から離れて幕府御用に専念し、家業は町方人別にある別の家族によって継続させた(横山 二〇〇五)。これを山本の事例にあてはめると、藩は「支配違」を志向したといえる。このとき、江戸城御用の「支配違」と同じように、山本当人だけが加賀藩家中となり、残りの家族によって家業を継続するという動きにならなかったのは、町奉行所への身分変更の手続きが困難だったからと推測される。また内用方町人には、加賀藩と江戸町人社会を媒介する役割があり、これを勤め上げるには、江戸町人であることが必須であったとみうれる。(5)

次に、内用方町人の具体的な役割についてみていきたい。まず、藩が期待した江戸町人社会に関わる御用について、例えば、藩邸周囲に放置された捨て子へ、乳持を探して養育させる世話をしたり〔『加賀藩史料』藩末篇上巻、一七六頁〕、厩の祈禱のために猿牵きを招く〔「御厩方旧記」四、金沢市立玉川図書館所蔵〕など、御用達町人では対応できない案件を担当した。また、藩主の要望で堺町歌舞伎、すなわち中村座の役者を藩邸に招いて藩主家族の慰みと同時に家中に見物させることがあったが、その手配なども行った。安永二(一七七三)年の事例〔『大梁公日記』三巻、二六七頁、四巻、三五—三七頁〕では、一〇代重教正室千間《ちま》の慰みのために、当時江戸に来ていた上方役者の中村富十郎を藩邸に招いて、評判の「石橋」を演じさせるということが計画された。このとき、以前も世話をした山本彦右衛門に命じて、堺町歌舞伎との交渉にあたらせている。当初は富十郎の評判である「石橋の所作迄、その前後に少々道化成りとも相加へ」る程度で、招請する人数も六十人程度と見積っていたが、準備のなかで一三〇—一四〇人程度となり、会場も式舞台ではなく表舞台で行うことになった。また日程についても、当初は堺町歌舞伎の営業に支障がない夜中に行う方針であったが、「石橋」を演じるためには朝からではないと難しく、土用中ならば歌舞伎が休みなので朝から来られるが、土用中の六月中旬では、「暑に向かい候えば、はや石橋の装束等は解」けるためにできないと言われてしまう。交渉の末、当初から「石橋」の観覧が目的であったため、費用は増えるが一日分の芝居興行を休みとし、一座全員を藩邸へ招くこととなった。中村座側は「比日疫病時行《はやり》候につき、旁かた一日休息と申す趣にいたし参上」と、町奉行所に対して加賀藩邸に行く届は出さず、流行病発生を口実に一日休業という形で藩邸を訪れた。こうして藩邸外に出る機会の乏しい藩主家族の娯楽のために、町方の芸能文化が藩邸にもたらされたが、このような仲介役も内用方町人が担っていた。

内用方町人は、大名家が江戸で生活する中で生じる様々な要望に応えるという大きな役割があり、それゆえに藩主、藩役人と密接な関係を築いていた。その関係性から藩役人への口利きも可能で、先述した伊勢屋の事例のように御用達町人からの願いを引き受けて解決へと導くこともあった。このように内用方町人は、御用達町人の身分や進退問題、調達金の調整などあらゆる局面に関わったが、以下では、御用達町人と内用方町人の関わりについて検討する。

御用達町人の一部には身分特権が与えられ、藩主への御目見や扶持の有無、扶持高の多少などの身分・格式の差によって序列化されており、加賀藩の場合、御目見なしの層を①「平御用聞町人」、御目見・扶持ありの層を②「御目見御用聞御扶持人」、②のうち扶持高の多い層を③「御館入町人幷金主等」と区分していた〔吉田 二〇〇〇〕。内用方町人はこのうち③に含まれたと考えられる。ここでは、①→③へ昇進した升屋七左衛門の事例、③に含まれる御金御用町人の事例を紹介したい。

・①→③への昇進事例

升屋七左衛門は、大伝馬町一丁目で寛永初年に成立した四軒の木綿問屋〔荷受問屋〕の一つという古くからの商家で、文政一一〔一八二八〕年より加賀藩の江戸における加賀産物総引請問屋を勤めた〔北島 一九六二、田中 一九六六・八六〕。加賀藩では文政期に産物方が再興され、京都の加賀絹問屋に支配されていた小松絹を江戸へ直売することを企図し、金沢町人宮腰屋〔一丸〕甚六に江戸での売り先を数年かけて探させた[6]。そして、身元宜しく、商品の保管場所となる土蔵を四、五軒所有し、手代一三人・丁稚六人・下男三人という経営規模の升屋が選ばれた。なお、升屋は木綿問屋であったので、御用開始後に産物全般が扱えるように、あらかじめ加賀藩聞番から江戸町奉行所へ手続きがとられた。升屋が扱った品目は、「御領国中産物第一之品」である加賀絹・菅笠・越中筋五郎丸布のほか、輪島膳椀、高岡金物など多岐にわたった。藩は当初から升屋に多くを扱わせることで、将来的に江戸での為替取組も担わせて利益をあげたいという心づもりであり、実際にその後、国産品売捌と御金御用という二つの御用を勤めさせることとなった。

この升屋の天保一〇—安政七〔一八三九—六〇〕年にかけての御用記録「加州様御用諸事之記」〔東京大学史料編纂所所

蔵）から、天保一四（一八四三）年に家督を継いだ七左衛門の身分上昇の過程をみたい。

七左衛門（当時、佐太郎）は天保一一（一八四〇）年から父の下で見習名目として勤めはじめ、同一四年に家督相続を許され、御用達鑑札の授与を受けた[7]。その後、嘉永二（一八四九）年一〇月に目見願を提出して、同三年正月に初目見え、同四年七月には七人扶持を得た。

家督相続願（平御用達）、御目見願は町人本人が会所へ出願する形式をとったが、「清水氏万端取りはからい申し候」とあるように、出願にあたり特定の内用方町人が差配している様子がうかがえる。特に御目見願の提出にあたっては、約半年前に、本所番場にある自身の別荘に藩役人（会所奉行・棟取《とうどり》・御預地方御用）と内用方町人（清水・岸本）を招き、接待する場が設けられた。さらに出願の約一ヵ月前には、内用方町人宅に出向いて改めてとりなしを依頼している。こうした内交渉を経て、願書は提出された。出願内容の裁可の権限は、平御用達については会所奉行、御目見については家老にあった。

扶持は、藩が町人の勤功に対する見返りとして与えたもので、升屋の場合、藩が提示した仕法替に応じたことへの見返りであった。升屋は、国産品代金や「仲間内預り金」（太物問屋仲間のプール金か）を原資に加賀藩へ貸付を行い、通常は一〇〇〇両程を月利〇・八—一％で数ヵ月の期限で貸し付けたが、期月までに返済できないと利足のみを受取り、証文の書き替えを行った。累積した貸付総額は嘉永四年段階で一万両に達したが、藩は同年に江戸の御金御用町人を対象に仕法替を断行した。交渉は個別に行われたが、全体を集約したのは内用方町人で、升屋の場合、当金三〇〇〇両、残金七〇〇〇両を無利足・五年賦での返済に決まった。そしてまもなく無利足となった分の見返りとして七人扶持が与えられた。升屋は内用方町人の清水に対し、「御年賦一条、色々世話に相成」った御礼として、京染浴衣を贈っている。

升屋の事例から平御用聞と御目見の差異にふれておきたい。御用達町人は勤めに応じて会所へ出勤するが、その他にも式日、五節句などに会所奉行・棟取らの御貸小屋へ御礼廻りをしたり、また勤番である彼らの着府・帰国時、年頭・歳暮、暑寒見舞には贈答を行うなどした。御目見になると、藩主・同世子の着府・帰国、年頭に表御殿竹の間にて御目見（その後、御台所で饗応を受ける場合もあり）を許され、また式日などには表御殿裏式台まで出向いて記帳し、その後に行う御礼廻りでは訪問先に年寄が加わった。会所奉行らとの関係も、それまでの贈答のみの関係から、会所奉行らの交代時や、町人側が家督など諸出願を行うときには藩邸外の料理茶屋や別荘において接待を行うなど、より親密な関係となった。このような「御親しみ」の有無は御用達町人の序列を示す物差しの一つとなっており、領主―領民関係にない加賀藩家中と江戸町人が関係を結ぶ上での不可欠な作法といえた。江戸で料亭文化が発展した理由、また有力町人が江戸郊外に別荘をもつ意味にはこのような背景があった。

・御金御用町人

安政期に御金御用をつとめた町人は一二人確認され、内用方町人と並んで扶持高の上位を占めた（表4）。御金御用町人の具体例として、三〇人扶持と最大の扶持高を有す芹川六兵衛を紹介したい。

芹川六兵衛の御用開始は比較的古く、享保九（一七二四）年に藩主に就任した六代吉徳代には、普請御用・御目見町人として名が確認できる[8]（「江戸会所御定書」）。芹川は加賀藩以外にも複数の大名家に出入りしていた。芹川家当主の交際、金銀出入、贈答の記録である「江戸札差芹川家日記」（東京大学史料編纂所所蔵）の文化年間の記事からは、新庄藩戸沢家・会津藩保科家・三春藩秋田家・出石藩仙石家・明石藩松平家・徳島藩蜂須賀家・伊予松山藩松平家・土佐藩山内家・中津藩奥平家・島原藩松平家が確認できる。これらの家では御金御用のみを勤めていたとみられる。加賀藩については、これに加えて普請御用や蔵元も勤めていたことから藩邸などへの出勤の日数も多く、芹川の経営全体に占める加賀藩の比重は大きかったといえよう。また、文化三（一八〇六）年からは幕府・勘定所御用達に加わった。芹川に次いで扶持高が大きい森川（和泉屋）五郎右衛門・川村伝左衛門も勘定所御用達を勤めた。加賀藩の江戸にお

表4　御目見・扶持あり町人

30人扶持	岸本太兵衛（本郷5丁目，吉徳代ヵ，蔵元・両替）
	芹川富田屋六兵衛（三十間堀8丁目，吉徳代，普請・蔵元・御金）
25	川村伝左衛門（新右衛門町，両替・御金）
20	森川和泉屋五郎右衛門（三十間堀8丁目，吉徳代，材木・御金）
	辻屋金五郎（神田佐久間町1丁目・薪炭・御金）
15	山本彦右衛門（本郷5丁目，綱紀代，指物）
	伊藤弥五兵衛（本郷金助町，綱紀代，木具）
	津国屋東次郎（御金）
10	喜多村彦右衛門（町年寄）
	清水九兵衛（本郷4丁目，利常代，蒔絵）
	笹屋多兵衛（本郷2丁目，御金）
	水野清七郎（元和～，日用頭・鳶元〆）
	青地四郎左衛門（浅草御蔵前瓦町，両替）
7	北川九郎右衛門（吉徳代，両替）
	升屋七左衛門（大伝馬町1丁目，産物・御金）
	太田吉左衛門・亀岡石見・芹川六之助（芹川悴，御金）
5	川村迂介・辻屋八五郎（辻屋悴ヵ・御金）・津国屋善兵衛（津国屋悴ヵ）・石黒孫三郎・谷口佐兵衛・伊藤金左衛門（湯嶋天神三組町，寛文～，差料）・川村伝蔵（川村悴ヵ，御金）・宮田鍋四郎・嘉井田屋治助・棒屋藤右衛門
3	中嶋清右衛門・山形三右衛門・桐屋長兵衛（中橋挽町，吉徳代，材木桐一色）・源川忠兵衛・越中屋理右衛門・茗荷屋治兵衛・宇野八左衛門・経師清兵衛・喜多宗次郎（日用頭・鳶元〆）・金沢屋平助（料紙，奥御納戸小買物）・相模屋伝右衛門・相模屋七左衛門
2	梅崎庄太夫（慶長～，屋根方）・大和屋権左衛門（吉徳代，下谷茅町2丁目，屋根石方）・植木屋市左衛門・御抱込御六尺和吉・芹川手代源蔵・川村手代与兵衛・森川手代八十兵衛・岸本手代半蔵・芹川手代助次

出典）〔吉田 2000〕表4を基に，「江戸会所御定書」，「会所支配御扶持方御給金渡帳」（金沢市立玉川図書館所蔵，慶応4年），「御手役者并御用聞町人一件」（同，明治2年）などから作成．
御手役者は除外した．括弧内は居所，御用開始年，御用内容を，下線は内用方町人を勤めた町人を示した．

ける資金調達は、三井や住友のように営業資金を上方本店から借り入れるような両替商は含まれず、江戸を基盤とし、江戸を代表する町人によって担われていたことがわかる。

次に、御金御用町人から資金を調達する様子をみる。安政六（一八五九）年一二月、加賀藩は幕府に対し、江戸城本丸焼失に伴う再建費用五万両を献納することを内願し許可された〔『加賀藩史料』藩末篇上巻、七五三頁〕。この費用調達について紹介したい〔「加州様御用諸事之記」〕。

一、過日不嶋殿より御手紙参り申し候間、御奉行沢村殿御小屋へ参り申し候所、御奉行前田殿・頭（棟）取不嶋殿、御内用方辻又四郎殿立合にて、

川村伝左衛門・笹屋太兵

衛・芹川六兵衛・川村伝蔵・手前（注――升屋七右衛門）右五人招かれ、御奉行より仰せ聞けられ候には、昨年　御本丸御焼失につき、御屋鋪より五万両御上金遊ばされ、尤半金は御国の御金御用達にて調達致させ、半金は江戸御金御用達にて調達致し呉れ申し候よう御頼みにござ候、尚又

川村五千両・芹川五千両・笹屋三千両・辻三千両・川村伝蔵三千両・手前三千両

森川千両・津国千両　此両人の代り津善・辻八にて千両づつ調達致し申し候

米□千両　〆弐万五千両也

右の金高御頼みにござ候、御入用は二月中にござ候えども、正月中に返事致し候よう御頼みにござ候、手前方は何れ帰宅致し手代共と相談し御返事申し上げ候趣申し上げ候、夫より御小屋にて種々御馳走これ有り候、

一、正月晦日、過る廿二日御奉行より仰せ聞けられ候新規三千両御調達の儀、千両二月中に納め、弐千両当秋納めたき趣清八を以って御内用方辻又四郎殿迄申し入れ候所、右にて宜しきと申す事にござ候、

調達の依頼は会所奉行の御貸小屋にて行われ、相役の会所奉行・会所頭（棟）取・御内用方町人の立会いの元、会所奉行から伝えられた。献納総額五万両のうち国元と江戸と折半で調達するもので、江戸では九人に配分された。受諾の返事は、奉行宛てではなく、内用方町人に対してであり、内用方がとりまとめを行っていることがわかる。

御金御用は江戸を代表する豪商を含むが、内用方町人は自身より経済規模の大きい、また幕府との関係が強い町人を束ね、藩の要求に沿うように調整する役割が与えられていたのである。

ここまで御用達町人を中心に藩邸への出入町人の性格をみてきた。最後に家中の需要を支えた商札持町人についてもふれておく。家中の消費を支出規模からみれば、御用達町人に支払われる金額以上のウエイトを占めており、見過ごすことはできない。限られた史料から断片的ながら検討しておく。

表５　文政期の諸色屋 12 軒

名前	居所	職種	出典参考
米屋伊兵衛			
伊勢屋弥兵衛	本郷６丁目	味噌問屋	江戸買物独案内
近江屋勘四郎	本郷元町　武兵衛地借	地廻米穀問屋/舂米屋 12	諸問屋名前帳
川越屋久五郎			
伊勢屋善兵衛			
伊勢屋六兵衛	本郷元町家主	味噌問屋　自分焚おろし・小売	諸問屋名前帳
上総屋茂兵衛	池之端浄圓寺門前　家主	地廻米穀問屋/舂米屋 13	諸問屋名前帳
越後屋長吉	金沢町　直次郎地借	地廻米穀問屋/八ヶ所組米屋（湯嶋組）	諸問屋名前帳
米屋六兵衛			
三河屋助右衛門			
近江屋清七			
柴田屋四郎右衛門			

出典）『加賀藩史料』13 巻，347 頁．

家中は生活に必要な物資を、藩邸内に出入りする商札持町人から入手していた。商札持町人の実態を具体的に知ることは難しいが、藩邸に商品を頻繁に持参していることを考えると、近隣地域に在住する町人と推察される。商札持町人の中には「諸色用事承り候町人」〔鈴木 二〇〇五〕がおり、江戸に到着した家中がすぐに仕事を始められるように、御貸小屋・長屋に出向いて、必要な物品を手配する町人が存在していた。このような町人は「諸色屋」とよばれ、文政期で一二人存在した。表５からは、本郷・湯島地域の地廻米穀問屋・舂米屋・味噌問屋などで構成されていることがわかる。諸色屋は、家中が慣れない江戸で潤滑に生活する上で重宝する存在であったが、一方で支払いが売掛で行われたため、支払いを残したまま帰国してしまうということが多く問題化した〔「江戸会所御定書」〕。商札は会所奉行が発行しているとはいえ、取引は相対で行われているため、会所奉行は静観の態度をとったが、町人側から江戸町奉行所への公訴の可能性を示されると、家老に上申し、家中に対し町人と示談し早急に返済するよう指示した。商札持町人は公訴になれば「御屋敷の御名も出で、別して迷惑仕り候」と、体面を保とうとする藩側の心理を逆手にとって解決に導こうとするものであった。これは御用達町人と藩役人との関係とは全く異質であることに気づく。御用達町人は御用を重ねることで身分特権を得るなどしたが、商札持町人はそのようなことは一切なく、藩との関係も単純に商取引に終始する関係にあったといえよう。

おわりに

加賀藩の場合、江戸藩邸において大名家が自らの日々の生活を存立させるため、実に五〇〇人を超える町人を藩邸に出入りさせ、併せて家中の需要にも応じさせていた。御用達町人は進退願を提出するにあたり、必ず内用方町人の世話を受ける必要があった。藩と御用達町人の関係は、個別のものではなく、御用達商人はまず内用方町人のもとで編成され、集団として藩と相対していたといえよう。藩役人は定府ではなく一年半交代での勤務のため、江戸の事情に通じていたとはいえない。こうした状況の下で内用方を介する仕組みは江戸に不慣れであっても対応できるものとなっていた。藩にとって内用方の存在は必要不可欠であったが、御用達町人にとってもまた同じであった。町人が大名家と良好な関係を継続していくのは、必ずしも容易ではなかった。江戸町人にとって藩の御用を勤めること、大口の取引先を得ることは大きなメリットであったが、一方で藩から恣意的な取引を強要されるというデメリットもあった。そうした弊害を避けるためにも、内用方町人の役割が求められた。内用方町人は、加賀藩との関係に起因する由緒をもつことから、藩への帰属意識が高い上に、藩からの信頼も篤く、会所内に常駐して藩役人とも接点をもち、御用達町人全体に対するヘゲモニーを有した。藩との紛争が発生した場合、御用達町人らは問題解決のため幕府へ公訴する手段もあったが、それは最終局面でのことで、町人にとっては御用を継続することを前提に事を進める必要があった。内用方町人は、藩役人に対して口利きができるため、これを介して穏便に問題を解決することが可能となったのである。

本章では、加賀藩を事例に、藩邸と江戸町人社会との間を結ぶ上で、内用方町人が大きな役割を果たしたことを明らかにしたが、他藩の場合はどうであったかは、今後の検討課題である。また内用方のように、ある程度その町人の家は固定されているとしても、一方で役職として位置づけられることの意味も併せて考える必要があるだろう。

（1） 出入関係の総体については、松方冬子・岩淵令治によって、町人のみではなく大名・旗本・公家・寺社・江戸城出入の坊主・下級役人・宿屋、座頭・瞽女などで構成されることが示されている〔松方 一九九四、岩淵 二〇〇四〕。

（2） 「追遠訓」は、経営を引き継いだ三代が初・二代の事績をひきながら、それまでの加賀藩御用を主軸に据えた経営から、町方などより広汎な相手を対象とする見世商に経営を転換させた経緯を綴るという性格を合わせもつ。なお、伊勢屋伊兵衛家を平御用聞町人として扱った根拠は、寛延元（一七四八）年一二月に三代当主が台所方に提出した御目見願に、それまでの初・二代の御目見の先例記載がなかったことによる。ただし、御目見ではなくても「折節御奥へ連れられ、それより数多の女中に誘れ、御座敷・御庭辺視巡、御簾の内より人形・御菓子下されし」と、藩役人らの贔屓を受けて奥御殿へ出入りしていた様子がうかがえる〔沢登ほか 二〇〇六・二〇〇七〕。

（3） 一例として三井越後屋の事例をあげたい。三井大坂両替店は加賀藩の蔵元玉屋清蔵に対して、正米を担保に米質貸、延為替貸付というかたちで貸し出していたが、明和八（一七七一）年に加賀藩役人が借蔵の錠を破り、担保米をもちだして売り払うという一件が発生、これを機会に全ての貸出金が滞りとなってしまった。三井両替店は大坂東町奉行所に蔵元らを訴え、加賀藩役人も町奉行所の尋問を受けた。一方、これとほぼ同時期に、加賀藩江戸屋敷にて呉服御用をつとめる越後屋江戸本店が、御用品（公辺向献上品）の不備を理由に出入差し止め処分を受けた。安永二（一七七三）年二月には三井家は常陸府中藩主松平頼済らの仲介によって加賀藩から赦免を得るが、その後三井両替店は予定していた評定所への出訴を江戸本店の御用を配慮してとりやめ、かわりに越後屋の年来の得意先で、加賀藩出入である和田理助という人物に交渉を託して、安永三年一二月に年賦償還方法を結ぶことに成功したという（〔賀川 一九八五〕、前田育徳会尊経閣文庫編『太梁公日記』八木書店、二巻、二四二頁ほか）。この一連の流れからは、江戸本店の御用差し止めは三井両替店が大坂町奉行所に出訴したことの報復と読み取れ、藩役人との交渉の難しさが示される。

（4） 享保一二（一七二七）年の事例で、加賀藩は日用頭に対し八ヵ月程度賃銭を滞納し、日用頭から一割でも支払ってもらえるよう歎願を受けている（「中川長定覚書」一五四、金沢市立玉川図書館所蔵）

（5） 職人の場合、御細工者として加賀藩専属となって藩主御用を専一に勤めるより、家中の修復物や町方の注文を受けられる江戸町人身分の方が収入が良く、弟子を育成することができると、町人でいる方を志望するケースがみられる（『加賀藩御細工所の研究』二)。

(6) 升屋七左衛門に依頼する前には「江戸御屋敷え御門入り仕り候絹屋忠助等」と取り組まれたが、同人は身元不如意で売捌けず、代金も延滞したために、結果として升屋が選ばれた。絹屋忠助は「御門入り仕」るとのみあり、御用達町人ではなく商札持町人の可能性が高い(「江戸方御用留」金沢市立玉川図書館所蔵)。

(7) 見習願提出時の注記によれば、実際には天保三(一八三二)年六月に家督相続は済んでいたが、加賀藩に対してはその披露目が済んでおらず、まだ家督相続を済ませていない体で見習願が提出されたという。居所である町と御用先における披露目は一緒ではなく、時間差が生じていること、手続きに手間取ることがうかがえる。

(8) 享保一五年に類焼した本郷邸の再建は全て町人による請負入札で行われたが、芹川はこのうち大御門まわり・中之口御門まわり・御広式(奥御殿)[享保一五年]、大・小書院[元文三年]を担当した(『政隣記』)。芹川は材木仲買株を所持する材木商であったが、加賀藩の作事は建築資材の提供のみならず建設までも含めた一括請負の形をとった。「江戸札差芹川家日記」には、家督相続に伴って「本郷町棟梁衆」・「左官町棟梁衆三人」・「作事町惣棟梁衆」との間で贈答関係が見られるため、芹川が落札した場合にはこのような藩邸周辺の町棟梁を率いて御用を勤めたものとみられる。

参考文献

市川寛明「江戸における人宿の生成と展開」『東京都江戸東京博物館研究報告』七、二〇〇一年
市川寛明「江戸における人宿商人の家業構成について」『東京都江戸東京博物館研究報告』八、二〇〇二年
岩淵令治「榊原家江戸屋敷と出入の者たち」『龍岡町遺跡』一九九五年
岩淵令治「江戸住大商人の肖像」斎藤善之編『新しい近世史』三、新人物往来社、一九九六年
岩淵令治「出入商人」文京区遺跡調査会編『春日町遺跡第Ⅲ・Ⅳ地点』二〇〇〇年
岩淵令治『江戸武家地の研究』塙書房、二〇〇四年
賀川隆行「三井両替店の大名金融」『三井文庫論叢』一九、一九八五年
賀川隆行『近世大名金融史の研究』吉川弘文館、一九九六年
金沢市史編さん委員会編『金沢市史』通史編二近世、二〇〇五年
『加賀藩御細工所の研究』一・二、金沢美術工芸大学美術工芸研究所、一九八九・九三年
田中喜男『城下町金沢』日本書院、一九六六年
田中善男『近世産物政策史の研究』文献出版、一九八六年

田畑勉「加賀藩財政と産物方政策の動向」若林喜三郎編『加賀藩社会経済史の研究』名著出版、一九八〇年
田畑勉「加賀藩の江戸における財政支出について」田中喜男編『日本海地域史研究』二、文献出版、一九八一年
日置謙編『加能郷土辞彙』金沢文化協会、一九四二年
松方冬子「近世中・後期大名社会の構造」吉田伸之・宮崎勝美編『武家屋敷』山川出版社、一九九四年
横山百合子『明治維新と近世身分制の解体』山川出版社、二〇〇五年
吉田伸之『巨大城下町江戸の分節構造』山川出版社、二〇〇〇年
『加賀藩御定書』前編、石川県図書館協会、一九八一年
沢登寛聡ほか「史料紹介　江戸日本橋商人の記録」『法政大学文学部紀要』五四・五五、二〇〇六・〇七年
鈴木景二「加賀藩上級武士の江戸赴任心得」『富山史壇』一四七、二〇〇五年
津田政隣著、髙木喜美子校訂・編集『政隣記』享保元年〜廿年・元文元〜延享四年、桂書房、二〇一三年
前田育徳会尊経閣文庫編『加賀藩史料』一三巻・藩末篇上巻、清文堂書店、一九七〇・八〇年
前田治脩著、前田育徳会尊経閣文庫編『太梁公日記』二—四巻、八木書店、二〇〇八・一〇・一二年

〈第3章〉

彦根藩世田谷領と江戸藩邸

角和裕子

はじめに

本章は、彦根藩の関東飛地領であった武蔵国世田谷二〇ヵ村（彦根藩世田谷領）が担った、江戸藩邸への労働力供給に注目することで、藩邸の存立において江戸周辺に位置した所領が果たした役割について検討するものである。

寛永一〇（一六三三）年、彦根藩二代藩主井伊直孝は、下野国佐野と武蔵国多摩郡・荏原郡内に五万石の加増を受ける。この内、武蔵国に拝領した二〇ヵ村二千三百石余りが彦根藩世田谷領と呼ばれる(1)。世田谷領は、現在の東京都世田谷区と狛江市にまたがって広がっており、彦根藩領の中ではもっとも江戸近くに存在していた（表1・図1）。

彦根藩の関東飛地領（世田谷領、佐野領）については、先行研究において、その年貢諸役のあり方から、彦根藩の江戸藩邸の維持機能を果たしていたことが指摘され、飛地領は江戸藩邸の「賄料」であった、という説明がなされている〔世田谷区 一九六二、村上 一九七七、佐野市 一九七八〕。特に世田谷領においては、江戸藩邸への必要物資の納入のほか、藩邸で必要とされる労働力を御用人馬というかたちで供給していたことが大きな特徴である。この御用人馬については、森安彦により、世田谷領にとって大きな負担であったこと、また、村々の嘆願により、人馬負担が一部軽減されたり、反対給付を勝ち取ったりしたことなどがすでに紹介されている〔森 一九八一・一九八八ほか〕。

表1　文化5年世田谷領村高・反別

	村高（単位：石）	反別（単位：反）	家数	人数	馬数	上屋敷迄	助郷
世田谷	416.709	2461.7.23	265	1112	66	2里8町	○
弦巻	133.411	697.9.03	36	189	8	2里10町	○
新町	0	432.1.22	61	237	10	2里半	○
用賀	171.154	1222.5.08	125	592	33	3里8町	○
野良田	78.067	576.8.12	55	238	13	3里	×
小山	52.459	229.8.13	28	121	7	3里	×
下野毛*	169.428	712.9.18	75	335	6	3里半	○
上野毛	55.016	383.9.24	24	122	3	3里余	○
瀬田	354.660	1187.7.24	110	512	16	3里半	○
岡本	191.670	631.3.10	50	220	8	3里半	○
鎌田	86.910	271.1.18	24	102	4	3里半	○
大蔵*	263.974	911.3.04	111	458	24	3里半	○
横根*	2.692	16.8.23	2	8	2	3里余	×
宇奈根	53.377	656.4.24	50	240	5	3里半	×
岩戸	119.320	597.1.27	52	224	6	4里8町	○
猪方	67.133	315.7.25	44	218	7	4里半	○
和泉*	61.865	507.9.20	37	181	7	4里半	○*1
八幡山	2.680	84.6.01	22	101	5	3里半	×
太子堂*	1.000	14.3.19	1	7	2	2里	×
馬引沢*	25.074	80.7.03	16	70	0	2里余	○*1
合計	2306.599	11993.5.21	1188	5287	234		

注1）和泉村は甲州道中布田宿の助郷，馬引沢村は甲州道中内藤新宿の助郷．その他の○印については，甲州道中高井戸宿の助郷である．

注2）*印がついている村は相給村落である．

注3）馬数の合計は計算と一致しないが，史料の表記にしたがった．

出典）「武蔵国世田谷領略村鑑」（『世田谷区史料』第3集，155-179頁）より作成．


それでは、江戸藩邸の維持機能を果たしていたとされる世田谷領において、御用人馬負担が軽減されることや反対給付を得られるようになることは、江戸藩邸にとってはどのような意味を持つのだろうか。単に農民負担の軽減として見るのではなく、藩邸への労働力供給という観点から、世田谷領における御用人馬負担に関する諸事実をとらえ直していく必要があるだろう。

一方、江戸藩邸への労働力供給という論点を取り上げるにあたって念頭におきたいのは、武家奉公人に関する研究である。吉田伸之は、江戸の都市下層社会の存立構造を分析する中で、国元と江戸を循環する武家奉公人が、「日用」層として都市下層社会に滞留し、新たな奉公人の供給源となることを明らかにした〔吉田 一九八四〕。これをふまえ、藩による奉公人徴発の実態を検討した森下徹は、領内に展開する雇用労

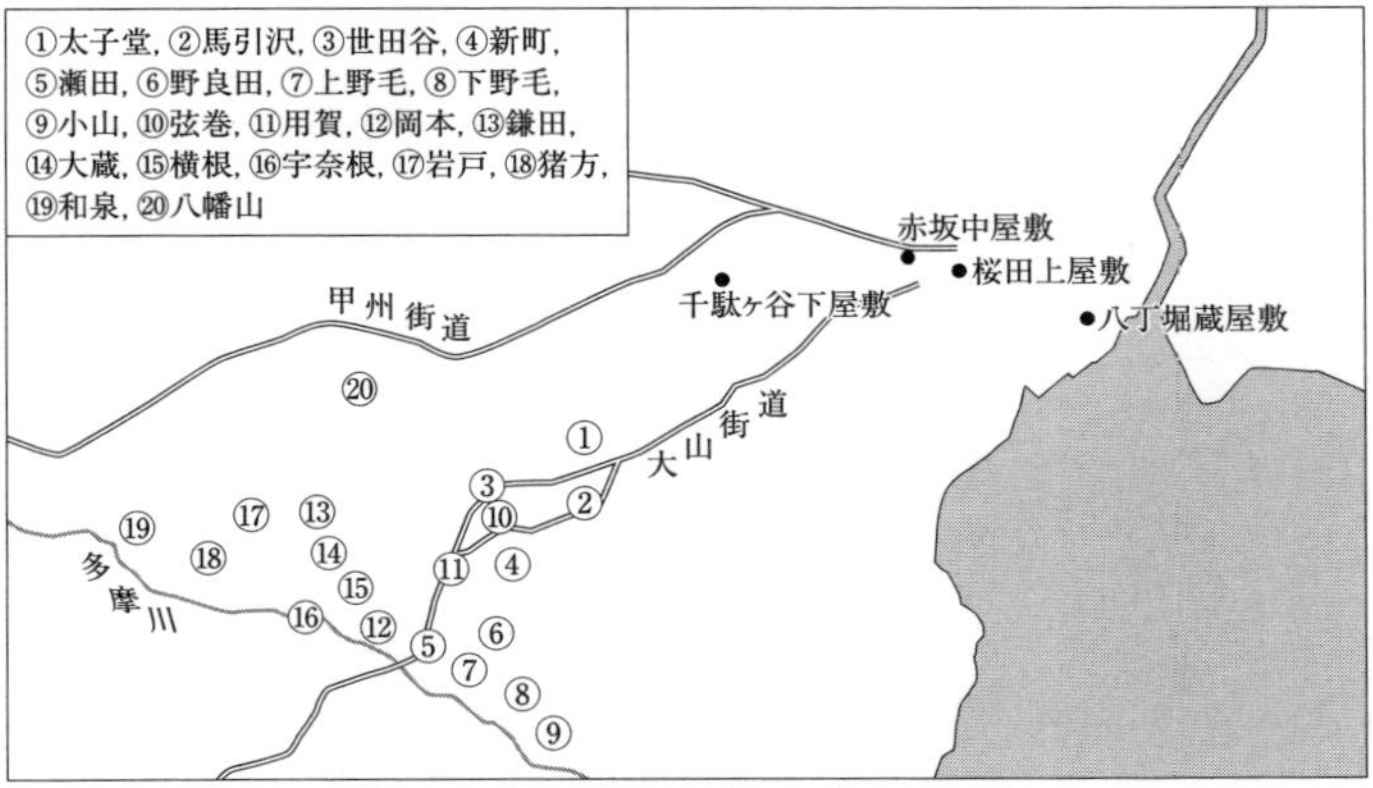

図1　彦根藩世田谷領二十ヵ村と江戸藩邸

働のあり方によって、労働力の調達が規定されていたことを指摘している〔森下 一九九五・二〇〇四〕。また、両氏の指摘を前提として、齊藤紘子は、畿内譜代小藩における領主支配の実態や地域社会の特質を明らかにするという視角から、藩による武家奉公人確保について検討し、在地社会のあり方に規定された奉公人調達構造の変化を明らかにしている〔齊藤 二〇一〇・二〇一四〕。

これらの研究をふまえ、本章でも世田谷領からの労働力確保を目指した藩邸に対して、世田谷領における御用人馬負担はどのような形で実現され、それはどのように変化したのか、という点に注意を払いながら以下のように論を進めていきたい。第一節では、世田谷領が成立当初から、藩によって労働力供給源として位置づけられたことを確認する。続く第二節では、御用人馬を徴発する廻状から、御用人馬の具体的な役割と人馬の賦課基準について検討する。第三節では、一八世紀後半から一九世紀前半を中心に、世田谷領における御用人馬負担のあり方とその変容過程を明らかにしていく[2]。

本論に入る前に、いくつか前提となることを確認しておく。彦根藩では、世田谷領を含めた関東飛地領を佐野奉行を通して支配した。佐野奉行のもとには、世田谷領＝世田谷代官、佐野領＝佐野代官がおかれ、実質的な地方支配を担った。代官には地元の有力者が起用され、世田谷代官には元世田谷城主吉良氏の重臣であった大場氏が起用された。[3] 世田谷代官大場氏の役宅は荏原郡世田谷村に置かれ、世田谷村には藩主井伊家の江戸における菩提寺である豪徳寺も存在していた。

続いて、彦根藩の江戸藩邸について確認をしておきたい〔西川 一九五六・一九五七、彦根市 二〇〇八、二二三―二二二頁〕。彦根藩では、桜田（上屋敷）、赤坂（中屋敷）、千駄ヶ谷（下屋敷）、八丁堀（蔵屋敷）に屋敷を拝領していた。これらの藩邸は、用途に応じて様々に使い分けられていた。上屋敷は、公的な居館として使用され、江戸勤番の家臣の多くが居住した。中屋敷は、継嗣や隠居が居住する控えの御殿として使用された。下屋敷は、広大な敷地を持ち、その大部分が林・畑などでおおわれており、別邸としての性格を持っていた。蔵屋敷には、船入堀や米蔵・薪置き場などが設けられており、江戸藩邸の物資の貯蔵補給の役割を果たしていた。

使用する主な史料は、二〇ヵ村の内の一ヵ村である上野毛村の名主田中家に残された文書、及び世田谷代官大場家の文書である（いずれも世田谷区立郷土資料館所蔵）。「田中家文書」には、主に一八世紀半ば以降の御用留や諸願書留が残されており、それらは『世田谷区史料叢書』として刊行されている。

一　彦根藩の関東飛地領と江戸藩邸

1　世田谷領における年貢体系

はじめに、藩の勘定人が作成した「享和元酉秋佐野世田谷御物成目録留」〔彦根城博物館所蔵「彦根藩井伊家文書」三一三一三〕から、佐野領と世田谷領の年貢体系を比較し、世田谷領における年貢体系の特徴を確認したい。

表2は物成目録をまとめたものである。まず世田谷領について検討する。世田谷領では、田方は米納となっており、本年貢のほかに口米・指米が加えられている。畑方・屋敷地については銭納となっており、口永が付加されている。

表2　世田谷領・佐野領年貢体系比較

世田谷領		佐野領	
単位：石	項目	単位：石	項目
670.056	本田・同打出し本畑之内田成共	1782.924	本田・広田
61.220	年々新田	71.818	新田
23.115	米定納芝銭	45.763	本畑新畑林藪ゟ田成見取田共
21.555	口米	54.301	口米
44.340	指米	111.704	指米
820.286	合計	2066.510	合計
単位：貫文		単位：貫文	
107.828	本畑・広畑	1524.041	本畑・広畑
11.555	本畑打出し同屋敷本田畑成并御作薗場竹藪跡共	89.442	新畑
134.333	年々新畑同屋敷芝地柳畑共	73.255	本田新田林ゟ畑成見取畑富士・韮川・栃本・犬伏・新山畑屋敷共
18.089	下林	102.658	小物成永林永堀米町新山畑永共
0.513	世田谷御蔵屋敷并瓜畑跡草場御運上		
8.170	口永	53.682	口永
280.488	永合計 （金280両1分永238文）	1843.078	永合計 （内159貫62文7分は麦・大豆・稗・綿・麻・漆により上納）
上記の他		上記の他	
1両	岩戸村御林跡開新畑御運上	18両 永200文	御運上金17両1歩・代物3貫800文
永125文	和泉村御林跡開新畑御運上	265両1分 永153文	夫銭金
6両	八幡山村御林明地請所御運上	26両1分 永83文4分	山中三ヶ村役漆4345匁納金
		13貫827文	御船苫代130827文代物直段
		511両 永200文	山中三ヶ村御入木35784束納金
		45両1分 永79文7分	申年御台所御用炭12000俵…此金285両2歩永254文3分之内240両1歩永134文6分御入用引残り御徳分積り，
		139両1分	雑割木・松割木8355束去申秋ゟ江戸御用ニ参ル分，…此伐賃・駄賃銭112貫694文，奥之諸色御払物代之内ニ而引，
		60両1分 永89文9分	申九月ゟ酉十月迄野手銭虫喰松茸其外諸色入札御払物所々御修覆并御舟古物御払代125貫584文并御□藪竹六寸廻りゟ上中下竹迄納り高23625本…雑割木・松割木伐賃駄賃銭112貫694文引残り241〆357文，

出典）「享和元酉秋佐野世田谷御物成目録留」（「彦根藩井伊家文書」31313）より作成．

以上のほかに、御林の跡地に対して運上が課されていることが確認できる。

続いて佐野領について見てみよう。佐野領も、田方年貢については世田谷領とほぼ同様の項目となっているが、畑方年貢については、その一部を麦や大豆などで納めている。そのほか、世田谷領には見られない夫銭金や、年貢米を江戸へ廻米する際の船の苫代、薪の代金納などが課せられているのが特色であろう。

ここでは佐野領の諸負担について詳しく検討していくことはできないが、夫銭金についてのみ触れたい。夫(銭)金、すなわち労役の代納ということになるが、世田谷においては、これに類する項目が挙げられていないことに注目したい。これは佐野領のみに見られるものなのだろうか。近江本国の年貢負担について、世田谷や佐野と同じ条件のもとで比較する史料は持ち合わせていないが、近江においては、労働提供の代納として「夫米」が課せられていた〔彦根市 二〇〇八、二六九―二七三頁〕。夫米は高千石あたり一人の夫役に代わって、一七世紀半ばに代納されるようになったものだという。納入形態こそ異なるものの、近江における夫米は、佐野における夫銭金に類するものであったといえるだろう。

2　夫金の免除と御用人馬

それでは、世田谷領においては夫銭金にあたるものは全く存在しなかったのだろうか。この点について、夫銭金について触れるふたつの史料から検討したい。一つめは、寛永一九(一六四二)年、江戸賄方が代官大場に対して飼料となる草の附け送りに関して意向を尋ねたものである。

〔史料1〕〔「付草わりかけ達」〔「大場家文書」7Ⅰ-1〕〕

覚

午の六月十一日より同九月八日まで日数八拾七日

ひとつ、壱万弐千五百弐拾八束　ただし三尺縄にて中しめ
この馬数千五百六拾六駄　ただし壱疋につき八束付け
ただし毎日一日に馬拾八駄づつ江戸御屋敷まで付け申す積り

①右のわりのごとくに御知行中大方は駄別をもってわり、江戸御屋敷まで付け、草の儀は御知行高へわりかけ出させ、懈怠なくあい納め申すにおいては、②毎年夫金御知行高百石につき金子三歩づつ仰せ付けられ納所申し候、本夫金は御知行百石につき金子壱両弐歩宛先年より御定めにて、佐野御知行所は今もってその通りにあい納め候、世田谷の義は、江戸御屋敷へ折々は少しづつ召し仕われ候間半分御赦免、右の通りに仰せ付けられ候件の入草あい勤め納め申し上ぐべく候、御知行百石に金壱両弐歩づつの御役金毎年三歩づつは召し上げられ、三歩は御ゆるし成され候えども、残らず御免なさるべく候御意に候、③ただし夫金御免なされず、御知行百石につき壱両弐歩の内自然は江戸御やしきへ少しづつの御用のため弐歩は御免なされ、百石に壱両づつあい納め申すべきや、又残らず夫金御免なされ御入草その外江戸御屋敷へ少しづつの御用あい勤め申したく候や、この両様慥に承り届け早々申し上げらるべく候、御入草仕る内は馬壱疋について稗壱升づつ、ならびに口付に御やしきにて食下さるべく候、

（以下略）

少し文意がとりにくいところもあるが、順番に内容を検討していく。まず賄方の提案は、冒頭に示されているように、六月から九月までの間、馬の飼料となる草を毎日一八駄ずつ、合計一万二五二八束を江戸藩邸まで附け送るように、というものであった。もしこれを受け入れるならば、夫金を全額免除するとしている。そもそもこの夫金は、先年高百石につき金一両二分と定まったもので、佐野領ではこの通りに納めている。世田谷領は、今まで江戸藩邸で度々使役されてきたので、もともと半額の三分は免除してきたが、今回の提案を受け入れるならば全額免除しようというのである。今回の提案を受け入れず、江戸藩邸での使役の代償として夫金の内二分だけ免除にするか、あるいは

今回の提案を受け入れて全額免除にするか百姓の意見を聞いて知らせるように、と要求している。この続きには、藩邸まで草を附け送りした場合には、馬と口付の者に対して扶持が支給されること、附け送りを受け入れて夫金を免除したほうが百姓のためになるのではないかという賄方の考えなどが述べられている。

以上の史料から、夫金に関して二点指摘できる。一点目は、夫金はもともと佐野領にも世田谷領にも掛けられていたもので、それは高百石につき金一両二分であったこと。また、享和元(一八〇一)年の佐野領の物成目録に見られる夫銭金は、ちょうどこの割合になっていることから[4]、佐野領では一七世紀半ばに賦課され始めた夫金が一九世紀まで続けられたと考えることができる。

二点目は、寛永一九(一六四二)年の時点で、世田谷領においては、江戸藩邸での使役の代償として夫金の内半額は免除されていたこと。そして、今回の賄方による提案が受け入れられたのかどうか、またこれが寛永一九年限りのことだったのかどうかは不明だが、享和元年の世田谷領の物成目録には夫金は見られない。このことから、江戸藩邸での人馬の使役、飼料の附け送りの代償として、世田谷領の夫金は当初から一部あるいは全額免除されていたと考えられる。

続いて二つめの史料から、このことを確認しよう。次の史料は、元文元(一七三六)年、佐野奉行から申し渡された法度証文のうちの一ヵ条である。

[史料2]〔「従御奉行様被仰付候御法度証文連判帳」(「大場家文書」3B-45)〕

(三条省略)

一、世田谷の儀は、御屋敷御用の人夫などさし出し、もっとも夫銭金など下し置かれ候事に□《(候)》へども、たびたび御用弁、御家老中にも大切に思し召し、百姓共御憐愍の思し召し候えども、年々大分の未進致し、すたら《(ママ)》悪敷御役人中もその意をえがたく存ぜられ候、自然と上へもあい聞こえ、常々無益の費これ有るゆえと察せられ候、江戸近く候えは、野菜の物作り持ち出し候はば、相応いとなみあい成るべく候事、年々困窮未進高くあい成り不審に存ず事に候、向後心を付け暮し方つましく致し、随分万端正路の筋第一心がけ、地君の恩おろそかに存ぜず、名主・年寄猶もって誓詞の趣き堅くあい守り、耕作情出し村中むつましく罷り暮らすべく候、已上、

（以下略）

全体の内容は、年貢の未進などがないよう耕作に精を出すことを約束するものであるが、傍線部に注目したい。ここでは、世田谷領は御屋敷の御用人足などを差し出し、度々藩の役に立っているので、家老らも大切に思っているとされており、そのことに対して、もっとも夫銭金などは免除されているが、と補足している。ここから、元文元年において、世田谷領では夫金が御用人足を負担することの代償として免除されていたことが確認できるだろう。

この節では、夫金に関して二点の史料を検討した。一七世紀前半、世田谷領では、近江本国はもちろん、同じ関東飛地領である佐野領とも異なり、労役が金納化されず（夫金の免除）、御用人馬として残された。冒頭で見た、享和元年の物成目録もあわせて考えると、これは一九世紀にも続けられていたといえる。彦根藩では、夫金を免除することで、世田谷領を江戸藩邸への人馬供給源として位置づけていたといえるだろう⑤。

二　御用人馬の触れ当て

1　御用人馬の役割

本項では、藩邸がどのような時に村々から御用人馬を徴発したかについて検討する。史料からは、江戸藩邸で必要とされる人馬の総数を、藩の賄方が世田谷代官に通達し、それを代官が領内の各村に触れ当てている様子が読み取れる。以下、人馬の徴発を指示する世田谷代官からの廻状をいくつか取り上げ、どのような時に人馬徴発が行われたの

かについて見ていく。

[史料3][6]

① 寛政十三年三月二十二日付廻状〔『世田谷区史料叢書』(二)―一九一、以下(巻)―頁のみ表記〕

一、人足拾五人　内、五人廿三日出

拾人廿四日出

右は例年のごとく、千田かや垣結人足日割の通り一日に拾人ずつに限り出すべく候、[7]

(以下略)

② 寛政五年八月二十七日付廻状〔(一)―四〇八〕

一、人足弐人　ただし脇さし差し、細帯の者これなき様に　上野毛村

右は明廿九日殿様豪徳寺へ御参詣遊ばされ候につき、御供御用人足にこれある間、明廿八日七つ時迄に御上屋敷御留所へあい揃え候様申さるべく候、

③ 享和四年二月十六日付廻状〔(二)―二八〇〕

一、馬弐疋

右は明十七日朝五つ時迄に八丁堀御屋敷へ出すべし、さくら田迄河岸揚馬右の通り何れも間違いなき様申し付け出さるべく候、

④ 文化六年三月九日付廻状〔(三)―一三〇〕

一、人足五人　御普請方渡り人足

右はこの度京都御使仰せをこうむらせられ候て、来る十一日御発駕につき、御中間代わり夫々渡り人足に候間、書面割の通りあい心得罷り出で、今夕東御台所急度参着候様申し付け出さるべく候、

①の史料は、千駄ヶ谷下屋敷の垣結人足を徴発するものである。「例年のごとく」とあることから、垣結人足の徴発が恒例となっていたことがうかがえる。垣結人足は例年春に徴発されていたが、秋には萱刈人足の徴発が恒例となっていた。

②は、藩主が、江戸の菩提寺である豪徳寺に参詣する際の御供人足を徴発するものである。御供人足は、藩主やその家族のあらゆる外出の際に徴発されていた。

③は、八丁堀屋敷に存在した蔵から、桜田の上屋敷へ炭薪を運び込むための馬を徴発する廻状である。八丁堀屋敷は、御堀に面しており、屋敷内には堀を引きこんで船が着けるようにした「御船入」が存在した。この立地を生かして、八丁堀屋敷には舟運によってさまざまな物資が運び込まれ、貯蓄されていた。ここから、多くの藩士が居住した桜田の上屋敷へと炭薪をはじめとした諸物資が運び込まれたのである。なお炭薪附馬は、燃料が多く必要とされる冬場に徴発された。

④は、藩主が京都上使を勤める際に、中間も御供として京都まで出向くため、その中間の代わりとして普請方で働く五人の人足を徴発する廻状である。このような中間代わりの人足の徴発は、京都上使の時だけでなく、藩主帰国の際にも、通常江戸藩邸で働いていた中間が不足するため行われていた。

以上、御用人馬を徴発する廻状を見てきた。史料3からは、世田谷領においては様々な場面で御用人馬の徴発が行われていたことが窺えるが、ここで特に指摘しておきたいのは、これらの御用人馬は、江戸藩邸で一時的に不足した労働力を補うという性格のものであったことである。これは④の中間代わりの人足を徴発する廻状に端的に表れているが、その他のものについても同様である。藩邸で日常的に必要とされる労働力については、年間を通じて雇用される中間などで賄われたと考えられるが、垣結や藩主らの外出の際には、一時的に多くの労働力が必要とされる。このため、藩邸で賄い切れなくなった部分を、世田谷領からの徴発で補っていたのである。

これは御用馬についても同様である。③で見た冬場の御用馬は毎年恒例となっていたようであるが、なかには「此節御小荷駄馬療治ニ付八丁堀通ひ不致候由、依之件之馬御用有之」（〔一〕—三九八　寛政五年三月十二日付廻状）という形で、臨時で徴発されることもあった。詳しい実態については未検討であるが、上屋敷と八丁堀屋敷との間を往復する小荷駄馬が存在し、炭や薪、米などの品を八丁堀屋敷から上屋敷へと定期的に運んでいたことが窺える。しかし、馬が病気になった場合や、燃料を多く必要とする冬場、また、一度に多くの荷物を運ばなくてはならない上国の際などには、通常藩邸内で飼育している小荷駄馬だけでは十分に間に合わせることができないため、世田谷領から馬を徴発したのである。

このように、世田谷領から様々な名目で徴発された御用人馬の大部分は、江戸藩邸内で賄い切れなくなった労働力を補完する役割を果たしていたのである。

2　代官による触れ当て

それでは、賄方から人馬徴発の通達を受けた世田谷代官は、何を基準として村々へ御用人馬の触れ当てをおこなったのだろうか。史料には、「御用人馬何事よらす町歩割合ヲ以相用申候」（〔三〕—五　文化五年八月願書）「当御領分之儀、諸事御用向反別割を以相勤来申候」（〔三〕—十三　文化六年九月願書）とあることから、村々の反別が御用人馬賦課の基準となっていたことが窺える。このことを、実際の村々への賦課状況から裏付けたい。御用留の中から、領内での徴発人数の内訳がわかるものを抜き出したのが表3である。この表から次のことを指摘できる。

①嘉永五年一〇月と嘉永六年三月のように、領内全体で同じ人数（一五〇人）が賦課された時でも、その時によって村々の負担割合は異なる。

②一回の徴発で二〇ヵ村全てに対して賦課されるのではなく、一部の村々に対して賦課されている。

③太子堂村と横根村には割り当てられていない。

では、表3に見られる割り当てはどのような基準でおこなわれていたのか。二〇ヵ村の村高などを記した表1（「はじめに」参照）と照らし合わせながら検討しよう。まず、③で指摘した太子堂村と横根村の反別を見ると、二〇ヵ村の中で最下位であることがわかる。これは、表3に見られる賦課の割合と傾向が一致する。しかし、村高について見ると、太子堂村や横根村よりも、新町村や八幡山村のほうが低い。それにもかかわらず、実際に徴発された人足数を見ると、新町村や八幡山村は、より村高の大きい太子堂村や横根村と違い、一定程度の人足が徴発されている。[8]

また、比較的村高が近い宇奈根村と小山村の人馬賦課状況を比較すると、宇奈根村のそれが小山村のほぼ倍となっていることがわかる。そこで、宇奈根村と小山村の反別を比較すると、人馬賦課状況と同じく、宇奈根村の反別が小山村の倍以上となっていることが明らかである。

以上の検討から、史料で述べられているように、代官所による人馬の割り当ては村の反別を基準としていたといえる。[9] しかし、年間を通じてどの程度の御用人馬が徴発されるかは一年が終わってみないとわからないため、代官所がその都度の割り当てによって調整していたと考えられる。このため、①②で指摘したように、時によって割り当てられる人数が異なったのだろう。

第二節では、御用人馬の具体的な役割と賦課基準について検討した。御用人馬は、藩邸での一時的な労働力不足を補うものであったこと、そして藩邸で必要とされた労働力は、賄方からの通達を受けて、代官が反別割で村々に割り当てたことを明らかにした。

しかし、一九世紀に入ると、村々では代官から人馬を触れ当てられても御用に応じられる者が一人もおらず、場合によっては他領から高い賃銭で人馬を雇って差し出す、という状況が見られるようになる（(三)―二六　文化七年九月願書）。また、領内から人を出す場合であっても、出役した人に対して賃銭を給付するという処理を行っており、人

鎌田	大蔵	宇奈根	岩戸	猪方	八幡山	新町	和泉	馬引沢	太子堂	横根
4	16	10	11	4	4	5	7	3	0	0
4	16	10	11	4	4	5	7	3	0	0
4	16	12	12	4	0	5	5	0	0	0
0	4	3	2	2	0	0	2	0	0	0
4	16	12	13	5	0	5	4	0	0	0
0	0	0	0	0	0	4	0	0	0	0
0	0	0	0	0	0	0	0	0	0	0
7	0	10	0	0	0	0	0	0	0	0

馬にかかった賃銭を暮勘定の際に精算したため、年貢などと合わせるとかなりの出費になるという。すなわち、この時期の村々にとって御用人馬は重い負担となっており、このため、村々からは御用人馬の削減などを求める願書がたびたび提出されるようになる。ではなぜこのような状況が生じたのだろうか。

以下、節を改めて、村々から提出された願書から御用人馬負担増大の背景を探る。その上で、一九世紀における御用人馬負担のあり方の変容をたどりたい。

三　近世後期における御用人馬

1　御用人馬負担の増大

まず、村々から代官へ提出された御用人馬にかかわる願書から、一八世紀後半から一九世紀にかけての御用人馬負担増大の実態をうかがいたい。

表4は、御用留・諸願書留から確認できた願書や、御用人馬にかかわる出来事をまとめたものである。この表から、まず宝暦一二(一七六二)年に御用人馬に関する出来事が確認できる。[10] この時藩では、世田谷領からの要望に応じて、御用人馬の内、藩主やその家族の外出の際の御供人足の人数を年間千人に制限し、扶持米も増加することを約束した。しかし、その後も世田谷領から御用人馬に関する願書はたびたび提出されており、特に文化年間に御用人馬をめぐる願書や出来事が集中している。

ここでは個々の願書を取り上げることはせず、願書の大意をとっていくこととす

表3　御用人馬負担内訳

年代	合計	世田谷	弦巻	用賀	野良田	小山	下野毛	上野毛	瀬田	岡本
嘉永5年10月7日	150	12	6	15	9	5	8	6	16	9
嘉永5年10月14日	150	12	6	15	9	5	8	6	16	9
嘉永6年3月17日	150	9	7	16	9	5	12	8	16	10
嘉永6年5月8日	25	0	0	0	0	0	4	2	4	2
嘉永6年10月14日	150	10	7	16	10	5	12	9	17	10
嘉永6年10月19日	45	0	8	10	7	4	8	4	0	0
同	6（馬）	0	2	1	1	0	1	1	0	0
安政7年4月6日	63	0	0	0	0	0	10	7	19	10

出典）『世田谷区史料叢書』第7巻より作成.

る。村々からの願書の構成はいずれも、

ア　近年いかに御用人馬の徴発が多いかという陳情　「近来御用人馬多分被仰付」（(二)—四五一　文化二年閏八月願書）

イ　世田谷領では、藩邸からの御用人馬のほかにも、伝馬役負担や、江戸近在のために公儀御用も勤めているという訴え　「御屋敷様計ニも無御座、御公儀様御用向等多」（(二)—四四七　文化元年九月願書）

ウ　このため役遂行にばかり時間がとられ農業に差支えている　「日々御役而已相懸り居農業手後ニ相成」（(三)—一四　文化六年一〇月願書）

の三点が述べられたうえで、御用人馬の数量削減や、農繁期の賦課免除を求める構成となっている。

ここで注目したいのは、アの主張である。村々にとって御用人馬が重い負担となっていった背景には、そもそも藩邸による御用人馬の徴発数自体が増加していた、という状況が指摘されているのである。もちろん、願書という史料の性格上、負担する人馬数が増加しているという陳情をうのみにすることはできない。しかし、文化元年に作成されたとみられる、「元文—享和御用人馬留」（「大場家文書」6E-1）によれば、おおむね明和頃までは年間の人足数が四〇〇〇人に収まる年が多かったが、安永以降はほとんどの年で五〇〇〇人を超えていたことが確認できる。[11] このことから、実際に一八世紀後半から末期にかけて、人馬数の増加がおきていたと見てよいと考えられる。

表4　御用人馬関係願書・出来事一覧

年　代	内　容	御用人馬数増加の状況	典　拠
宝暦12年9月	①御供人足へ扶持米9合下付，②御供人足を年間1000人まで勤める旨村々より請書	御屋鋪様御用人馬之内御供人足之儀は，先年ゟ相勤不申，近格之御用人足ニ付，…	(二)-435，(四)-44
寛政10年5月	御発駕の際の附け出し人馬・詰人足御免願	先達而御発駕之節詰人足幷御荷物附出し御用馬等被仰付，詰人足之義は先年ハ御発駕相済候以後は一両人ならでは相詰不申候処，当年は多人数只今以相詰罷在候…御荷物附出し馬之義も先年ハ聊之義ニ御座候得共，近年は多分被仰付，…	(二)-445
文化元年9月	御用人馬の削減・夏秋期間の御用人馬御免願	又々近年大人馬被仰付，殊ニ御詰役数度御隠居様方御出御供人足幷豪徳寺御修覆人馬之義，先年は大御普請等之節相勤候義も御座候得共，近年御屋敷様御懸り罷成少々之義ニ而も手伝人足幷水夫等其外御普請方諸向遣人馬或は御法事御用幷御一家様方御参詣之時々掃除人足等万夥敷人馬被召仕，…	(二)-447
文化2年2月	夏秋の御用人馬御免願	近来大人馬被仰付，別而御隠居様方御出ニ付数度御供人足其外詰人足或は米搗人足幷豪徳寺御修覆人馬，右寺御普請中御役人様方御宿・水夫，不時御法事諸向遣人馬又は御一家様方御参詣之時々掃除人足等被召仕，	(二)-448
文化2年閏8月	夏秋の御用人馬御免・従来命じられなかった名目の人馬御免願→豪徳寺参詣・法事の際の炭・薪・米を世田谷から買上げとする（持ち運び人馬の削減）	先年被仰付無御座候豪徳寺御作事御用人馬幷御交代之節品川・板橋附出人馬，其外余時之儀御免被成下候様奉願上候，…	(二)-451
文化3年9月	夏秋の御用人馬御免願	御屋鋪様御用人馬之儀，近来多分被仰付…年増多分被召仕先年と見競候得は過分之相違ニ而…	(二)-454
同	反別→石高割願※1		(二)-456
文化3年10月	詰人足取締り方につき願		(二)-457
文化4年2月	御供人足不行儀咎めにつき請書		(二)-460
文化4年9月	石高割願		(二)-470
文化5年8月	石高割願		(三)-5
文化6年8月	**上京留守中の詰人足へ金200両下付願**	当三月中御上京被為遊候ニ付，御留守中詰御用人足三月九日ゟ四月廿八日迄罷勤，…〆七千四百弐拾人…御定式御用人足之外当春二ヶ月ニ而壱ヶ年分程も相勤候…	(三)-12
文化6年9月	石高割願		(三)-13
文化6年10月	**扶持米増加願**	近年御供御用人足多分被召仕，其外不時御用人馬詰人足千田谷・豪徳寺御用人馬等夥敷相勤，	(三)-14
文化7年9月	**扶持米増加願**	近年御供御用人足多分被召仕，其外不時御用人馬・詰人足・千田谷幷豪徳寺御用人馬夥敷相勤，	(三)-26

同	御用人馬 2500 人／年願	豪徳寺御修覆人馬之義，古来無御座候不時御用被仰付，当年迄引続被召仕罷在候義，勿論御霊屋御修覆之節幷年々七月御廟垣結之義は，従往古御領分人馬ニ而御用相勤来候得共，去ル寛政年中ゟ御修覆人馬別段被召仕難義至極仕候，	(三)-28
文化 9 年 3 月	御用人馬前々日触れ出し願		(三)-37
文化 10 年 7 月	**御供人足扶持米 1 升 8 合に変更・知行取衆による上国の際の御小荷駄馬拝借禁止**		(三)-43
文化 11 年 8 月	御用人足の勤め方につき請書		(三)-49
文化 12 年 3 月	豪徳寺御法事・御修復御用人馬御免願	豪徳寺御修覆ニ付人馬夥敷被召仕，…古来ゟ相勤来候御霊屋御修覆御用幷御廟所垣結人足之義は為冥加相勤，…別而於豪徳寺御新葬幷御法事之時々諸向御用人馬夥敷被仰付，	(三)-50
文化 12 年 9 月	御用人足不行儀につき請書（再）		(三)-55
文化 15 年	**若狭屋忠右衛門による人足請負検討**		(三)-383
文政 3 年 8 月	千駄ヶ谷萱刈・垣結人足の削減		(三)-423，※2
文政 6 年	**岡島屋新助による人足請負検討**		※3
文政 7 年 11 月	代官所御用使に対する手当下付願→文政 10 年 3 月から扶持米 3 合＋昼扶持 2 合 7 勺 5 才ずつ下付	先年と事変近来は連々御用多ニ罷成，…寛政中より豪徳寺叢林ニ御取立以後諸堂共御屋敷様御修覆ニ而，人馬等も年増多被召仕候…追々御屋鋪様御用人馬広太罷成候得は，右准し（御代官所の）御用使之義も多分ニ相成…	(四)-26
文政 10 年 8 月	宝暦 12 年の御用人馬の上限数順守願		(四)-44
文政 12 年 3 月	**八丁堀屋敷類焼の際の詰人足に 148 文下付**		(四)-366
天保 3 年 8 月	**殿様帰城後の詰人足に 148 文下付開始**		(五)-16
天保 5 年 4 月	千駄ヶ谷垣結人足の時期変更願		(五)-278
天保 6 年 12 月	炭薪附馬御免願		(五)-65
嘉永 3 年 3 月	出火類焼による上屋敷詰人足御免願		(六)-175
嘉永 4 年 10 月	**萱刈・垣結人足代料渡し中止**		(六)-494

注 1） 世田谷領における御用人馬は，各村の反別を基準に賦課されていたが（第二節 2 項参照），20 ヵ村の内 11 ヵ村が反別割に比べて石高割のほうが負担が軽くなるため，石高を基準とした賦課に変えてくれるよう願ったものである．その後何度か願書が出されるが，結局石高割になることはなかった．

注 2） 「公私世田谷年代記」『世田谷区史料』第 1 集（世田谷区，1958 年），167 頁．また，「県の礎」『世田谷区史料』第 5 集（世田谷区，1974 年），151 頁にも萱刈・垣結人足の削減に関する記述が見られるが，文化 12 年のこととされている．特定の時点で人足が削減されたのではなく，徐々に削減されたことも考えられるが，ここでは「御用留」の記載から，文政 3 年 8 月とした．

注 3） 「公私世田谷年代記」『世田谷区史料』第 1 集（世田谷区，1958 年），174 頁．御用留には岡島屋新助に関する記事は見られない．

出典） 『世田谷区史料叢書』第 2 巻―第 6 巻より作成．御用人馬負担のあり方の変化を示す出来事として，第三節 2 項から 4 項において取り上げた事項は太字とした．

表4の右側には、願書の中で人馬数増加の状況について述べている部分を抜粋した。ここに記されている状況を確認すると、御用人馬が増加した状況の一端が示されていることがわかる。たとえば、御供人足はもともと勤めておらず、最近になって勤めるようになったこと（寛政一〇年五月）、豪徳寺修復人馬は従来勤めていなかったこと（宝暦一二年九月）、荷物附け出し馬の徴発が多くなっていること（文化二年閏八月ほか）などである。

以上の願書に述べられた状況から窺えるのは、御用人馬徴発数の増加は、単に徴発数が増えたというだけでなく、従来勤めていなかった種類の人足まで徴発されるようになったことによって引き起こされたということである。そして、これは第二節で指摘したように、江戸藩邸で不足した労働力を必要に応じて徴発する、という御用人馬そのものの性格に起因すると考えられるのである。すなわち、世田谷領における御用人馬は、もともと年間の徴発数が定められているものではなく、江戸藩邸で賄い切れなくなった労働力を補う役割を果たしていた。このため、年代が下るにつれてその徴発される名目が拡大していき、徴発数の増加につながった。こうして、世田谷領にとって御用人馬負担は増大していったのである。

2　扶持米給付と日雇賃

このようななかで、御用人馬負担のあり方に変化が見られるようになる。表4を元にしながら、以下三項にわたって御用人馬をめぐる動向を見ていく。

まずは、御用人馬に対する反対給付（扶持米や日雇賃）にかかわる動向である[12]。御用人馬負担の軽減を求める村々からの願書の大半は、具体的には人馬数の削減を求めたり、農繁期の賦課免除を求めたりするものであった。しかし数は少ないものの、扶持米の増加や、金銭の下付を要求するなど、御用人馬への直接の対価を求める願書も提出されている（文化六年八月、一〇月、文化七年九月）。

しかし、扶持米の増加や金銭の下付を求めるといった、御用人馬に対する直接の対価を求める願書は代官大場によって村々に差し戻されている。文化七（一八一〇）年九月に村々は代官所へ扶持米増加を願い出たが、この願書は次のような経緯で差し戻されている。

［史料4］（（三）―一六―一七「諸事御用留記　弐」）

右願書の義、上町大場様御役所へ差し上げ候ところ、段々御利解仰せ聞けられ、右願にては御領内御百姓共日雇賃にあい当り候えば、田畑荒地罷り成り候ても御用あい勤め申すべきや、左候ては御領内御百姓共一同空助《（雲助カ）》同様の義あい類し申すべし、甚だ宜しからざる義につき願書差し戻し申すべき趣仰せ聞けられ御取り上げ御座なく候、これにより又々左の通り旧年の人馬取り調べ、人馬御減し方願い上げたてまつり候、

この史料から、代官大場による説諭の内容がわかる。すなわち、村々による扶持米を増加してほしい、という主張は、扶持米＝日雇賃のようになってしまい、雇われた上は耕作を放り出しても御用を勤めるということになるのではないか。そうすると、百姓らは雲助同様になってしまうので非常によろしくない。以上が説諭の大意となるが、これを受けた村々では、今までに徴発された人馬数を調べたうえで、扶持米の増加ではなく、人馬数の削減を求める願書を差し出すこととなった。

この一件から読み取れるのは、百姓はあくまで田畑耕作に努めたうえで、御用人馬も勤めるべきだということ、そして、江戸藩邸では百姓を雇い上げているわけではない、という論理である。藩邸からの扶持米はあくまで食事代程度であり、日雇賃という性格のものではなかった。御用人馬は、村百姓らが耕作と両立させて勤めなければならないものだったのである。

しかし、この後、藩による扶持米給付には変化が見られる（表4）。まず、文化一〇（一八一三）年七月には、御用人馬の内、御供人足については、宝暦一二（一七六二）年から一人九合渡されるようになっていた扶持米が一升八合に倍

増される。また、文政一二(一八二九)年には八丁堀屋敷が類焼した際に徴発された詰人足に対して、一人あたり「日雇代百四拾八文ツヽ」下付されることとなった。代官によれば、これまでどのような御用であっても日雇代を下付されることはなかったという。そして天保三(一八三二)年には、藩主帰国後の中間不足を補う詰人足については、扶持米をやめる代わりに一人一四八文の賃銭の下付が開始される。このように、一九世紀に入ると、様々な御用人馬の一部に対して反対給付が行われるようになり、領内からの雇用に近いものとなっていくのである。

3 人足請負

このようななかで、御用人馬を請負に任せるという話も浮上した。文化一五(一八一八)年と文政六(一八二三)年に、それぞれ山下町若狭屋忠右衛門と青山岡島屋新助が「桜田ニ而年中世田谷人足被召仕候分請負可申」として、請負を申し出ていることが確認できる⑬。岡島屋については詳しいことはわからないが、若狭屋については以下のことが判明する。

i 元文—明和年間に、参府の際の御供人足を請け負っており、文政年間にも「御上国御道中通し人馬御用向」を勤めている⑭。

ii 寛政一一(一七九九)年に、世田谷代官と江戸在住の医師が借金返済問題で争論となった際、「桜田日雇方出入ニ付」、仲介役となっている⑮。

iii 嘉永年間には、六組飛脚屋、番組人宿四番組に加入している⑯(「旧幕府引継書諸問屋名前帳」)。

以上から、若狭屋は江戸で人足請負を職としており、少なくとも一八世紀半ばごろから彦根藩に出入していたことが明らかになる。そのつながりによって、世田谷領の御用人馬の請負を申し出たのではないだろうか。

結局、若狭屋による請負は実現しなかったものの⑰、もともと夫金の免除と引き替えに世田谷領の百姓が勤めるべきであった人馬負担が、この時期になると請負による代替が検討されるようになったことには注意すべきだろう。必ずしも世田谷領の百姓が御用人足として出なくても、請負料のみ払えば済む可能性が出てきたのである。

4　代料渡し

もうひとつの事例を見てみたい。史料5は、嘉永四(一八五一)年一〇月の廻状である〔(六)―四九四〕。

［史料5］

一、八人　廿四日出雨天日送り

〆弐百五拾人

右は千田谷御屋敷内萱刈御用人足にこれある間、日割の通り日々朝五つ時右御屋敷揃え出すべし、もっとも雨天に候はば日送り致し申すべく候、近年はかやかり・垣結両様共代料渡しにあい成り候ところ、今亥年より御改正にて前々の通り正人足にてあい勤め候様仰せ出され候あいだ、村々共その意をえ、失念なくあい心得出すべく候、早々滞りなく勤限にあい成り候はば、この状順達留村より返すべく候、以上、

近年は代料を渡すことで済ませていた千駄ヶ谷屋敷の垣結・萱刈人足について、今年から再び世田谷領から人足を出すことになったので、忘れずに屋敷へ来るように、という指示である。嘉永四年以前で垣結・萱刈人足の徴発を確認できる最後の年は天保六(一八三五)年である。ここから、一五年間ほど代料渡しが続けられていたことがわかる。

なぜこの時期に代料渡しが始まったのか、なぜ元通り人足を出すようになったのかなどについては、彦根藩政の動向とも併せて検討されるべき問題であるが、ここでは明らかにすることができない。しかし、この代料渡しも人足請負の検討や、扶持米の増加、賃銭の下付と同じ流れのなかでとらえるべきではないだろうか。夫金の免除と引き替えの御用人馬負担であったはずが、次第に夫金の負担に類するものへと変化したのである[18]。

第三節では、一九世紀における御用人馬負担のあり方の変容をたどった。一八世紀後半から一九世紀にかけて、御用人馬の負担は世田谷領にとって過重なものとなってきた。それに伴い、人馬数の削減や対価を求める願書が領内から出されるが、当初御用人馬は百姓が耕作と並行して務めるべきものであるとして、対価は認められない。しかし、一九世紀には、様々な御用人馬のうちの一部ではあるが、扶持米の増加や賃銭の下付、請負の検討、さらには代料渡しなど、夫金の賦課や領内からの雇用に近いものへと変化したのである。

おわりに——御用人馬負担の変容と世田谷領

以上、世田谷領における江戸藩邸への労働力供給について見てきた。

世田谷領は、その成立当初から夫金の免除と引き替えに江戸藩邸で必要とする労働力の供給地として位置づけられ、一九世紀においても夫金の免除は継続されていた。世田谷領からの人馬徴発は、江戸藩邸で一時的に不足した労働力を補完する役割を果たしており、藩邸で必要とされた労働力は、賄方から世田谷代官を経由して、反別割で村々から徴発された。しかし、御用人馬そのものの性格から、一八世紀後半から一九世紀にかけて、藩邸による人馬徴発数は増加傾向にあり、御用人馬は世田谷領にとって大きな負担となっていった。このため、領内からはたびたび御用人馬の負担軽減を求める願書が提出されるようになる。以上のような領内の動向を背景として、一九世紀に入ると、御用人馬負担のあり方自体が変化していった。すなわち、御用人馬の一部については賃銭が下付されるようになり、人馬請負の検討や代料渡しなども見られるようになった。当初、江戸藩邸に近いという地理的条件を活かして、御用人馬という労働力の供給地として位置づけられた世田谷領においても、一九世紀以降、領内からの労働力雇用あるいは夫金の負担に近い形へと御用人馬のあり方が変化していった。世田谷領が江戸藩邸への労働力供給において果たした役割は、近世を通じて同じというわけではなかったのである。

このような変化が起こる契機になったと考えられる、村内での人馬の具体的な負担のあり方については、村々に残された人馬の出役記録などの分析を通してより詳細に明らかにしていく必要がある。世田谷領が担った御用人馬以外の江戸藩邸維持機能の実態を明らかにすることと併せ、今後の課題としたい。

（1）成立期の関東飛地領については不明な点が多い。五万石加増の二ヵ月後には、五万石のうち三万石が近江国へ所替えとなっているため、実際には関東飛地領は二万石で確定する。また、寛永一一(一六三四)年の領知宛行状では、武蔵国の飛地は「橘樹郡之内弐千三百六石五斗余」となっており、後の荏原郡・多摩郡とは異なる。なお、世田谷領成立当初は一五ヵ村(世田谷村・弦巻村・用賀村・野良田村・小山村・下野毛村・瀬田村・上野毛村・岡本村・鎌田村・大蔵村・岩戸村・八幡山村・猪方村・和泉村)であったが、慶安年間に多摩川の治水工事によって下野毛村の一部が潰地となり、その代地として四ヵ村(横根村・太子堂村・馬引沢村・宇奈根村)が与えられた。これに世田谷村の枝郷である新町村を合わせて二十ヵ村となる。

（2）彦根藩では、弘化四(一八四七)年、相州海防を担うようになった。これに伴い、世田谷領からは新たに相州海防のための人馬徴発が行われるようになる。これは江戸藩邸への人馬供給にも大きな影響を与えたと考えられるが、本章では、相州海防以前の御用人馬負担を明らかにすることに課題を限定するため、検討範囲を一九世紀半ばまでとする。

（3）当初代官に取り立てられたのは、大場氏分家の市之丞家であった。しかし元文四(一七三九)年、七代目代官市之丞が失脚すると、代官職は大場氏本家の六兵衛家に移った。同時に用賀村名主飯田平兵衛も代官に取り立てられ、世田谷領では代官複数制が取られるようになる。以後、大場氏は幕末まで世田谷代官を勤めたが、飯田氏は二代、その後を継いだ宇奈根村の荒居氏も二代で役儀取り上げとなった。荒居氏の後は、井伊家々士の中から代官が任命され、大場氏と共に代官職を勤めた〔世田谷区立郷土資料館 二〇一四、四八頁〕。世田谷代官の変遷について、拙稿「彦根藩世田谷領における江戸藩邸下掃除」『年報都市史研究』二一、二〇一四年の記述に一部誤りがあったため、ここに訂正したい。

（4）佐野領の石高は一万七千六百九十三石余り。百石につき一両二分で計算すると、享和元(一八〇一)年の物成目録に見られるのと同様、二百六十五両余りとなる。

（5）すでに『新修世田谷区史』八二八―八三六頁においても、史料1をひきつつ、近江と佐野では高百石につき金一両二分の夫金が課されるのが通例だが、世田谷領では江戸屋敷の賄料地・馬飼料地という性質から免除されており、種々の代納物・労役が課された、との指摘がなされている。さらに、享保年中に夫銭金赦免証文を受け、永免除となった、とも述べられているが、その詳細な経緯は明らかでない。しかし、本章で取り上げた史料2でも夫銭金が免除されていることがうかがえることから、遅くとも一八世紀半ばまでには、世田谷領において夫銭金が完全に免除されるようになったことは間違いないだろう。

(6) 本章で廻状を引用する際は、「以書付申達候」「留り村ゟ御返し可被成候」「滞無之様ニ可被致候」などの、文頭・文末表現は断りなく省略した。

(7) 上野毛村の御用留という史料の性格上、記載されているのは藩邸で必要とされた人馬の総数ではなく、上野毛村に割り当てられた分のみである。このケースでは、領内全体で(一定期間)一日一〇人ずつの人足を出すようにとの藩邸の指示に基づき、代官が村々へ人足を割り当てた結果、上野毛村では二三日に五人、二四日に一〇人の人足を出すことになったことがわかる。

(8) ここで取り上げた事例では、横根村と太子堂村への割り当ては見られなかったが、これは取り上げた事例の少なさによるものなのか、それともこの二ヵ村には人馬の割り当てがなく、賃銭などの形で負担していたのかははっきりしない。文化五年の「武蔵国世田谷領略村鑑」(表1)では、横根村は人数八人、太子堂村は七人と極めて少ないため、割り当てられたとしても、実際には出役できない可能性も高かったと考えられる。

(9) なお、世田谷領では、寛文年間に年貢の賦課方法が厘取制から反取制へ移行しており、幕末まで反取が続けられた。これについて『新修世田谷区史』では、固定化された村高と実態との矛盾を解決するため、反取制がとられ、新田畑の増加に対応した、と説明されている〔世田谷区 一九六二、七九九—八〇五頁〕。

(10) 「田中家文書」の御用留は、最も古いものは享保年間のものだが、寛政年間までは年代的に欠けている部分が多い。寛政六年以降については、一部欠ける部分はあるものの、明治一〇年まで揃っており、記事も豊富となっている〔森 一九八八〕。このような史料の残存状況のため、この表が御用人馬に関わる出来事を網羅しているわけではないことには留意したい。

(11) もっとも、明和以前でも、一万人を超える年があるなど、一部突出して多い年は見られる。

(12) もともと御用人馬に対しては、藩邸から扶持米(人足三合/一人、馬六合/一匹)が支給されており、これと年貢米と相殺されるという処理が行われていた。たとえば享保一三(一七二八)年の勘定帳には、「一、拾石四斗九合弐才　此表弐拾八表四升九合弐才　右同断(但三斗七升入　筆者注)　斗立拾壱石弐斗五升三合　申正月廿九日ゟ酉正月十五日迄三千百七拾九人・馬弐百八拾六疋被召仕候人馬扶持ニ渡ル、人壱人黒米三合・馬壱疋六合ツ、」(「大場家文書」7F-8)と記されており、御用人馬に対する扶持米が年貢米と相殺されていることが確認できる。

(13)「公私世田谷年代記」『世田谷区史料』第一集(世田谷区、一九五八年)、一六四頁、一七四頁。若狭屋に関する記述は文化一四年の項目に見られるが、ここでは御用留の記載から、文化一五年の出来事とした。なお、「公私世田谷年代記」は、代官大場弥十郎の著作で、代官所に残された文書などを元に、年代順に世田谷領での出来事を記したものである。

(14)「旅御賄留帳」(彦根城博物館所蔵「高橋四郎兵衛家文書」三六)、「指紙略記」(「彦根藩井伊家文書」三一六七一)

(15)注(13)前掲書、一三四頁。この時は加賀町居住。居所が異なるが、同一人物と考えられる。

(16)この時若狭屋は惣十郎町居住。

(17)注(13)前掲書、一六四頁には、「一、於日雇方江戸山下町若狭屋忠右衛門、桜田二而年中世田谷人足被召仕候分請負可申旨相談、十二月止ニ致、断遣ス、」とある。

(18)世田谷領が請負料や代料を渡すことで人馬という労働力を供出せずに済むようになれば、当然藩はそれに代わる方法で実際の労働力の確保が必要となったはずである。この点の解明が必要となってくるだろう。

参考文献

齊藤紘子「近世中期伯太藩における村落社会と領主支配」『ヒストリア』二四七号、二〇一四年(のち『畿内譜代藩の陣屋と藩領社会』清文堂出版、二〇一八年に所収)
齊藤紘子「和泉国伯太藩の陣屋奉公人と在地社会」『史学雑誌』一一九—一一、二〇一〇年(同右)
西川幸治「彦根藩江戸屋敷について」『日本建築学会論文報告集』五四、一九五六年
西川幸治「彦根藩江戸屋敷について——江戸赤坂中屋敷」「彦根藩江戸屋敷について——千駄谷屋敷・八丁堀屋敷」『日本建築学会研究報告』四一、一九五七年
村上直「近世における彦根藩佐野領の成立と支配」『法政大学文学部紀要』二三、一九七七年
森下徹『日本近世雇用労働史の研究』東京大学出版会、一九九五年
森下徹『近世瀬戸内海地域の労働社会』溪水社、二〇〇四年
森安彦『幕藩制国家の基礎構造』吉川弘文館、一九八一年
森安彦「「御用留」の性格と内容——八—武州荏原郡上野毛村「御用留」の検討」『史料館研究紀要』一九・二一—二七、一九八八—一九六年
吉田伸之「日本近世都市下層社会の存立構造」『歴史学研究』五三四号、一九八四年(のち『近世都市社会の身分構造』東京大

学出版会、一九九八年に所収）
佐野市史編さん委員会編『佐野市史』通史編上巻、一九七八年
世田谷区立郷土資料館編『世田谷区史料叢書　第一巻—第十巻』世田谷区教育委員会、一九八五—九五年
世田谷区立郷土資料館編『世田谷の歴史と文化』二〇一四年
東京都世田谷区『新修世田谷区史』上巻、一九六二年
彦根市史編集委員会編『新修彦根市史』第二巻、二〇〇八年
国立国会図書館所蔵『旧幕府引継書　諸問屋名前帳』（国立国会図書館デジタルコレクション参照）

〈特論1〉

幕臣屋敷と江戸社会

滝口正哉

はじめに

近世中期以降、一〇〇万人を超える人口を抱えた都市江戸の約半数は武家であり、そして江戸の三分の二の面積を占める武家屋敷には、大名屋敷の他に、旗本・御家人の屋敷が配置されていた。本論では、江戸社会の構成要素の一端を担っていた幕臣（旗本・御家人）を対象に、彼らをとりまく社会構造の解明を試みていきたい。

一　旗本屋敷内の居住構造

江戸の旗本たちは、知行所に陣屋を構え参勤交代を行う交代寄合三十余家を除き、江戸屋敷に永住する不在領主であった。彼らはいずれも幕府から支給された拝領屋敷に居住することを基本としている。家格や知行高・俸禄の多寡によって拝領屋敷の坪数も異なり、なかには下屋敷や、私的に百姓地を購入・借用して得た抱屋敷を持つなど、複数の屋敷を有する者もあった。また、屋敷の広さには江戸の中心部と場末、山の手と下町といった地域的特徴も反映されていた。

現存する屋敷図面をみると、旗本屋敷は大名藩邸に比して小規模ながら、表と奥に分かれた空間構造を持ち、主屋は概ね接客・儀礼部分と、当主や家族が生活する部分、そして家臣・奉公人が詰める部分とに分かれていた。また、敷地内には門番や家臣の長屋、中庭や庭園・菜園、厩・井戸・土蔵、屋敷神の稲荷社などがあり、隣接する屋敷との境は塀や生垣によって隔てられていた。

旗本は経済的理由から家臣や奉公人をできる限り最小限に抑える傾向にあった。たとえば、家禄一三〇〇石の三嶋家の場合、嘉永元(一八四八)年七月時点での屋敷内居住者は、当主政養とその正室、養母と養母付女中二名、茶の間付女中一名、用人二名、中小性一名、小者・中間五名、扶持人医師二名の計一六名で、当時持馬はないので別当を雇っておらず、他に先々代のときに分家した一族数名と、御預人の大番組同心一名が住んでいた。この人数について、慶安二(一六四九)年に定められた幕府の軍役に照らし合わせると、三嶋家は士分六名、小者・中間は二一名必要であり、同家は家計が逼迫していたこともあり、家臣の扶持米・給金をいかに最小限に抑制するかに腐心していたことがわかる。そのうえ、幕末期の三嶋家には譜代の家臣はなく、奉公人含めていずれも数ヵ月から三年余で他の者と交代しているのである〔西脇 一九八七〕。

主家を転々とする武士の事例としては、曲亭馬琴が知られる。馬琴の生家滝沢家は一〇〇〇石の旗本松平家に代々仕えていたが、若い頃に長兄興旨・次兄興春とともに主家を去っている。長兄興旨は旗本戸田家（七〇〇〇石）、さらに山口家（二五〇〇石）に仕え、次兄興春は旗本蒔田家（七〇〇〇石）の家臣高田氏に婿養子に入るが、すぐに離縁し、その後は旗本高井家（二〇〇〇石）、水谷家（二二〇〇石）に仕えており、馬琴自身は兄とともに戸田家・水谷家に仕えたあと、小笠原家（五〇〇〇石）・下野吹上藩有馬家に出仕後流浪生活を送っている。このような旗本の家臣・奉公人層は人宿や知人の伝手をたどって短期間で奉公先を転々とする存在であり、遅くとも一八世紀後半には旗本社会にこのような人々が循環する構造が成立していたのである。

その点で特徴的なのが、駿河台小川町に上屋敷一七〇〇坪（他に馬場四五三坪、白山に下屋敷三六〇〇坪）を構えた五〇〇〇石の旗本蜷川家である。同家に残された幕末の屋敷絵図によれば、塀に沿って一番から二五番まで番号の振られた長屋があり、いくつかは物置や空き家になっていた。参勤交代で勤番武士の入れ替わる大名家とは異なる事情を考えれば、この事例などは、長屋に入れ替わりの激しい家臣や奉公人を収容する体制が整っていたことを物語っていよう〔『武家屋敷の表と奥』〕。

また、前述馬琴には叔父兼子定興が御船手同心に婿入りし、馬琴が孫に御持筒同心の株を買っている事実が示唆するように、旗本の家臣と御家人層は双方の内部で流動的かつ密接な交流があったことが明らかとなっている〔松本 二〇一七、『馬琴と月岑』〕。

次に御家人の屋敷について検討してみよう。彼らが拝領している屋敷は一〇〇―三〇〇坪程度と狭小だが、幕末に七〇俵五人扶持の徒を務めた山本政恒の場合は、約二〇〇坪の屋敷地に二九坪の母屋の他は稲荷社と貸家が一軒あるばかりで、家臣長屋はなく、他の大部分は庭となっていた。また二〇〇石の騎馬の格を有する町奉行所与力原家では、幕末の屋敷図では、主屋に一〇以上の部屋があり、他に池のある庭と土蔵が四ヵ所みられた〔岩淵 二〇一五〕。ことに茶室が設けられていることと、土蔵の多さが特徴的である。また、天保一〇（一八三九）年の事例によると、通いの用人一名、下男三名、下女三名の存在が確認できる〔『原胤昭旧蔵資料調査報告書』〕。ただし、この点については原家が代々町奉行所内で裁判を担当する掛である詮議役（吟味方）をしていて、大名家の付け届けが潤沢にあったことを考慮する必要があろう。

二　御家人の副業と貸家経営

御家人は旗本とは異なり、多くの場合、所属する役職ごとに組屋敷（大縄拝領屋敷）に集住していた。そして組屋敷ごとに一定の秩序が存在し、さらに困窮する彼らの経済的事情から、組屋敷単位で特定の内職に精を出すことも多く、青山の鉄炮百人組の春慶塗り・傘張り・提灯張り、大久保の鉄炮百人組のつつじ栽培、下谷の徒組の朝顔栽培をはじめとして、さまざまな草花の栽培や、金魚・鈴虫・コオロギの飼育などを行う組屋敷もあった。また、御家人は個人単位でも板木内職などを行っていた実態〔吉田 二〇〇三〕などが明らかになっており、彼らは内職を通じて江戸のさまざまな商品流通に接点を持っていたわけである。

一方、家屋敷の一部を貸し出し、地代を収入源とする御家人も多数確認できる。そこで町奉行所の与力・同心の事例をみてみよう。彼らは八丁堀に組屋敷を与えられていたが、文久二(一八六二)年の尾張屋版「八丁堀細見絵図」をみると、与力屋敷の一部に町医者・儒学者・国学者・心学者・盲人・手習師匠・剣術師匠の居住が確認できる。実際に与力原家・都筑家の屋敷図面から、貸家が営まれていたことがわかるほか、前述原家の天保一〇(一八三九)年の事例では、帆原検校・岩間氏・南町奉行所同心笹間氏から地代を受け取っているのである。原家では手習師匠の小泉氏や、長唄師匠の杵屋に子女を習わせている。八丁堀は与力の加藤枝直・千蔭父子が国学者・歌人として著名であり、他の住人でも村田春海や一柳千古・井上文雄などの歌人を多く輩出した地として知られ、同心の人見周助は四代目柄井川柳を襲名している。こうしたことから、八丁堀では学者や手習・武芸の師匠のほか、三弦・鍼灸・金貸などを行い検校・勾当を名乗る盲人を主な対象に内々で貸家経営を行い、彼らと文化的にも特有の関係を結んでいたことがうかがえるのである。

また、御家人たちは医者・儒者・大奥女中らとともに幕府から拝領地として町屋敷を与えられる場合があった。これを拝領町屋敷といい、地面の売買・質入れは禁じられていたものの、町方の支配に属し、他は沽券地同様に扱われていた。そのため、地主となった御家人は屋敷内に長屋を建てて町屋敷経営を行い、店賃が幕府からの扶持と同等の意義をもっていた。

一例として八丁堀地域の北島町・亀島町・岡崎町を取り上げると、ここには町奉行所の同心の組屋敷が置かれている。その実態は同心の大部分が拝領した土地の一部を住居とし、他は貸家にしている居住形態を反映しているわけで、北島町に屋敷を持つ同心大久保彦十郎は、表通りに面したところに間口二間一尺五寸の貸家を二軒、その奥に間口九尺×奥行二間の長屋などを八軒構えており、そこには共同の井戸と雪隠、幅六尺の路地が設けられ、一番奥の約二九坪の部分を大久保自身の住居としていた〔中村 一九八一〕。このようにみていくと、八丁堀の同心の組屋敷は敷地が非常に細かく分けられており、医者や学者などを中心にやや広いスペースを貸していた与力とは異なり、貸家・長屋は非常に狭く、一般の町人、なかでも零細な都市下層民に敷地の大部分を貸していたことがわかってくる。

このような拝領町屋敷は、江戸の中心部の一割ほどを占め、町々のなかに分散的に存在する一方、場末の三分の一は町全体が大縄拝領町屋敷となっていたと指摘されている〔吉田 一九九一〕。後者は組によって地面が管理される傾向が強く、場末ではないが前述八丁堀地域の同心屋敷などはこれに該当するといえよう。

三 屋敷稲荷の管理と公開

多くの旗本屋敷に存在した鎮守の稲荷社のなかには、特定の霊験を謳い、民衆に公開する場合があった。東京都公文書館所蔵の「旗本上ヶ屋敷図」は、旗本が屋敷替の際に提出した図面を、明治新政府が官員宿舎に充てるために再整理したものと考えられ、一八世紀末から明治初年におよぶ一三一の旗本屋敷が採録されている。上は六〇〇〇石の大身旗本から、末は二〇〇俵の家までさまざまであり、ほとんどが外堀より内側の地、すなわち番町・駿河台に屋敷を構えていた家の屋敷図である。これらをみると、稲荷社と断定できないものを含めて半数強の旗本屋敷に何らかの小祠の存在が確認できる。そして稲荷社は母屋裏手の庭の土蔵の奥に祀られているという事例がほとんどであることから、これが当時の一般的な配置であることがわかる。なお、旗本は屋敷を移転することがしばしばあったが、移転の折には「所有物」として転居先に持っていく場合もみられた。

このうち、裏二番町に六五九坪余の屋敷を構える五〇〇石の旗本小笠原家は、母屋が一〇六坪五合、家臣の長屋が三八坪七合五勺、他に庭などがあって、隣家との境には生垣がめぐらされ、隅には稲荷社が祀られていた。同家に伝来した史料によれば、この稲荷社は安政三(一八五六)年一一月に伏見稲荷から勧請したもので、元治元(一八六四)年四月には「来狐稲荷大明神」の称号を得ている〔『千代田の古文書』〕。また、奉行が家族や家臣とともに居住する南北町奉行所内には、それぞれ稲荷社があり、幕末期には八丁堀の組屋敷の稲荷とともに、菅北大和という神主が祭祀にあたっていた〔『原胤昭旧蔵資料調査報告書』〕。

旗本・御家人の屋敷では、屋敷稲荷の公開を介して多くの参詣者を集める事例がしばしばみられた。たとえば、寛政八(一七九六)年秋頃、二〇〇俵の大番旗本杉田五郎三郎の麻布笄橋の屋敷内にある杉田稲荷は、霊験あらたかで諸願成就すること疑いなしという評判が立ち、一般参詣者が押し寄せたという〔『藤岡屋日記』〕。また、西丸徒目付組頭大久保熊次郎の外神田の屋敷には、嘉永三(一八五〇)年九月に勧請した三社稲荷があって、同五年頃から霊験を聞きつけた人々が次々に訪れるようになって手狭になったため、安政四(一八五七)年に社殿を広げて再建したという〔『新選東京名所図会』神田下二〕。

ところで、『東都歳事記』には、初午の日に「鉄炮洲、和泉橋通、両所能勢家鎮守稲荷社にて黒札と称し、狐惑《キツネツキ》を避る札を出さる」という記述がみえる。能勢家は中世以来摂津国能勢郷を領し、江戸時代も旗本として本家は能勢周辺に四〇〇〇石余を知行し、一四の分家を輩出していた。右のうち和泉橋通に上屋敷を構えるのが能勢本家で、同家はこの他に本所北割下水にも下屋敷を所有していた。同家では上屋敷内に鵰稲荷という稲荷社を祀り、こちらから「黒札」を発行し、下屋敷では知行所内で著名な妙見社を勧請して一般に参詣を許可するという、二つの局面で江戸庶民とつながっていた。ことに鵰稲荷で出す札は「能勢の黒札」と呼ばれ、狐憑きを落とす効果があるとして、これを求める者が多かった。狐憑きの者は「黒札」を見せればたちまち狐が落ちるはずだが、落ちない場合は能勢家に連れて行き、当主が一喝すればたいていはそこで落ちるといわれた。しかし、それでもうまくいかない場合が稀にあって、そのときには「焼き落しの法」という灸による秘法を用いれば必ず狐は退散するのだという〔『古今雑談思出草紙』〕。こうして能勢本家はより日常的に江戸庶民世界と接点を有していたことがわかる。

また、これは屋敷内稲荷社ではないが、現在麻布十番稲荷神社で頒布されている「上の字様」の事例も同様の展開をみせていた。すなわち、五〇〇〇石の交代寄合山崎氏は拝領屋敷が麻布一本松にあり、邸内に「がま池」があった。江戸時代後期、この池に棲むガマの精の夢告によって、同屋敷で家臣が「上の字様」という護符を販売するようになったという。この山崎家の「上の字様」には、池の水を用いて磨った墨で「上」の字が書かれ、朱印を捺した札とともに、呪法や効能などを解説した説明書が配られていた。それによれば、火傷以外にも灸治や虫刺されの痕や、火防といった広範な効果が期待できると拡大解釈されているのが特徴である。そしてこの札が文政四(一八二一)年九月から頒布されるようになり、人気を受けて説明書が繰り返し増補改訂されていった〔滝口 二〇一二〕。

以上のように、一部の旗本・御家人の屋敷では、大名藩邸の神仏公開と同様に、不特定多数の参詣者を屋敷内に出入りさせていた実態がみられた。そしてその媒介となったのが、多くの場合、特定の効用を謳った鎮守の稲荷社だったところにその特徴がうかがえよう。

ちなみに、寺社と幕臣との関係性で特筆されるのが、祭礼行列が旗本屋敷の前を通行する場合であろう。三〇〇石の知行所と蔵米一〇〇俵を家禄とする旗本森山孝盛（一七三八―一八一五）は、赤坂氷川明神の近くに住み、隔年六月一五日に行われる同社の祭礼では、毎回氏子町に金二朱を遣わしており、安永四（一七七五）年の祭礼では屋敷の門の脇に物見を設け、出格子を付けて親族をはじめ、同僚や出入りの医師など大勢を招いて見物し、赤飯・煮しめ・酒・硯蓋・吸物などを出して饗応している（『自家年譜』）。こうしたことは毎回行われていたようで、天明元（一七八一）年には、婿養子盛年の実家の本家にあたる菰野藩主土方雄年とその養子雄貞（田沼意次六男）双方の正室を招いているのである。このときは孝盛が田沼政権へのとりなしを期待したこともあり、土方家の御付女中にまで手厚い饗応をしていた。このように、一部の旗本は屋敷を祭礼見物を通した交流・饗応の場として機能させる側面があったことがわかる。

四　旗本家の出入り・社会関係

旗本屋敷には、親族や家臣以外にも多くの人々が日常的に出入りしていた。蔵米取りの旗本・御家人は札差との関係が生まれ、知行取の旗本は知行所の領民たちとの関係があり、さらに屋敷に出入りする商人や職人の存在もあった。

前述の森山孝盛の日記から、天明五（一七八五）年を事例にとると、まず正月に知行所の名主たちが年頭の挨拶に屋敷を訪れている。森山家は上総国武射郡松ヶ谷村・木戸村・下横地村（いずれも現千葉県山武市）に合計三〇〇石の知行所があった。知行所からは毎月近況を知らせる書状が届き、年貢米の賦課・収納や村役人の任免、村の揉め事の経過報告などの他に、飛脚による借金の送金などもみられた。この年は不作だったこともあり、年貢米の減免を認めているほか、この頃森山家では困窮していたようで、知行所の者ばかりでなく、隣村蓮沼村の者にまで借金を申し入れている。また、同家は家禄の一部を蔵米として一〇〇俵、これに加えて当時小普請組頭として役料三〇〇俵を得ていたが、これらを担保に札差から借金をしていた。そして、五月には屋敷近くの小橋の架け替えにあたって、辻番組合の近隣の旗本七家とともに費用を負担している。

また、家禄一〇〇〇石の高家前田家の知行所にあたる宇津木村（現八王子市）名主であった瀬沼三左衛門が、文政期に同家の勝手賄方用人を勤めた折に書き留めた日記によれば、前田家の屋敷には家根屋嘉助・畳屋久左衛門、大工の新蔵・文蔵が普請でたびたび出入りしているほか、水回りの修理を近江屋清五郎、井戸の修理を井戸屋治郎兵衛が請け負い、各節句や祝い事では笹屋山城、改まった席では翁屋和泉という菓子屋に注文し、湯島天神社内に店を構える松金屋定七から仕出し料理をたびたび注文している（『瀬沼三左衛門日記』）。なお、前田家には門付万歳の岡部福太夫が毎年正月五日に来ていたようで、そのたびに祝儀として銭二〇〇文と米二升を渡し、雑煮・吸物・酒を饗応していることがわかる。

ところで、一五〇俵の下級旗本から身を起こし、佐渡奉行・勘定奉行・南町奉行などを歴任し、最後は家禄一〇〇〇石の旗本になった根岸鎮衛《やすもり》（一七三七—一八一五）が天明頃から三十年余にわたって書き継いだ随筆に『耳囊』がある。これは根岸が耳にしたさまざまな情報のなかで特筆すべき話題を書き留めたもので、全一〇巻一〇〇〇話におよんでいる。内容は旗本の話・怪談・珍説・民間療法・江戸庶民の間で起きた事件など奇談・雑話が多く、同僚や根岸家出入りの人々から入手した情報が多い。

根岸の屋敷は当初白山にあったが、勘定吟味役に栄転後に駿河台に移っている。『耳囊』には主にこの駿河台屋敷時代の話題が収録されている。同書のなかで情報源の判明する話題のうち、半数余は根岸の親族や家来・奉公人、江戸城内や奉行所で同僚・部下などから入手したものだが、根岸の屋敷を訪れる者から聞いた話題も少なくない。屋敷を訪れる主な者を挙げると、町医者与住玄卓、医業も行う御家人の大木金助、浅草新し橋の医師田原氏、本町二丁目に住む外科医阿部春沢、脇坂家医師秋山玄瑞、孫の疱瘡などの治療にあたった小児科医木村元長、庄内藩医前田長庵、鍼医の友兼・斎藤友益・云栄など、医業の者が大半を占めている。彼らすべてが医療行為のために屋敷を訪れたわけではないかもしれないが、多数の医師が屋敷に出入りしていることには変わりないだろう。

他に軍書読み（講釈師）栗原幸十郎・志賀理斎、国学者で歌人の横田袋翁、儒学者望月氏、鎗剣の師範を務める吉田一帆斎などの名がみえ、浪人や町人の出入りもうかがえる。ことに栗原は「小日向に住居して近隣の御旗本へ常に立入し」という者で、「予が許へ来る栗原某は相術を心掛けしが、誠に的中といへる事も未熟ながら有る事也と退譲して語ける」とあって、さまざまな旗本屋敷に頻繁に出入りし、軍書読みの傍らで人相見も行う人物だった。また、彼には東随舎の号があり、狂歌や戯作も嗜むほか、随筆『古今雑談思出草紙』を残している。また、志賀理斎は根岸の晩年に毎月数回役宅を訪れていたという（『耳嚢副言』）。

このように、根岸の屋敷には、医師・学者や軍書読みなど、日頃から多くの旗本屋敷を訪問する業態の者が盛んに出入りしている様子がうかがえる。彼らはそこで得たさまざまな情報を根岸にもたらし、それが『耳嚢』の情報源の軸をなしていたのである。

旗本にはそれと同時に学問や武術、詩歌・俳諧・書画など個人の趣向にともなって出入りの面々も変わってくる点も忘れてはならない。右の『耳嚢』では駿河台に屋敷を構える一〇〇〇石の旗本山中平吉（鐘俊）の話が登場する。山中家では、梅の鉢植えを屋敷中に置いていたため、その屋敷は「梅屋敷」と呼ばれていたという。こうした植木や庭づくりに凝った旗本は多く、天保改革期に町奉行を務めた鍋島直孝（五〇〇〇石）などは朝顔の栽培で知られた。また、神田雉子町に住む町名主斎藤月岑は、前述の蜷川家と懇意にしており、天保六（一八三五）年三月二日の日記に「蜷川様へ鉢植梅見に行」（『斎藤月岑日記』）と記しているように、蜷川家でも屋敷に梅を育てて知人の鑑賞に供していたことがわかる。月岑はまた嘉永三（一八五〇）年四月二五日にも蜷川家から花菖蒲を贈られており、当主蜷川親常は花の栽培・鑑賞を通して町人とも接点を持っていたことが推測できる。なお、月岑の父幸孝（莞斎・縣麻呂）は享和二（一八〇二）年八月、伊豆の村々の名所古跡を記した『伊豆国輿地志』を、文化元（一八〇四）年五月に神田上水の流路を絵図に示した「江戸神田上水之図」をそれぞれ親常から借用し写している（『馬琴と月岑』）ことから、町名主斎藤家と古くから文化的な交流があったことがわかる。

おわりに

本論では、幕臣の屋敷の実態と交友関係に注目し分析を試みてきた。彼らは家臣の数を最小限に抑えながらも、町屋経営や年貢納入、借金や内職など経済的側面で町人や知行所の者たちと繋がりを持ちながら、江戸の経済活動の重要な要素を担っていた。その一方で、鎮守の稲荷社の公開や地元の祭礼、医療行為や趣味・稽古などを通じて江戸市中のさまざまな人々と接点を持ち、情報を得る環境にあったことが明らかとなった。

こうした幕臣屋敷の社会関係は大名屋敷・大店と比較して考えてみたとき、出入りの商・職人が江戸の町方や近郊農村に存在する点や、人宿や伝手を介しての奉公人の雇用、当主の嗜好によっては文化的な交友関係がこの三者間で存在する点では共通している。そして農村部と接点を持つ点においては、知行地を持つ中上級旗本では国元・領民との関係があり、商品流通では特定の地域や江戸近郊農村との関係性がみられた。その一方で、蔵米取りで奉公人をほとんど持たない下級旗本や御家人は、札差と密接な関係にあったほか、町屋経営や内職を通じて町人世界と独自の社会関係を有していた。

江戸の武家人口五十万人余のうち、幕末に五千数百家の旗本、一万七千余の御家人がいたといわれる。武家人口に比する幕臣とその家臣の割合は一割に満たないが、江戸に代々定住する彼らの存在はしっかりと江戸に根を下ろしていた。そして、今回分析した広範な社会関係から考えて、幕臣屋敷は大名屋敷・大店に比肩しうる江戸の構成要素として位置づけられ、経済的にも文化的にも一定の影響力を保持していたとみることができよう。

参考文献

岩淵令治「武家屋敷の神仏公開と都市社会」『国立歴史民俗博物館研究報告』第一〇三集、二〇〇三年
岩淵令治「大縄拝領地における御家人拝領屋敷について」『北町遺跡』二〇一五年
大石学編『高家前田家の総合的研究――近世官僚制とアーカイブズ』東京堂出版、二〇〇八年
滝口正哉「「上の字様」と「能勢の黒札」――旗本・御家人の副収入」『朱』五四号、二〇一一年
中村静夫「新作『八丁堀組屋敷図　一六〇〇分の一　嘉永六年』」『参考書誌研究』二二号、一九八一年
西脇康編『旗本三嶋政養日記』ワイ・エス・ケー出版部、一九八七年
根岸鎮衛『耳嚢』上・中・下、岩波文庫、一九九一年
松本良太『武家奉公人と都市社会』校倉書房、二〇一七年
山本政恒『幕末下級武士の記録』時事通信社、一九八五年
吉田伸之『近世巨大都市の社会構造』東京大学出版会、一九九一年
吉田伸之『身分的周縁と社会＝文化構造』部落問題研究所、二〇〇三年
『瀬沼三左衛門日記』一―四、八王子市教育委員会、一九九四―九七年
『千代田の古文書――区内文献史料調査報告書』千代田区教育委員会、二〇〇九年
『千代田の古文書２――御上洛御用留　旗本小笠原家資料　他』千代田区教育委員会、二〇一三年
『馬琴と月岑――千代田の〝江戸人〟』千代田区立日比谷図書文化館特別展図録、二〇一五年
『原胤昭旧蔵資料調査報告書（１）―（４）――江戸町奉行所与力・同心関係史料』千代田区教育委員会、二〇〇八―一一年
『武家屋敷の表と奥』江戸東京たてもの園特別展図録、二〇一一年

〈第4章〉

増上寺の寺院社会と武家・民衆

下田桃子

はじめに

江戸芝の地、愛宕山の南方に位置する三縁山広度院増上寺は、将軍家菩提寺として、江戸時代おいてに急速にその規模を拡大させた浄土宗の一山寺院である。広大な境内と朱印寺領を持ち、また同じく将軍家の菩提寺であった寛永寺と同様、境内には歴代将軍の霊廟が建立され、将軍やその親族の法要が営まれた。浄土宗教団においては、浄土宗の惣触頭かつ檀林寺院（僧侶の学問所・養成機関）の筆頭として、教団運営上も最も重要な地位にあった。

伝統的な門跡寺院などかつての宗教的権威が多数存在する京都に対して、新興寺院でありながらも、幕府と最も密接な関係を有する増上寺のような将軍家菩提寺が存在したことは、江戸の特質であると考えられる。そこで本章では、増上寺の寺院社会と、江戸に居住する武士や町人たちとの関わりを明らかにしたい。まず第一節・第二節において、増上寺の寺院社会構造について、特に僧侶集団に注目しつつ把握する。将軍家菩提寺かつ檀林寺院の筆頭という増上寺の寺院社会は、他の江戸の一山寺院にみられる寺院社会とも異なる様相を持つと考えられる。その上で、第三節では江戸時代を通じ広範囲にわたって行われた増上寺の名目金貸付について、第四節では幕府恩赦の際に庶民や武家から行われた、増上寺への刑罰の赦免嘆願をとりあげ、増上寺の寺院社会と江戸の武家や町人との関係の特質を、他の一山寺院とも比較しながら把握したい。

一　増上寺の僧侶集団と寺院運営

1　三縁山広度院増上寺

増上寺は、三縁山広度院増上寺と号し、明徳四（一三九三）年に鎮西流白旗派の流れをくむ了誉聖冏の弟子酉誉聖聡が、もともと豊島郡の貝塚（現千代田区）にあった真言宗寺院の光明寺を改宗して創建した寺院である。天正一八（一五九〇）年に徳川家康が関東に入部したのち、増上寺第一二世源誉存応が貫主（住職）であった時、三河の浄土宗大樹寺を菩提寺としていた家康の帰依を得て、同じ宗派であった増上寺が徳川家の菩提寺となった。

慶長三（一五九八）年の江戸城拡張工事に伴い、芝の地、愛宕山の南方に移転し、幕府の全面的な協力のもと慶長一四年頃より諸堂宇の造営工事がはじまり、本堂や方丈、山門、経蔵等が次々と建立されていった。工事を一貫して担当したのは幕府の大工頭中井正清である〔宇高　一九六八、一〇―一二〇頁〕。

増上寺は全国から修行中の僧侶が集う檀林寺院でもあった。江戸時代の浄土宗教団においては、複数ある檀林寺院のいずれかへ入寺し修学しなければ、浄土宗の正規の僧侶として認められなかった。浄土宗鎮西派教団には、関東に一八の檀林寺院が存在し、そのうち最も入寺者が多かったのが増上寺である。早くも一七世紀の後半には寺社奉行によって増上寺の入寺者定員が一年に七〇名と制限されるほどで、最盛期には約三〇〇〇人もの所化僧（修行中の僧侶）が所属していたといわれている。

2　増上寺山内の空間構造と僧侶集団

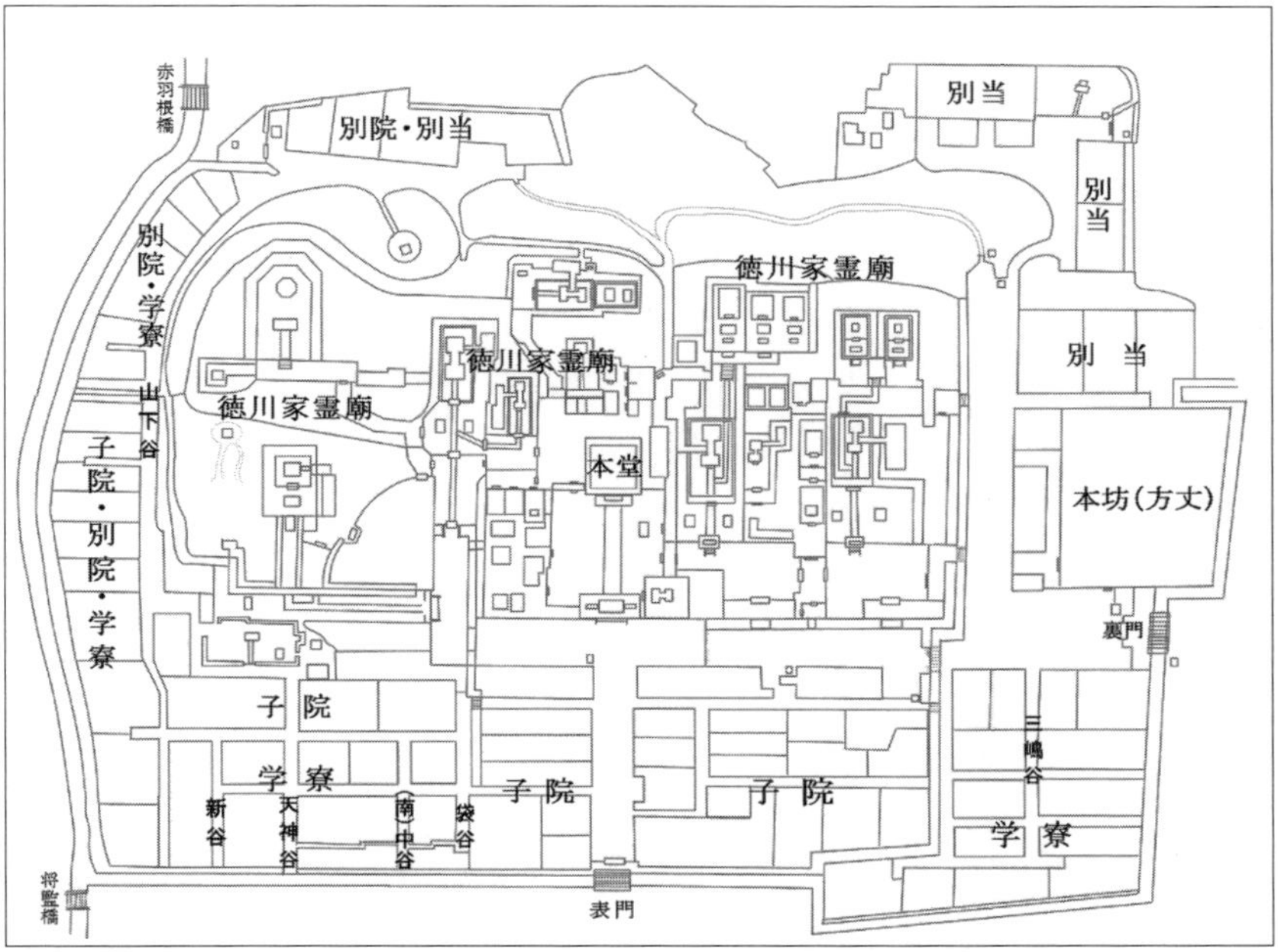

図1　増上寺山内絵図

出典）旧幕「諸宗作事図帳」百二十九より．絵図下方が東となる．

増上寺山内の空間構造を把握しておきたい（図1）。山内の中央部には本堂が存在し、その周りを取り囲むように将軍家の霊廟がある。北部には「方丈」あるいは「大方丈」と呼ばれる本坊があり、増上寺住職の居所となっている。本堂や霊廟の周囲には子院、学寮、そして別院が配置されている。

増上寺の僧侶摂門によって作成された増上寺寺誌『三縁山志』（文政二年成立）では、これら山内の空間やその建造物を、構造や機能をふまえて七つに分類している。まず(a)本堂や経蔵、鐘閣や山門などの建造物、そして増上寺住職の起居する大方丈と、(b)飯倉天神、蓮池辨財天などの祠堂、(c)三十ヵ院の子院、これらは一山寺院としての基本的な山内機構で、他の一山寺院ともある程度共通した構造である。一方増上寺に固有のものとして、徳川家菩提寺としての性格から(d)徳川家および関係者の御霊屋（霊廟）があり、その護持を役務とする(e)別当寺院、檀林としての機能から(f)学寮が存在し、また律院や常行念仏道場などの総称として(g)別院と呼ばれる存在があった。

このうち山内でも特に多くの僧侶が所属していた方丈と子院、学寮について、山内での役割の詳細を、関わりの深い僧侶集団と共に把握したい。

①方丈

増上寺本坊のことで、大方丈とも呼ばれる。方丈内に存在する方丈役所（増上寺役所とも）は、増上寺における意志決定機関であり、所化役者と寺家役者（後述）が各二名ずつと、所化方月行事・寺家方月行事（後述）の月番二名の僧侶が詰める。所化役者と寺家役者の計四名は方丈役者と呼ばれ、増上寺貫主の代理として寺務を執り行っており、方丈が寺務の執行機関となっていた。また方丈には増上寺貫主に随身し、書記等の増上寺経営に関わる補佐を行ったり、貫主個人に関わる奥向きの職務を行ったりする僧侶も起居している。

②所化―学寮

増上寺の全所化僧は大衆、あるいは所化方などと呼ばれていた。檀林寺院では、修学過程が九つの部に分かれており、所化は入寺してからの年数に応じていずれかの部に所属し、各部において定められた学問を修め、各部ごとに三年の学問修行を経たのちに次の部に部転することとなっている。所化僧内の座次（序列）は基本的に檀林に入寺してからの修行年数によって決められていた。また所化僧の出身地域は、はじめ関東出身者の入寺が多く、一八世紀中ごろからはおおむね全国各地域から平均的に入寺する傾向があると指摘されている〔梶井 一九九八、一一四頁〕。

一部の所化僧は、一山の運営にも深く携わっていた。方丈役者のうち所化役者は、修行年数の長い上座五〇名の中から入札で二名が選出され、所化方に関する職務だけでなく、教団や一山の諸規則や布達の作成、寺領関連の業務を行った。また所化役者の最も重要な役割は、増上寺貫主の代わりとして幕府寺社奉行役人との折衝を行う点で、世俗的権限の強い役職であったとされる。また所化のうち上座一二名が月番で月行事を担い、大衆の代表者として方丈役者と合議を行いながら寺務に携わり、大衆に対して指示を下した〔大本山増上寺 一九九九、二五三―二五四頁〕。

所化の総数については、すでに述べたように最盛期には三〇〇〇人程度であったことが『三縁山志』からわかるが、その時期的変遷は明確でない。宝暦期には二四〇〇人程度の所化僧が所属していたようだが、寛政期になると所化僧の減少が問題になっており、宝暦期の人数に復することが目標とされている。学寮数の変化からも、寛政期頃を境に減少傾向にあったものと思われる〔下田 二〇一五、五頁〕。

増上寺を含む檀林では、所化僧はいずれかの学寮に所属し生活していた。各寮には寮主の僧侶が存在し、寮主の名前を冠して「〇〇寮」と呼ばれた。学寮により規模は異なるものの、内部には仏間、住居、土間、台所、庭などを備えており、こうした空間構造はおおむね各寮で共通している。所化僧はこの学寮において、日常の法式・作法等について上座所化僧からの指南を受けた。また所化のうち修行年数の長い僧侶は、自らの学寮を持ち、寮主として自寮の所化を監督することが義務付けられており、学寮の維持管理や修復に関わる費用は基本的に寮主の資財によって賄われていた〔下田 二〇一五、四―九頁〕。

③寺家―子院

増上寺山内には子院（坊中、塔頭とも）が三十ヵ院存在していた。これら子院はほぼ天和期までに創立されており、特に家光政権期に数を増やしている。台徳院霊廟（徳川秀忠廟、寛永九年建立）の成立後、山内の建造物が整備されると同時に法要も壮大になり、京都から招かれた声明に優れた僧侶が山内子院に移り住んだとされ、また寛永一三（一六三五）年には、増上寺第一三世が大原・黒谷より声明僧十余名を召し連れて増上寺に住山させるなど、京での声明を将軍法要に導入したことが子院成立の背景にある〔伊坂 二〇一三、五〇頁〕。

寺僧とも呼ばれる子院の住職は法要を行うほか、主に将軍家霊廟の運営のために寄進された朱印地寺領（御霊屋料）の運営を担っていた。寺僧が務める御霊屋料に関する役職を輪番といい、子院五ヵ院が組となって御霊屋料の収納を行い、御霊屋料村々への触達や裁許、村役人任免などに当たっていた。五ヵ院のうち輪番頭の子院が輪番所として、御霊屋料に関わる寺務の中心的な役所となる。〔大本山増上寺　一九九九、二四五―二四八頁〕。またこれらの子院は、将軍家法要に参詣する大名の宿坊として、各大名家と密接な関係を有していた。この点については第二節で詳述する。

3　増上寺門前と朱印寺領

増上寺の境内の周囲には、芝片門前町以下、境内を囲むように門前町が分布している。これらの町々の住民はいずれも増上寺に地子と人足賃銭・掃除役銭を納めており、また門前町には増上寺方丈代官（後述）や方丈御抱えの医師、貸付方の役人など、代々増上寺貫主に仕える俗役人が居住していた(1)。俗役人のうち、方丈代官を含む座格の高い役人は宛行として門前町に屋敷地を得ており、町屋敷経営を行っていたものと思われる。

また境内地から少し離れた麻布一本松には増上寺貫主の隠居所がある。同地には麻布一本松下屋敷が存在し、増上寺山内の御掃除頭や広間役、山回り役や座敷番、書記役などの、増上寺方丈に仕える俗役人が居住していた。

これら門前町に加え、増上寺は広大な朱印寺領を有していた。九〇四〇石の御霊屋料、一五〇〇石の方丈領、二〇〇石の隠居領からなる計一万七四〇〇石である。寺領の大半を占める御霊屋料とは、将軍家およびその親類の霊廟の維持管理のために寄進された寺領で、方丈領および隠居領が増上寺の本領であるといえる。地域分布は、武蔵国豊島郡に巣鴨村一ヵ村を有し、橘樹郡二四ヵ村、荏原郡十三ヵ村、都築郡七ヵ村の計四五ヵ村となっており、巣鴨村を除いて江戸西南地域に分布していた。

大半の御霊屋料が輪番となった子院の支配を受け、本領と一部の御霊屋料は方丈の支配を受けた。方丈支配の村々の現地での取締や年貢徴収などに当たったのが方丈代官の奥住氏である。奥住氏は増上寺一三世正誉廓山の縁故の者で増上寺門前の役屋敷に住し、代々方丈代官を世襲した。役屋敷が寺領支配の役所になっていたようである。

増上寺領の村々に対しては、年貢のほか御用米人足（年貢米運搬）、草刈人足（境内の草刈）、別当泊り人足（盂蘭盆の時期に別当寺院で諸用を務める）など寺領特有の役が課され、村から人馬が供出された。他にも正月の門松や施餓鬼の幡竹（現物納）、境内掃除に用いる箒代（金納）を上納しており、臨時の役として、火災の際の駆け付け人足御用や、将軍の年忌法要前の掃除人足などもある。

寺領領民は、これら増上寺から課せられる負担を積極的に担うことで、幕府から課せられる諸役の免除訴願を活発に行っていた。実際に助郷役や朝鮮人来朝の際の国役銀、鷹場御用以外に鷹野役所から課せられる人足役などについて、平生から増上寺の御霊屋御用を勤めており、さらなる課役は重役になるという論理でもって免除を勝ち取っている。また領内取締強化のため、文化期にはすでに増上寺領村々で独自に組合村を設定しており、文政期に幕府の改革組合村が設定された際には、これら増上寺領を組合村に編入しようとする幕府に対し領民から訴願が行われ、結果的に増上寺領独自の組合村が公認されている。

増上寺独自の役体系の存在に加え、現物納という負担形態を多く残していたこと、それを前提とした諸役免除特権の主張と数々の訴願の経験が背景となり、増上寺領村々の領民はかなり高い帰属意識を持ち、幕領や私領民に対する優越意識を持っていたことが指摘されている〔井上 一九八九、三三一―六四頁〕。

二　山内子院と大名家

本節では増上寺と大名家との関わりについてみておきたい。将軍家の法要に参列する各大名家は、増上寺の山内機構のうち、特に子院と深い関係を有しており、増上寺の運営おいても役割を果たしていた。

表1　増上寺山内諸寺院の諸侯宿坊一覧

種類	寺院名	創立／開祖没年	宿坊大名家
別当	宝松院	寛永 9(1632)	松平（川越）・佐竹（秋田）・佐竹（秋田新田）・内藤（村上）・内藤（岩村田）・相馬（中村）・土岐（沼田）・諏訪（高島）・大村（大村）・遠山（苗木）・一柳（小野）・酒井（敦賀）・松平（松本）
別当	恵眼院	寛永 9(1632)	水戸家・松平（守山）・松平（府中）・松平（宍戸）・毛利（佐伯）・九鬼（三田）・植村（高取）
別当	真乗院	正徳 2(1712)	井伊（彦根）・水野（沼津）・久留島（森）
別当	瑞蓮院	正徳 6(1716)	松平（高松）
別当	最勝院	寛永 3(1626)	井伊（与板）・小笠原（勝山）・秋田（三春）
別当	仏心院	宝永 2(1705)	黒田（久留里）・本庄（美濃高富）・松平（高崎）
別当	通元院	宝永 2(1705)	なし
別当	安立院	元和 3(1617)	紀州家・松平（西条）
別院（元子院）	清光寺	明和 1(1764)	前田（大聖寺）・前田（七日市）・毛利（府中）・酒井（勝山）・酒井（鶴岡）・酒井（松山）・亀井（津和野）・森（三ヶ月）・関（新見）・谷（山家）
別院	福聚院	正徳 5(1715)	毛利（長州）
子院	廣度院	明徳 4(1393)	浅野（広島）・浅野（広島新田）・津軽（弘前）・津軽（黒石）・久世（関塾）・溝口（新発田）・永井（高槻）・西尾（横須賀）・小出（園部）・朽木（福知山）
子院	天陽院	応永 31(1424)	松平（福井）・松平（広瀬）・堀田（佐倉）・堀田（宮川）・牧野（田辺）・本多（田中）・大岡（岩槻）・大岡（西大平）・井上（下妻）
子院	瑞華院	明応 1(1492)	井上（棚倉）・堀（飯田）
子院	花岳院	文亀 2(1502)	榊原（高田）・奥平（中津）・松平（西尾）・鍋島（鹿島）・五島（五島）
子院	天光院	天正 12(1584)	尾州家・松平（高須）・喜連川（喜連川）
子院	良源院	天正 9(1581)	伊達（仙台）・伊達（宇和島）
子院	常照院	天正 18(1590)	鍋島（佐賀）・鍋島（小城）・鍋島（蓮池）・松平（桑名）・松平（小幡）・戸沢（新庄）・永井（和州新庄）・大久保（烏山）・京極（峯山）・遠藤（三上）
子院	観智院	天正 16(1588)	松平（津山）・松平（母里）・中川（岡）・森（赤穂）・片桐（小泉）・大田原（太田原）・森川（生実）
子院	貞松院	寛永 9(1632)	藤堂（津）・藤堂（久居）・宗（対馬）・立花（柳川）・大久保（山中）
子院	雲晴院	寛永 9(1632)	立花（下手渡）・土井（古河）・土井（刈谷）・土井（大野）・松平（宮津）・松平（岩村）・松平（上ノ山）・松平（浜田）・水野（浜松）・松浦（平戸）・松浦（平戸新田）・秋月（高鍋）・牧野（小諸）
子院	威徳院	寛永 5(1628)	松平（白河）・大久保（小田原）・本多（膳所）・太田（掛川）・三浦（勝山）・板倉（庭瀬）・石川（伊勢亀山）・石川（下館）・戸田（足利）・戸田（大垣新田）・増山（長島）・堀田（堅田）・伊藤（岡田）

子院	源流院	寛永 15(1638)	池田（鳥取）・池田（鳥取新田）・池田（鳥取新田）・戸田（大垣）・戸田（宇都宮）・秋元（山形）・青山（篠山）・青山（郡上八幡）・板倉（安中）・板倉（福島）・稲垣（山上）・稲垣（鳥羽）・松平（杵築）・高木（丹南）・丹羽（三草）・加納（一宮）
子院	瑞善院	寛永 12(1635)	なし
子院	月窓院	寛永 20(1643)	土屋（土浦）・伊藤（飫肥）・堀（村松）・堀（椎谷）・堀（須坂）・相良（人吉）・分部（大溝）・一柳（小松）
子院	徳水院	承応 2(1653)	松平（会津）・保科（飯野）・本多（岡崎）・九鬼（綾部）・山口（牛久）・本多（山崎）
子院	安養院	慶安 1(1648)	山内（高知）・山内（高知新田）・有馬（丸岡）・鳥居（壬生）
子院	月界院	明暦 3(1657)	蜂須賀（徳島）・柳澤（大和郡山）・柳澤（黒川）・柳澤（三日市）・安部（岡部）・松平（奥殿）・松平（上田）・松平（尼崎）・土方（菰野）・北条（狭山）
子院	華養院	寛文 6(1666)	毛利（徳山）・岩城（亀田）・稲葉（館山）・内田（小見川）
子院	良雄院	寛文 10(1670)	松平（矢田）・伊達（吉田）・池田（岡山）・池田（岡山新田）
子院	源興院	承応 3(1654)	前田（富山）・田村（一関）・細川（谷田部）・本多（神戸）・本多（飯山）・酒井（姫路）・酒井（伊勢崎）・稲葉（臼杵）・丹羽（二本松）・牧野（笠間）・松平（吉田）・松平（島原）・松平（府内）・松平（小島）・安藤（平）・京極（丸亀）・京極（多度津）・加藤（水口）・織田（柳本）・市橋（仁正寺）・三宅（田原）
子院	池徳院	寛永 3(1626)	前田（加賀）・有馬（久留米）・有馬（五井）・本多（泉）・小笠原（唐津）・内藤（延岡）・内藤（挙母）・間部（鯖江）・板倉（松山）・六郷（本庄）・織田（柏原）・織田（芝村）・田沼（下村）
子院	昌泉院	明暦 2(1656)	牧野（長岡）・松平（大多喜）・松平（亀山）・米倉（金沢）・米津（長瀞）
子院	光学院	正保 4(1647)	南部（盛岡）・南部（七戸）・南部（八戸）
子院	常行院	寛永 8(1631)	松平（糸魚川）・松平（明石）・黒田（福岡）・黒田（秋月）・毛利（清末）・松平（松山）・松平（多古）・小笠原（小倉）・小笠原（小倉新田）・水野（鶴牧）・仙石（出石）・加藤（新谷）・加藤（大洲）・岡部（岸和田）・水野（結城）・新庄（麻生）・建部（林田）・大関（黒羽）・木下（日出）・木下（足守）・柳生（柳生）
子院	浄運院	明暦 2(1656)	上杉（米沢）・上杉（米沢新田）・真田（松代）・内藤（湯長谷）
子院	源寿院	元禄 1(1688)	島津（薩摩）・島津（佐土原）
子院	林松院	万治 4(1661)	松平（今治）・小笠原（安志）・酒井（小浜）・阿部（忍）・永井（美濃加納）・渡辺（伯太）
子院	源宝院	承応 3(1654)	松平（松江）・内藤（高遠）・織田（天童）
子院	隆崇院	延宝 5(1677)	なし
子院	清光院	明和中	なし

（表1つづき）

学寮	良雲寮	細川（熊本）・細川（熊本新田）・細川（宇土）
学寮	良転寮 （最沢室）	稲葉（淀）
学寮	雲海寮 （積累室）	脇坂（龍野）
学寮	聞了寮	京極（富岡）
学寮	白順寮	松前（松前）
学寮	貞辨寮	阿部（佐貫）
学寮	豊厳寮 （海蔵窟）	阿部（福山）
学寮	慈航寮 （自足室）	青山（麻田）・井上（高岡）

注）『三縁山志』巻六，および創立・開祖没年については伊坂道子『芝増上寺境内地の歴史的景観』，宿坊利用の大名家については岩淵令治「大名家の江戸の菩提寺の成立と当主の葬地」を参照．

1　大名家の宿坊

増上寺山内の子院三十ヵ院は大名の宿坊を務めていた。宿坊とは将軍家法要などで大名が参詣する際の控所となる山内の寺院のことで、大名家と寺檀関係にある子院も確認できる。またごく少数だが、学寮や別院が宿坊になっている事例もある。各子院や一部学寮がいずれの大名の宿坊となっていたかを示したのが表1である。

これらの宿坊は大名家から寄付金や供養料を受けていた。例えば福山藩阿部家の宿坊は、安永三（一七七四）年に学寮（当時霊海寮）に定められ、祠堂金一〇〇両と、毎年米二〇俵ずつ寄進しており、また寮主となる僧侶は阿部家が指定し、増上寺貫主へ願い入れを行うことになっていた②。別院の福聚院は天明二（一七八二）年に長州藩主毛利治親より知行二〇〇石の寄付を受け、毛利家の宿坊となっている。他にも大名家の菩提寺となっている場合（別院清光寺―鶴岡藩酒井家）や、位牌を置いている場合（源流院―篠山藩青山家、月窓院―大溝藩分部家、昌泉院―長岡藩牧野家、良雲寮―熊本藩細川家、良転寮―淀藩稲葉家、雲海寮―龍野藩脇坂家）、各家から毎年供養料が納められていたものと考えられる。

子院の業務日誌である「月番日鑑」からは、子院の修復が、宿坊関係のある大名家の出資によって行われていたことがうかがえる（伊坂・初田二〇〇九、四九五―四九六頁）。また宝暦一二（一七六二）年二月一六日、本芝方面からの出火により学寮三七宇と山内寺院十四院が類焼し、山内寺院が幕府へ作事願いを提出した際には、幕府は宿坊関係のある大名からの援助を指示している〔伊坂 二〇一三、一五七頁〕。このように宿坊の修復・普請は宿坊大名家の経済的援助によって支えられていた。

2 増上寺と大名家の役

徳川将軍の年忌法要は、徳川家康没後の二五〇年の間に約一二〇回にものぼり、平均して約二年に一度法要が営まれていた計算になる〔田中 二〇〇八、五五―五六頁〕。六名の将軍の霊廟を持つ増上寺でも、江戸時代を通じて多くの年忌法要が行われていた。

法要の際には、勤番や火之番、道筋警衛など、大名に対して幕府から様々な役が課されることとなる[3]。文化一二（一八一五）年二月に行われた徳川家継百回忌法要の際、勤番に命じられた延岡藩内藤政順の御手元の記録「有章院様御法事之節手留」などから、内藤政順の法要に際しての動きや、子院との関係をみてみよう。

内藤政順は文化一一年一二月二七日に、二月の家継百回忌法要の勤番命令を受け、法要の期間、二月二六日から三月一日まで連日増上寺山内の御霊屋や方丈に詰めている。法事の勤番を勤めるにあたり、法要前の事前の下見や増上寺住職への挨拶など、増上寺との連絡の一切を内藤家の宿坊を勤める池徳院が取り次いでおり、また法要中も毎日の着替えを池徳院で行っていた。宿坊以外にも、増上寺住職や、方丈詰めの僧侶などと法要を通じての関わりがあった。また法要の前後を通して、内藤家からは宿坊池徳院やその院代、増上寺方丈、役者、増上寺門番、また部屋の借用や井水の提供など、関わりのあった僧侶へ付け届けが行われている。例えば宿坊池徳院への付届は、金に換算すると約五五両ほどと、昆布三折であった。その他山内各所への付届についても、その多くを池徳院院代が取次を行っており、子院は将軍家の年忌法要の際、大名の控所としての場の提供にとどまらず、役を務める大名の取次全般を担っていたと考えられる。

法要での勤番等以外に幕府から大名に課された増上寺に関わる役としては、明暦の大火後に整備された江戸城下消防体制の一つとしての増上寺火の番があった。土佐藩の増上寺火の番関係史料からは、土佐藩主一二代山内豊資が出先で火事の報せを受け増上寺に向かう際、着替えのために宿坊である子院安養院を利用し、消火を終えて帰宅前にも休息に立ち寄っていることがわかる〔藤田 二〇一〇、一二二頁〕。また前述の宝暦一二年二月の火事の際には、増上寺火の番であった大名から、類焼した学寮や子院への資金援助も行われている〔伊坂 二〇一三、一五七頁〕。

三　増上寺の名目金貸付と武家・町人

江戸時代の寺院は、その多くが金銭の貸付を行っていたことはよく知られている。特に有力な大規模寺院の場合、貸付資金に祠堂金（先祖供養や祠堂建設のため寺院に寄進された金銭）や修復金の名目が付され、幕府による債権保護がなされるなど特権的金融として機能しており、これらは名目金貸付と呼称される〔三浦 二〇一二、二四三—二六八頁〕。

増上寺においても、一山の資金は運用され、そこからの収入が重要な経済基盤のひとつとなっていた。本節では、これまでみた増上寺山内の諸機構をふまえつつ、増上寺の名目金貸付における一山と武家・江戸町人との関わりを明らかにしたい。

1　役所金と輪番金の貸付

増上寺では、山内の各組織に関連する資金の貸付を行っており、方丈、子院、所化や、御霊屋の別当寺院、また方丈代官がそれぞれ名目の異なる資金を管理・運用していた。ここでは一山の最も中心的な資金といえる役所金と、子院管轄の輪番金の貸付を取り上げる。

役所金は増上寺の経営を担う方丈役所が管轄する貸付資金で、寺領（方丈領）からの収入と、方丈に対して寄進された法要料等の余部を元金としている。輪番金は、子院のうち御霊屋料を運営する子院（輪番）が管轄する資金である。御霊屋料からの収入の一部や、子院が行う法要のための資金（黒本尊常念仏料など）が元金となっていた。役所金、輪番金共に、末寺や山内僧侶など教団内から預金が行われ、増上寺の自己資金にそれらの預金を加えて貸付が行われていた。預金主へ支払う利率は貸付口ごとに異なるが、役所金・輪番金共に八％から一〇％が中心となっている。末寺や山内僧侶にとっては、増上寺の役所等に一定期間の預金をすることで利息を得られる仕組みとなっており、増上寺の貸付は山内・教団内の共済機能を担っていた。

貸付から得られる収入から、預金主への利払い分を差し引いた額が増上寺の収入となる。使途は役所金の場合、方丈内の道具類の修復費用や、増上寺貫主が決定された際の必要経費、幕府による普請以外の山内の小普請・道普請などの入用などに充てられる。輪番金の貸付収入は、御霊屋番人の給金や輪番の役料、法会の経費などに使用された。

2　大名・旗本への貸付

貸付先についてみると、一九世紀初頭の段階では増上寺末寺・僧侶や寺領百姓に加えて武家方へのみ貸付を行っており、寺領以外の百姓や町人への貸付は行われていない。特に武家に対して幅広く貸付を行っているのが増上寺の特徴である。

武家への貸付は、基本的に年利は一五％、期間は半季という短期の貸付であった。ただし利払いがあれば新たに半季の証文に書替を行っていて、実際には返済まで数年にわたっている場合が多い。また金額は数百両の貸付が大半であった。表2は、文化期から文政期にかけての輪番金の貸付先と貸付額の一部を示したものである。

表2　輪番金貸付先（一部）

取次子院	貸付元高	貸付日	名　前	貸付先	
徳水院	金500両	文政元(1818)寅5月	松平肥後守	陸奥会津藩	松平肥後守（容敬）
徳水院	金200両	文政2(1819)卯11月	松平肥後守	陸奥会津藩	松平肥後守（容敬）
貞松院	金500両	文化9(1812)申8月	立花左近将監	筑後柳川藩	立花左近将監（鑑賢）
貞松院	金300両	文化13(1816)子2月	立花左近将監	筑後柳川藩	立花左近将監（鑑賢）
貞松院	金300両	文化13(1816)子12月	立花左近将監	筑後柳川藩	立花左近将監（鑑賢）
廣度院	金1000両	文政8(1825)酉12月	津軽越中守	陸奥弘前藩	津軽越中守（信順）
廣度院	金500両	文政10(1827)亥10月	津軽越中守	陸奥弘前藩	津軽越中守（信順）
源流院	金200両	文政4(1821)巳5月	松平淡路守	越中富山藩	松平淡路守（前田利幹）
源流院	金200両	文政5(1822)午正月	松平淡路守	越中富山藩	松平淡路守（前田利幹）
貞松院	金200両	文政8(1825)酉5月	宗対馬守	対馬府中藩	宗対馬守（義質）
貞松院	金200両	文政8(1825)酉3月	宗対馬守	対馬府中藩	宗対馬守（義質）
常照院	金700両	文化12(1815)子11月300両，文政元(1818)寅5月200両，同年12月200両，都合700両	鍋島紀伊守	肥前小城藩	鍋島紀伊守（直堯）
池徳院	金17両2分	文政6(1823)未5月	内藤備後守	日向延岡藩	内藤備後守（政順）
雲晴院	金100両	文政9(1826)戌12月	松平伯耆守	丹後宮津藩	松平伯耆守（宗発）
常照院	金300両	文化3(1806)寅5月200両，文政2(1819)卯5月100両	戸沢大和守	出羽新庄藩	戸沢大和守（正胤）
雲晴院	金200両	文化3(1806)辰12月，文化5(1808)午5月，各100両ずつ	松浦肥前守	肥前平戸藩	松浦肥前守（熈）

注）「三番　貸付金諸家口分帳」（増上寺所蔵文献 No. 3-118）より作成．

役所金・輪番金共に、山内の子院や僧侶が必ず取次として貸付の仲介にあたっている。次の史料は、輪番金の管理を行っていた役所の日誌の一部である〔増上寺所蔵「御用金方日鑑」（文政六年）〕。

五月朔日
各院々代地方役所罷り越し候に付、定式の通り当月十五日・十八日・廿日の内返納幷再借願い共諸家へ掛合に及び、否や書付を以、来る九日八時迄に差し出さるべく候様達書相渡し、但し兼て返納切達し置き候向、相違無き様取り計らわるべき段申し達し候事
……

各院院代とは子院住職の代理の僧のことである。五月初めに、諸

家へ各子院が掛け合いをし、返納するか再借願いを出すか書付を提出するよう指示されている。また五月二一日の会議では、「池徳院引受小笠原家・六郷家・田沼家滞金、来月廿日まで、常照院引受鍋島紀伊守殿滞金、同断、常行院引受松平日向守殿当五月納、元利未納、当時掛合中、その外各院引請諸家滞分、夫々日延申立これ有り候事」と記録されており、池徳院・常照院・常行院などの子院が取次となり、諸家からの貸付金の回収に責任を持っている。これらの子院は各大名家の宿坊でもあった(表1)。

必ずしも返済はスムーズに行われず、期日に利息等の支払いがなされない場合は、取次の子院が貸先の武家へ複数回にわたって交渉を行う様子もうかがえる。輪番金は御霊屋料からの収入を元金としているため、幕府による債権保護がなされていたが、返済が長期にわたって滞っても、実際に増上寺側が幕府へ訴え出る事例はごくわずかであり、大半は年賦償還への切り替えや利下げが行われている。(4) これは取次になっている子院がいずれも各大名家の宿坊であるなど、純粋な金銭の貸借関係ではなく、縁故を前提とした貸付だったためだと考えられる。

3　江戸町方での新規貸付

増上寺の貸付が主に教団内の僧侶・寺院、および武家に対して行われていたことを確認したが、文政期には初めて町人に対する貸付が開始する。

増上寺では文政五(一八二二)年、寺社奉行に対して増上寺の公務が継続できるよう助成を願い出た。数回の訴願を経て、文政七年一一月には幕府からの金三〇〇〇両の下付が決定し、それを種金として差加金を加えた貸付、および月一回の富突興行が許可された。種金に差加金を足した貸付総額として、増上寺が寺社奉行へ届けた金額は一一万両にものぼるものであった。

増上寺では、江戸両替商などを金主として、彼らの資金を種金に加えて貸付を行っている。増上寺所蔵「役所預金割判帳」によれば、中井新右衛門、岡見伝太夫、川田利兵衛、雑賀屋忠七、播磨屋嘉兵衛、近江屋徳之助、上総屋与兵衛、扇屋治郎兵衛、播磨屋九郎助、秋田屋定七、上総屋重蔵、万屋嘉兵衛などの町人らが出金していることが確認でき、彼らはほぼ千両単位で預金を行っている。このうち中井新右衛門は江戸両替商の播磨屋新右衛門で、播磨屋嘉兵衛や九郎助はその手代である。播磨屋新右衛門については、文政期の貸付が開始される際の記録に「同月（文政九年二月）別日中、中井新右衛門、西内役玄関より上り、旧来御出入に付、御居間書院（方丈内）にて御十念・御盃これ下さる……」（「福田耕記」『吹塵餘録』）との記述があり、町方への貸付開始以前から増上寺との出入関係が存在し、それを前提に金主となったものと考えられる。

文政九年八月には、江戸町方に貸付会所を設置し、増上寺の用達町人へ貸付管理を任せることが決定された。貸付の実務を行う用達町人は、箔屋町源兵衛店藤本重五郎以下四名の町人の名が挙がっている[5]。その後、江戸名主を通じて触れ流し（貸付の告知）も行われ、貸付が開始された。町方での貸付は沽券状を取り、利率は年利一二％で、増上寺は貸付所の利金のうち運上金として一分を得ることになっていた。

返済が滞った際には、町奉行所に訴えた上で、町奉行所から返済命令がなされることになっていた。次の史料は、文政期に貸付金の返済遅滞を出訴した際の記録である（増上寺所蔵「帳場日鑑」（文政一一年七月二日条））。

一、貸附方より差出書面如左

新規御貸附金、町方掛之内金弐百両、本郷三丁目家持久四郎と申す者へ、沽券状これ取り、貸し附け候処相滞り、度々催促仕り候らえども、埒明申さず、外に響にも相成り候儀、拠んどころ無く出訴仕るべき旨、御用達共申し出で候に付、承り届け候段、寺社司并町奉行所へ届書差し出し候、これに依り御届申し上げ候以上、

七月

本郷三丁目家持久四郎への貸付金二〇〇両の返済が滞り出訴する旨の報告を、用達町人から貸付方執事役である瑞蓮院（別当寺院）が受け、それを方丈役所へ届けている。出訴の手続きなどは貸付所の用達町人に任せられ、増上寺の僧侶は直接には関与していない。翌月には久四郎から元利二〇八両が皆納されているが、この時も瑞蓮院は報告を受けるのみであった。このように箔屋町貸付所での町人を対象とした貸付は、運営は用達町人に一任され、増上寺僧侶が直接には関与せず、増上寺はその運上のみを得ていた。金主となる商人にとっては、自己資金に増上寺の名目を付すことで、ある程度安定的な資金運用が可能になるために、両者にとってメリットのある貸付となっていた。

一方、町方での貸付と並行して、幕末に至るまで、大名や旗本に対しては役所金や輪番金など幅広く貸付が行われている。武家側は増上寺の資金の借り入れにきわめて積極的な姿勢を持っており、山内の各所から小口の資金を同時に複数借りることで資金調達を行っていた(6)。増上寺の武家貸は決して低利とはいえないが、縁故関係のある僧侶が取次となることで基本的には担保が不要で、武家にとっては江戸で借りやすい資金だったものと思われ、一時的に必要な資金の借入先として機能していたのではないだろうか。一方増上寺側は、江戸という立地を生かし、武家へ幅広く貸付を行い、常に資金を流動させることで、一部が年賦化・利下げあるいは棄捐となっても、ある程度の利息収入を獲得することが可能となっていた。

四　増上寺を通じた幕府の恩赦

最後に、将軍家菩提寺が江戸に存在することが、江戸やその周辺に居住する民衆にとってどのような意味を持ったのかについて考える手がかりとして、本節では幕府恩赦における増上寺と民衆との関わりをみてみたい。江戸幕府は幕府・朝廷の慶弔に関わる出来事があった際、罪人の刑罰の赦免あるいは軽減を行っており、増上寺は同じく将軍家菩提寺の寛永寺と共に、この幕府による恩赦に深く関わっていた。

1　幕府の恩赦と将軍家菩提寺

増上寺や寛永寺が関わる幕府の恩赦は、将軍や大御所、将軍近親者等の年忌法要の際に行われるもので、史料上では「御法事之赦」（以下法事の赦とする）などと記載される。法事の赦は、その対象者の刑が確定されているか否かによって区別されており、それぞれ手続きも異なっていた。まずはその手続きを確認しておきたい。

将軍や大御所、あるいはその近親者等の年忌法要の当日には、法要を営む増上寺あるいは寛永寺のいずれかにおいて、拘留中の未決囚を対象とした恩赦が行われた。法要にあたっては、老中から寺社奉行・町奉行・勘定奉行の三奉行に対して恩赦が行われる旨の発令がなされ、未決囚の取調命令が下される。それを受けて、それぞれの役所において係属・吟味中の者の赦免や減免を老中に伺い、老中が誰を赦免するか最終決定を下すことになっていた。そして法要の結願に、法要が営まれる増上寺あるいは寛永寺へ恩赦の対象となった未決囚が連行されて一列に並び、町奉行が赦免状を読み上げ、貫主が十念を授けて教誨し、一斉に縄を解いて赦免が行われた〔平松　一九六〇、一〇四六―一〇四七頁〕。

またすでに刑が確定した者については、将軍家の法要が行われた後で、各受刑者が裁許を受けた奉行所に呼び出され、恩赦が実行されていた。この法事の赦では、幕府から恩赦を行う旨の発令はなく、増上寺貫主あるいは輪王寺宮門跡から幕府（将軍）に対して赦免の嘆願が行われる点が特徴である。増上寺・寛永寺のいずれかに対して受刑者の親族などが刑罰の赦免を願う願書を提出し、寺院側はそれらの嘆願を「御赦願帳」（以下赦帳とする）と呼ばれる帳面に記載し、寺社奉行に提出する。赦帳は各受刑者の担当役所に順次回覧され、赦の可否を担当役所・奉行が判断し、老中が赦の対象者を最終決定することになっていた。

両山が作成する赦帳の末尾には、追福・追善のために赦免を願う文言が書かれており、例えば増上寺の場合、「今般〇〇院様〇回御忌御法事御追善の為、御咎御免成し下され候様、願い奉り候」となっている。法事の赦は、法要によって供養される主体（主に将軍）の追善のための恩赦という位置づけで行われていた。

2　赦免嘆願者の居住地域や身分

増上寺への赦免嘆願事例を、増上寺で作成された赦帳から確認してみよう〔旧幕府引継書旧幕「回赦帳」一〕。

一、　依田豊前守掛り

浅草旅籠町代地
家持安次郎母知性甥
忠次郎

右の者、宝暦四戌年五月、両国橋川通り舟にてすずみに罷り出で、酒に酔い給べ口論仕候儀に付き、依田和泉守殿御吟味の上、翌亥年二月七日、江戸御追放仰せ付けられ候、この度御赦免願い奉り候

これは町奉行依田豊前守が裁許を担当した一件で、喧嘩口論をして江戸追放になった忠次郎についての記載である。嘆願者は浅草旅籠町代地の家持安次郎の母である知性で、知性は甥の忠次郎の江戸追放の赦免を増上寺に願い、赦帳に記載された。増上寺ではこのように受刑者の罪状等の詳細を記した赦帳を寺社奉行に提出し、赦免を願ったのである。赦免嘆願は忠次郎のような町人だけでなく御家人やその他の武士、百姓、僧侶、神職等も行っていた。遠島や追放など無期刑の赦免嘆願が主だが、御家人が再度の取り立てを願う場合もあった〔下田 二〇一七、三八―三九頁〕。

近世中後期においてどのような人々が増上寺へ嘆願を行っていたか、その居住地域や身分を、徳川家宣五〇回忌法要（宝暦一一年）と徳川家継百回忌法要（文化一二年）の二つの法要の赦帳を通して検討してみると、表3のようになる。当該の時期には町人や百姓らによる赦免嘆願事例が大半を占めており、また嘆願件数では江戸町人によるものが

表3　赦帳記載者の身分・出身地

宝暦11年(1761)10月　徳川家宣50回忌法要

身分	人数
武家・武家奉公人	47
宗教者	16
町人・百姓	178
うち　町名主・村役人	(36)
家持町人	(4)
家主	(11)
盲人（検校・勾当）	3
記載人数合計	244

出身（武家・盲人以外）	人数
江戸	86
武蔵	26
相模	6
上総	5
下総	8
下野	6
甲府	10
越前	18
その他（※4名以下の地域）	29

文化12年(1815)2月　徳川家継100回忌法要

身分	人数
武家・武家奉公人	13
宗教者	9
町人・百姓	61
うち　町名主・村役人	(2)
家持町人	(2)
家主	(11)
盲人（検校・勾当）	6
記載人数合計	89

出身（武家・盲人以外）	人数
江戸	51
京都	6
武蔵	5
越後	2
その他（※1名以下の地域）	6

出典）旧幕府引継書「回赦帳」1，および「回赦帳」14より作成．

最も多く、その他の地域でも関東近郊諸国の割合が多くなっている。また江戸町人の肩書きをみると、判明する限りでは町名主や家持町人、家主などが多くみられ、他にも質物商売や人宿などを渡世とする者がいた。

3　増上寺での赦帳作成

これらの嘆願者や受刑者と増上寺との関係を把握するため、増上寺において赦帳がどのように作成されていたかを以下の史料から確認したい〔増上寺所蔵「台徳院様弐百回御忌一件記　諸方触達一件記」〕。

一、この度□□（虫損）法事御赦願の者これ有り候はば、来月十五日迄帳場へ差出すべく□（虫損、「候」か）

一、公儀へ相願い候赦帳の面々は、その科の次第、遠嶋何の嶋、追放は御構いの場所、何の御役所において、御奉行誰殿仰せ渡され候段、その節々年月共願書に相

認め、差し出さるべく候、取次これ無きは請け取らず候、

これは天保二(一七八一)年一月に徳川秀忠の二〇〇回忌法要が行われるにあたって増上寺で作成された達で、方丈役所から山内の諸院や学寮に触れられたものである。第一条から、法要にあたって赦免嘆願を帳場(増上寺本坊内にあり、教団内の寺務を取り扱う役所)で取りまとめることになっていたとわかる。第二条では、赦帳に罪状、遠島・構の場所、裁許を受けた役所とその時の担当役人や裁許日を記載するようにという指示のほか、取次のない願書は受け取らないと述べられている。関連して、享保一五(一七三〇)年一月の秀忠百回忌法要の際の赦願の取り集めの文言をみると、「寺内において取次相定め、書付差し出すべく候、寺内取次これ無きは請け取り申すまじく候」と述べられている。受刑者の親族らからの嘆願を増上寺本坊で受け入れるにあたっては、増上寺山内の僧侶が取次となる必要があったのである。史料が増上寺山内のみを対象としており、末寺等には赦帳作成の旨が伝達されていなかったことからも、赦免嘆願は、一山の公的な寺務として開かれた窓口があったのではなく、あくまで増上寺の僧侶との縁故を必要とするものだったといえよう。

時代は下るが嘉永四(一八五一)年、三奉行が法事の赦をめぐる当時の状況について、「殊に赦帳に付き候手続きの儀、百姓・町人に至り候ては、悉くその筋手寄を求め、漸うにして銘々志願を遂げ候者共もこれ有るやに相聞き」(「赦律」『徳川禁令考』)と述べている。すでに刑が確定した受刑者の赦免可否の判断は幕府役人が先例・類例をふまえて評議を行い判断しており、両山へ嘆願しても赦免が必ず実現するわけではなく、赦免される割合は決して高くはない〔谷口 二〇〇八、一八三―一八四頁〕。しかし幕府の裁許を受けて刑罰を蒙った場合、受刑者の親族にとっては赦帳への記載が幕府への赦免嘆願を行う唯一の機会だった。それゆえに、増上寺関係者との縁故を多くの人々が強く求めたのである。増上寺への嘆願を行った庶民の肩書や地域の偏り、また増上寺が嘆願を受け入れる際に山内僧侶の縁故を必要としたことをふまえると、増上寺が江戸に存在するために、一部の江戸町人が嘆願の機会を得やすくなっていたと

考えられる。

おわりに——将軍家菩提寺と江戸の人びと

本章では、増上寺山内や領内の構造をふまえつつ、増上寺の名目金貸付と赦免嘆願という二つの側面から、江戸に住する武家や町人との関係をみた。

増上寺には種々の山内機構が存在し、相互にゆるやかに連関しつつも、独自の運営が行われていた。中でも多数の所化僧が学寮に生活していた点は、檀林寺院ならではの特徴である。彼らは全国から集まり、ゆくゆくは各地の寺院の住職になっていくのであり、増上寺において築かれた僧侶の間の人的関係は、住職になった後も法類関係（師僧―弟子関係）などとして保たれる。増上寺は浄土宗僧侶にとっての最も大きな拠点として機能していたのである。

また将軍家法要に参詣する大名家と、山内の子院や僧侶が密接な関係を有していたことも増上寺の特質である。法要での勤番や宿坊となっている子院への経済的援助など、大名家は増上寺の運営においても大きな役割を果たしていた。

一方で、山内に将軍家霊廟である御霊屋を抱えていたことを鑑みれば、特に町人については、境内への立ち入りはある程度制限されていたのではないかと考えられる。例えば同じく江戸の一山寺院浅草寺の場合、観音堂を中心とする境内には芸能や見世物関係の小屋や茶屋が展開し、それら諸堂・末社が賽銭収入の獲得の場として、浅草寺本坊にとって重要な施設となっていた。また増上寺における子院にあたる浅草寺寺中の境内は、その一部が町人へと貸し出され、その地借町屋には多数の町人が居住していたことが指摘されており、寺領や境内町屋、地借町屋に居住する住民が、江戸町方人口の四・五％にも達するという〔吉田 二〇一五、一〇八―一五四頁〕。増上寺への町人の参詣については、山内の堂社の祭礼や縁日に際して、あるいは山門への登楼が許される日などに多くの町人が参詣している様子もうかがえるが(7)、浅草寺のように子院境内に町人が居住していた形跡はなく、御霊屋の存在からも地貸は行い得なかっただろう。

しかし増上寺は、将軍家菩提寺としての性質から、江戸町人や寺領百姓らが積極的に関わりを求める寺院でもあった。すなわち寺領領民は諸役免除のために増上寺御霊屋に関する御用を熱心に勤め、また江戸町人にとっては、幕府の保護のある貸付に携わったり、恩赦を受けたりするために、増上寺山内の子院や僧侶との縁故関係が重要な意味を持っていた。彼らは増上寺の山内機構や僧侶との関係を持つことで、将軍権威を淵源とする種々の特権を手に入れ、あるいはその恩恵に被ることができていたのである。

(1) 俗役人はおおむね境内近辺の地域に居住しているが、門前町のみに集住しているわけではない。
(2) 江戸の浄土宗寺院においては、開基檀那など、武家の有力な檀那が後住指名権を持つ場合がある。その僧侶は「由緒之僧」「帰依之僧」などと呼ばれるが、実際に後住になるのは前住職の弟子僧など、同じ法流（師匠—弟子関係）に属する者であり、有力檀那がその承認を行っている。この学寮の場合も類似の慣行であろう。すなわち「阿部家由緒の僧」とは阿部家の一族等を指すわけではなく、前寮主と同じ法流関係にある僧侶が跡を継ぐことになっていたと考えられる。
(3) 徳川秀忠、家宣、家継、家重、家慶、家茂の六名である。ただしこれ以外の将軍について、寛永寺など増上寺以外に霊廟のある場合でも、増上寺でも年忌法要が行われている。
(4) 増上寺側が返済遅滞を寺社奉行へ訴え出た場合、寺社奉行から借主の大名家の役人に対して返済指示が下されることになる。
(5) この時の貸付は、将軍の増上寺参詣に関わる諸道具の修理費用捻出という名目で始められたもので、「御成先御道具御修復御用達」に任命された町人らが貸付の実務を担当した。以前から増上寺との関わりを持っていた者が、この時改めて用達に任じられたと推測されるが、詳細については不明である。
(6) 例えば延岡藩内藤家では、山内の一一ヵ所から資金を借り入れ、文久二年の時点で計金七七五〇両を借金している（明治大学博物館蔵『内藤家文書』二四　金銭四〇六）。

（7）『東都歳時記』には例えば、正月一六日など年に数日間、増上寺山門への登楼が許され、諸人が参詣する様子や、山内弁天（芙蓉洲）での己巳待、二月一五日の涅槃会に際して「本堂に於いて修行あり、山内へ諸商人出る」などの記述がある。

参考文献

伊坂道子『芝増上寺境内地の歴史的景観』岩田書院、二〇一三年
伊坂道子・初田亨「増上寺山内寺院の職掌分化からみた建造物の形式について」『日本建築学会計画系論文集』七四（六三六）、二〇〇九年
井上攻「増上寺領村々の由緒と諸役免除闘争」『日本史研究』三二四、一九八九年
宇高良哲「近世初期の増上寺」『大正大学研究紀要　佛教学部・文学部』六二、一九七六年
梶井一暁「浄土宗関東檀林における修学僧の入寺・修学傾向」『広島大学教育学部紀要』四七、一九九八年
下田桃子「浄土宗檀林寺院の僧侶集団と寺院運営」『論集きんせい』三七、二〇一五年
下田桃子「近世中後期における江戸幕府の恩赦と寺院」『東京大学日本史学研究室紀要』二一、二〇一七年
大本山増上寺編『大本山増上寺史　本文編』大本山増上寺、一九九九年
田中潤「徳川将軍の年忌法要にみる門跡」『近世の天皇・朝廷研究　第一回大会成果報告集』二〇〇八年
谷口眞子「恩赦をめぐる幕府権威と仏教世界」井上智勝・高埜利彦編『近世の宗教と社会 二 国家権力と宗教』吉川弘文館、二〇〇八年
平松義郎「恩赦」『近世刑事訴訟法の研究』創文社、一九六〇年
藤田雅子「解題」『史料集「諸式覚」を読む1　増上寺火の番関係資料』、二〇一〇年
三浦俊明「寺社・御三家名目金と近世社会」高埜利彦・安田次郎編『新体系日本史15　宗教社会史』山川出版社、二〇一二年
吉田伸之『都市　江戸に生きる』（シリーズ日本近世史4）岩波書店、二〇一五年

Ⅱ　町方の社会

〈第5章〉

名主制度の成立

髙山慶子

はじめに

近世中後期の江戸の町人地には、一六〇〇から一七〇〇ほどの町が存在した〔勝海舟『吹塵録』Ⅴ、二三〇—二三八頁〕。この町数に対して、享保七(一七二二)年には二六三名の名主が存在し〔『江戸町触集成』四、一〇五—一一二頁〕、それ以降も二百数十名の名主が一六〇〇余の町を治めた。

名主をはじめとする町役人を三都で比較する視点は、すでに江戸時代からみられる。文化七(一八一〇)年に大坂(「浪華」)で生まれ、天保一一(一八四〇)年に江戸に移り住んだ喜田川守貞は、嘉永六(一八五三)年の序文を有する著作のなかで、江戸の名主について以下のように述べている。

名主 坊長を云ふなり。京坂の年寄に同じき職なれども、京坂は世職にあらず。江戸は世職にて他業なきなり。名主幼若の時、後見人を付けて事を掌る。名主、俗に役頭と云ふ。一町中の役頭の意なり。また宅を玄関と云ふ。必ず玄関を構ふ故なり。名主は門を構へず。門あれども長屋門と云ふ制にあらず。京坂年寄は一町一人なり。江戸名主は三、五町一人これを置く。今世、江戸町数一千六百四十一町、名主二百八十四人にてこれを掌る。けだしこの内三十人草創の者、今に相続す。草創、江戸にて「くさわけ」と云ひ、京坂にて縄張《なわばり》町人と云ふ。名主は支配地の衆地主より役料を収めて費に供す。またこの課金のほかに、大小戸より訟訴等ある者は謝金を贈るの類、皆役徳と名付くる。また名主職を密《ひそか》に売る者あり。陽には養子と称し、その実金をもつてす。しかりといへども、家名を絶せず。御用達《ごようたし》町人もこれに同じ。また名主は奉行所に出るに肩衣を着す。京坂年寄は上下を着し肩衣を許さず。また一刀を帯びて役所の戸口に至り、これを除くなり。京坂これまた許さず。（後略）〔『守貞謾稿』一、一三六—一三七頁〕

守貞は、江戸の名主は世襲・専業で、一人で複数の町を治めていると述べ、自宅の玄関構えや肩衣の着用、一刀の所持など、名主の権威的な側面に注目している。支配下の町の地主が負担する役料を収入とするほか、謝金などの役徳がある点にも言及している。それに対して、京都と大坂の年寄は一町に一人ずつ存在し、世襲ではなく、肩衣の着用や帯刀は許されていないと論じている。ただし守貞は「大坂に住すこと三十年、江戸に移りて後今に至り十有四年、あらあら両地の俗を知る。しかれどもいまだ京師に住せざれば、帝都の俗に委《くわ》しからず。……京坂と誌すもの専ら大坂を証とすれば、京師のことと異なることあらんか。」〔同前、一〇頁〕と述べており、守貞の説は実際には三都ではなく、江戸と大坂の比較論といわなければならないであろう。

幸田成友もまた、江戸と大坂の比較論を展開し、町奉行から各町の月行事や書役などに至るまで、市制全体のなかで名主について論じた〔幸田 一九七二b、二五—五〇頁〕。それによれば、江戸には町奉行の下、三名の町年寄と二五〇から二六〇人ほどの名主が存在したが、大坂では町奉行の下、多くの惣年寄（延宝七〔一六七九〕年には二一人）と各町一人の町年寄が存在し、江戸の名主は大坂の町年寄に相当するとされている。江戸の名主は世襲・専業であり町々から給料《(ママ)》（正確には役料）を得ているが、大坂の町年寄は銘々の家業があるので無給であり、選挙で選出される点などに着目している。

以上の江戸・大坂比較論に対して、吉田伸之はそれまで十分に取り上げられなかった京都を含めて、三都の名主と年寄に注目した〔吉田 一九九〇b、二二八―二二九頁〕。一七世紀前半頃の江戸の日本橋地域には、大坂などと同じように各町に一人ずつの名主が存在したが、明暦二(一六五六)年に三都それぞれで名主および年寄の不在を問題視する町触が出された。吉田は、この町触以降も大坂と京都では各町一人の年寄体制が維持されたのに対して、江戸は名主数が減少し、一人の名主が複数の町を支配する体制へ移行したと指摘し、そのおもな要因の一つを、「町中の代表を『町の名主』として選定しようにも、町内には母体となるべき当の町人がごく少数しか居住していない」として、町人〔家持〕の減少に求めている。

この指摘は、一七世紀前半に江戸の日本橋町人地で社会構造の変化が進み、その変化に連動して江戸の名主のあり方が大坂や京都とは異なる体制になったことを示唆するものであり、名主を当時の社会のなかに位置づけて論じている点でも注目される。本章ではこの指摘を受けて、以下の二つの問いを立てる。一つは、各町で家持〔町屋敷を所持する正規の町人〕が減少したときに、なぜ家守〔町屋敷の管理を家持・地主から委託された者〕がそれにかわる名主の選出母体にならなかったのか、という問いである。家持が減少した町では、家持にかわり家守が町の運営を担うようになり、その現象は「家守の町中」とも称されている〔吉田 一九九八、岩淵 一九九二〕。町運営の担い手が家持から家守に移行したのであれば、その家守から名主が選出されることも自然な流れとして理解できるが、なぜそうはならなかったのだろうか。

二つめの問いは、日本橋地域以外の名主はどうであったのかという点である。日本橋地域では各町一人の「町の名主」から一人で複数の町を治める「支配名主」へと変化したことが明らかにされているが〔吉田 二〇一二、日本橋地域以外では当初は名主が不在であった本郷一丁目〔水江 一九七七〕や、当初から一人の名主が複数の町を治めた芝金杉・本芝地域〔吉田 二〇一二〕など、日本橋地域とは異なる名主のあり方が知られている。江戸の名主制度はこうした地域による違いを含み込んで成立しており、名主制度の特徴を論じるには、地域ごとの差異をふまえる必要がある。

そこで以下では、第一節で日本橋地域とそれ以外の名主の来歴、第二節で一七世紀前半頃の名主の役割、そして第三節で名主制度の成立過程を検討し、上記の問いを検証する。

一　名主の来歴

1　日本橋地域の草分名主

喜田川守貞は先にみた著作のなかで、江戸の名主のなかでも三〇名は「草創の者」であると述べていたが、この草分（草創）名主とは、一般の名主とは異なる特権的な名主で、元文三（一七三八）年に二九名、天保一三（一八四二）年に二四名、弘化二（一八四五）年には二三名と、漸減しながら存在した（東京都中央区役所 一九五八、高山 二〇〇七a・二〇一一、吉原 二〇〇九、片倉 二〇一二）。彼らは家康の江戸入り以前から江戸に居住した、あるいは家康に従って三河や遠江から江戸に移住したなどという由緒を有し、元文三年には、通常の名主組合とは別に草分名主組合を結成した。

江戸の名主は世襲であったが、草分名主たちが「我々共義は、先祖より御由緒これあり、代々名主役あい勤め来たり候草分の者共にて、町人願いに付き仰せ付けられ候者共にはこれなく、代々倅に名主役仰せ付けなされ候」（「上書草分名主連判帳」『東京市史稿』産業篇一五、二五七―二六一頁）と主張するように、世襲が正式に認められているのは草分名主だけである。ほかの名主たちは、その名主の支配を受けてきた町人たちが、名主の交替時に新しい名主を見立てて願い出るという形式をとらなければならなかった（多くの場合、結果として世襲となる）。

このような草分名主の多くは日本橋地域に居住し、居所のある町とその周辺の町々を治めた。以下では、日本橋地域の草分名主について、由緒や来歴、町内の住人たちとの関係を検討する。

日本橋北地域の大伝馬町一丁目に住む佐久間善八〔高山 二〇〇九・二〇一二〕は、近世初期の江戸の様子などを記した随筆『落穂集』〔大道寺友山著、享保一二―一三（一七二七―二八）年成立〕に、「大伝馬町佐久間勘ケ由〔善八の誤りか――引用者注〕と申す町人の表屋をは三階屋に仕り、二階三階には黒塗りに仕りたる櫛形窓を明け並へ候を以て、殊の外に目立ち申たる事共に候」〔九〇頁〕と記されている。当時としては珍しい三階建ての町屋を構え、ひときわ目立つ存在であったという。嘉永二（一八四九）年四月付の「於竹大日如来縁起絵巻」にも、「江戸なる佐久間某は世々大伝馬町一丁目に住して、こよなう家とみ栄えたれば、門広く造りつらねて、奴婢どももそこばく養ひ、世に聞こえ高き坊長になむありける」とある。佐久間家が退転したときには「御伝馬役、名主役、糸割符共」が譲渡されており〔「佐久間家歴代当主覚書」〕、近世前期には糸割符商人であったことも判明している。佐久間善八は江戸のなかでもよく知られた豪家であったと考えられる。

隣町の大伝馬町二丁目の名主である馬込勘解由〔高山 二〇〇九・二〇一二〕は、文化一二（一八一五）年一一月付の由緒書に、「遠江国小天龍川馬込村郷士」「権現様御幼年の節より年来御家人御同様に召し仕わせられ」「天正十八寅年八月朔日、御入国の御供仰せ付けられ、江戸表へ罷り出」〔『東京市史稿』産業篇四八、八二〇―八二三頁〕とあるように、家康ゆかりの遠江国の郷士であり、家康とともに江戸に出てきた。安永六（一七七七）年二月一〇日に馬込勘解由を含む五名の伝馬役名主が町年寄に提出した書留には「天和《(元)》元年大坂落城の節、遠州浜松宿馬込橋まで人足五百人召し連れ、恐悦に罷り出候」〔「御伝馬方旧記」一九『近世交通史料集』三、七九四―七九五頁〕とあり、元和元（一六一五）年当時の馬込家の当主は五〇〇人の人足を率いる力を有する者であった。

日本橋南地域の南伝馬町二丁目の草分名主は高野新右衛門〔東京都公文書館 一九八一、片倉 二〇〇九〕であるが、その高野家初代の直雅について、同家の「家譜下書」には「関東管領北条左京太夫氏政卿御嫡男相模守氏直卿はしめ新九郎君と申せし頃由緒あるによりて一字を賜ふ。依て新右衛門直雅と改む。天正十八年八月朔日東照神君関東御入国の砌、旧家の故を以て召し出され、諸国道中伝馬の役、且つ宝田村の支配名主役を仰せ付けられ、後に村名を改め伝馬町と唱ふ。……北条氏直卿より賜りし脇差壱腰〔割書省略、以下同じ〕、天正年中仙台中納言政宗卿上洛の節旅館本陣になりける時賜りし鎗一筋、刀壱腰、茶入壱、右の外に素鎗壱筋、弓壱張、台徳院殿御筆色紙、呂記筆雲中松に鷹の画、啓書記筆釈尊の画等世に伝来せり」〔東京都公文書館 一九八一、一〇四―一〇五頁〕とある。高野家は家康の江戸入り前から江戸に居住し、小田原北条氏と近しい関係にあった有力者であった。伊達政宗から下賜された鎗や刀、二代将軍徳川秀忠（「台徳院殿」）直筆の色紙などが伝来しており、当時の権勢がしのばれる。直雅の息子である二代直久は、慶長一八（一六一三）年の天王祭礼の折に、自身は馬に乗り、町内の家持に獅子頭を持たせ、旗持ちを従えたという〔片倉 二〇〇九、二五頁〕。高野家は、家持たちよりも上位にある豪家であったといえよう。

同じく日本橋南地域に位置する檜物町の草分名主である星野又右衛門〔吉田 一九九〇a、高山 二〇〇七a〕については、「檜物町由緒書」に「浜松御在城の御時より檜物御大工に御取り立て成し下し置かれ、遠州寺嶋にて御切米弐拾五俵の積り地方にて拝領仕まつり、御木具御用あい勤め罷り在り、御入国の砌、御供仰せ付けられ、則ち家屋敷下し置かれ、檜物町と御取り立て遊ばせられ、則ち御用仰せ付けられ、御当地にては御蔵米にて弐拾五俵、又右衛門頂戴仕り、御木具御用滞りなくあい勤め罷り在り」〔『市中取締続類集』〕とある。星野家は家康が浜松城を拠点としたころから御用大工として取り立てられ、切米二五俵分に相当する土地を拝領した。家康とともに江戸に移住した後も、星野家は蔵米二五俵を下賜されたという。星野家は一般の大工ではなく、家康に近しい特権的な御用大工であったことが知られる。

以上で取り上げた事例以外でも、日本橋南地域の畳町の名主であった中村弥太夫〔小澤 一九九五〕は、岡崎時代から家康に仕えた畳大工頭で、父祖の墳墓が大樹寺念仏堂の前にあることなど、さまざまな事例が確認されている〔三浦 一九六二、片倉 二〇一二〕。元禄一二（一六九九）年には佐久間善八が退転して名主役を辞したり〔高山 二〇一二〕、星野又右衛門が檜物大工棟梁を辞めて名主役に専従する一方（吉田 一九九〇a）、中村弥太夫は名主役を退いて畳大工頭に特化するなど（小澤 一九九五、片倉 二〇一二）、その後の歩みは一様ではない。しかし草分名主が江戸の家康の下に集まったころには、いずれも一般の町人とは異なる権威的・特権的な存在であったと考えられる。

2 周辺地域の名主

日本橋地域の草分名主に対して、それ以外の地域の名主たちはどのような存在であったのだろうか。まずは、当初は名主が不在であった本郷一丁目の事例を検討する（水江 一九七七）。『御府内備考』によれば、文政九（一八二六）年当時の名主は八兵衛であったが、その先祖は「勢州にて郡村あい分かり申さず、先祖名前知らず、寛永年中町内に住居仕り罷り在り候処、その頃町内に名主これなく、八兵衛儀年来の者、殊に算筆もあい成り、相応にあい暮らし候に付き、町内にて見立て名主役あい願い候由、承り伝え候」（二、八二頁）とある。本郷一丁目で名主に選ばれたのは、伊勢出身で算筆に秀でた者であったという。随筆『落穂集』に、「初めの程は町屋願いの者も多くはこれなく候処に、伊勢の国の者共余多来り屋敷望み仕る由沙汰これあり候か、そのごとく町屋出来候以後、表に懸かり候のれん（暖簾）を見候へは、壱町の内に半分は伊勢屋と申す書付あい見へ候」（四九頁）とあるように、伊勢商人は近世初期にいちはやく江戸にやってきた。八兵衛も商才に長けた伊勢商人であったのかもしれない。算筆が得意でそれなりの身代を築いていた点を町内の人に見込まれて名主になった。

次に示す事例は、白金台町六丁目の名主甚右衛門である（水江 一九七七）。『御府内備考』には「甚右衛門先祖柳下上総之助と申す者、南北朝の頃南朝禁中雑式（色）あい勤め候処、南朝没落の後、応永年中、当白金村の内、当時松平讃岐守様御下屋敷にあい成り居り候場所地尻の方え寄り、唯今畑又は茅野にあい成り居り候辺りに住居仕り、代々郷士にて、里俗白金の長者と唱え候」（四、三五一―三五二頁）とある。甚右衛門の先祖は柳下家の上総之助という人物で、南北朝期（一三三六―九二）には南朝に仕える雑色（雑役をつとめる従者）であったが、南朝没落後の応永期（一三九四―一四二八）に白金村に住み着いた。柳下家は代々の郷士で、地元では「白金の長者」と呼ばれていたという。古い話ではあるが、幕府編纂の『御府内備考』に「旧家」の由緒として採録されていることから、一定の信憑性を有する話として理解できる。「元和年中、郷民の進めに任せ、当村名主役にあい成り候に付きては、当住居の地え引き移り候由、右屋鋪跡を字長者ヶ丸と唱え申し候、……名主役連綿相続仕り、正徳年中、町方御支配にあい成り候節より町方並びに御料所共名主役兼帯、唯今以てあい勤め罷り在り候」とあり、柳下家は元和期（一六一五―二四）に地元住民に推挙されて白金村の名主となった。正徳三（一七一三）年に村内および周辺の都市化した地域が町奉行支配となった後は、町と村の名主をともにつとめ、文政一一（一八二八）年（「唯今」）に至っている。「先祖上総之助帯し候一文字助定、長一尺五分拵付脇指一腰、唯今以て家宝として所持仕り候」とあるように、先祖上総之助の脇差を家宝として所持していたことも確認される。柳下家は南北朝期以来の旧家で、地元の住民からは長者と呼ばれる有力者であったことにより、名主に推挙されたと考えられる。

続いて本芝一丁目の内田源五郎の事例を検討する（吉田 二〇一二）。『御府内備考』には「源五郎先祖の儀は、紀州殿家臣三万五千石大島因幡守成重二男大島紀伊守有満妾腹三男大島九郎兵衛有高、九郎兵衛惣領大島左衛門二男大島八郎兵衛三男大島新五右衛門、右新五右衛門まで代々大島あい名乗り、芝地一面にこれを領する武士百姓にて御座候」（四、二五四―二五七頁）とある。内田源五郎の先祖は紀伊徳川家の家臣である大島家の末裔であり、武士の出自であることが述べられている。同書には「先祖より所持仕り候古証文」として「小田原北条家朱印」状が書き写されており、大島家は家康の江戸入り前から地元の有力者であった。「慶長五子年、東照権現公入らせられ、新五右衛門え御意これあり、引船仰せ付けられ、御肴取り上げ献じ奉り候、その刻伊奈備前守殿御差図を以て、今以て御菜献上奉り候、元和三巳年三月三日、内田と名字下し置かれ候、依てこれまで代々内田拝領にてあい名乗り申し候、もっともその日より名主役仰せ付けられ候」とあるように、慶長五（一六〇〇）年に内田源五郎の先祖である大島新五右衛門は家康（「東照権現公」）に引船（引綱で他船を曳航すること）を命じられ、魚介類を献上するようになった。家康は元和二（一六一六）年に亡くなるが、翌年の同三（一六一七）年には「内田」の苗字を下賜され、その日から名主役を命じられた。

ほかにも、深川猟師町を構成する熊井町の名主熊井理左衛門の先祖は、『御府内備考』に「本家の儀は往古より紀伊国に住居致し候由、本家苗字熊井と申す名前はあい分かり申さず候得共、紀州様え仕え候由」「御当地え罷り出、本家の家名を名乗り、酒井雅楽頭様御屋鋪内に罷り在り候得共、御家来にはこれなく」（五、八二―八三頁）とあるように、かつては紀伊徳川家へ仕え、江戸に出た後は酒井忠世の屋敷に逗留した〔高山 二〇〇七b・二〇一四〕。酒井家の家来ではないと注記されているが、自家の出自に武家とのかかわりがある点に言及されている。同じく深川猟師町の相川町名主である相川家の由緒は、『御府内備考』および『町方書上』には採録されていない。しかし同家に伝わる「（系図）」には「土佐国土佐郡相川庄郡士」とあり、「（系譜）」には、自家の出自を畠山重忠に連なる武士であるとした上で、「酒井家も江戸へ住居、右に随ひ居る故、附属の様自然成り行き、年月の立つに順い倍《陪》臣の様、往年成り行くべく、左候時は祖先を恥ずかしむる事を頻りに歎息の余、それより農家たらん事然るべしとの覚語《悟》にて、武州の内一所を開く、酒井家よりも見継の俸録《禄》を送られ、親兵衛と改名、苗跡を隠し、土州三州の国縁地名をもつて相川を苗字となす」とある〔高山 二〇〇七b・二〇一四〕。熊井家と同じように酒井家との関係を述べ、「先祖度々の軍陳《陣》に届く三躰本尊ならびに仏舎利は相川の家へ伝え、大小壱通これまた伝え置き候」と、先祖が戦場に出た経験を有することも記している。寛永六（一六二九）年に深川猟師町が成立したころ、熊井町と相川町には漁師が居住したが、熊井理左衛門と相川新兵衛の来歴や、両家の家名（苗字）が後に町名になったことを考え合わせると、彼らは漁師とは異なる別格の存在であったとみられる。

このように、草分以外の名主も、それぞれの地域において権威的・特権的な存在であったと考えられる。こうした有力者が存在しなかった町では、「廻り名主にて孫兵衛、長右衛門、太兵衛、源右衛門と申す四人の者、役儀あい勤め罷り在り候」(『御府内備考』二、八八頁)という本郷五丁目の事例のように、「廻り名主」という複数名による当番制で名主をつとめた町もあった。しかしこれも寛文元(一六六一)年には源右衛門が「定名主」として一人でつとめる体制に移行しており、複数名による輪番名主制は江戸では定着していない。

以上より、江戸では、各町に一人ずつの名主(「町の名主」)が存在した日本橋地域でも、当初から一人で複数の町を治めた周辺地域でも、名主となった者の多くは、家康の任命であれ、町内の住民による推挙であれ、一般の住民とは社会的位置の異なる権威的・特権的な有力者であった(これらの中で、早い時期から家康の信任を得て、家康から名主に命じられた者が、後の草分名主となる)。このような成立当初の名主の特徴に規定され、江戸では名主が不在になったときに、その町内の家持(家持が減少した後は家守)が自分たちと同等の住民の中から名主を選出するのではなく、近隣の有力者に名主を頼み、その支配を受ける選択をしたと考えられる。

二　当初の役割

江戸の名主には、支配町内の取締や町触の伝達など、町人地の運営にかかわるさまざまな役割があり(幸田 一九七二a)、近世後期には支配町域を越えて町人地全体の広域都市行政の一端を担うようになった(南 一九六九、加藤 一九八七、小林 二〇〇二・二〇〇五)。本節では、一七世紀前半頃という名主の創設期に、江戸の名主はいかなる役割を担っていたのかに着目し、名主の特徴を検討する。

明暦二(一六五六)年、三都のそれぞれで名主および年寄の不在を問題とする町触が出されたことは、「はじめに」で述べた通りであるが、そのときの江戸の町触は以下の通りである（『江戸町触集成』一、五三―五四頁）。

一、名主これなき町々には、内々名主を見立て申し上ぐるべし、名主役迷惑に存じ、これなき町には、年寄候者共家役に一年宛名主役仕るべき事

右近年名主これなき町々に、にせ売券多く、遺言状にも紛らわしき義これある様にあい聞こえ候、今より以後は、沽券又は遺言状にも加判致すべし、ならびにその町々において、公事訴訟人これあり候はば、先ず家主五人組承り届け、内々にてあい済むべき儀は、名主相談の上落着すへし、未済の儀これあり候はば、家主訴訟人を召し連れ罷り出ずへし、もし申し分これあり、店の者など押さえおくにおゐては、家主曲事たるべき者也

これは明暦二年一二月九日に出された町触の第二条である。名主の不在によって生じた問題の一つとして、町屋敷の売買証文（「売券」「沽券」）や遺言状の不正が挙げられている。これらはいずれも住民の財産を保証する重要な証文であるが、名主がこれらに押印することで証文の内容を保証していたことが知られる。当事者と利害関係をともにする者がこのような役割を担うことは難しく、一般の町の住民とは異なる立場にあった名主であるからこそ可能な役割であったと理解できる。

これ以外の名主の役割として、町々でもめごとが起きた際に、当事者が町奉行所に訴え出る前に、名主の下で内済にするよう命じられている。内済で解決しない場合に限り、訴訟が町奉行所に持ち込まれたのである。喜田川守貞は、江戸の名主について「宅を玄関と云ふ。必ず玄関を構ふ故なり」と述べていたが、明治二五―二六（一八九二―九三）年の『朝野新聞』に連載された「徳川制度」には、江戸の民事訴訟の手続きを説明するなかで、「原告家主は本人の訴え書に、この預かり証を添えて御玄関へ差し出すなり。御玄関とは支配の名主なり」と記されている（『徳川制度』上、一八八―一九一頁）。これに続けて「名主はこの訴え書を見て、本人並びに家主を呼び出し、一応示談致すべき旨申し諭し」とあり、原告の家主（家守）が訴状を名主に提出すると、名主は原告と家主を呼び出して示談にするよう

説得したという。この続きでは、内済で解決しない場合は被告側に通知した上で再度の示談が勧められ、それでも解決しなければ町奉行所に訴え出るという流れが説明されている。

名主が「御玄関」と称されたことについては、別の記事にも「支配下の人民は名主といわず、ただ御玄関《ごげんか》とのみ称せり」〔同前、四四七―四四八頁〕とある。一般の町人は自宅に玄関を構えることは許されておらず、玄関構えは名主の権威の象徴であった。もめごとの調停は、そのような権威を帯びた名主の下でなされたのであり、これも前にみた財産の保証と同じように、当事者と利害関係をともにする立場の者には不可能な役目であろう。もめごとの調停は、権威的・特権的な存在であった名主に期待された役割であったと考えられる。

三　幕府による制度化

1　一七世紀

一般的な町人とは異なる権威的な存在であった名主を、町人地の支配制度の一端として幕府が正式に位置付けたのはいつのことだろうか。

『江戸町触集成』の編纂に携わった片倉比佐子は、現存する江戸町触の記録がいずれも正保五(一六四八)年からはじまっているのは史料の残り方によるものではなく、町触の作成や伝達が同年に制度化されたことを示していると論じている〔片倉 二〇一二〕。江戸町触の記録の多くが名主の下に伝来したことをふまえると、幕府は名主の存在を前提として町触の伝達を制度化したと考えられる。ただし片倉は、一七世紀前半頃の町触を検討すると、住民の相続、公事訴訟、土地売買に、名主の関与が認められる事例と認められない事例があり、名主の役割が制度として定着するには若干の時間を要したとも指摘している。明暦二(一六五六)年には名主不在の町に名主を置くよう幕府が命じているが、寛文(一六六一―七三)初年頃に名主の支配を受けた町は、四四一町のうち三三一町であり(茎田 一九八〇、六二四―六三〇頁、加藤 二〇一二)、名主の支配は町人地全体におよんでいない。一七世紀中頃には、幕府は名主の存在を前提として町人地の支配を行っていたとみられるが、名主制度の完成・定着はもう少し後のことである。

2 享保七年の名主組合

名主制度が町人地支配の仕組みとして定着する重要な画期は、これまでも指摘されてきた通り、享保七(一七二二)年に町奉行が名主の存続を決定し、名主組合が公認されたときである(大野 一九九二、加藤 二〇一二、吉田 二〇一二)。名主組合はそれ以前から存在し、正徳三(一七一三)年に町奉行支配が周辺地域に拡大した二年後の正徳五(一七一五)年には、「先前より御支配の町方には、同役中年番あい定め、諸事申し合わせ等仕来たり候、新御支配の御町には、左様の儀御座なく候様承り及び候、諸事御触事御申し合わせならびに申し継ぎ等しまりのためにも御座候間、仰せ合わされ、向き寄りにて年番組み成され候てはいかがに御座候や、御相談に及び候」(『江戸町触集成』三、三〇六―三〇七頁)とある。正徳三年以前から町奉行の支配を受けていた町々では、名主同士で年番を定め、申し合わせなどを行ってきたが、新規に町奉行支配となった町々にはそのような仕組みがないので、近隣地域の名主同士で組合を形成して年番を定めてはどうかと、旧来の名主たちが提案している。そして当面のうちは(「御組合極まり候までは」)、「深川筋」には「霊岸島組合」、「本所筋」には「日本橋北の中組合」、「赤坂麻布筋」には「大芝組合」、「市谷四ッ谷筋」には「神田組合」、「牛込小石川浅草筋」には「浅草組合」から触を伝達すると提案されており、この時点で霊岸島組合以下の地域名を冠する複数の名主組合が形成されていたことが知られる。名主組合は物事の取り決めや町触の伝達に一定の役割を果たしていたといえるが、このときの年番や組合は名主たちの自主的な取組であり、幕府が名主組合を掌握・統制していたわけではない。

それが享保七年に状況は一変する。当時の町奉行であった大岡越前守忠相は、町入用の負担が大きいとして名主を廃止しようとした。名主たちは「今より名主共一統申し合わせ、あい慎み候様仕り、もっとも不埒の町入用あい懸かり申さず候様、一同申し合わせ吟味仕るべく間、只今までの通り成し下され候様あい願い候」と嘆願した〔『江戸町触集成』四、一〇五―一一二頁〕。このときの嘆願では、一番組から十七番組までの番号を冠する組合単位で計二六三名の名主が署名し、「一組互いに吟味仕るべき品々」として組合ごとに行うことを記した帳面を町奉行所に提出した。その結果、「今より名主の内にて組合あい立て、相互に申し合わせ、町人共へ入用あい掛けず候様致すべき旨、仲間申し合わせヶ条帳面差し上げ、段々あい願い候に付き、然る上は跡名主の儀、先ず只今までの通り御見合わせもこれあるべしとの御事に候間、差し上げ置き候帳面申し合わせの通り急度あい守るべく候」とあるように、名主たちが約束した組合活動を前提に、名主の廃止は回避された。町奉行所はこのときに、名主および名主組合を町人地支配の制度として正式に認可したと理解できる。

このときの嘆願と帳面に記された取り決めの内容を詳細に検討すると、嘆願のなかで「一代切りにて跡名主仰せ付けられず候得は、外に商売もこれなく候故、病身老年に及び申し候ては、親妻子等まで難儀に及び候程の者もこれあるべき哉」と述べられている点が注目される。創設期の名主には、糸割符商人の佐久間善八や檜物大工棟梁の星野又右衛門などのように、名主以外の生業を兼ねる者が存在したが、佐久間善八は元禄一二(一六九九)年に退転し名主役を辞した。佐久間善八のような近世初期の特権町人が衰退し、新興商人にとってかわられる現象は、日本各地の城下町で確認されている〔松本 二〇一三〕。こうした社会変動のなかで、豪商名主であった佐久間善八は姿を消したと理解できる。また、幕府に仕える御用職人の棟梁や頭は、職人か名主のどちらかに特化し専業化した〔吉田 一九九〇a〕。大伝馬町や南伝馬町の名主のように、幕府の道中伝馬役と名主役を兼担し続けた事例や、新吉原の遊廓のように一八世紀中頃まで遊女屋の経営者が名主をつとめた事例など〔塚田 一九九二〕、若干の例外はみられるが、享保七年頃には多くの名主が専業化を遂げていた。

専業になるということは、名主のあり方が均質化することを意味すると考えられる。名主組合の取り決めをみても、第三条には「売券の節、町札の儀、前廉に御書き出しの外、一切請け申す間敷儀は銘々存じ候所、御定の外を取り候段、御法背き候儀にこれあり候、今より急度あい慎み、自分の儀は勿論、五人組惣町中の者まで、御法の通りに致させるべく候事」とある。町屋敷の売買が行われる際に過分の礼金を受け取らないことを定めたものであるが、ここには「御定」や「御法」という規定が持ち込まれている。第五条では「類焼の砌、町人も同前難儀の処、自分の家を造らせ候もこれある由、不埒の儀に候、今よりあい慎み申すべく候」とあるように、類焼して困っている町人に自分の家を造らせるといった不届きな行いはしないことが約束されている。名主たちが自身の権威をふりかざして住民を困らせるようなことはしないと誓っており、恣意的な活動が抑制されている。こうした取り決めについて、名主たちは「月並に寄合候て、勤め方の儀又は不作法成る儀これなき様に、相互に遠慮なく申し合うべく候、右の趣、当分ばかりの事にてはこれなく候間、永々懈怠なく急度申し合うべく候」として、互いにその仕事ぶりを確認し合うとしている。こうした組合内における同役同士の監督機能は、名主の均質化を進めることになったと考えられる。このときから一六年後の元文三(一七三八)年に、この名主組合とは別に、草分名主組合が新たに結成されたが、これは名主の均質化という潮流に対する草分名主たちの抵抗として位置づけられるであろう。

3　天保一四年の町奉行答申

天保一四(一八四三)年三月、大坂町奉行の久須美佐渡守祐明が江戸の町奉行に、名主の勤め方について照会を行い、当時の町奉行であった鳥居甲斐守忠耀が回答した(『市中取締類集』五、二九九—三〇六頁)。このときの回答から、江戸の町奉行が名主制度をどのように把握していたのかを知ることができる。名主に関する質問は八件出されたが、表1

表1　名主制度に関する天保14(1843)年の照会と回答

		大坂町奉行の照会	江戸の町奉行の回答
1	名主交替	御当地町々名主の儀，町年寄支配にて，右名主役次目等の節は町年寄手限取り計らい候儀に候哉，又は各様へあい伺い御差図を受け，取り計らい候儀に候哉	御書面名主共次目の儀は，町年寄共より拙者共内寄合へ申し出，聞き済みの上，町年寄方にて申し渡し候事
2	支配町数	名主役の儀壱町毎にはこれなく，凡そ拾町か拾五町程に壱人宛これある趣に候，右は最寄町々を摸合候儀に候哉，又は町割等の儀に付き，兼ねて御取り極めの筋もこれあり候哉	御書面名主共支配町の儀は，往古の支配にて町数の儀は御書面の通り取り極め候儀これなし，支配町の内，引き地にあい成り候節は，引き放〔離〕れ候場所支配致し候儀もこれあり候得共，先ずは最寄町々支配致し候方重にこれあり候事
3	跡役	右名主役の者病気等にて退役いたし候節，その者の倅役儀相続いたし，幼年に候はば追て成長致し候まで，親類身寄りの者等後見致し候儀に候哉，又は右跡役の儀は同役或いは町人共等より相応の者見立て，町年寄手元へ願い出候振り合いにこれあり候哉 　但し，差し向かい相応のものもこれなき節は，その町々行事持ち等に致し候儀に候哉	御書面相応のものこれなく候節は養子致し，当子幼少の節は名主組合或いは親類等にて後見致し，いつれも町年寄方へ願いの上，拙者共へ申し聞け候上，申し渡し候儀にて，御仕置き等にこれなく候ては，名主一代限りにて退転致し候儀これなく候事
4	役料	右名主役料の儀，町柄に寄り甲乙もこれあるべく候得共，大凡壱町に付き何程と取り極め，その町内家持共平等割合を以て差し出し候儀に候哉，又は町家小間役高等に応じ，出金致し候儀に候哉	御書面名主役料の儀は，小間割にて壱町七拾両くらいより弐両弐歩くらいまでこれあり，取り極め兼ね申し候
5	専業	右名主役の儀，総て無商売にこれあり候哉，又は町儀取締等に差し障らざる産業あい営み候儀は，勝手次第の事に候哉	御書面名主の儀，町役の外産業致し候儀これなく候事
6	礼服座席	右名主役のもの各様御役所へ罷り出候節，着服ならびに御取扱振り又は白洲座席等の儀，平町人とは階級これあり候哉	御書面名主共儀年始の節は，拙者共玄関へあい通し，町年寄共待〔侍カ〕座致し，平日の儀は継上下着用，出ものに差し添え白洲へ罷り出，町役人共一同の席に罷り在り，別段階級等はこれなく候事
7	町火消	右名主共儀，出火の節は差配町々火消人足召し連れ場所へ罷り出，その筋の差図を請け，人足共働き方掛け引きをもいたし候儀に候哉	御書面の通りにこれあり候事
8	掛名主	御当地市中取締ならびに諸色掛かり名主の儀，町年寄にて人撰いたし，各様へ伺いの上，町年寄共申し渡し候儀に候哉，前々肝煎名主と申す者これある趣承り及び候，右肝煎名主の内にて取締方ならびに諸色掛かりも心得候事に候哉，右掛かり人数何人程これあり候哉，且つ右の内勤め方宜しきものは相応の御褒美等差し遣わされ候儀に候哉，又は兼ねて役料の外に別段骨折り料等市中一躰より差し出させ候儀に候哉 　但し，右掛かり名主共儀外町々へ通達事等毎々これあるべき儀にて，右に付き筆紙墨雑費等の儀は如何様に取り計らい候儀に候哉	御書面市中取締ならびに諸色懸かり名主共儀，町年寄にて取り調べ見出し候上，なお仁〔人〕撰致し拙者共申し渡し，肝煎名主の儀は当時あい止め，一組の内年来あい勤め候もの世話懸かり申し付けこれあり候故，右世話懸かり名主共儀も諸色ならびに市中取締懸かりをも兼帯致し，諸色懸かりの儀は一組一両人ずつ，市中取締の義も同様にて，名主共儀は番外共弐拾三組にて諸色懸かり五拾人，市中取締懸かり四拾八人申し渡しこれあり，何れも兼帯等致しあい勤め候儀にて，格別骨折り候ものは其品に寄り賞美致し候儀これあり候得共，別段役料の外，支配のものより骨折り料等差し出し候儀これなく候事 　但し，名主共役料の外，筆墨料諸雑費等支配内より受け取り候儀これなき事

出典）「名主役勤め方自身番屋等の儀に付き調べ」『市中取締類集』5，299-306頁，下線は作成者による．

はその質問と回答をまとめたものである。
江戸の名主交替は、草分名主を除いて、支配町内の町人たちが願い出るという手続きを要したが、1にはその手続きに際して、町年寄が町奉行の内寄合へ打診し、町奉行の許可を得た上で町年寄が申し渡したとある。3の跡役についても、跡継ぎ不在時の養子取組や、跡継ぎが幼少である場合の後見は、町奉行が認めた上で町年寄が申し渡したと読み取れる。名主の人事は町奉行に最終的な決定権があったといえるが、ここでは町奉行による人事への関与が、町年寄を介した間接的なものであった点に注目したい。

8の掛《かかり》名主に関しては、これらとは異なり、町年寄は候補者を推薦してはいるものの、町奉行が直接任命した。掛名主とは、市中取締掛《かかり》や諸色掛などの諸掛を担う町奉行所の与力・同心の下で、その掛の内容に応じた職務に従事するものである（市中取締掛は治安維持、諸色掛であれば市中の物価調査・統制）。これは、通常の名主の職務である支配町内の取締とは異なり、広域都市行政に属する役割である。町奉行は、奉行所の職務の一端を担うものとして、掛名主を直接任命したと理解できる。町奉行は町人地全体にかかわる広域都市行政に関する人事には直接関与したが、名主の任免そのものには間接的な関与にとどまっており、名主の任免は町年寄や名主以下の町人の側に裁量の余地があったと考えられる。

また、2のそれぞれの名主が治める町の数は、町奉行所の側で取り決めたわけではなく、名主たちが最寄りの町々を治めるようになったと説明している。4の名主のおもな収入である役料は、支配を受ける町が負担しており、その負担額は町によって七〇両から二両二分まで大きな差があるが、これについても町奉行所が負担額を設定するのは難しいと述べている。そして名主の待遇については、草分名主とそれ以外の名主との違いがあったり、名主宅には一般の町人には許されていない玄関があるなど、名主同士あるいは名主と町人との間にはさまざまな違いが存在した。しかし6をみると、町奉行の側では、継裃の着用などには言及するものの、名主と一般の町人（「平町人」）との間に特段の階級差はないと述べている。以上より、支配町数、役料、階級差といった名主制度の実態の形成に、町奉行は関与していないと指摘でき、それほど関心を示していないともいえる。さまざまな違いを含み込んだ名主制度の内実は、名主や町人たちの側で形成されたのである。

おわりに

近世初期の江戸で名主となった者の多くは、一般の町人とは社会的な位置や立場を異にする権威的・特権的な存在であった。そのため、江戸では、家持あるいは家守が自分たちと同等の住民から名主を選出するという慣習は形成されなかった。かつては各町に一人ずつの名主が存在した日本橋地域において、当初から名主であった者やその子孫が名主役を退いたとき、多くの場合、住民たちは新たな名主を立てるのではなく、それまで名主であった者と同等の権威や特権を有する別の名主の支配を受ける道を選んだ。「町の名主」から「支配名主」への転換は、「町の名主」が権威的・特権的な有力者であったことによりもたらされた、住民たちの選択の結果と理解できる。こうした名主の権威や特権が、商業や手工業を営む一般の町人とは異なる立場で町を治める、専業で世襲の名主を生み出した。財産の保証やもめごとの調停など、日常の暮らしのなかで起こるさまざまな問題は、権威や特権を帯びた名主の下で処理されたのである。

一方の町奉行所は、治安の維持や防火、物価の統制など、町人地全体にかかわる広域都市行政を管掌した。町奉行所から出された町触が名主を通して住民に伝達されたり、名主の下で解決できなかった訴訟が町奉行所に持ち込まれたりするなど、両者は相互補完的な関係にあった。一七世紀段階から町奉行は名主の存在を前提とする町人地支配を行っていたが、享保七(一七二二)年に町奉行が名主の存続を決めて名主組合を公認したことで、名主制度は正式に町奉行の下に位置付けられた。

合理的で機能的な広域都市行政を目指す町奉行所は、名主たちが伝統的な権威に依拠して町の住民を困らせたり町入用の負担を増大させることを不服とした。そのため町奉行所は、名主組合を単位として互いの仕事ぶりを監督させ、名主による恣意的な支配を改善しようとした。こうした取り組みは、名主の権威を制限し、地域によって一様ではなかった名主のあり方を均質化する指向を有したと考えられるが、名主の側は元文三(一七三八)年に草分名主組合を結成するなど、権威や特権の保持を図っている。天保一四(一八四三)年の町奉行による名主制度の説明を検討すると、名主制度の内実は名主たちの側で形成され、町奉行はその制度の内実には手をつけられなかったことが読み取れる。江戸の名主制度は、名主たちが当初の権威や特権の下で築き上げた伝統的な仕組みと、均質で合理的な行政の遂行を求める町奉行所の指向が、拮抗・併存する形で成り立っていたのである。

参考文献

岩淵令治「近世中・後期江戸の「家守の町中」について」『史学雑誌』一〇一―一二、一九九二年
大野祥子「江戸における名主の性格とその意義――名主組合を中心にして」『論集きんせい』一四、一九九二年
小澤弘「寛永寺蔵中村仏庵書・鍬形蕙斎画『黒髪山縁起絵巻』について」『調布日本文化』五、一九九五年
片倉比佐子『大江戸八百八町と町名主』吉川弘文館、二〇〇九年
片倉比佐子「創設期江戸の名主の諸相」東京都江戸東京博物館都市歴史研究室編『江戸の町名主』東京都江戸東京博物館調査報告書第二五集、二〇一二年
加藤貴「寛政改革と江戸名主」『国立歴史民俗博物館研究報告』一四、一九八七年
加藤貴「名主寄合と町方の合意形成――一八世紀を中心に」東京都江戸東京博物館都市歴史研究室編『江戸の町名主』東京都江戸東京博物館調査報告書第二五集、二〇一二年
茎田佳寿子『江戸幕府法の研究』巌南堂書店、一九八〇年
幸田成友「江戸の名主」『幸田成友著作集』第一巻、中央公論社、一九七二年a

幸田成友「江戸と大阪」『幸田成友著作集』第二巻、中央公論社、一九七二年b
小林信也『江戸の民衆世界と近代化』山川出版社、二〇〇二年
小林信也「天保改革以後の江戸の都市行政——諸色掛名主の活動を中心に」『関東近世史研究』五八、二〇〇五年
髙山慶子「江戸檜物町名主星野家文書について」『東京都江戸東京博物館研究報告』一三、二〇〇七年a
髙山慶子『江戸深川猟師町の成立と展開』名著刊行会、二〇〇七年b
髙山慶子「大伝馬町の馬込勘解由」東京都江戸東京博物館都市歴史研究室編『大伝馬町名主の馬込勘解由』東京都江戸東京博物館調査報告書第二一集、二〇〇九年
髙山慶子「江戸町名主の社会的位置——大伝馬町名主馬込家を事例として」志村洋・吉田伸之編『近世の地域と中間権力』山川出版社、二〇一一年
髙山慶子「江戸深川猟師町の形成と深川地域の開発」都市史研究会編『年報都市史研究』二一・沼地と都市、山川出版社、二〇一四年
塚田孝『身分制社会と市民社会』柏書房、一九九二年
東京都中央区役所編『中央区史』上巻、一九五八年
松本四郎『城下町』吉川弘文館、二〇一三年
三浦俊明「江戸城下町の成立過程——国役負担関係を通してみた町の成立について」『日本歴史』一七二、一九六二年
水江蓮子『江戸市中形成史の研究』弘文堂、一九七七年
南和男『江戸の社会構造』塙書房、一九六九年
吉田伸之「江戸・檜物町」高橋康夫・吉田伸之編『日本都市史入門』Ⅱ・町、東京大学出版会、一九九〇年a
吉田伸之「名主」高橋康夫・吉田伸之編『日本都市史入門』Ⅲ・人、東京大学出版会、一九九〇年b
吉田伸之『近世都市社会の身分構造』東京大学出版会、一九九八年
吉田伸之『伝統都市・江戸』東京大学出版会、二〇一二年
吉原健一郎「草創名主矢部家の系譜について」『千代田の古文書——区内関連文献史料調査報告書』千代田区教育委員会、二〇〇九年
蘆田伊人編集校訂『御府内備考』第二巻（大日本地誌大系二）雄山閣、二〇〇〇年
蘆田伊人編集校訂『御府内備考』第四巻（大日本地誌大系四）雄山閣、二〇〇〇年

蘆田伊人編集校訂『御府内備考』第五巻（大日本地誌大系五）雄山閣、二〇〇〇年
宇佐見英機校訂『守貞謾稿』（近世風俗志一）岩波書店、一九九六年
大口勇次郎校訂『吹塵録』Ⅴ（勝海舟全集一〇）勁草書房、一九七八年
加藤貴校注『徳川制度』上、岩波書店、二〇一四年
近世史料研究会編『江戸町触集成』第一巻、塙書房、一九九四年
近世史料研究会編『江戸町触集成』第三巻、塙書房、一九九五年
近世史料研究会編『江戸町触集成』第四巻、塙書房、一九九五年
児玉幸多編『近世交通史料集』三、吉川弘文館、一九六九年
東京大学史料編纂所編『市中取締類集』五、大日本近世史料、東京大学出版会、一九六五年
東京都編『東京市史稿』産業篇第十五、一九七一年
東京都編『東京市史稿』産業篇第四十八、二〇〇七年
東京都公文書館編『元禄の町』都史紀要二八、一九八一年
萩原龍夫・水江蓮子校注『落穂集』江戸史料叢書、人物往来社、一九六七年

「於竹大日如来縁起絵巻」正善院所蔵、国際日本文化研究センターホームページ掲載
http://www.nichibun.ac.jp/graphicversion/dbase/otake/top.html
「(系図)」（個人蔵）
「(系譜)」（個人蔵）
「(佐久間家歴代当主覚書)」東京都江戸東京博物館所蔵、大伝馬町名主馬込家文書、資料番号〇九〇〇〇五四九
『市中取締続類集』［七八］町人諸願の部、国立国会図書館デジタルコレクション、コマ番号一〇三―一〇八

〈第6章〉

大店

岩淵令治

はじめに——江戸の大店研究の課題

大店は、とくに吉田伸之の分節構造論以降、近世都市の社会を編成する磁極、社会的権力として都市史研究において重視されてきた。吉田は仮説的に大店のメルクマールとして、地主＝店持、店舗の表・奥への二重化、一〇人以上の奉公人・下人層を抱えかつ二重化、出入の二重化、抱屋敷所持と町屋敷経営の実施をあげた（吉田 一九九九）。こうした大店について、江戸に関しては、二つの検討課題があると考える。

第一は、吉田による超大店・大店・表店・裏店という商人の階層分類の試案の再検討である。吉田は、嘉永七（一八五四）年の幕府への御用金上納に注目し、一〇〇〇両以上の上納者六七家を「超大店」、残る一二一七家の「大半」を大店ととらえた。この時の御用金賦課は、「身柄相応之町人共」を呼び出して御用金を賦課するとともに、「地主は勿論、地借にても有余これある者共」は「申立」があれば金額にかかわらず名主番組ごとに帳面を提出させ賦課する、というものであった[1]。そして、①六月一日に「御用達向」二〇家に四四一〇〇両、②二日から五日までに各名主番組から選ばれた一四〇家に一〇一九〇〇両、③「跡調」として七月—八月に二〇〇両以上（ほとんどが三〇〇両未満）の家と一〇〇両以下の家の出金が申し渡されている。資産評価上では、幕府および名主層から認識された①の二〇名と

②の一四〇人を、大店の中でも突出した存在とみるべきであろう。
また、吉田は、超大店・大店と表店の区分の基準の一つとして「地主＝店持」をあげている。しかし、十組問屋でも、蚊帳畳問屋の西川甚五郎や呉服問屋大丸屋などは地借であった。③における表店と大店の区分は、個々の経営の内実から、さらに検討を重ねていく必要があろう。本章では、幕府の御用金賦課において「身元」の審査で重視されており[2]、また他町にも影響を及ぼすという点から、居所以外の場所での抱屋敷所持の有無に注目したい。さらに質屋としての活動による金融面での支配という点にも留意したい。

第二に、史料的制約から、江戸の商家の研究は、三井・白木屋・長谷川家など、上方の呉服屋が江戸に構えた巨大店舗〔西坂　二〇〇六〕が中心であった。江戸を拠点に展開した江戸住大商人については、勘定所御用達〔竹内　二〇〇九〕や札差の検討〔北原　一九八五〕も群としての研究であり、さらに上記のクラスの商家の個別分析はいまだに少ない[3]。その結果、近世社会においては「特殊かつマイナー」である巨大店舗への住込み奉公〔西坂　二〇〇六〕が一般化され、若年奉公や男だけが集中する特異な世界、年齢階梯制や奉公人の管理などが極度にすすんだイメージで江戸商家が語られてきた。こうした状況をふまえ、筆者は場末の酒小売・仲買高崎屋について、中年奉公の制度化や、多様な出自の奉公人とそれらを統合する場としての菩提寺、当主の文化的活動を明らかにし〔岩淵　一九九六・二〇一六〕、また御用菓子屋や土木にかかわる商人を検討してきた〔岩淵　二〇〇九・二〇一〇〕。

上記の課題設定にもとづき、本章では、嘉永七年の上納金で③に相当する江戸住商人の事例として、日本橋北地域の通油町の地借で質屋・古着屋を営んだ美濃屋加藤家〔岩淵　二〇一九　以下前稿と略記〕をとりあげ、江戸住の大店の特質を検討する[4]〔以下、引用ではH一七〇六を省略した資料番号で表記〕。とくに六代当主弟の卯兵衛が残した安政期から明治初年の日記・記録類を中心に、美濃屋加藤家の経営（一）、商家同族団の形成と維持（二）について検討したい。

一　経　営——古着商売と質屋商売

1　概　要

前稿で明らかにしたように、加藤家の初代は牛込生まれで、一四歳から一九年間奉公した美濃屋清左衛門より元禄一五(一七〇二)年に別家し、横山町の裏店、表店を経て、享保六年に通油町南河岸通りに表間口九尺奥行七間の店舗を構えた。通油町は、古来からのメインストリートである本町通りの中程にあり、古着市が立った富沢町にほど近い。この店で、「古手商売」を初代から、質屋を三代目の安永三(一七七四)年から営んだ。文政四(一八二一)年四月の段階では、「家内人数拾六人」で、江戸市中に町屋敷五ヵ所と柳原に髪結床の株を所持し、安政六(一八五九)年下半期の資産は金一万二〇〇〇両余(うち五九〇〇両余は負債分)であった。幕府の御用金賦課においては、三井や勘定所御用達にははるかにおよばないが、文化一〇(一八一三)年に一〇〇両、安政元年に金二五〇両を単独で納めた。

2　古着商売

加藤家は幕末には「古着買二番組」に属したが、「古着屋一番組」に加入していた時期もあった(5)。ただし、史料的制約のため、仲間と経営の関係は不詳である。文政九(一八二六)年正月の「家掟書」(二―三)には、仲間の掟の遵守(「一　仲ケ間惣躰相定め事相守るべき事」第四条)があげられ、仲間の規定の連印帳も存在するが、「一　古手仲間の外、素人もの一切買取申すまじき事、但し　懇意の仁、又は親類より買取候節は、両印取り申すべく候」(第六条)とあることから、仲間との取引を基本としつつ、「懇意之仁」と「親類」からも仕入れていた。

「買得意・売得意随分大切に致すべき事」(第五条)とあり、六代弟の回想録には仕入れ先(「買場」)三三軒と販売先

表1　加藤家の主要取引相手

「買場」 ＊イセヤ清次郎〈元浜町　古着〉，尾張ヤ茂兵衛，市ノヤ七兵衛，冨田ヤ藤吉，イセヤ伊助，イセヤ弥七，冨田ヤ平次郎，イセヤ忠兵衛［上野町］，大黒ヤ清六，＊丸美清兵衛，＊ミのや五郎兵衛〈富沢町河岸　古着〉，＊ミのや善六，＊大黒屋利助，＊大黒屋七三郎（高砂町），山形や治郎右衛門，柏屋安之助，ミのや忠右衛門，大井や源兵衛（本石町），大井や彦兵衛，遠州や弥兵衛，大和や弥兵衛，三河や平吉，大黒や平十郎，嶋や吉兵衛，嶋や幸兵衛，イセヤ与兵衛，＊イセヤ嘉兵衛〈元浜町　呉服〉，イセや新助，イセヤ新助，イセヤ小次郎，＊堺ヤ彦七（富沢町），大黒や善兵衛，イセヤ六兵衛
「売場」 ＊丸美清兵衛，＊美濃屋善六，＊ミノヤ五郎兵衛〈富沢町河岸　古着〉，ミノヤ市蔵，伊セヤ栄蔵，伊セヤ治助，武蔵ヤ吉太郎，笹ヤ藤兵衛，常陸ヤ清右衛門，内田利助，＊堺ヤ彦七（富沢町），大友孫助，越前ヤ弥八［久松町］，越前や弥助，越前や吟四郎，堺ヤ弥七，山田ヤ又兵衛，黒田利兵衛〈青山若松町　古着店〉，イセヤ小七・同下店〈青山久保町　古着〉，イセヤ治兵衛〈青山久保町古着店〉，イセヤ宗七［麹町三丁目］〈青山五十人町　せり呉服〉，イセヤ富蔵，イセヤ政次郎〈青山久保町　古着店〉，福永ヤ儀八［市ヶ谷田町］，福永ヤ新兵衛［市ヶ谷田町一丁目］，近江や茂兵衛［久松町］，近江や治兵衛，友ノヤ嘉兵衛，吉ノヤ常吉［相生町一丁目］，馬込殿，但馬ヤ庄兵衛《元浜町　丸合組小間物問屋》，炭ヤ彦市《［通油町　小間物問屋》，＊イセヤ清次郎〈元浜町　古着〉，＊イセヤ嘉兵衛〈元浜町　呉服〉，上月小藤次，＊大黒屋利助，＊大黒屋七三郎（高砂町），冨田ヤ源七〈富沢町　呉服屋〉，ミノヤ忠兵衛，平野や治助，大浦元順（「大浦針医」か　6-6　安政3年9/28）

注）＊は「売場」「買場」で重複する者，傍線は分家・別家・親類（図1），〈　〉は京都杉浦家の文政7年「東武店万用集」（『三井文庫論叢』33号，1999年），［　］は安政2(1855)年「大江戸古着店日之出番附」（東京都立中央図書館蔵）の記載を示す．（　）は6-6ほかによる．
出典）6-6「諸用留」より作成．

（「売場」）四三軒が掲載されているように（表1　六―六）、加藤家は売りと買いの両方の機能を果たしていた。八軒は仕入と販売の両者で記載されており（＊）、同じ業態の商人の間でも商品が行き来していたことがわかる。仕入れについては、盆勘定後に「浅草買出し初め」（安政三（一八五六）年八月三日）、「山之手芝向他買出し出初」（同七日）と広域にわたっていた。ちなみに、加藤家は「日本橋区通油町十番地太物店」として明治一二年七月に「太物卸売　営業鑑札」を発行されている（一九―三三―二）[6]。

のべ七三軒は、「其外朝市買場数軒これあり」「右の外臨時売場数多これあり候」と付記されていることから、取引先のすべてではない。たとえば、吉治郎（番頭　後述）が「但馬やへ流（質流品のことか）見に行」、茂三郎（若イ衆　後述）が「浅草へ反物見に行買い」（同四年二月二二日）、「夏物の質流入札」に参加（同四年三月三日）している（六―六）。また、ここに含まれていない川村徳右衛門は、天保一二（一八四一）年に借用の延長を願い出た金一〇〇両を「呉服物代金」とし、山田屋与市は、安政四年に借用した金二八両を「呉服物代金借用高也」として「此上相替らず取引等も御願」をする取引相手であるから（一九―二七―二、一三―六六）、この七三軒はあくまでこの時点での主要な取引相手と考えられる。判明する限りでは、古着市のたつ富沢町と隣接する久松町、居町の南側に隣接し、同じく古着問屋が居住していた元浜町〔杉森 二〇〇六〕のほか、売り先として青山・麴町・市ヶ谷の商人六名、深川の相生町の商人一名があげられているように、江戸の西南および墨東の商人の商品の仕入先となっていた。青山若松町の古着屋・伊勢屋治兵衛は、嘉永七（一八五四）年に同じく加藤家の売り先であった本家の伊勢屋小七を保証人として、加藤家より代金二七〇〇両を月賦で返済することを許されている。借金証文に「年来貴殿方より代呂物買請け渡世相続致し来たり」とあるように、同家は加藤家にとってまさに売り先の得意であった（一九―六四）。同町内の黒田利兵衛も明治五年の勘定で、「古着代二口分引残」として金一二七一両三分が計上されている（六―一〇）。また、深川の吉野屋常吉は、安政四年三月に三七両二朱分の「反物」の購入が確認でき（六―六）、前年には借金二〇〇両を「当時買物の分二季勘定の節」に皆済するとしている（一九―四三）。

また、取引先には、縁戚関係を結んでいる家や、分家・別家がみられる（傍線 後述）。たとえば売り先の常陸屋清右衛門は二代娘の嫁入り先で（図1）、享和元（一八〇一）年には加藤家が二〇〇両借用し、また万延元（一八六〇）年には常陸屋が「貴殿方より古着代金滞高金弐百両」の返金の延期を求めている（一九―七六―二―五、一九―五〇）。

このほか、大丸・三井との取引が確認できる。[7]三井については、困窮していた親類で呉服商売の冨田屋（鈴木）源七（図1）の弟朝次郎を、「三島町親類鍬形佐兵衛殿三井店出頭役勤め居り候」に頼み、明治二年一〇月に横浜三井御用所へ奉公に雇ってもらっていることから（一六―四）、五代当主の婚姻を通じて（図1）番頭と関係を結んだことがわかる。[8]また、京都の呉服問屋杉浦家の江戸店の得意先で「天明年中取引初め」として加藤家が、「寛政年中初頃取引初め」として分家の美濃屋五郎兵衛（後述）があげられており〔樋口 一九九九〕、さらに文政六（一八二三）年の四代娘の婚姻で有力な呉服問屋の白木屋彦太郎より祝儀が届いていることから（八―一二―二）、[9]両家とも取引があった

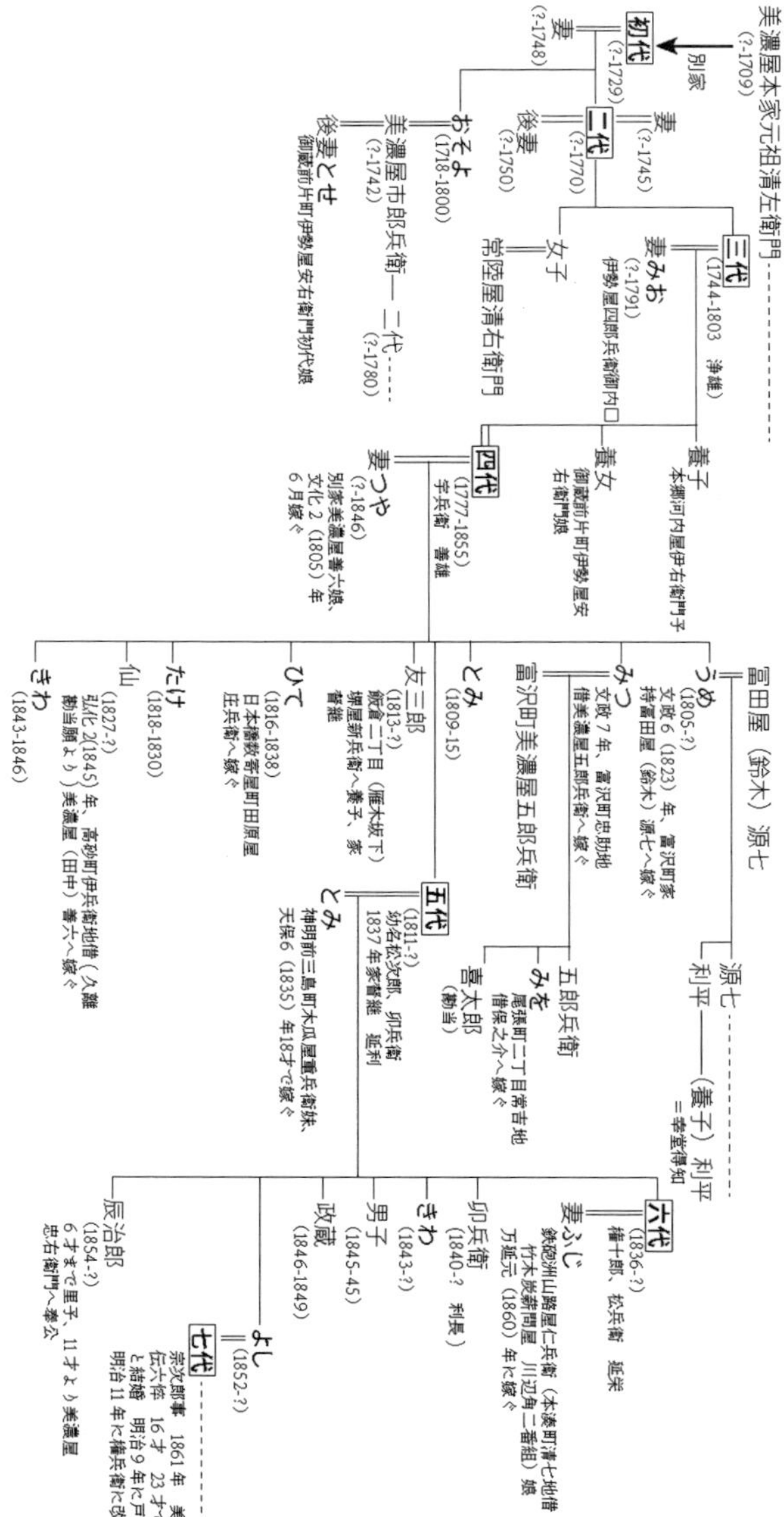

図1　美濃屋加藤家系図

出典）　前稿より転載（8-3「記録諸事控」ほかより作成）

と考えられる。三井呉服店では、江戸店開店当初より、売れ残り品の処分先として古着商人を想定しており、実際にかなりの取引があった〔杉森 二〇〇六〕。加藤家もこうした有力な呉服問屋の売り先の一つだったのであろう。

さらに、安永三（一七七四）年から安政七（一八六〇）年正月までの貸し金の相手の中には、「壬峯（生） 庄蔵」「壬生彦七」「川越源助」「栃木八百屋新兵衛」と「房州名古　十一屋庄之助殿　二七両弐分、十七匁二分」・金六三両の記載がある（六―二〇）。とくに八百屋は、京都杉浦家が文化一三（一八一六）年正月から取引を始めた「荒物太物」商売

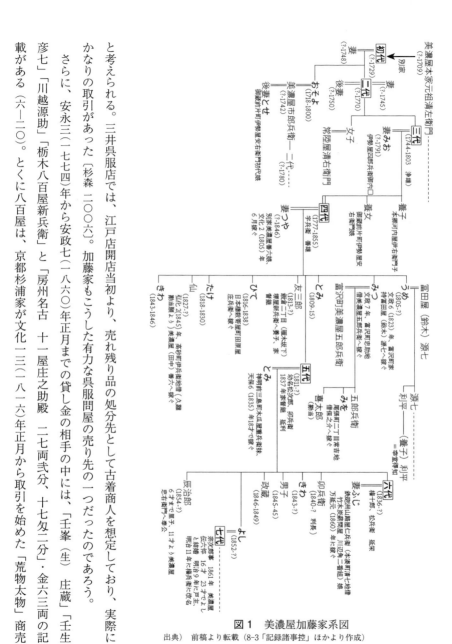

の者であった〔樋口 一九九九〕。頻度は不明だが、こうした関東の商人とも取引を行っていたのである。

個々の商人との取引内容は不詳だが、元治二（一八六五）年には、町内の大黒屋（坂江）吉右衛門の紹介で、濃州岐阜住吉屋宗兵衛[10]に代金九百七両壱分・銀七匁にのぼる商品を渡している（一九―三三―二―一〇）。住吉屋は京都の呉服問屋で岐阜に出店を構えており、大黒屋に桟留縞を送る荷主であった。大黒屋は京都の呉服商人杉浦家の分家で〔植田 二〇〇八〕、呉服・木綿・下り蠟燭を扱っていたが〔田中編 二〇一〇〕[11]、古着は扱っていなかったのであろう。加藤家は品薄を理由に二度も断わりつつも（「当節殊の外高直、殊に品不足に付、両度迄御断り」）、結局短期間で大量の商品を納められるほど、集荷能力があったことがうかがえる。

3 質屋経営

安政六（一八五九）年一二月二七日から明治四年までは、柳嶋でも質屋を経営した（一六―一七）。文政二（一八一九）年四月・同九年正月には、年一割の利息でそれぞれ町会所貸付金一〇〇両宛を借用しており（七―六―四）、質屋の原資に利用された可能性がある。文政九（一八二六）年正月に定めた「家掟」では、質屋の経営の注意事項として、幕府の統制に抵触する可能性のあるものや盗品のおそれのあるものを質物にとらないこと（「御紋付は勿論、身分不相応の品質物に取り申すまじく、ならびに金銀・役場諸道具・反物預リ申すまじき事」第一六条）、質物の下取りの禁止（「下取物決て致すまじき事」第一七条）、預り金の禁止（「安利にても預り金相成丈致すまじき事」第一八条）があげられている。質屋の業務は古着の仕入れも兼ねた可能性があるが、この下取りの禁止条項と古着商売との関係は不詳である。

六代目弟が貸金をまとめた史料によれば（表2）、①質屋商売を始めた安永三（一七七四）年正月から⑥四代目が家督を譲った天保九（一八三八）年正月勘定までの帳面と、⑦天保一三（一八四二）年までの「口々惣貸金高」は、金八七八二両三歩と銀五匁六厘で、貸した相手はのべ五二三人にのぼった（六―二〇）。各小計は年数が異なり、また④・⑥は

表2　貸し金の推移

	①安永3(1774)年	②寛政元(1789)年	③享和4(1804)年	④享和4(1804)年奥	⑤文政13(1830)年—天保13(1842)年	⑥文政13(1830)年—天保13(1842)年奥	⑦天保9(1838)年勘定より13年まで追々	合計
3両以下	90	24	29	3	87	15	7	255
3—10両	13	20	7		45	11	2	98
10—30両	5	8	9	5	29	9	6	71
30—50両		1			7	3	1	12
50—100両			1	1	7	1	5	15
100両以上		1		2	1	6	11	21
不明	16		35					51
合計人数	124	54	81	11	176	45	32	523*
合計額(両　銀は切り捨て)	250.375	567.625	606.125	450.75	1798.125	1478.375	3631	8782.375

注）＊史料の表記は516人だが，集計して修正した．

「奥帳合貸」、⑦は天保九年以降の高額の貸し付けのみをとりあげている。また、③は二九〇両分の貸し付けが三五人と人数しか記されておらず、個々の貸付高は不明である。このため、単純には比較できないが、以下の傾向がみとめられる。(1)貸し付け額の傾向　最低額は「官薩坊」への銀一匁一分、最高額は内金と中之郷地所引き当てによる別家美濃屋吉兵衛への貸金一一八六両一分であるが、件数が多いのは④・⑦以外は三両以下の貸し付けで、全体でも件数の約半数を占めた。(2)貸付の変化　しかし、年が下るにつれて、高額の貸し付けは増え、総額も増える傾向にあった（①→②→③+④→⑤+⑥…→⑦）。加藤家は低額の貸し付けを継続しつつ、徐々に大口の貸し付けをするようになったのである。

貸し付け先の特定は困難であるが、おおよそa取引関係で名前の確認できる者（前項参照）、b分家・別家・親類、c町制機構、d出入、eその他、に区分できる。

このうち、cについては、居住する通油町の支配名主宮辺又四郎・五郎三郎に二〇両（⑥）、金一五両・金一三両を貸し、うち金一三両については町によって弁済されている（⑦「安政六年十一月廿日町内より受取」）。また、自身の店舗のある屋敷の家守川村源左衛門に、先述のほか金四両三分二朱・銀一匁八分（⑤）、金七両三分

⑥を貸している。このように、通油町の地借であった加藤家は、町制機構のメンバーに対して経済的に優位にあったといえよう。また自身の所持する町屋敷については、中之郷八間町の家守七兵衛に金一両壱歩⑥、橘町弐丁目の家主忠兵衛に金一四両・銀三匁六分⑥を貸している。[12] このほか、「町代徳兵衛」に金二分・銀四匁五分⑤、ほか髪結惣吉に金二朱・三分五厘③・長吉に金二朱・三匁三分③、髪結勘太郎に金一分・銀一匁八分⑤を貸している。さらに明治九年の勘定では、「町内鳶為吉」に「戌秋分」として金一円一二銭五厘を貸している。

dについては、奥貸分で、店の普請を担った大工卯之吉へ金五両（⑦　一〇—四二—七・八）、嘉永五年に菩提寺哲相院・土蔵の普請を担った大工寅吉へ金二両（⑦　一〇—四二—五・一六—二〇）を貸している。おそらく金二両を貸した本所植木や喜兵衛（⑥　一九—一七—九）、金五両三分二朱・銀六匁一分を貸した大工藤右衛門⑥も同様に出入りと推測される。また、菩提寺の哲相院に金一両を貸していることが確認できる③。

このほか、eでは、「酒井様中奥」に六両三分・銀四匁⑤、中村八郎左衛門に金五両⑥を貸している。酒井家については、明治五年までの勘定で、「酒井左衛門尉附属」の早川惟平太（金五両）、同じく大砲組の斎藤志津馬・高橋昇平長久（金一〇両）、木村勘之助・池田政之進・中尾繁吉（金二両二分）、小嶋大助・斎藤志津馬・玉井権之丞（金一両一分　町内二〇人で計二五両）を貸している。彼らは庄内藩に預けられた新整組の者たちで、玉井は戊辰戦争で探索方として活躍し、藩から称誉されていた。[13] 慶応三年四月一〇日付の斎藤・高橋の借金証文では借金の期限は翌年七月までとなっているが、文言には、「同志之者ハ勿論、何様之者参り金請ケ間鋪義申入候節は、拙者共え沙汰これあり次第当人篤と申論、貴店御迷惑あいならざる様取斗い申され候」とある。その一週間前の四月三日付で「酒井左衛門尉附属廻り方」より「美濃屋見世中」宛に店から一人出向くように指示があったことから（一九—五—三）、恫喝まがいのような借用だったと推測される。ただし、加藤家と「酒井様中奥」との関係が前提にあった可能性はあろう。また、後者の中村は文政六（一八二三）年八月の証文が残されており、包紙に「八丁堀中村八郎右《ママ》衛門様　金子五両用立候書付」とあることから（一九―六八）、南町奉行所四番組与力であったことが判明する。同心の息子に内済を頼んでいる例（後述）もあることから、町奉行所関係者との関係構築に発展した可能性もあるだろう。⑭このように、加藤家の貸金対象は武家にも及んでいた。また、「鯨師伝次郎」へ「割鯨引当かし」として金七四両を貸し付けている⑤。先述の取引相手や、次節でみる縁戚関係・奉公人の出自から考えて、おそらく上総・安房の鯨取であろう。

このように、加藤家の金融活動は、江戸の取引関係・縁戚関係、地借として住む町の町制機構、武士、出入関係者、さらに江戸のみならず関東にも広がっていたのである。

二　商家同族団の形成と維持

1　商家同族団の形成

こうした加藤家の経営を支えたのが商家同族団であった。加藤家の店には、文政四（一八二一）年で、家族も含め一六人がいたが、安政三（一八五六）年七月には、⑮奉公人が一七人となっている（表3）。表方は番頭一人、「若イ衆」が三階梯（△□⟁）で四人、「小僧」は四階梯（○⧖▽▽̲）で八人であった。また、中働き一人、飯炊きを含む下女三人、下男一人は奥向の奉公人と推測され、奉公人の表と奥（台所方）の分離（吉田 一九九九）が確認できる。ただし、安政三（一八五六）年七月に「比節より台所小蔵《（僧）》四人の内一人ずつ見世出し」（六―六）とあることから、小僧の修行のうちに台所の作業があった可能性がある。

加藤家の表の奉公人は、奉公人請状（寛政二〈一七九〇〉年以降　一―六―二ほか）によれば十年季で、最初の給金が一両、仕着せは夏に麻帷子一つ（安政三〈一八五六〉年の場合は七月五日に支給　六―六）、冬に木綿布子一つであった。「幼年」より奉公とあり（一九―三八―二、一九―四二ほか）、奉公中に半元服・元服を迎えた者もいることから（六―六）、

表3　奉公人の出自

番号	名　前	職　階	実家・〈口入〉	奉公時期	備　考
1	磯貝吉次郎	番頭	富沢町　富田屋万兵衛	(安政4〈1857〉年6月15日～新助と改名) 文久2(1862)年正月別家，柳島質屋支配人→実家相続のため暇 (16-17) 明治4(1871)年12月	「実印被下，近直裏極」
2	岩本茂三郎	若イ衆△	上州桐生　岩本茂兵衛	弘化2(1845)年～元治2(1865)年別家	
3	栗田亀太郎	若イ衆□	村松町　上野屋庄兵衛 (明治2年　舶来品取扱渡世)	～安政5年2月	安政5年2月5日　願之通り，永之暇申付「母病死候ニ付」6-17
4	鈴木甚吉	若イ衆□	永冨町□□場　橘屋甚右衛門 (家持　堀留組畳表荒物問屋)	？～安政4年閏5月家出→暇	(安政4年) 閏5月12日　家出で暇)
5	荒井半次郎	若イ衆⚠	橘丁一丁目　長谷屋半右衛門 (呉服問屋仮組　橘町二丁目利助地借　安政6年10月18日，休業．消印.)	安政3年8月元服	「安政五年同 (六月) 十八日，代呂物引負有之候ニ付，奉公人 (半次郎) 今日宿へ預ケル，追々懸合宿之方より入金可致旨 同廿五日，宿幷ニ伊世茂段々侘ニ付，今夜帰参」
6	福田豊次郎	小僧◯→若イ衆⚠	上槙町　田原屋甚兵衛	安政3年10月元服	
7	二見猪之助	小僧◯→若イ衆⚠	相州梅沢	嘉永6(1853)年12月～	安政3年6月元服
8	伊藤熊吉	小僧☒→◯	左内町　越前屋利兵衛		安政4年9月8日家出，9日帰参／同5年1月21日　半元服　4-4
9	大里幸蔵	小僧▽	下総佐原　油屋庄次郎	～安政4年9月家出→暇	安政4年9月20日家出　安政4年9月28日に暇
10	二宮佐吉	小僧▽	富沢町　大黒屋佐七 (嘉永7年　200両)		
11	山口鎮吉	小僧▽	難波町　河内屋彦七	安政3年2月～安政4年7月	安政4年7月22日に暇
12	大久保初之助	小僧▽	富沢町　綿屋万兵衛 (文化10〈1813〉年50両，安政2年300両上納)	安政3年3月～文久2年に永暇願 (7-4)	文久2年に永暇願 (7-4)
13	三砂藤次郎	小僧▽̲	船持　津の国屋庄兵衛	安政3年3月～慶応4(1868)年	
14	かね	中働キ			

15	飯焚きせ	下女	〈上総相ノ谷村新六〉〈金杉四丁目万屋七五郎〉	11月26日家出　日記本文では「いね」	
16	みよ	下女		3月暇	
17	よしの　地引相手	下女		みよの後に入る	
18	地引　もと	下女			
19	嘉兵衛	下男	〈「葺屋町川岸けいあんより」〉	(安政3年9月～)?年12月13日に暇	

出典）6-6「諸用留」による．実家・口入の項の商売の特定，上納金額は，田中康雄編『江戸商家・商人名データ総覧』全7巻（柊風舎 2010年）に拠った．

幼年奉公が基本だったと思われる。彼らは首尾よく勤めると、元手金を受け取って別家として自立した。

表4は、加藤家が奉公人に支払った元手金の記録であり、対象は別家の奉公人(＊)も含めて二八人に及ぶ。元手金を得ると、新規開業と実家を嗣ぐ場合があった。加藤家の最初の別家は1善六で、前者のケースにあたる。加藤家自身が五〇両の元手金からスタートしたことから、元手金の基本は五〇両とされた(「御先祖様成瀬氏より別宅之節、元手金五拾両頂戴ニ付、則当家定法ニ致ス」)。善六家からは四代目に嫁入りし、四代目娘が善六家へ、2五郎兵衛家には四代娘が嫁入りし、親類となっている。善六家は、三代の「浄雄様より譲り金」一〇〇両が追加で渡され、明治九年の地券の書き換え時にも「親類惣代」となるなど、親類の中核であった。また、五郎兵衛家は、幕末には富沢町忠助地借で質屋一番組に属し、文化一〇(一八一三)年には幕府に五〇両を上納するなど成長をとげたが、本家の下質も扱っていた(六—六)。このほか、奉公人が別家に養子として入るケースも確認できる(1善六家、2五郎兵衛家、5清兵衛家、8市蔵家、16新助家)。二代目市蔵の場合、天保一〇(一八三九)年に「市蔵病死後、老母ならびに後家・娘養育甚難渋」で「市蔵跡相続」となっている。また、本家と別家同士で婚姻関係を結んでいた(図1)。善六を「最初之出見世」と表現しているように(八—三)、別家は本家とともに美濃屋という商家同族団を形成していたのである。

表 4　奉公人と元手金

家	名　前	元手金	備　考
1	初代善六	50	「当家初テ之別家也，御先祖様成瀬氏ゟ別宅之節，元手金五拾両頂戴ニ付，則当家定法ニ致ス」 ほかに「浄雄様ゟ譲り金」100 両
2	忠助→五郎兵衛（加藤）	300	浄雄様ゟ譲り金共
3	庄助→治郎右衛門	50	譲り金 70 両
4	清七→吉兵衛	50	譲り金 20 両　ほか別手当 200 両
5	金八→清兵衛	100	
6	辰五郎→兵助（扇屋）	50	
7	伊八→久右衛門	25	
8	市蔵	250	
⑧	吉治郎→二代目市蔵	50	（天保 10〈1839〉年）
9	鉄治郎→清兵衛	150	（天保 14 年 11 月 14 日）
10	国五郎→利助	150	
①	二代目善六（田中）	300	
11	＊二代目善六召仕　与七	75	
12	＊五郎兵衛召仕　貞七	25	（天保 15 年 7 月）19-23
13	祐吉→七三郎	150	
14	又吉	55	
⑤	伊三郎→二代目（大黒屋）清兵衛	15	（安政 3〈1856〉年 11 月 20 日）
15	＊五郎兵衛召仕　常七	10	（安政 5 年 2 月 10 日　「御延金」15 両）
16	吉治郎→新助	100	文久 2(1862)年正月
17	茂三郎（岩本）	100	元治 2(1865)年正月
②	利三郎→五郎兵衛	15	慶応 2(1866)年
18	藤次郎	5	慶応 4 年
⑧	市蔵	20	明治 3(1870)年 6 月　「ミの五・ミの善支配，願ニ付」
19	柳嶋店　仙吉	20	明治 4 年 10 月
⑯	新助	275	明治 4 年 12 月　柳嶋支配人申付勘定向不残遣ス，「先年ゟ度々引負金分」200 両勘弁済
20	柳嶋店　重吉	20	明治 6 年
21	峯三郎	5	明治 6 年　十ケ年
22	鉄蔵	5	明治 6 年　十一ケ年

注）＊は別家の奉公人を示す．丸番号は，別家に養子に入ったことを示す．
出典）6-20「別家元手金渡覚」より作成．

2　表の奉公人

ただし、江戸住の商人は、他国住商人の江戸店とは異なり、特定の奉公人の供給源を持ち得なかった〔岩淵　一九九六〕。では、表3の表の奉公人一三人について、彼らの実家と推測される人物からその出自をみていこう。

実家は、江戸とそれ以外（2・7・9）に分けられる。江戸については、居所不明（13）、市ヶ谷左内町（8）、日本橋南地域（3）以外は、日本橋北・内神田地域で、富沢町が三人と目立つ。職種が確定できるのは、4堀留組畳表荒物問屋で神田永富町家持の橋屋甚右衛門と3村松町の上野屋（明治二年は舶来品取扱渡世）のみであるが、富沢町居住の者は古着や呉服・木綿関係の職種の可能性が高い。このほか、安政五年四月に、先述した取引先の青山若松町の黒田利兵衛（表1）の「口入」で「赤坂伝馬町黒田茂兵衛方貞次郎事貞吉」が奉公に来ている。また、同業の別家美濃屋五郎兵衛に奉公に来ていた常七が、同年二月に暇をとっているが（表4―15）、請人は取引相手の吉ノヤ常吉（表1）であった。天保一一（一八四〇）年一一月に別家美濃屋五郎兵衛の口入れで「去卯年」（天保二〈一八三一〉年か）から奉公していた高砂町新道相模屋源七の悴源太郎は、「相続人これなきに付、達して暇願出」した。加藤家では、年季が明けていないので手当は出さず、仕着せ物は間に合わなかったものの、代わりに金千疋を渡し、「首尾能く暇遣し、出入等も勝手次第申し渡す」ととくに咎めることもなく暇を出している（四―二）。また、1磯貝吉次郎（新助）は柳嶋質店の支配人であったが「実家相続致し度」として暇をとっている（一六―一七）。表の奉公人を確保する方法として、江戸の取引相手や同業者による身元保証、商家の跡継ぎの修業という形態があったことがうかがわれる。

江戸外の2桐生の岩本茂兵衛は、江戸や京都など都市問屋への絹の買次を行う絹の買継商で、茂三郎は岩本家の当主の弟であった[16]。茂三郎は弘化二（一八四五）年から「幼年」で加藤家に年季奉公してきたが、国許の老母の病気を理由に暇願いを認められ、別家として屋号と元手金一〇〇両を受け取った。しかし帰国後（一九―一七―一六）、ふたたび江戸に戻り、明治一三年には通油町一三番地の住所で加藤家より三〇〇両を借金し（一九―七三）、一八年には橘町一丁目一番地の住所で再び資本金五〇円を借用している。加藤家が安政大地震で二つの土蔵を破損した際には、一一月七日より晦日まで荷物（「店代呂物・掛物其外四か一固（箇）」）を預かるなど（八—三、四—三、四—四）、加藤家とは信頼関係があった。

7猪（伊）之助の請人の居所である相州梅沢（現神奈川県二宮町）は東海道の間の宿で、一八世紀初頭から茶屋・商家が建ち並ぶ町場として繁栄した。猪之助は、川勾神社（相模国二の宮）の社家二見神太郎の同時期の日記に登場する嫡子虎之助とともに江戸に滞在しており、虎之助の弟と思われる。[17] 猪之助は、嘉永六年一二月に「麴町三丁目佐平次店儀八・人主同所家主佐平次」を請人として加藤家に一〇年季の奉公に入った（二〇—四—一）。神太郎の日記によれば、虎之助も「麴町美濃屋内」に奉公中で、「麴町三丁目美濃屋佐平次」が虎之助の用向で神太郎を訪問するなど（嘉永五年五月二一日条・六月二七日条ほか）、猪之助の人主佐平次・請人儀八の店で奉公していたとみられる。また儀八も美濃屋を名乗っており、表4では確認できないものの、両者は加藤家の別家と思われる。神太郎は「美ノ屋当節商売殊の外繁用」という情報を聞いたためか（安政七年三月二一日条）、川勾神社の鳥居再建費用について「予試に儀八方へ金子無心、実父より申し遣し候処、調うや調わざるや否、これを筮う」と記しており（同年一二月一六日条）、儀八も神太郎の関係者で麴町の美濃屋に養子に入っていたことが知られる。猪之助は加藤家の別家を介して奉公に来たが、その前提には川勾神社と麴町の美濃屋との関係があったのである。その後猪之助は、文久二（一八六二）年一月に出奔し、加藤家より国許の神太郎に照会が来ている（「当十九日侍輩同道出奔致し候に付、所々相尋ね候え共、行先相知り難く、右に付、御在所に候間御尋ね申す由物語来り」）。同年七月、儀八より詫状が出され、金四二両三分の引負金のうちまず二四両を返済し、残金一八両三分を七月晦日より月に金壱分ずつ返済することで許され、八月に帰店が叶っている（二〇—四—三、一九—六七）。[18]

9の実家がある下総佐原は在方町として発展し、物流で江戸との関係も深かった。請人の油屋庄次郎は、銚子の出身で、佐原の油屋四郎兵衛に奉公後、別家して寛政一二（一八〇〇）年より油を、天保三（一八三二）年からは醬油業を営んだ（正上醬油）。天保年間と安政五（一八五八）年に麻生藩に御用達として上納金を納めるなど、富裕な商人であった。美濃屋との取引は不詳だが、江戸深川海辺大工町の遠野屋儀兵衛と縁戚関係を結ぶなど、江戸との関係があったと思われる⑲。

このほか関東出身の奉公人については、房州が目立つ。房州名古川名村（平郡川名村か安房郡川奈村）の十一屋庄助悴銀蔵が病気で暇をとり（一九―二九―二・三）、房州前原町（現千葉県鴨川市）の長助が安政五年に引負金を理由に別家五郎兵衛家より暇をとっている（一九―四六）。先述したように、十一屋は加藤家より借金している。前原町は、関西の鰯網漁業者の出漁を契機として一七世紀後半より発達した町場で、親の喜三郎の渡世は不明だが、深川猿江本村の引受人と何らかの取引関係があり、その者から美濃屋の奉公を紹介された可能性があろう。このほか、奉公人として武州幡羅郡（現埼玉県深谷市・熊谷市）百姓清右衛門弟の金次郎などが確認される（一九―一七―一〇）。過去帳（一六―五）に掲載される「足利住居みのや九兵衛」（?―一七八五年）も別家の可能性が高い。

このように、関係形成の契機は不詳だが、表の奉公人の供給源は、取引関係と同じく、関東にも及んでいたのである。

3　奥の奉公人

一方、奥（台所方）は交代した一人を含めて計五人であった。多くの出自は不詳だが、表3―15の飯炊きのきせは、上総相ノ谷村の出身であり、後述するように、後任も同じ請人に対して一四、五歳の女子奉公人が求められていた。嘉永七年八月に雇い、一〇月に暇を出した乳母（名前不明）には、給金を渡して請人方に引き渡したが、翌年二月に美濃屋を二回訪れ、「気違同様不法の義申し参」となり、左官力蔵の親類で「八丁堀前橋佐平様子息才次郎」に内済を頼んでいる。前橋は北町奉行所の同心で、[20] 請人は「八丁堀大油屋近所口入處するかや」であった。居所は異なるがきせと同じ口入屋（後述）と推測され、加藤家が特定の口入屋を請人としていたことがうかがわれる。なお、表3―19下男嘉兵衛は「国元へ帰り度き由に付暇」を出した文七と入れ替わりに安政三年九月に雇った者で、「葺屋町川岸けいあんより」の雇用、安政二年四月に乳母奉公を病気でやめた「ちよ事しげ」は、岡崎町勇助店辰五郎を請人、北嶋町友七見世善吉を証人とし（以上は六―六による）、「つた」の請人は八丁堀七軒町藤七店水屋六助であった（三―一一　年未詳）。

4　上総から来た当主

こうした加藤家の奉公人の中で注目したいのは、四代当主となった卯之松である。卯之松の履歴は、以下の通りであった（一―六―一）。

（前略）四代目権兵衛は、生国上総の国周准郡本郷村前久保百姓小沢源右衛門倅三男幼名卯之松　安永六丁酉年七月九日出生奥山の火性死の運也、寛政二庚戌年三月、十四才にて当地へ罷り出で、富沢町五郎兵衛殿国元より懇意に付、奉公の口これある迄頼り居り候、然る所、五郎兵衛殿夢に卯之松元服致させ候処、月代の跡につる柏の紋所これありと夢に見候に付、是は本店の奉公人に宜敷きと存、同年五月十八日、当家え年季奉公人に参り候、実躰に相勤め、寛政四壬子年十二月廿二日半元服致す　十六才改名卯八、同五癸丑年十二月八日、元服致す　十七才、同七年卯年、十九才の節、親類方相談の上当家相続人に致すべく内々申渡しこれあり、卯兵衛と改名致し候、享和三癸亥年表向家督人披露これあり、此年正月閏これあり、御主人六十才に御座候処、正月二つこれある故六十一才なりと、御賀祝いなされ候、其年十月十日御往生なされ候、これにより権兵衛改名、地面其外書替え家督相続致す（後略）

卯之松は、上総国本郷村（現千葉県富津市）の百姓小澤源右衛門の三男で、一四歳の時に江戸に出て、国元での縁をたよりに加藤家の別家五郎兵衛に身を寄せて奉公口を探していた。やがて五郎兵衛が、加藤家の家紋（四―三）との縁を霊夢でみて本家の奉公を紹介したという。その後、卯之松は半元服・元服と改名を経て順調に奉公をつとめた。おりしも、三代目には実子がなく、養子も養女も早世したため（図1）、親類方の相談を経て、相続人となり、三代目の死去をもって四代目権兵衛となったのである。

本郷村は旗本知行所で、天保九（一八三八）年の段階で、四二二石四斗七升七合五夕、田方と畑方がほぼ同規模で生産物の基本は米・雑穀、家数が四五軒で、人口二三三人であった[21]。商売は、文政一二（一八二九）年四月の段階で「農間商ひ」の家が四軒（居酒屋渡世三軒・髪結渡世一軒）程度であった[22]。遅くとも卯之松と同時期以降は、他にも江戸に奉公に出ていた者が確認でき、加藤家の取引先で縁戚でもある富沢町の富田屋源七（図1・表1）へ天保七（一八三六）年より十年季の「奉公稼」に出ている者もいた[23]。加藤家への奉公の経緯から考えて、別家五郎兵衛も同郷の出身だった可能性が高い。卯之松は同村においては特殊な存在ではなかった。

卯之松の実家小澤源右衛門家[24]は、文政三（一八二〇）年五月の「旧家分地別家改書」（エ七）によれば、村役人筋の小澤平次郎家の分家で、当時の四四軒のうち「旧家名前拾人」の一人で、名主をはじめ村役人をつとめている[25]。明治元年の宗門人別帳によれば、家族構成は、三九歳の当主のほか母・妻・悴（四歳・七歳）であった。同家は、文政一二（一八二九）年・万延二（一八六一）年の段階では村唯一の質屋で、前者では「文政三辰年より渡世仕候」「直取質屋源右衛門」が確認でき、都市の規模の大きい質屋へ資金の融通と引き替えに質物を送るいわば取次の「送質」を除き、質取高が一年平均で金二五両一分・銭一六貫七〇〇文、利足は金一両につき利足銀一匁六分、銭百文につき利足三文と申告している[26]。

卯之松の入家後、加藤家との関係は、源右衛門家の質屋業やその本家平次郎家の商売の資金の確保で機能した。文政元（一八一八）年には、平次郎が源右衛門を請人として、米二〇俵を担保に、加藤家より金四〇両に加えて新たに金六〇両を借用している。一ヵ月に金壱分の返済で、「貴殿御入用之節迄御借申しくださるべく候、しかしながら我義も商売金に借用申候に付二・三ヵ月前御沙汰下さるべく候」とあることから、同家が商売を展開し、縁故ゆえか緩い期限で借用していることがうかがえる。さらに、文政五年正月には金一五〇両を同じく「売買に付借用」し、返金が滞った場合は「下畑・新畑の内壱町五反の場所御年貢諸役引残三拾七表（俵）作徳の場所」を渡すとしている（〆八「借用申金子證文之事」）。平次郎の商売は不詳だが、嘉永四（一八五一）年には、文政一二年の質屋調査時では休んでいた質屋商売の再開と、手元金不足で領主に借金願を出しており[27]、加藤家からの借金が休業中の質屋商売の補塡に使われた可能性がある。また「上総畑澤村」（現千葉県木更津市）の源左衛門が、辰年（年不詳）一二月に「用々金差つまり」金一両を（一九―三五）、やや内陸の「上総長南宿」（現千葉県長南町）の源次郎は天保六（一八三五）年に金五両を加藤家より借用している（一九―七〇）。

一方、時期不詳だが、源右衛門家は加藤家に「おとき」を女子奉公人として紹介していた。「おとき」は今木宥伯を人主、堀江町弐丁目駿河屋庄兵衛（三十軒組旅人宿）を請人としていたが、安政六（一八五九）年二月に暇を下された際、今木より小澤家に、代わりの奉公人の紹介を検討していることが伝えられている（一九―八三「油町様にても田舎者にてよろしく御座候はば、おとき代りニ相成り候者壱人心掛け、出府の節同道仕るべき哉、若しまた御幸便も御座候て御聞合下され、十四五六位迄の小女心掛け相尋ね抔申べく哉、しかしながら江戸表にて御召かかへ下され候哉、相伺い申度く候、此様へ相談申し上げ候」）。また、源右衛門家から弘化四（一八四七）年に分家した卯兵衛家も、金杉四丁目万屋七五郎が請人となった「おきせ」を、安政三年一一月に卯兵衛が店に直接連れてきており（六―六「上総卯兵衛様来る、飯焚女連れ来る、きせ、泊る」）、またその後親の病気の状況について、卯兵衛が親元の「相ノ谷村」（天羽郡相野谷村　現千葉県富津市）の新六に問い合わせている（一九―八六―一二）。さらに、明治一三年には、本郷村の隣村の下飯野村の深沢為兵衛が、病気で奉公を辞めた長男亀太郎を手当金五円とともに加藤家から受け取った礼を述べている（一九―二三五）。このほか、安政三（一八五六）年一二月には、「以前つとめ居り候上総源次と申者」[28]が訪問し、同年一〇月には関係は不明だが本郷村の隣村である「上総大堀」の勘兵衛が宿泊している（六―六）。このように、加藤家では、卯之松が当主になった後、上総国本郷村の周辺に資金を融通するとともに、奉公人を求めるなど、関係を深めたと考えられる。

加藤家は奉公人から新たな別家を都市社会に排出し、親類とも関係を築きながら、商家同族団を形成し、経営を維持した。また、他の商家とも相互に奉公を通して跡継ぎの修業をさせた。こうした奉公人の出自は、関東にも及んだ。四代目当主となった卯之松もその一人だったのである。

おわりに――大店と都市社会

本章では、本格的分析が不十分であった江戸住の大店について、美濃屋加藤家を素材に経営と奉公人の検討をすすめた。古着商売では、市場での仕入れのほか有力な呉服問屋の売れ残りの処分先となり、売先では江戸府内の古着売に商品を供給するとともに関東の商人とも取引があった。質商の貸付先は、江戸の取引関係・縁戚関係のほか、地借として住む町の町制機構、武士、出入関係者、さらに古着商いと同様に関東にも広がっていた。奉公人については、関東出身者、とくに上総地域とは、奉公人が四代目の当主に抜擢されたことから、関係が深かった。また、表の奉公人については、江戸市中の取引相手も多く、商家相互の修業という性格も持っていたことがうかがえる。

関東との関係形成の経緯は不明だが、経営では、古着の流通、あるいは都市の規模の大きい質屋に送質を行う村の質屋との関連が注目される。また奉公人については、上総地域の有力農民層が「抱元」として、直接あるいは人宿と提携して中下層農民を江戸へ武家奉公人として供給していた〔松本 二〇一七〕。加藤家の奥の下女についても、供給の組織化は不明だが、類似した雇用がみられた。表の奉公人の供給については、比較検討を課題としておきたい。

このように、加藤家は質屋経営にみる町制機構との関係、金融関係での優位性、奉公人の二重化など、社会的権力の要素を備え、房総や上州など関東の社会的権力ともネットワークを形成していた。さらに店舗を構えた通油町では、前稿で明らかにしたように、家守の町中に町政を委任しつつも、居付地主とともに有力な表店として運営にかかわっていた。こうして加藤家は、通油町の地で六代にわたって商売を続けたのである。

しかし、加藤家は明治一五年には新大坂町七番地の土地を購入して移転した。それは、地主からの追い立てによるものであった。加藤家の店舗の地主は、京都商人で三都に店を持つ打物問屋の炭屋（湯浅）七左衛門（釘鉄銅物問屋ほか）であり[29]、前年の火事で店舗を焼失後、加藤家に返地を求めたのである（「地所入用に付、返地致し呉れ候様申し参り、先方入用丈返地致し候ては甚だ差し支えに付相断候処、聞き済みこれなし」）。加藤家は、あくまでも表地借の大店であった。加藤家の文書群中の文書で最新の作成日は明治四三年九月二八日、経営帳簿は明治三一年までで、その後の活動は不詳である[30]。加藤家は大店として成長をとげたが、地借という立場によって、その地位は安定しなかったのである。六代目弟卯兵衛の記録では、転出先決定を「如来」の「御告」、経営上の諸問題への対応の根拠を「仏勅」で説明している。加藤家は熱烈な浄土宗信者であり、さらに様々な寺社参詣に熱心であった。それは気晴らしや娯楽といった従来の説明では理解できない。加藤家の信仰や文化的活動については、稿を改めて論じたい〔岩淵 二〇二一予定〕。

（1）『東京市史稿　市街篇』四三巻（東京都、一九九六―一一一六頁）所収史料からは実際の選考過程がうかがえる。

（2）「町人身元一件」（国立国会図書館蔵）は、町奉行所の諮問により名主が上納者の身元を調査・回答したものである。慶応元（一八六五）年、本所相生町一丁目忠蔵地借の材木仲買近江屋孝右衛門の場合、希望額金二五両に対して、町奉行所が増額を諭して金一五〇両で再願させ、さらに増額を求めた。しかし、資産が金八五〇両分の荷物と有金約一五〇両、ほか土蔵・住居と納家三ヵ所、諸道具一式で、当主が幼少であり、「所持地面等も御座無」きため、上納額一五〇両にとどまっている。

（3）個別の検討としては、両替商播磨屋中井家〔田中 一九六八、吉田 一九九四〕、人宿の米屋田中家〔市川 二〇〇二ほか〕、釘鉄銅物問屋の紀伊國屋三谷家〔滝口ほか 二〇〇六〕、小日向三軒町の質屋伊勢屋長兵衛〔岡崎 二〇一八〕がある。

（4）美濃屋加藤家文書（国立歴史民俗博物館蔵 約一〇〇〇点 H一七〇六）による。同館第三展示室において、西坂靖執筆のパネル・キャプションによって一部展示中であるが、本格的な検討には至っていない。

（5）古着屋一番組の連印帳（二―一「定」〈宝暦九（一七五九）―享和三（一八〇三）年〉）が文書群中に含まれ、また「宮辺支配四番組古着仲間」「宮辺支配分 議定帳面箱」（二〇―一）が存在している。

（6）吉田伸之は、江戸市中から仕入れた古着を問屋の市場で販売する者を古着買、富沢町の古着市場において問屋の市場から仲買を通じて売りに出された商品を仕入れて江戸市中に販売する者を古着屋としているが〔吉田 一九九九〕、加藤家の業体は確定できなかった。

（7）安政三（一八五六）年には「秋物商内」の中で「一、百廿三匁弐分五厘 大丸 一、紫地毛類一丈四尺五まひうり」、翌年には「大丸より柳川細調え上げ単物に拵候、今日仕立上り」（四月二六日）が確認できる（六―六）。三井については、天保四（一八三三）年に「呉服物手付金」として金二〇両を三井向店に支払っている（一九―五九）。

（8）嘉永七（一八五四）年には七〇〇両を収め、居宅を含む二五ヵ所・沽券金約一七〇〇〇両の町屋敷を所持していた富田屋であったが、慶応元（一八六五）年には居所を含む六屋敷を家質に入れ、一四屋敷を手放し、深川富川町の四地面（沽券金一六〇両分）のみの所持で、「身上衰微」とされている（「町人身元一件」国立国会図書館蔵）。鍬形と加藤家との直接の関係は不明であるが、鍬形は文久元（一八六一）年に江戸本店の後見格となり、後見・名代を経て、明治二年より大元方横浜御用所詰、勘定名代ののち、四年に東京御用所詰に戻っている（三井家編纂室「店々役人名鑑」三井文庫蔵）。鈴木の雇用は鍬形が横浜の重役だった時期にあたる。その後、鈴木は「横浜第一国立銀行支配人に立身致し」たが、明治九年に病死し、翌年に三井両替店の通勤別家で浅草馬道町四丁目の「高橋平兵衛」を養子に迎えた（七―八、二三―五 養子はのちの劇作家幸堂得知〈一八四三―一九一三年〉）である。

（9）白木屋は、古手問屋の富沢町店（近江屋与市）を持つが、本店名で祝儀が出されていることから本店との取引と判断した。

（10）住吉屋は、天保初年に京都から他二店とともに岐阜に出店を構えた。天保五（一八三四）年には、「住吉屋たちが尾張藩の江戸直積みの株を持たずに、京都よりの送り株で織屋から買い集めた商品を江戸の太物問屋に送り、また様々な商法を用いて総計六千両も損失を与えた」として岐阜の桟留縞問屋らが藩に彼らの岐阜追放を願っている。しかし、弘化・嘉永年間には新興の上層在郷商人が江戸に新たな販路を開拓して成長し、安政六（一八五九）年には、岐阜の仲買と織屋八人から桟留縞代金の未払い金五四〇両三分などの返却を求められるなど、住吉屋の経営状態は悪化していた（林英夫『近世農村工業史の基礎過程』（青木書店、一九六〇年、七九―八二頁）、『岐阜県史　通史編　近世』、一九八一年、四五八―四七四頁、および『岐阜県史　史料編　近世六』、一九六九年　史料番号二〇一）。住吉屋の江戸での古着仕入れは、流通の変容と経営悪化への対応策と考えられる。

(11) 以下、とくに断らない限り、商人の所属する仲間や居所、御用金の上納額は同書による。

(12) 七兵衛と加藤家との関係は一九―八八―二、忠兵衛とは一九―九七で確定した。七兵衛には、他に天保一四（一八四三）年一二月に六両を貸している（一九―八八―五）。

(13) 新整組は、播州三日月藩士小林宮之助の弟登之助が神田で作った砲術の塾が母体であり、新徴組同様に江戸市中取締に従事した〔今野 二〇一六〕。

(14) 「南性名帳」（国立国会図書館蔵）によれば、文政三（一八二〇）年段階で中村は「本所方」であった。江戸の酒仲買・小売の高崎屋の場合、町奉行所与力に家訓の添削を頼んでいる〔岩淵 一九九六〕。

(15) 六―六所載。「七月改正」とあり、安政二年二月に奉公を始めた藤次郎が掲載され、同四年六月に新助と改名する吉次郎の名があることから、安政三年七月段階と判断した。

(16) 安政六（一八五九）年の桐生絹買仲間一七人のうち、桐生新町の六人の一人であった〔杉森 二〇〇六〕。元治二（一八六五）年の証文（一九―一八―二）では、茂兵衛が「実兄」として捺印している。

(17) 『川勾神社日記　2』二宮町、一九九三年。以下、神太郎の日記の記述は同書による。梅沢については、『二宮町史　通史編』（二宮町、一九九四年）参照。猪之助・虎之助は、神太郎と頻繁に書状や進物をやりとりし、神太郎宅を訪れることもあった。奉公直後の一二月には、病気中の神太郎に「薬り入書状」を送り、神太郎より江戸の虎之助・猪之助と白川役所へ、寺社奉行宛の隔年登城病欠の提出書下書が送られている。こうしたことから、神太郎とは親子関係にあったと推測しておきたい。

(18) 先払い金のうち一一両は、儀八が町内の五人組から一〇月を期限に借用したものであった（二〇―四―四）。明治五年段階で、「召使　伊之助引負」は「寅年より両度分」で金三〇〇両となっている（六―二〇）。

(19) 「諸家系譜　一」（国立歴史民俗博物館蔵伊能家文書）。酒井一輔氏のご教示による。

(20) 前橋佐兵衛は、嘉永四（一八五一）年一二月に勤続五〇年で褒美を受けている（国立国会図書館蔵「七十冊物類集」七一巻）。

(21) 以下、源右衛門家の本家である同村名主の小澤（公）家文書（千葉県立文書館寄託　以下片仮名からはじまる史料番号を表記）による。閲覧をお許し頂いた小澤公平氏に感謝したい。村況はエ一九―二「私領御巡見記録」を参照した。ほか持添の新田分約三石があった。明治九年「物産取調書」(エ三三)によれば、生産物の基本は米約三七〇石、雑穀が約二〇〇石であった。

(22) エ二「農閑商い渡世之者名前調書」。天保一五年の段階で新田に酒造米高一五〇石の酒造家が一名(エ二〇「上総国周淮郡本郷村御新田明細帳」)、万延二(一八六一)年段階で農閑稼が五名(荒物酒請売質物と醤油造高一五〇石兼業一名、酒請売荒もの二名、酒受売一名、質物渡世一名)であった。

(23) 寛政六(一七九四)年には、「小株の者取続兼ね候て江戸表え奉公稼に罷り出」ていた藤兵衛悴が帰村を希望し(二一八「乍恐以書付奉願上候」)、天保一四(一八四三)年には紋兵衛弟庄蔵が「御府内奉公稼」を村役人に願っている(ヌ一二「一札之事」)。富田屋に奉公に出ていたのは宇右衛門弟林蔵であった(二九六「乍恐以書付奉願上候」)。

(24) 加藤家文書の二八―一八―二の差出人の源右衛門と、文化一二年正月二十日以前の印鑑「御百姓印鑑改帳」が一致し、また二〇―一八―五の印鑑と明治元年の「上総国周淮郡本郷村宗門人別帳」(オ二)の捺印が一致することから、四代目の実家はこの源右衛門家である。

(25) 安永八(一七七九)年は名主(ム三二「相渡申田地證文之事」)、文政一二(一八二九)年・天保九(一八三八)年は組頭(エ一二「農間商い渡世之者名前調書」・エ一六「村差出書上帳」)、文久二(一八六二)年正月は百姓代(ツ一三「月賦金連印帳」)、明治三年正月は年寄(ツ二六―一「畑米規定書連印」)であった。

(26) 前者は関東取締出役に提出した「酉戌二ケ年平均質取金高書上」(ツ九)、後者は代官に提出した「農間商ひ渡世之者名前取調帳」(エ二六)による。本郷村の辰十一月 関東取締出役宛「髪結小間物質屋古着屋古鉄買名前帳」(ツ一七)では、「質屋渡世」は二名であった。なお、「送質」は江戸の質屋との関係が想定されるが、具体的内容は特定できなかった。

(27) 二一三三「乍恐以書付奉願上候」。下書きであるが、安政三年には平次郎が田一町五反を担保に領主より金一〇〇両を預かり、同五年八月に完済していることから(二一四五「御預リ金証文之事」)、提出されたと考えておきたい。

(28) 加藤家から借金をした前出の「上総長南宿」の「源次郎」と同一人物の可能性があろう。

(29) 炭屋の店舗は、明治二五年刊『日本全国商工人名録』でこの町屋敷となっている。明治一三年刊『東京商人録』で同屋敷を店舗とする「岩佐七左衛門」も湯浅の誤記であろう。炭屋については、『三百年ののれん』(湯浅金物株式会社、一九六九年)参照。

(30) その後、愛日小学校への入学の記述があることから、四谷区内へ転出したと思われる。明治三九年一〇月に「質店開業」という記述があるが、不詳である(七―一 挿入文書)。

参考文献

市川寛明「江戸における人宿商人の家業構成について——米屋田中家を事例に」『東京都江戸東京博物館研究報告』第八号、二〇〇二年
岩淵令治「江戸住大商人の肖像」（『新しい近世史』第三巻）新人物往来社、一九九六年
岩淵令治「江戸の都市空間と住民」（『日本の時代史』一五）吉川弘文館、二〇〇三年
岩淵令治「江戸の御用菓子屋・金沢屋三右衛門——武家の消費と上菓子屋の成長」『和菓子』一六、二〇〇九年
岩淵令治「藩邸」『伝統都市3　インフラ』東京大学出版会、二〇一〇年
岩淵令治「江戸・東京の酒・醬油流通——生産者から消費者へ」『醬油醸造業と地域の工業化』慶應義塾大学出版会、二〇一六年
岩淵令治「大店と町」『学習院女子大学紀要』二一、二〇一九年
岩淵令治「江戸大店商人の信仰・芸能鑑賞・読書（仮題）」『国立歴史民俗博物館研究紀要』号数未定、二〇二一年刊行予定
植田知子「大黒屋又兵衛に関する研究」『社会科学』八二号、二〇〇八年
岡崎寛徳「江戸山の手の質屋伊勢屋長兵衛と幕府・大名」『大倉山論集』第六四輯、二〇一八年
北原進『江戸の札差』吉川弘文館、一九八五年
今野章「明治初年の新徴組・新整組の『貫属替え問題』について」『図録　剣客集団のその後——新選組・新徴組の変容と終焉』（日野市新選組のふるさと歴史館叢書第一五輯）、二〇一六年
杉森玲子『近世日本の商人と都市社会』東京大学出版会、二〇〇六年、第三編第二章（初出は二〇〇〇年）
滝口正哉ほか『ある商家の軌跡』千代田区教育委員会、二〇〇六年
竹内誠『寛政改革の研究』吉川弘文館、二〇〇九年
田中康雄「寛政期における江戸両替商の経営——播磨屋新右衛門家の場合」『三井文庫論叢』第二号、一九六八年
田中康雄編『江戸商家・商人名データ総覧』柊風舎、二〇一〇年
西坂靖『三井越後屋奉公人の研究』東京大学出版会、二〇〇六年
樋口知子「関東呉服商人名前」『三井文庫論叢』三三、一九九九年
松本良太『武家奉公人と都市社会』校倉書房、二〇一七年
吉田伸之『髪結新三』の歴史世界』（歴史を読みなおす19）朝日新聞社、一九九四年
吉田伸之「巨大城下町」「表店と裏店」『巨大城下町江戸の分節構造』山川出版社、一九九九年（初出は一九九五年・一九九二年）

〈特論2〉

硫黄の山方荷主

永原健彦

はじめに——硫黄の流通統制

都市を維持するためには、様々な物資の移入が欠かせない。その物資を生産地から都市へ送り出す荷主たちは、「山方荷主」と総称される。本論では硫黄を題材に、その山方荷主と江戸の関わりを見ていきたい。よく知られているように、硫黄は火器に欠かせない火薬の材料である。(1) 軍需物資であるために、幕府は硫黄の生産と流通に大きな関心を持ち、統制下に置こうとした。硫黄の主たる産地は、近世半ば頃まで薩摩や豊後などの西国にほぼ限定されており、関東にも大坂の硫黄問屋を経由して海上輸送された西国の硫黄が流入していた。幕府は、江戸湾の入り口である浦賀番所での吟味を義務付けることで、江戸に入る硫黄を管理する仕組みを構築していた。大坂硫黄問屋に硫黄を発注し、江戸で荷受けするのが、江戸硫黄問屋である。江戸硫黄問屋は江戸での硫黄販売を独占する存在で、おおよそ七軒が五年季で問屋を務めており、硫黄統制において重要な役割を担った。だが、硫黄は火薬原料だけではなく、薄い板に硫黄を塗布して着火を容易にする「附木《つけぎ》」の材料としても用いられた。そのため、鉄砲を保有せず硫黄にも無縁と思われがちな江戸の民衆にも、硫黄は不可欠の物資だった。

大坂下りの硫黄に対し、一八世紀半ばになると、上野国の万座山、白根山で採掘される硫黄(上州硫貴)が江戸に流入し、大きな位置を占めるようになる。(2) 検討の中心は、この上州硫黄の山方荷主である。上州硫黄については、小林文瑞の詳細な研究があり、本論も多くを依拠している〔小林 一九六八〕。また鉄砲火薬管理の観点からは、中西崇が江戸の硫黄問屋組合を検討している〔中西 二〇〇六〕。これらをふまえ、本論では江戸と山方荷主の関係性を探りたい。従来の研究では、硫黄問屋の手を離れた後の硫黄の流通に触れられていないことから、そこを意識したい。これにより、山方荷主と江戸の関係にも、新しい面が見えるのではないだろうか。

一 江戸府内の硫黄取引と附木屋

天明六(一七八六)年に、硫黄問屋が町奉行所に提出した史料〔『大日本近世史料 諸問屋再興調五』〕で、江戸における硫黄の流通状況を概観しよう(表1)。これは、硫黄問屋を経由せず附木屋に販売される「抜硫黄」という行為が横行し、その結果として硫黄問屋の取扱量が減少していると訴えたものである。この表からは、いくつかの興味深い点が指摘できる。第一に、硫黄問屋から見ると、これら附木屋は「年来の売り子」と称される存在であること。つまり硫黄問屋から見ると附木屋は、問屋が仕入れた硫黄を専門に販売する、支配下にある存在なのである。第二に、「芝組」あるいは「本郷附木屋組合」のように、表記に若干の違いがあるが、附木屋が地域ごとに集団化していることである。その集団は江戸府内、府外ともに存在し、江戸硫黄問屋から硫黄を購入、販売していた。ただ、江戸府内の附木屋が硫黄問屋以外から硫黄を調達することを許されないのに対し、府外の附木屋は江戸硫黄問屋以外からの調達を許されている。と同時に、それでも府外附木屋が江戸硫黄問屋の売子である点も留意する必要があろう。第三に、こうした附木屋組合は、従来の「売り子」的立場、すなわち硫黄問屋の支配を脱して、自立を模索している点が注目される。具体的には、硫黄問屋を通さず硫黄を入手、販売したいと町奉行所に出願しているのである。このように、硫黄問屋との関係においては、附木屋は「売り子」の立場だが、附木屋そのものは、必ずしも「売り子」という語で想像される零細商人ではない。彼らは弟子や日雇、月雇などを抱え、親方と呼ばれる立場にある。[3] 実際に附木を売り歩くのは、弟子以下が中心だと思われる。

附木屋の様相を断片的に見てきたが、彼らの活動によって、硫黄問屋を核とする流通統制は困難に直面していく。そこで、町奉行所から以下のような触れが出されている。

硫黄の儀は外品と違い火薬大切の品につき、今般あい触れ候、以来、浦賀御番所改め荷物の外、江戸表において引き請け候ものこれ有り、硫黄問屋ども申し出においては吟味の上厳しく咎め申し付くべく候

これまで同様江戸府内で売買できる硫黄は、浦賀番所で吟味を受けたものに限られることが再確認されている。幕府の「火薬大切の品」という論理と、硫黄問屋の利益が合致したものといえよう。だが表1で見られるように、江戸では江戸硫黄問屋を経由しない「抜硫黄」が横行していた。その中心となったのが、上野国で生産された硫黄である。一八世紀半ばに万座山、ついで白根山で硫黄生産が始まったが（表2）、その販売は容易ではなかった。上州硫黄は利根川を下って関東各地に運ばれるが、浦賀で吟味を請けることは経路的に難しいため、正式には江戸で販売できず、高崎、岩槻など五宿のみに販売場所が限定されることとなる。しかし現実には、五宿で売却された硫黄がさらに関東各地に転売され、その一部が江戸の附木屋に「抜硫黄」として売られたのであろう。そのため文化一三（一八一六）年には硫黄問屋が町奉行所に出訴した。その

表1　硫黄の販売状況（天明6年）

項	概　要
1	神田江川町の附木屋が，粕壁宿で上州抜硫黄を受け取り，仲間に販売．年来の売子．
2	芝，本所，岩井町，南茅場町の4組附木屋が，硫黄問屋を離れて硫黄の直買を出願，却下．
3	小網町で抜硫黄発覚．常陸国龍ヶ崎からの品．
4	王子・飛鳥山周辺の附木屋が隠売り．本郷附木屋組合所属（江戸府外）だが，硫黄問屋の「売子」．万座山硫黄を取り寄せ，仲間に販売．約5年前にも発覚．
5	千住六ツ木村で質・酒商売を営む者が硫黄を貯蔵し，江戸附木屋に販売．「在」なので，貯蔵は問題ない．

出典）『大日本近世史料　諸問屋再興調五』より作成．

表2　白根山・万座山硫黄採掘請負・売捌の概略

年	万　座	白　根
寛保2(1742)頃		江戸本所千田庄兵衛ら硫黄稼ぎ出願，却下
宝暦2(1752)	万座山採掘出願	
宝暦13	下谷坂本町藤吉ら4名硫黄稼ぎ出願	
明和2(1765)	下谷坂本町藤吉らに硫黄稼ぎ認可(3年季)	
明和5	中居，門貝，西窪3村が硫黄稼ぎを村請	
明和8	藤吉に採掘権（＋万座温泉開湯権）	
安永9(1780)		下谷坂本町藤吉，採掘出願も草津村が反対
天明3(1783)	請負人藤吉と問屋の出入り．請負人売捌場所を5宿（高崎，岩槻，越ヶ谷，鴻巣，熊谷）に限定	
天明4		藤吉，相之島村（須坂市）覚兵衛が白根山を二分して採掘出願，許可　販売先は藤吉：上野，武蔵　覚兵衛：信濃水内，高田郡，越後高田
寛政5(1793)		硫黄稼株を6株に．4：大前村（藤吉，文次郎，喜右衛門)，1：元飯田町左七，1：小石川金杉水道町家持池田屋利右衛門
寛政9	藤吉から大笹村黒岩長左衛門に採掘権譲渡	
文化6(1809)		採掘権，干俣村干川小兵衛に（冥加金年750文）
文化13		年産1,200叺見込みの内，1,000叺を江戸問屋へ渡し，200叺を上州で売捌く．以後，江戸問屋は上方硫黄の取扱を停止
文政4(1821)		上州硫黄の浦賀吟味免除認められる
文政5		本宿村政五郎が請負（冥加金年131貫文）
文政8		政五郎滞納，小兵衛，大前村武八が跡請負
文政10頃カ		本宿村政五郎，請負に復帰
天保5(1834)		江戸硫黄問屋，請負出願も却下される．政五郎弟の力蔵，小兵衛，武八，草津村が請負
天保6		力蔵の抜荷が発覚，江戸硫黄問屋による売場設定へ
天保7		草津村平兵衛ら請負を辞退し，硫黄問屋を跡請負に推薦
天保9〜10		江戸硫黄問屋，請負を出願も却下される
天保10		草津村平兵衛，小兵衛，力蔵，大前村熊次郎の4人が請負
嘉永1(1848)		6株　上武在売（米吉，小兵衛)，甲信越（米吉，倉之助)，御府内（武八，政五郎）

注）1叺は14貫目（52.5キログラム）入り．
出典）佐田知治家文書，干川英吉家文書などより作成．

結果、江戸向け硫黄を問屋に渡し、残りは硫黄請負人が上野国限定で販売することとなった。「抜硫黄」の頻発を逆手に取り、江戸における上州硫黄の統制を実現させたといえよう。しかし、浦賀吟味が困難な以上、やはり上州硫黄を江戸に持ち込むことはできず、在方で貯蔵するしかなかった。

そこで、わずか五年後の文政四(一八二一)年に、硫黄問屋は対応を大きく変えることになる。具体的には、上州硫黄の浦賀番所での吟味を省略するよう幕府に出願したのである。表向きの理由は「下り硫黄の減少」だった。硫黄問屋によると、この頃硫黄生産を中止する山も出現するなど硫黄生産が減少したため大坂硫黄問屋から入る硫黄が減り、当然ながら価格も上昇していた。そのため、硫黄問屋の商売継続が困難になっていたというのである。この表向きの理由がどれほど正確なのかはわからないが、現実問題として江戸に上州硫黄が流入していたことが硫黄問屋の判断に影響したことは確かだろう。硫黄問屋は「抜硫黄」への対応に苦慮しており、阻止は困難と考えたものと思われる。

二　硫黄の山方荷主と江戸

上州硫黄は、江戸町人と深い関係があった。そもそも万座山、白根山とも最初に硫黄採掘権を認められたのは江戸下谷坂本町四丁目の小松屋藤吉だったし[4]、藤吉の後も江戸小石川金杉水道町利右衛門や元飯田町左七など、江戸町人が関与する開発が続いた。しかし表2でわかるように、時代が下るにつれて、在地の有力者が請負の中心となっていった。なお硫黄請負は期間が決められており、それが過ぎると入札等で新しい請負人が決められた。新しい請負人は、代官所に運上金を上納し、硫黄を採掘することになる。山方荷主は、草津村、干俣村、門貝村、大前村、本宿村(図1)など、標高一〇〇〇メートル前後に位置する村々の人びとだった。

文政五年に江戸硫黄問屋行事と上州吾妻郡本宿村(現東吾妻町)政五郎の間で取り交わされた一札がある[5]。この年、

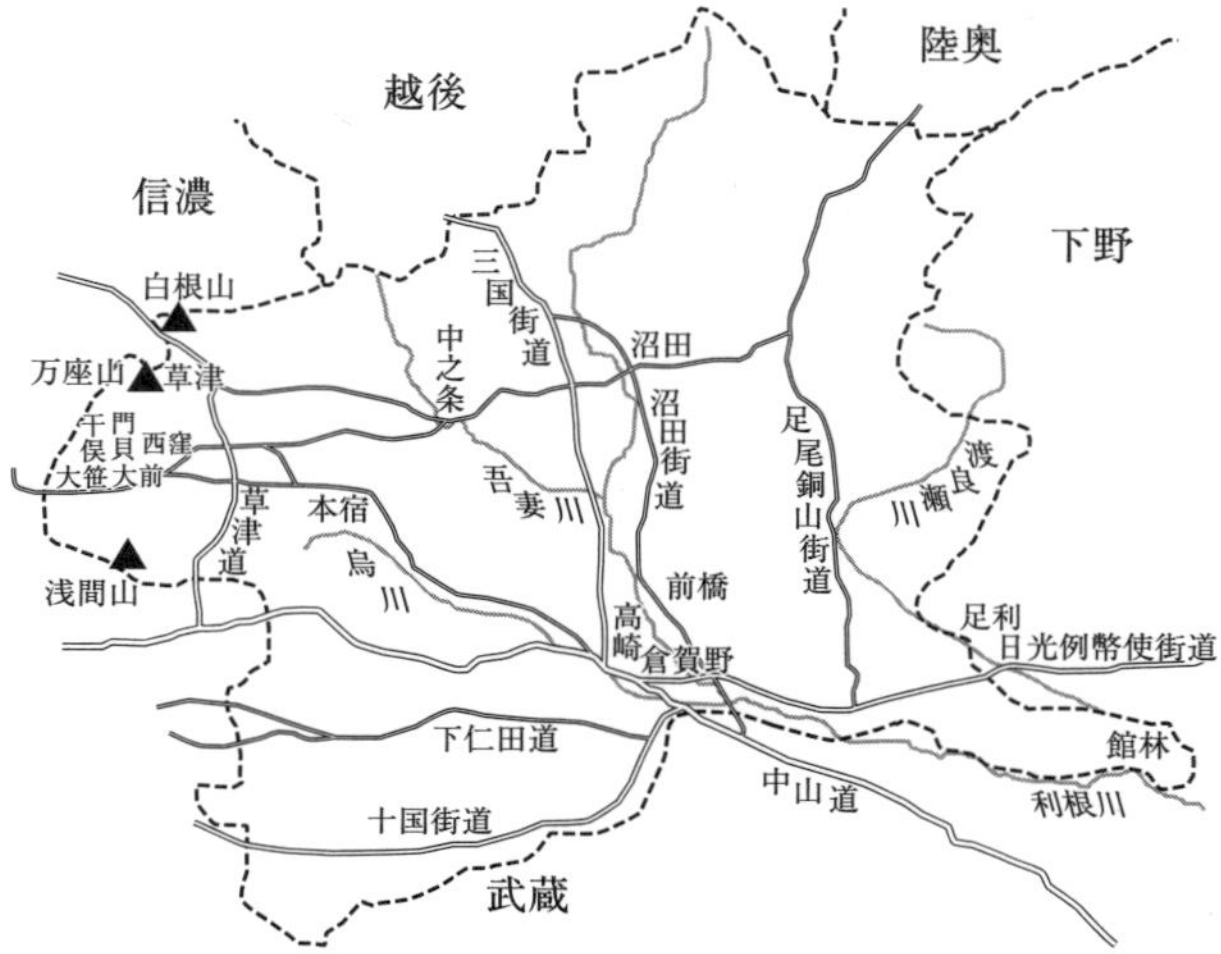

図1　上州の交通

白根山硫黄の採掘に関する入札実施が発表されたのだが、それへの対応を記したこの史料から、硫黄問屋と山方荷主の関係を見てみよう。この時政五郎は江戸硫黄問屋仲間に加入を希望したのだが叶わず、単独での採掘請負を目指すことになっている。この取決めの注目点は、一つには、政五郎が落札に成功した場合、運上金だけでなく、硫黄採掘の諸費用の半額を問屋が負担することである。江戸硫黄問屋としては、硫黄を確実に入手するために山方荷主に出金しているのだが、このため次第に落札金額は大幅に上昇することとなった。第二に、江戸硫黄問屋による「在」での販売不振が見て取れることが興味深い。前節で見たように、この一札の前年には上州硫黄の浦賀番所吟味が免除（＝内川廻しの許可）されており、硫黄問屋は本格的に江戸での上州硫黄販売を開始していた。同時に、硫黄問屋は自らの商圏拡大を目指し、上州倉賀野河岸（高崎市）に硫黄を集積し、周辺地域に販売を開始したのである。しかし、販売は不振（「不捌き」）であった。これは推測になるが、江戸硫黄問屋は政五郎にその販売の手助けを期待したのではないかと思われる。文政七年の史料[6]には、政五郎の肩書が「江戸硫黄問屋惣代兼白根山硫黄請負人」と記されており、彼が硫黄問屋の代理人として硫黄を管理、販売していたことは、その傍証となろう。しかし実際には、政五郎自ら「抜硫黄」を頻繁に繰り返し、奉行所に訴えられる有り様だった。度重なる「抜硫黄」に業を煮やした江戸硫黄問屋は、現地の硫黄請負人を掌握することを断念し、自ら白根硫黄の生産請負を出願したが却下され、次の対策をとることになる。

それが天保七(一八三六)年の「硫黄売場」設置である。これは、門貝村(現嬬恋村)の滝沢伊右衛門、高崎九蔵町の釜屋又次郎、高崎田町の三河屋茂兵衛、原町(現東吾妻町)の新井健次郎、草津村(現草津町)の湯本平兵衛、鴻巣の近江屋文弥、福島屋孫四郎、小諸荒町(現、長野県小諸市)の柳田五兵衛の八軒を硫黄売場に設定し、そこで硫黄を販売し、あわせて「抜硫黄」を取り締まらせる仕組みである。硫黄取引を監視するため、硫黄問屋から目代も派遣された(7)。

こうして江戸問屋は在方硫黄商人の掌握を目指したが、これも成功しなかったようである。天保一二(一八四一)年に硫黄請負人の干俣村(現嬬恋村)干川小兵衛ら四名から前橋竪町の大津屋八右衛門宛に出された一札(湯本平八郎家文書八四)からその様子を見てみよう。硫黄請負人の表現では、硫黄問屋に「上州売り」を任せていたのだが、硫黄問屋から請負人への金銭融資が足りなかったため、請負人は「上州売り」と「江戸積み」を大津屋八右衛門に依頼したことがわかる。ところが、上野国内での硫黄販売は、大津屋が担うのではなく、「売場」がその権利を持つ点が興味深い。硫黄請負人は、大津屋から前金を受け取る代わりに上州向け硫黄を大津屋に送るのだが、それは全て売場に売却する取決めだった。この時まで大津屋は硫黄商いに関係しておらず、「硫黄商売に不案内」という理由で一旦は拒否し、その後受諾している。大津屋の詳細は不明ながら八〇両(弘化三年)、一〇〇両(安政七年)と硫黄請負人に前貸ししていることから、前橋の有力商人であることは間違いない。硫黄請負人と江戸硫黄問屋は、こうした商人を媒介に硫黄流通統制の実現を図ったものと思われる。

おわりに――山方荷主と硫黄統制

本論の考察をまとめておきたい。軍需物資でもある硫黄の生産・流通統制を目指す幕府の意向を背景に、大坂からの下り硫黄を独占する江戸硫黄問屋が附木屋を売子として編制し、江戸の硫黄市場を独占していた。しかし、江戸商人が上野国に資金を投下して新生産地を開発すると、上州硫黄に硫黄問屋の商圏は脅かされ、硫黄管理は動揺した。硫黄問屋の商圏（江戸府内）と、山方荷主（硫黄請負人）の商圏としての武州、上州に住み分けを目指したが、民衆の附木需要に支えられた附木屋は、硫黄問屋と無関係に上州硫黄を入手した。この「抜硫黄」に手を焼いた硫黄問屋は山方荷主への前貸しによって集荷を強化した。これには、折からの下り硫黄の減少という背景もあった。しかし、その山方荷主も抜硫黄を繰り返す状況だった。そのため、上州など各地の商人を硫黄問屋に包含し、「硫黄問屋が硫黄を管理する」状況を維持し続けようとした。

江戸硫黄問屋による硫黄流通統制は、新生産地の出現により大きく変化を余儀なくされたが、江戸問屋自体が上州に「売場」を設定、売買する構図を作り上げ、問屋中心の流通構造を、やや形式的だが、維持したといえる。こうした仕組みがどれほど実効性を持ったのか定かではないが、硫黄問屋としては、必要だったのだろう。一方で、幕府は上州硫黄の統制に、どれほど積極的だったのか。幕府が仕組み構築に果たした役割は、判然としない。また、火薬需要が急増する幕末期にかけて、この仕組みはどのように機能し、変化したのか。今後の課題としたい。

（1）　硫黄、硝石、木炭を調合して火薬をつくる。また、硫黄は薬種としても用いられた。

（2）　採掘した硫黄の精錬は以下の通り。硫黄を砕き、水釜で熱する↓釜から出し、麻袋に入れて絞り、さらに砕いて箱詰めし、釜入れして固める→凝固した硫黄の箱を取り崩し、底部に膠着した黒砂を斧で切り落とし製品とする（群馬県史より）。なお、会津、仙台など東北地方でも硫黄が生産されたことが知られているが、江戸には大きな影響を与えていないようである。

（3）『東京市史稿』産業篇三三巻（東京都、一九八九年）、二〇四―二〇六頁。

（4）藤吉は、硫黄稼ぎだけでなく、万座温泉の経営や万座山の材木も請け負うなど、万座山開発に広く関与した（小林本による）。なお、万座山での硫黄採掘は早い時期に下火になり、上州硫黄生産の中心は白根山に移行している。

（5）群馬県立文書館所蔵佐田知治家文書八六。明治三年まで加辺姓を名乗った佐田家は、本宿村の名主を務めることもある有力百姓で、硫黄のほか、砥石採掘にも携わった。

（6）高崎九蔵町矢嶋屋利兵衛他三名から政五郎に出された詫び一札（佐田知治家文書一九八）。硫黄を政五郎以外から仕入れ、販売したことを詫び、今後は政五郎からの硫黄購入を約束している。

（7）この「硫黄売場」について、「いったん江戸硫黄問屋に送られた硫黄を再び上州に送りかえすという面倒なもので、機能しなかった」との評価がある。しかし「山方荷主→江戸硫黄問屋→上州の江戸問屋売場」という流れは名目上で、実際の硫黄荷物は「山方荷主→上州の江戸問屋売場」と運ばれただけと思われる。

参考文献

小林文瑞『近世硫黄史の研究』嬬恋村、一九六八年
中西崇「近世の塩硝・硫黄生産と火薬製造」『史觀』一五四、二〇〇六年
西垣晴次ほか編『県史一〇　群馬県の歴史』山川出版社、一九九七年
草津町誌編さん委員会『草津温泉誌』一九七六年
『群馬県史　通史編近世二』一九九一年

〈第7章〉

近代初頭の代議と地域

池田真歩

はじめに

本章では、明治前期の東京市街部（以下、東京。旧江戸の朱引内とおおよそ一致する）において、一五の区（以下、十五区）を単位に富裕住民間の緩やかな結合が生まれていく過程を跡づける。

明治維新を経て身分制的な社会秩序があらかた解体されたのちの大都市をめぐっては、諸種の研究が重ねられてきたが、その主潮流のひとつは「有力」住民の歴史的分析であった。なかでも京都・大坂を対象として先行した、(1)ある政策の裏にいかなる経済的利益を求める地域的な動きがあったのかを問う研究と、(2)政策決定権を握る議会に誰がいかにして選ばれるのかを問う選挙構造の研究は、時に重なりや緊張をはらみつつも、「有力」住民論の射程を広げてきたといえるだろう。京都の西陣機業家や大坂・長町の地主の動向、あるいは投票先を事前談合する「予選」や公立小学校の設置単位たる「学区」の政治機能などをめぐる分析が、その代表的なものである〔小林 一九九四、佐賀 二〇〇七、原田 一九九七、松下 一九八六・二〇〇六、秋元 二〇〇六〕。

しかしながら、こと東京に関しては、「有力」住民の姿を経済構造や選挙構造との関連からとらえきることは難しい。全国的に活動する言論人が府・市レベルの議会を占拠したため経済的な利害対立と政策議論は直結しにくく、私立小学校が多数温存されたため公立小学校を核とした地域的な一体性も生まれにくかった。そこで本章では、在地性の強い住民の政治活動を分析するというアプローチに代え、公権力があらたに設定した区画が、地域的行政・政治への参画を促された富裕な住民にとっていかなる意味を帯びていくのか、またそこに生じた意味が、整備の進む近代的代議機構の活動といかなるかたちで接続するのか、あるいはしないのかを問うこととしたい。

かかる視角にもとづき、本章では冒頭で述べた通り、十五区という政治・行政単位に注目する。十五区が区役所と区会をそなえて東京に成立するのは、郡区町村編制法・府県会規則・地方税規則（いわゆる三新法）が全国に施行された、明治一一（一八七八）年一一月のことである。当時府知事の座にあって区画編成を指揮した楠本正隆は、翌一二年一二月、離任にあたって後任者にあて「府政引継書」を作成した。楠本は「特ニ計画シテ未タ遂ケサル」三事業の筆頭に、東京における「団結」力の養成を挙げ、以下のように述べている〔『東京市史稿』市街篇六三、一〇七頁〕。

十五区ノ地ハ旧江戸ノ余風ヲ受ケ、資財ニ富メル者技芸ニ長スル者争テ斯ニ集リ、遊手浮食ノ輩破産亡頼ノ徒モ亦競テ斯ニ帰シ、出入転変極メテ繁キカ故ニ、多クハ比隣相識ラサルノ情況ニシテ、自然軽靡ノ風ヲ免カレス、土地ノ為メ事ヲ永遠ニ規図スルノ念薄キニ似タリ。故ニ明治十二年五月区会ヲ開設シ、共有財産区費等ノ事項ヲ議定セシメ、各区団結ノ端緒ヲ開ケリ。

楠本は江戸—東京を、人々が絶えず出入りし土地への愛着が欠けた空間としてとらえ、成立間もない十五区が、議会の決定にもとづく財産・事業の管理を通じて住民「団結」の核となることに期待を寄せた。東京府権知事に任じられるまではもっぱら長崎や新潟で奉職してきた楠本の大都市観に、定型を超える鋭さはうかがえないが、彼が見せた十五区単位の住民「団結」に対するこだわりが、その後いかなる程度報われたかを問う価値はあるだろう。またそのためには、十五区成立以前の状況を知ることも同等に必要である。

先行研究はこの点について、すでに重要な知見を供している。五味比佐子は明治一〇年代の十五区について、財政規模は小さく、見るべき公的事業もおこなわれていないことを指摘した〔五味 一九六三〕。その一方で同時期に、富裕住民を中心とする会費制の「教育会」や「衛生会」が区ごとに設立されていくことが、それぞれ土方苑子と石居人也によって論じられている〔土方 二〇〇二、石居 二〇〇九〕。また櫻井良樹は、明治二〇年代以降に各種選挙の事前協議を担った「公民団体」の存在を指摘した〔櫻井 二〇〇一〕。こうした知見に学んだうえで、本章で改めて問いたいことは、以下の二点である。第一に、幕末から明治二〇年代にいたる時期を通観したとき、富裕住民と地域のあいだの関係変化はいかにとらえられるのか。また第二に、生業や政治的情熱を異にする人々が混在するなか、誰の主導で、いかなる機制を組み込みつつ、富裕住民間の結合は生まれるのか。なお上記の先行研究のほか、維新以来の区をめぐる制度変革については鷹見安二郎の基礎的研究があり〔『区制改革』〕、牛米努は維新後一〇年ほどのあいだに行政体系が再編される過程を詳細に論じている〔牛米 一九八四・一九九三〕。

本章では日本橋区という、江戸のなかでも繁華を極めた地域をふくむ区に焦点をあてる。同区の経験がどこまで他区に妥当するかは、今後の検討課題としたい。ただし衛生会・教育会や選挙構造をめぐって東京全体に共通する傾向がすでに指摘されている以上、まったく孤立した事例であるとは考えていない。あわせて本章では、中井新右門・小西義敬・藤田茂吉という三人の男性の足跡を、行論に関わる限りで対比的にたどる。本論において略歴を記す通り、明治維新時の中井は江戸屈指の両替商、小西は江戸の町名主、藤田は九州に暮らす藩士の子であった。彼らの活動の場が繋がり、あるいは分かれていく過程は、明治前中期の日本橋区域における富裕住民と地域の関係について多くを物語る。本章は二節からなり、第一節では明治維新前後から明治一一年の十五区成立前後までを、第二節では明治二〇年代初頭までをあつかう。

一　地域に呼び戻された富裕住民

1　明治維新と日本橋区域

明治一一年から七〇年近く東京に存在した「日本橋区」という政治・行政単位は、現在の東京都中央区の北半分にあたり、その名の通り日本橋を中心に広がっている（図1）。東は隅田川、西は外濠によって区切られ、南は外濠の八重洲橋と霊岸島へ渡る亀島橋をつなぐ線に沿って京橋区と接し、北は外濠から延びる神田八丁堀と神田川の左衛門橋をつなぐ線に沿って神田区と接した。日本橋通りと本町通りが区内を縦横に走り、南部を横切る日本橋川の河岸には魚市場が延びる。大部分は徳川家康の入府後間もなく町割された旧町地中心部であるが、隅田川沿いに広がる浜町や八町堀北部などの旧武家地も、面積にしておよそ四分の一を占めている。維新以前の名主組合では一・二・四～七番組にあたり、明治二年に町地が五〇番組に再編されると一・二・四番組の、明治四年に朱引内全体が六大区と九六小区（のち七〇）に再編されると第一大区の大部分を占めた。中井新右門の居町・金吹町が位置しており、本章でしばしば取り上げる第一大区五小区は日本橋の北側を占め、そのほぼ中心で日本橋通りと本町通りが交わっている。

明治七年編纂の地誌によれば、同区域がふくまれる第一大区は「土地平坦、溝渠縦横、漕運便利、人烟稠密、百貨輻輳」、五小区は同大区中「最モ富盛繁華ノ地」であって、「一新後、景況昔ニ異ナルコト」がない（『東京府志料』一、一一三頁・一三六頁）。維新前後の混乱にもかかわらず同地は総じてにぎわいを保ち、やがて「文明開化」を体現する諸施設に彩られていった。

こうした日本橋区域の階層構成や職業分布をつまびらかにすることは難しいが、断片的な情報から推測を試みておこう。明治一二年に開設間もない区役所が手がけた調査によれば、同年度下半期の日本橋区において現住戸数二万一五七を土地・家屋所有の有無によって区分すると、地主四五三・借地人一万一三九一・借店人八三二三となる〔東京都公文書館所蔵（以下、都公）「通常区会決議書・甲明治一二年後期」610. D7. 08〕。借地人が借店人をその数において凌ぎ、地主は総数の二%あまりを占めるにすぎない。日本橋区同様に旧町地が過半を占め、人口規模も近い浅草区では、地主約二〇〇〇・借地人約六〇〇〇・借店人約一万五〇〇〇という構成であり、日本橋区における地主の少なさと借地人の多さは際立っている。また地主とひと口にいっても、明治一七年時点で七坪所有の零細地主から二万六〇〇〇坪所有の三井組まで巨大な差があり、一〇〇坪以下の地主が全体の二割を占める一方、一〇〇〇坪以上の大地主も七二人にのぼる〔『東京府下日本橋区地面持長者鏡一覧』、二〇名前後判読不能〕。

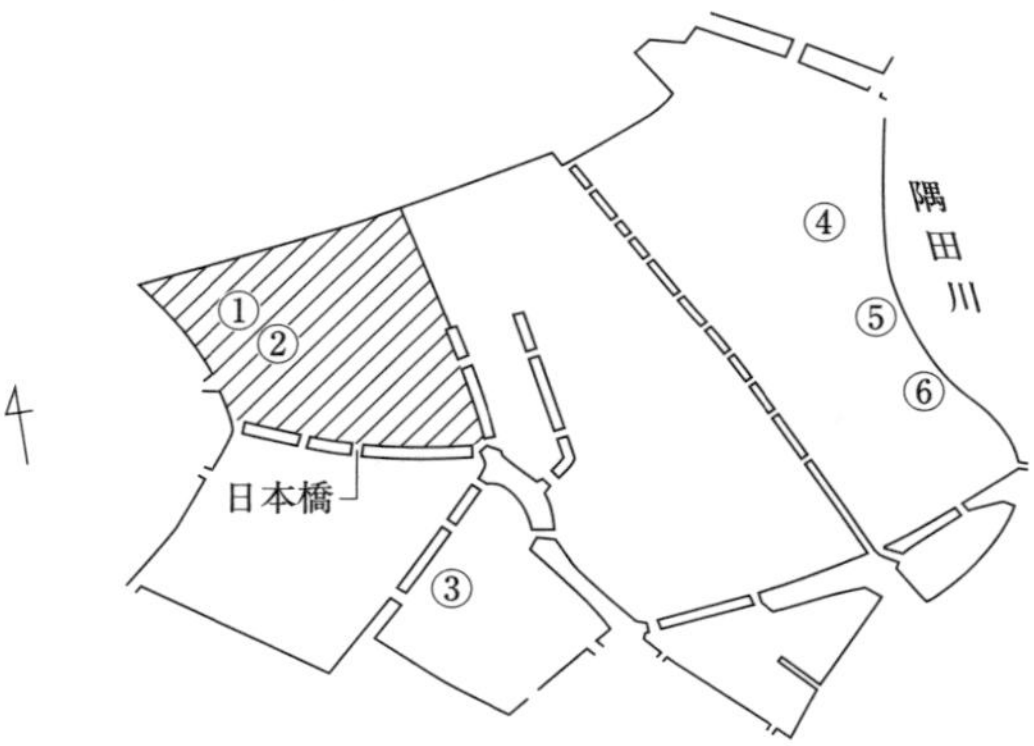

図 1　日本橋区略図

注）斜線部：旧第一大区五小区.
①中井新右門居宅（金吹町）　②常盤小学校（本町１丁目）　③日本橋区役所（阪本町）　④小西義敬居宅（矢ノ倉町）　⑤日本橋区公会堂（浜町１丁目）　⑥藤田茂吉居宅（浜町２丁目）
※②は明治９年移転先，③は明治 14 年移転先

こうした維新前後を通じた繁華の地・日本橋区域に、中井新右門と小西義敬は日を送ってきた。中井は天保八（一八三七）年生まれ、金吹町に店を構える播磨屋新右門店（播新）の当主である。播新は文化年間に本両替仲間に加わり、勘定所御用達などを務めて特権商人としての地位を固めた。一方の小西は、生年は不明ながら幕末時点で父親も現役の名主であり、少なくとも天保期以降の生まれではないかと思われる。矢ノ倉町に住んで名主見習いを務め、遅くとも慶応二年には、二番組内の米沢町一丁目ほか七ヶ町を支配していた〔加藤 一九九〇、三五三頁〕。藤田茂吉は佐伯藩士の子として豊後国に暮らし、いまだ江戸には出ていない。なお維新を経て日本橋区域の名士になったのち三者を地主として比

べると、明治一八年時点の所有地価は中井四万円代、小西五〇〇円代、藤田七〇〇円代であり、中井が区内有数の大地主である一方、小西と藤田の所有地は相対的にはささやかなものであった〔都公「管内地価調・甲」604. C3. 01〕。

幕末に話を戻せば、中井のような富商にとって、自身がその福利向上に貢献すべき地域は、外縁をはっきり定めがたいものであったはずである。各町に住む地主が「町中」として共同で町を治める体制は、市中の此処彼処に土地をもつ者が続出した結果として近世中後期には崩れ、地主は家守に町務を任せ、もっぱら町費支出の義務のみを機械的に果たすようになっていた。二百数十名の名主と二万余名の家守（彼ら自身も地縁的結合としての性格を失いつつあった）が市政・町政にまつわる地域的な業務や関係づくりを担い、富商たちはそうした活動から縁遠く暮らしていたわけである〔岩淵 一九九三〕。かといって町より広い地域単位が、富商が共同で維持すべき空間としてあらたに設定されることもなかった。幕末の豪商による施行の対象が、居町・町屋敷所有先の町々・出入りの者たちという、経済的影響力と町共同体の論理を組み合わせた空間的に不定形な範囲であったことが指摘されているが〔吉田 一九九一、一八一―二二八頁〕、中井の場合も同様であろう。

しかし明治維新後の変化は、中井のような者に、明確な外縁をもった特定の区画内で、租税の支払いにとどまらない貢献を果たすように求めていく。その前提となった制度上の変化は、概略以下の通りであった。

慶応四（一八六八）年四月、江戸城は新政府軍に明け渡された。東京府庁が旧郡山藩邸を庁舎として開庁するのはその半年後である。町奉行所―市政裁判所から業務を引き継いだ府庁は、明治二年に入ると江戸市政・町政を支えた制度の精算に乗り出していく〔『区制沿革』、二九―一〇〇頁〕。名主の淘汰と家守からの公的性格の剝奪は、この後数年間のうちに進んだ。同年三月、二百数十名の名主は罷免され、およそ半数のみが町地を五〇に分けて置かれた番組の中年寄・添年寄に任じられた。江戸の名主は副業禁止であったため、年寄職にとどまれなかった名主には、後述する小西のようにはあらたな進路を開拓できず、零落した者も少なくなかった〔牛米 二〇一二〕。ほぼ同時に家守の町用関与も禁じられる。禁令はその後緩められるが、町が行政単位としての機能を徐々に失っていくと家守の役割も限られてき、明治九年に入って改めて家守の公用関与が禁じられた。

維新後の中井は、幕府倒壊により大きな損失を蒙りつつも幕府に代えて新政府との関係を深め、金融業者としての地盤を固めていった。小西は名主から一転、駅逓寮に出仕して同寮を率いる前島密に見出され、明治五年に官を辞すと前島の支援を受けて西洋の日刊新聞に範をとった『郵便報知新聞』を創刊する。そして嘉永五(一八五二)年に生まれ、維新以前は江戸から遠く離れて日を送ってきた藤田は、明治四年に郷里を離れて三田の慶應義塾に入り、同校を卒業した明治八年、福沢諭吉に推されてこの『郵便報知新聞』の主筆となった(『報知七十年』、三―七頁)。

次項および次々項は、中井をとりまく環境の検討が中心となる。第一大区五小区に暮らす富商として中井があらたに担った役割を検討したうえで、そこで生じた五小区との関係が、大区・小区に代わって成立した日本橋区にも少なからず引き継がれることを確認したい。

2 公立小学校の建設

租税の枠組みにおさまらない地域的な出金の、端緒かつ最も大きな機会は、明治六年以降に全国で建設が本格化した公立小学校であった。第一大区五小区内には、明治六年時点で旧寺子屋をふくむ家塾・私塾が二〇あり、総計一〇八八人が通っていた(『開学明細書』第一巻、二七―五四頁)。所在地すなわち通学区域ではない以上、小区内の就学状況を直接反映するものではないが、相当数の子供たちが何らかの基礎教育を受けていたことはうかがえる。常盤小学校はかかる空間のうちに、明治六年三月開校した。開校時に七〇人であった生徒数は、明治一二年には二八四人にまで増えている(『日本橋区史』第三冊、六八―七六頁、『東京教育史資料大系』第二巻、九五八―九五九頁)。東京ではよく知られているように家塾・私塾が温存されたため、大坂や京都の学区に比べはるかに大きな小区が公立小学校の設置単位となり、五小区でも常盤小学校に続く公立は建てられなかった。
開校当初から、中井新右門は常盤小学校の維持に少なからぬ責任を負った。東京における公立小学校の開設準備は、戸長が推挙する住民を府庁が「学校出納取扱」に任じ、学校資金の管理と確保を委託することをもって始まる。中井は開校直後から出納取扱を務め、翌七年に免じられるも間をおかずに「学校世話掛」に任命された。

常盤小学校の支え手として事実上召集された住民は、中井ら数名にとどまらない。この点を示すのが、明治九年以降に進んだ学校世話掛の大量任命である。東京の公立小学校は当初例外的に手厚い官費補助を受けていたが、中央財政が緊縮にむかうと明治八年から補助金は削られはじめ、一〇年四月にいたって完全に廃止された〔倉沢 一九七〇年、四九三―五二三頁〕。補助が減れば有志金への依存度は増し、有志金確保のハードルは上がっていく。ここに校舎新増築などの臨時出費が重なり、嵩み続ける学校維持費を地域で確保する仕組みづくりが急務となっていった。かかる状況下、常盤小学校では明治九年三月から六月にかけて学校出納取扱が一五名増員されたほか、地主・地借総勢七六名が学校世話掛に任命されている〔都公「教員任免原稿 明治九年自一月至七月」608. D3. 05、「第一中学区書類留」607. D8. 02〕。同年末の戸長報告は、月々一〇〇円強の「有志金」を区内各町から集めていると述べるが〔「第一中学区書類留」〕、その背後には、九〇余名の出納取扱と世話掛がいたことになる。実質的には、町共同体というより特定の出資者をあてにした資金調達の仕組みであった。世話掛の増員は校舎移転後も続き、翌明治一〇年一〇月には、さらに一五九名が追加任命された〔都公「学校吏員教員任免録 明治一〇年一月至一二月」608. A4. 08〕。

明治一一年三月に東京府下の小学校を巡視し「有志寄付金ノ夥多ナル〔〕」に感嘆した文部省学監のダビッド・モルレー（David Murray）は、東京の学校世話掛について「其義務トスル所ハ、各員多クハ金銭ヲ寄附シテ学校歳入ノ不足ヲ補フニアルカ如シ……故ニ時ニ依リ、人民ノ大半ヲ挙テ世話掛ニ任スル事アリ」と記している〔『文部省第六年報』八・一一頁〕。「人民の大半」が世話掛に任命されたというモルレーの表現は大仰だが、実質的に「義務」と化した

「寄附」を学校世話掛たちが担うことによって、当時の公立小学校が維持されたことは事実であろう。第一大区十三小区に暮らす小西義敬も、明治一〇年に久松小学校の世話掛に就いている。

富裕な住民は、公立小学校のみをめぐって自身の暮らす小区に関係づけられたわけではなかった。次項で見る通り、総代人という住民間の合意を可視化するため明治九年末に導入された制度も、東京においては、地域的な出金を特定の豊かな住民に促すために運用されることとなる。

3　小区総代から区会議員へ

東京の小区総代や町総代は、全国法令である各区町村金穀公借共有物取扱土木起功規則にもとづいて設けられた役職である。明治九年一一月に公布された同規則は、小区または町村が金穀公借・共有物売買・土木事業を行う場合について、住民中から選挙された「総代」六割以上の同意を求める法令であった。東京では府内に総額五〇〇円以上の土地を所有するわずかな人数に選挙権が与えられ、二―三町に一人の割合で選出された「町総代」が、小区ごとに「小区総代」を選ぶ、という手順がとられた（『東京市史稿』市街篇第五八、七七三―七七四頁）。

選挙は一二月に行われた。第一大区五小区では一四名の町総代（うち五名が小区総代兼任）、十三小区では一五名の町総代（うち四名が小区総代兼任）が選ばれ、中井は町区総代、小西は町総代に就いている（『東京府区町総代人名録』）。中井とともに小区総代を務めたのは、薬種商の松本市左衛門、醬油商の林九兵衛、鰹節商の高津伊兵衛、両替商の竹原文右衛門の四名であった。いずれも老舗の当主である。

同規則は、新規事業をめぐり戸長・住民間の対立が全国で続出したことを背景に制定され、地域的な費用負担に対する住民合意の制度化を主旨としていた。しかしながら第一大区五小区や十三小区の総代が、区域内の事業について協議のうえ合意した事例は見あたらない。むしろ中井の行動を通じて確認できるのは、小区総代による連名寄付であ

表 1　日本橋区会議員（明治 12 年 2 月選挙直後）

氏　名	役　職	業　種
林厚徳	議長	（元浜松県令）
永富謙八	副議長	—
中井新右門	議員	両替商
高津伊兵衛	議員	鰹節商
杉村甚兵衛	議員	洋物商
長井利兵衛	議員	茶商
小西九郎兵衛	議員	砂糖商
星野清左衛門	議員	砂糖商
加藤文右衛門	議員	—
村越庄左衛門	議員	太物商
大貫伝兵衛	議員	—
須藤茂兵衛	議員	紙商
松本市左衛門	議員	薬種商
山田甚右衛門	議員	茶商
市原茂左衛門	議員	（元町用掛）
倉田半七	議員	煙草商
島田清七	議員	—
後藤庄吉郎	議員	砂糖商
浅井久兵衛	議員	—
堀口嘉蔵	議員	酒商
大塚宗七	議員	呉服太物商
青木禎吉	議員	質商
天野源七	議員	—
小西義敬	議員	報知社社長
柳瀬喜兵衛	議員	（元年寄）
山上弥八	議員	—
谷口熊五郎	議員	（元戸長）
飯塚八右衛門	議員	—
名倉藤三郎	議員	—
中伊右衛門	議員	油商
鈴木治右衛門	議員	質商
谷村正養	議員	—
春日利兵衛	議員	（元小区書記）
村田吉右衛門	議員	呉服商
高橋藤吉	議員	質商

出典）議員氏名：東京市日本橋区編刊『日本橋区史』第 2 冊（1916 年）.
その他：横山錦柵編『東京商人録』（大日本商人録社，1880 年），東京都編刊『東京市史稿』市街篇第 82（1991 年）457-720 頁.

る。すなわち明治一〇年一月には常盤小学校移転・落成祝い金として二五〇円が、同年五月には西南戦争に際して戦地病院への献物上納が、日本橋区成立直後の一一年一二月には、区長の要請にもとづき区内窮民五名に一〇〇円の無利子貸与が、「第一大区五小区総代」（最後の例では「旧」総代）名義でおこなわれた（国文学研究資料館所蔵・武蔵国江戸金吹町播磨屋中井家文書「改七拾六番日記」明治一〇年一月一三日項、同年五月四日項、「改七拾七番日記」明治一一年一二月三一日項）。小区総代たちに期待されたのは、公立小学校の支援から貧民救助にいたるまで、小区内の人々の福利のため率先して私財を供する役回りであった。

町区総代が存在した期間は短い。第一回選挙から二年も経ない明治一一年一一月、三新法が全国に施行されたためである。大区と小区は廃されて日本橋区が成立し、区役所と区会が置かれた。官選の初代日本橋区長は、華族が目立つ一五人の区長のうち、唯一江戸市政に参与した経歴をもつ元町年寄の館興敬である（ただし明治一四年には辞職）。区会の選挙権は土地所有者に限られ、区内でおよそ六〇〇名に過ぎない。中井と小西は、ともに第一回選挙で区会議員に選出された（表1）。

一面で、三新法が富裕な住民と地域の関係にもたらした変化は大きかった。租税と寄付金の峻別が制度化されるにつれ、維新後に現れた義務的寄付金とでもいうべき出金形態は姿を消していった。十五区「団結」強化を図る府庁の意向も預かってか、東京では学校の設置単位ではなく十五区が制度的な「学区」として位置づけられ、日本橋区内の公立小学校一〇校については、土地や家屋に一律基準で賦課される租税としての区費（協議費）が、授業料収入でまかないきれない経常費の補塡財源にすえられた[1]。日本橋区では各校の沿革に鑑み、不足経費は区内一円ではなく「学校設立組合町」ごとに賦課するかたちをとったが〔土方 二〇〇二、七八頁〕、賦課方法の決定は区役所―区会が毎年一律でおこなっており〔都公・各年度区会決議録〕、学校ごとの裁量は小さい。かくして寄付頼りが続く臨時費をのぞき、富裕住民に断続的な出金要請がなされる機会は減っていった。

しかし他面で、富裕住民と地域の関係は、むしろ三新法施行前からの動きの延長線上に成型されていくこととなる。義務的寄付金というカテゴリの縮小は、ある特定地域への貢献・助力から今いちど富裕な住民が身を引くことを意味しなかった。むしろ十五区が行政区画としても政治区画としても安定を増すにつれ、選挙権を得るレベルの資力をもつ区民――そこには老舗の富商のみならず、維新後台頭してきた多様な出自や職種の人々がふくまれる――が親睦を深めつつ、自区への貢献を標榜して協働する枠組みが、本格的に形づくられていく。次節ではこの点を論じる。

二　富裕区民の結合——明治一〇年代—二〇年代初頭

1　区内議員の親睦会

三新法は、区町村会のみならず、府県会という、より広域的な公選議会を生み出した。三新法施行前の東京では一部府県のように民会が設置されることはなかったため、東京府会の開設によって、予算審議という限られた権能の範囲内ながら、都市一円をめぐることがらを住民代表が議論する舞台が初めて整った。市街部の選挙単位は十五区であった。

しかし、日本橋区会に先述のごとく入った中井新右門は、府会議員への就任を固辞している。草創名主・馬込勘解由家の当主である馬込惟長が当選を辞退したことで、次点当選の通知を受けたのが中井であったが、彼は即日辞退を申し入れた〔「改七拾六番日記」明治一一年一二月二三日項〕。最終的に日本橋区選出議員となったのは、堀越角次郎と安田善次郎という、幕末に江戸に出て財を築いた実業家二人に、老舗の海産物商・明石屋の渡辺治右衛門を加えた三名であった〔東京府 一九三四、三二一—三二三頁〕。中井は二年後の選挙でも当選直後に就任を辞退し、以降も一貫して府会（および明治二二年開設の東京市会）議員となることを避けた。審議が数か月にわたった初期の府会と、半年に一度、審議が一両日開かれるのみの区会では、議員としての負担が大きく異なるとはいえ、中井はより知名度の高い府会・市会議員の席に関心を示さなかったのであった。この間、小西義敬は明治一三年一二月の増員選挙で日本橋区から府会に当選している。

かかる状況の下、その後数年のうちに日本橋区の議員を代表する存在となっていくのは、中井でも小西でもなく、東京に来て日の浅い藤田茂吉であった。区内の薬研堀町にある『郵便報知新聞』社屋に通っていたとはいえ、藤田は当初、日本橋区の人々にとって、折々その名を耳にする若い知識人以上の存在ではなかったはずである。区内の浜町に彼が居を構えるのは、明治一二年も末になってのことであった（明治一二年一二月一八日付『郵便報知新聞』）。しかし自由民権運動の拠点として府県会の政治的重要性が高まるなか、いわゆる民権派知識人として運動に注力する藤田が東京府会議員としての活動にも乗り出すことを決めると、彼は日本橋区との関係を急速に深めていく。小西の府会入りから五ヵ月後の明治一四年四月、藤田は府会議員補欠選挙に当選した。小西らを通じ有権者に働きかけたのか、社会的な声望が自ずと広がっていたのか、あるいはその両者であろうか。いずれにせよ藤田はひとたび府会に入ると、常任委員・副議長などの要職を占めて府会指導層に名を連ねていった。そのかたわら、明治一四年七月に区会議員に選出され、翌一五年には議長となった。

なお小西は、台頭する藤田と入れ替わるようにして、府政・区政の場から去ることを選んでいる。明治一四年一〇月の政変によって大隈重信とその下僚らが政府を追われると、彼らを中心に政党結成の機運が高まる。藤田や大隈の側近で藤田と同郷の矢野文雄は、その動きの中心にあった。そして明治一五年に入って彼らが改進党を立ち上げる直前、小西は矢野に報知社を譲渡し経営から手を引いた。矢野と藤田のもとで『郵便報知新聞』が改進党の機関紙色を強めて各種の政論を展開するのを横目に、小西は花柳記事などを売り物とし政治色の薄い『今日新聞』を創刊した〔『報知七十年』、二〇―二一頁〕。それと並行して、彼はまず明治一五年に任期満了となった区会で再選を果たさず、翌一六年には任期半ばで府会をも辞したのであった。その心中は不明なものの、以降の日本橋区にまつわる活動のなかに小西の名を確認することはできなくなる。

一方の藤田は、新聞紙上や演説会、府会の議場などにおいて、官への対峙や民の権利拡張を訴え続けた。しかし日本橋区内における藤田に、こうした民権派としての横顔を見てとることは難しい。区内の同僚議員や住民に対し、彼が直接民権運動への参加を働きかけた様子はうかがえない。また全国的には町村会も民権運動の拠点となっていくなか、日本橋区会は区会や人民の権利権限に関わる建議や議決をおこなうことなく、毎年の予算は総じて粛々と可決されていった〔都公「区会決議録」各年度〕。藤田が政治運動を区内に持ち込まなかった背景には、民権運動熱が富裕な住民に広がらない東京の現状があったことだろう。(2) 府会と区会で活動指針を切り替える藤田は、区においてはむしろ、率先して官選区長と議員のあいだの交流を促していった。

富裕な男性を中心とする宴会や親睦会は当時の都市部における流行事だったが〔橋爪 一九八九、六八―七〇頁〕、日本橋区ではこの親睦会が、まずは区長を会主、議員を客として開かれるようになっていった。初代区長の館興敬が何らかの会を催したとの報道は確認できない。これに対し、明治一四年六月に館に代わった公家出身の中山孝麿は、就任早々に芝公園の紅葉館に一席を設け、新旧府会議員と区会議員を招待した。席上中山は、「今般存じよらず同区長を拝命せし上ハ、諸君等と殊に親睦して区内の便益を謀らん」と挨拶したという。議員を代表して招待を謝したのは藤田であった。中山は三年後にも、区会議員および区役所書記らを招いて「納涼の宴」を開いている〔明治一四年八月一八日・明治一七年八月一二日付『郵便報知新聞』〕。

自由民権運動の熱から遠く、東京あるいは全国といった広域空間とも関わりの薄い区内親睦の動きは、明治一〇年代末以降、対象を区内の吏員・議員のみから最大数百名程度の富裕な住民に広げ、藤田や中井をその中心に置いて加速していくこととなる。その過程は次々項でたどることとし、次項では区の基幹事業である初等教育を支える体制が、明治一〇年代から二〇年代初頭にかけ区内でいかなる展開を遂げたのかを検討したい。

2　公私立小学校と日本橋区教育会

東京では公私立小学校が明治一〇年代に入っても併存し続けた。日本橋区では明治二〇年時点で、公立八校〔日本橋区成立時点二区兼管であった二校は他区移管〕へは総計四二〇一人、私立四二校へは総計三四五九人が通っていた。家塾・私塾の系譜を引く私立小学校は総じて経営規模が小さく、授業料も教育水準も公立小学校の方が高かった。

この傾向は明治一〇年代末、さらに明確化する。明治一九年以降、文部省の意向を受けた区町村費の節減指令を契機に、市街部の各校は授業料引き上げや学校財産造成をおこない、区費補助を要さない独立経済に移行していった。これにより東京では、公立小学校が実質的な高級私立小学校と化し、公私立小学校が格差をはらんで並存する「初等教育機関の重層的状態」〔土方 二〇〇二、一一三頁〕が固定化する。日本橋区も例外ではなかった。区内各校はいずれも明治二三年度までに独立経済化を果たした。常盤小学校の場合は二〇年度に授業料月額平均が約一七銭から約三六銭へとはね上がり、翌二一年度には独立経済に移行した。同校は同年、学校財産として民間に貸しつける土地を造成するため、西堀留川・入堀川の川敷を埋め立てている〔『日本橋区史』第三冊、七三―七四頁〕。埋め立て地の造成・購入には一万四四〇〇余円におよぶ費用がかかったが、全額寄付金によってまかなわれ、中井新右門は寄付者中最高額となる六〇〇円を拠出した〔都公「稟申録・賞与・二」616. A6. 15〕。

すなわち中井は、明治六年の開校直後から常盤小学校を私財をもって支え続け、明治二一年の巨額寄付をもって、同校が財産基盤を固める姿を見届けたのであった。しかしそれは、寄付者としての中井と初等教育との関係が薄れたことを意味しない。なぜならその後の中井は、血縁者が通ったであろう常盤小学校にとどまらず、日本橋区内の、それも私立小学校も含めた小学校の支援者としての自身を、明治二三年四月に設立される日本橋区教育会のなかに見出していくからである。設立にいたる大きな流れは次項に委ね、以下ではまず同会の理念と活動をおさえる〔『日本橋区史』第三冊、一七〇―一七六頁〕。なお、設立時に中井は一六名からなる評議員のひとりであり、副会長を務めたのは藤田茂吉であった。

明治二二年末、会員勧誘のため発会に先立ち公表された同会規則は、冒頭で「日本橋区内教育の普及上進を企図すべき為之を設立し、其目的を達するに必要なりと看認むる事項」を実行すると宣言した。会費は月額一〇銭、高額寄付を促すために「特別名簿」や「終身会員」待遇が設けられている。

「日本橋区内教育の普及上進」とは、具体的には何を指すのか。この点については同会の趣意書が参考になる。趣意書は「普通教育の忽にすべからざるは、今更喋々の弁を俟ずして諸君の夙に了知せらるゝ処なり」と切り出し、区内児童のおよそ半数が公立小学校へ、残る半数が私立小学校へ通う事実に注意を促したのち、以下のように述べた

〔『日本橋区史』第三冊、一七〇頁〕。

> 茲に於て公私立小学校の教育、其平衡を保たんことを努むるは、現時の急務にして最も必要とする所なり。故に今本会を設立し、切に有志諸君の入会を請ひ、本会成立の上は、公私の間にありて専ら教育の普及上進を企図せんとす。

公私立小学校間の格差が自明である以上、ここにいう「平衡を保」つ努力とは、私立校の改善にほかならない。公立校の増設や授業料引き下げを選択せず、実質的に「初等教育の重層化」をあと押しした人々が〔土方 二〇〇二、一二一―一二三頁〕、「平衡」保持への貢献を謳うさまはやや皮肉であり、学齢児童の二割ほどを占める未就学児童も無視されている。ただしこうした欺瞞をはらみつつも会員勧誘は順調に進み、発会式までに四六〇名が加盟した。

そして実際、日本橋区教育会は私立小学校支援に力を注いでいく。同会の活動は、明治二三年四月、公私立小学校の成績優秀者表彰によって始まるが、私立校の成績優秀者が区全体で表彰されるのは、管見の限りこれが初めてである。さらに一〇月には、区の私立小学校組合と無月謝の私立相愛簡易小学校に対する月額一〇円以上二〇円以下の補助、および私立小学校授業法講習会に対する月額一〇円以内の補助が、それぞれ決定された。決して大きな額ではないが、この間区費による私立補助が一切なされていない事実に鑑みると、日本橋区教育会の活動がもった意味は象徴的なものをふくめ無視し得ない。中井のような富裕な住民は、ここにいたって自身の子供が通う公立小学校につぎ込んできた余財を「日本橋区内教育の普及上進」を目的に掲げる活動に幾分なりとも振り向け、存続を図る私立小校主

の思惑も組み込みつつ(3)、区内私立小学校の公認と支援に関わったのであった。

日本橋区教育会は区内の初等教育水準を上げることをその公共性が自明である目標として掲げ、数百名の区民がその呼びかけにすぐさま応じた。こうした状況はそれ自体が、区を代表する公人となった藤田と新任区長の伊藤正信を中心に、明治一〇年代末以降に中井ら区内有数の富商たちを組み込んで広がった人的結合の帰結であった。次項ではこの点を検討し、稿を終えることとする。

3 「区内公共」と富裕区民の結合

明治一八年一二月、中山孝麿は区長の職を去り、東京府一等属の伊藤正信が区長に就任した。旧壬生藩士族の伊藤は、明治四年以来府庁に奉職し、初の本格的な建築規制として著名な防火令の責任者でもあった〔都公「退職・死亡者履歴書」601.C3.14〕。彼の区長就任後、藤田茂吉はこの伊藤と手をたずさえ、富裕な区民を組織化することにより一層努めていく。中井新右門はその主要な助力者のひとりとなった。

組織化の端緒を開いたのは、明治一九年五月、幕末以来たびたび日本を襲うようになったコレラの再流行が恐れられるなか設立された「日本橋区衛生協会」であった。会長は伊藤、副会長は藤田であり、中井など現職区会議員七名のうち六名が幹事兼会計主任（全一〇名）を務めた。協会規則は、「各自及区公衆ノ衛生ヲ保全スル」ことを目的に掲げ、寄付と月額五銭の会費によって「衛生上緊要ノ事務」を施行すると定めた。明治一九年末の会員数は四八五人であり、三年後に発会した日本橋区教育会とほぼ同規模である〔『社団法人日本橋区衛生協会沿革史』、一〇—一七頁〕。

規則に「衛生上ノ演説ヲナシ、又ハ衛生上緊要ノ問題ヲ討議」する催しとして明記された月例演説会は、常盤小学校をはじめとした区内の公立小学校や楼閣で夜に開かれ、傍聴は無料とされた。医師や衛生行政の専門家のほか、協会役員たちも登壇している〔明治一九年七月三一日付『読売新聞』広告〕。秋に天然痘が流行すると、無料種痘が実施された。流行病予防などを目的とする衛生環境改善は、上層住民の自衛と下層住民への「啓蒙」「慈善」を兼ねるうえに〔石井 二〇〇九、三七―四二頁〕、衛生行政を担う区役所にとっても益が大きい。同会の滑り出しは順調であった。

かかる状況に勢いを得てか、翌二〇年には衛生以外の領域にも区民組織化の動きが広がった。先述した区教育会をめぐっては、明治一五年に設立計画が持ち上がったまま宙に浮いていたが、この年に再始動する〔『日本橋区史』第三冊、一六九―一七〇頁〕。また、藤田らはこれと相前後して、社交組織の結成を目指していった。明治二〇年二月、日本橋区内の三十余名の「有志者」が「他区に魁けて一の倶楽部を設立せん」として協議し、伊藤と藤田の両人を「委員」に挙げ、倶楽部建物の候補地などを近く選定することを決めている〔明治二〇年二月一八日付『読売新聞』〕。

その後しばらく続報は途絶える。しかし明治二二年に入って大日本帝国憲法が発布され、市制施行による東京市の誕生(二二年五月)も近づくなか、計画はふたたび動き出した。まず決定されたのは、倶楽部計画と関係の深い公会堂の建設である。同年三月九日の区会では、珍しく議員側から区有財産による建設が発議され、滞りなく可決された。一八日には建設予算案が区会を通過する〔『日本橋区史』第二冊、四一四―四一五頁〕。あわただしいほど迅速な動きは、翌年の国会開設を控えた藤田が、欧州の主要国を巡遊して見聞を広げる目的でしばし日本を離れる前にと急がれたためであろう。区公会堂予算決定の三日後に催された藤田の区内送別会は、以下のような様相を呈した〔明治二二年三月二二日付『郵便報知新聞』夕刊〕。

日本橋区の紳士百数十名は、今度洋行する藤田茂吉氏の為め、昨日午後二時より江東中村楼に於て送別の宴を開き、同区長伊藤正信氏は幹事諸氏に代て藤田氏を送るの言葉を陳へ、且つ藤田氏か日本橋区選挙の府会議員、区会議員と為り、又た衛生会副会長と為り、九年の久しき一日の如く始終区内公共の為めに尽力したる功労を謝し、尚ほ欧州巡遊の上、其の学識と経験とに依りて得たる所を以て、日本橋区の為め尽力あらんことを需め、終に臨んで、共有金を以て同区公会堂を建築するの運ひに至りたる顚末を報告したり。

演説の後は余興が続き、散会は夜の八時頃であったという。議員にとどまらず百数十名の「日本橋区の紳士」が一堂に会し、席上で区長が民間人に「区内公共」への尽力を謝す情景は、維新以前はもちろん、日本橋区の成立時にもおそらく想像しがたいものであった。さらに送別会の一ヵ月後には、三百余名の区民を招いて「親睦の盛宴」が開かれている〔明治二二年四月二三日付『読売新聞』〕。富裕区民のあいだの親睦の輪は、着実に存在感を強めつつあった。

半年あまりの洋行を終えた藤田が明治二二年秋に帰国すると、その後一年ほどのうちに一連の計画が次々と実行されていく。まずは先述した通り、日本橋区教育会の設立にむけて趣意書が頒布され、四六〇名の会員を集めて翌二三年三月に発会式がおこなわれた。同年一〇月には「日本橋倶楽部」が設立され、建築中の公会堂の特別貸借契約を日

表2　日本橋区会議員（明治22年11月選挙直後）

氏　名	役　職	業　種
藤田茂吉	議長	報知社社員
安田善次郎	副議長	金融業
永富謙八	議員	金融業
中井新右門	議員	金融業
高津伊兵衛	議員	鰹節商
杉村甚兵衛	議員	洋物商
長井利兵衛	議員	茶商
籾山半三郎	議員	鰹節商
大沢南谷	議員	画家
菊池長四郎	議員	太物商
菊池治郎兵衛	議員	—
柿沼谷蔵	議員	唐糸商
原亮三郎	議員	書籍商
箕浦勝人	議員	報知社社員
奥田籐八	議員	—
小林吟治郎	議員	—
太田惣吉	議員	質商
大久保源兵衛	議員	太物商
小林藤右衛門	議員	塗物商
鈴木茂兵衛	議員	油商
高木与兵衛	議員	売薬業
竹口武兵衛	議員	通勤
堀越角次郎	議員	洋物商
安藤正胤	議員	医師
仁杉英	議員	代言人
浜口熊岳	議員	—
丸山伝兵衛	議員	太物商
浦田治平	議員	代言人
小川三千三	議員	代言人
今村清之助	議員	株式仲買人
渡辺治右衛門	議員	海産物商
前川太郎兵衛	議員	太物商
林九兵衛	議員	醤油商
松本喜三郎	議員	砂糖商
藤田藤一郎	議員	小間物商
川村伝衛	議員	金融業

出典）表1と同じ.

本橋区と結ぶ。現在まで続く日本橋倶楽部は、公会堂の優先使用権と年二回の「大懇親会」開催を眼目とし、月額五〇銭の会費によって運営された。会長は老舗呉服店・佐野屋当主の菊池長四郎、おそらく代替わりの時期にあった中井の名は発起人中に見えないが、藤田は発起人総代のひとりを務めている（『社団法人日本橋倶楽部七十年の歩み』、八一―一五頁）。なお藤田は、帰国直後に改めて日本橋区会に入って議長となり（表2）、倶楽部設立の三ヵ月前には東京第四区＝日本橋区から衆議院議員選挙で当選を果たした。

かくして日本橋区内の富裕な住民間の結合は、明治二〇年前後に各種の組織や定例化した懇親会によって、はっきりとした輪郭をそなえるにいたった。この結合については以下の二点が重要である。第一に、日本橋区が各種選挙の選出区を兼ねていたために、構成員の多くが有権者であるこの結合は、明治二〇年代に入って投票先の事前決定に用いられていくこととなる。「有力」有権者結合としての機能を、結果的に彼らは兼ねたのであった。第二にしかしながら、かかる富裕区民の結合は、あくまで区内完結的な地域貢献活動を通して相互承認や親睦を深めることに主眼があった。「日本橋区の利益」を東京や国家という広域空間における決定に反映させようとする集団的な意志や、その意志を貫徹するために代議機構を活用しようとする動きを欠落させて、「区民意識」は育まれたのである。

おわりに

議論を要約しよう。家守に町用を委任し、明確な外縁をもつ地域の維持・発展活動からは縁遠く暮らしてきた日本橋区域の富商たちは、明治維新の後、公立小学校の建設をはじめとする小区単位の事業への協力を求められ、私財を供して応じるようになっていった。明治一一年に日本橋区が成立した後、当初は同区選出の東京府会議員と日本橋区会議員、ついで彼らを中心とした最大数百の富裕区民たちが、「区内公共」への貢献を掲げ親睦を深める体制が、流行病予防や私立小学校支援などを眼目として組み上がっていく。その動きを主導したのは地方出身の士族言論人であり、彼は府レベルでは民権論を打ち出す一方、区レベルでは運動を自重し、区内完結的・非政治運動的な人的結合を培養しつつそこに溶け込んだのであった。

成立当初から最大十数万にのぼる人口を抱え、多数の住民を結びつける経済機構や教育施設をそなえるわけでもない東京の十五区は、もとより区としての地域的一体感を生む要素に乏しかった。しかし区はその成立から一〇年ほどのあいだに、富裕な住民が何がしかの地縁を意識しつつ交流・結合する際の単位として、確実に定着していったといえる。住民にとって比較的身近で切実な行政課題が集約されたことにも助けられて、十五区は地域への貢献意欲や名士としての承認欲求をもつ富裕層が、まず思い浮かべる空間となっていった。楠本が期した区内「団結」は、かかる意味あいにおける限り、たしかに醸成された。

ただしこの区内「団結」は、本論の最後で述べたように自己完結的であったうえ、議員の選出という政治機能をもつにもかかわらず非政治意識が強いというねじれをはらんでもいた。区民たちが広域空間にむける意識が政党政治の展開や産業化の進展に規定されて変動すれば、議員間、ひいては議員と有権者のあいだの関係は再編を余儀なくされることだろう。明治二〇年代後半以降の日本橋区は、そうした状況を目撃することとなる。

（1）　協議費一般は、法的にはこの時点ではいまだ租税に区分されていない。しかし東京の区では、祭礼費のような公私の境界線上にある活動が区費支出項目に残ったり、一律の基準によらない賦課方法が議決されたりすることはなかった。区単位で課される租税としての性格が当初から強かったといえる。

（2）　民権派の演説会や新聞では、折にふれ東京の資産家の政治的な「冷淡」さが、地方の名望家との対比において批判されている。「東京府民ニ告ク」（明治一三年一一月一〇日付『東京横浜毎日新聞』社説）、「東京府民ニ望ム」（明治一八年一二月一三日付『郵便報知新聞』社説）。

（3）　発足時の日本橋区教育会評議員一六名には六名の非区会議員がふくまれたが、そのうち三名は私立小学校校主であった。

なお明治二四年、岡田ら区内私立小学校校主は、私立小の「盛大に至りし」は伊藤区長の尽力によるとして、頌徳票を伊藤に贈っている〔明治二四年一月九日付『東京朝日新聞』〕。

参考文献

秋元せき「明治期京都の自治と連合区会・区会」伊藤之雄編著『近代京都の改造――都市経営の起源　一八五〇―一九一八年』ミネルヴァ書房、二〇〇六年
石居人也「世紀転換期東京の地域〈衛生〉――「地域私立衛生会」をめぐる語りと論理」近現代資料刊行会『近代都市の衛生環境（東京編）』別冊［解説編］、二〇〇九年
岩淵令治「近世中・後期江戸の「家守の町中」の実像」五味文彦・吉田伸之編『都市と商人・芸能民――中世から近世へ』山川出版社、一九九三年
牛米努「五十区制の形成と展開――維新期東京の統治機構」『歴史評論』四〇五号、一九八四年
牛米努「東京府における大区小区制の形成と展開」『地方史研究』四三巻六号、一九九三年
牛米努「江戸町名主の明治」東京都江戸東京博物館都市歴史研究室編『江戸の町名主』東京都江戸東京博物館、二〇一二年
加藤貴編『江戸町鑑集成』第五巻、東京堂出版、一九九〇年
倉沢剛『小学校の歴史』Ⅲ、ジャパンライブラリービューロー、一九七〇年
小林丈広「都市名望家の形成とその条件――市制特例期京都の政治構造」『ヒストリア』一四五号、一九九四年
五味比佐子「制度形成期における区制の諸問題」『首都計画に関する基礎調査　昭和三七年度調査報告七　政治行政』、一九六三年
佐賀朝『近代大阪の都市社会構造』日本経済評論社、二〇〇七年
櫻井良樹『帝都東京の近代政治史――市政運営と地域政治』日本経済評論社、二〇〇三年
玉井哲雄『幕末維新期の日本橋本石町周辺』近世風俗研究会、一九七六年
野田秋生「藤田茂吉拾遺　三四」『大分縣地方史』第一七二号、一九九九年
橋爪紳也『倶楽部と日本人――人が集まる空間の文化史』学芸出版社、一九八九年
原田敬一『日本近代都市史研究』思文閣出版、一九九七年
土方苑子『東京の近代小学校――「国民」教育制度の成立過程』東京大学出版会、二〇〇二年
松下孝昭「大阪市学区廃止問題の展開――近代都市史研究の一視角として」『日本史研究』二九一号、一九八六年

松下孝昭「京都市の都市構造の変動と地域社会――一九一八年の市域拡張と学区制度を中心に」伊藤之雄編著『近代京都の改造――都市経営の起源　一八五〇―一九一八年』ミネルヴァ書房、二〇〇六年
吉田伸之『近世巨大都市の社会構造』東京大学出版会、一九九一年
『文部省第六年報』文部省、一八七八年
『報知七十年』報知新聞社、一九四一年
社団法人日本橋区衛生協会編刊『社団法人日本橋区衛生協会沿革史』一九三六年
進藤新五郎編『東京府下日本橋区地面持長者鏡一覧』松村仙吉、一八八四年
鎗田徳之助編『東京府区町総代人名録』西田孝平、一八七七年
東京市日本橋区編刊『日本橋区史』第二冊・第三冊、一九一六年
東京都編刊『区制沿革』（都市紀要5）一九五八年、鷹見安二郎執筆
東京都編刊『東京府志料』一、一九五九年
東京都編刊『開学明細書』第一巻、一九六一年
東京都編刊『東京市史稿』市街篇第五八・第六三、一九六六・一九七一年
東京都財政史研究会編『東京都財政史』上巻、東京都、一九六九年
東京都立教育研究所編刊『東京教育史資料大系』第二巻、一九七二年
東京府編刊『東京府史』府会篇第一巻、一九三四年
日本橋倶楽部編『社団法人日本橋倶楽部七十年の歩み』非売品、一九六一年

Ⅲ　民衆世界の諸相

〈第8章〉
修験と都市社会

竹ノ内雅人

はじめに

近世巨大都市に広く展開した宗教者の組織構造、活動実態および諸集団との関係については、宗教史や身分的周縁研究のもとで多くの成果があげられてきた〔井上 一九九八・二〇〇〇、坂本 一九九二、林 二〇〇二など〕。だが、こうした宗教者の生業の実態や町との関係についてはまだ検討の余地がある。本章ではとくに近世後期江戸に展開していた修験を中心に取り上げるが、これまでの修験道研究のなかでも都市の修験については、史料的制約もあって概括的な把握はまだ十分に行われていない。本山派・当山派修験の組織編成、および本山派の江戸触頭については高埜利彦が言及するも、公儀権力と宗教統制の問題を主眼においているため、江戸での実態分析までは及ばずにいる〔高埜 一九八九〕。山中清次は町場に依拠した修験を「町修験」と位置づけて、江戸や高崎などの事例を元に検討を行っているが、全体的な組織や実態の把握には至っていない〔山中 二〇〇八〕。

町方居住宗教者に関する研究のなかで、今回着目しておきたいのは、塚田孝の大坂勧進宗教者に関する検討〔塚田 二〇〇七、二〇〇七―二二七頁〕である。塚田は町方居住の宗教者に関する触に着目し、明暦三(一六五七)年・寛文六(一六六六)年の触により、僧侶の町方居住原則禁止、浄土真宗僧侶や山伏、道心者の居住に関する規定、町方における葬儀や回向などの宗教行為の禁止などが出たことをふまえた上で、その後断続的に布告される触の内容変化を見ながら、町人地空間において多様な勧進宗教者が併存した実態などを指摘している。さらに吉田伸之による願人組織の研究〔吉田 二〇〇三、一七一―二一四頁〕も、本考察では参考となる。修験と同じく町人地に生活と宗教的活動の基盤を置く願人は、京都鞍馬寺大蔵院を本寺として、市中で修行勧進を行う平願人のうえに、彼らの勧進で集めた米銭の上前をはね、彼らの寝食の場ともなる木賃宿を営む役人上層が存在し、大きくふたつに分化していた。さらに勧進先の旦那場と木賃宿の経営権を根幹とする「師資」を、上層願人が相承していたとされる。実際のところ、修験の組織やイエの形成については、大枠で願人と似た特徴を持っている。ただし、同じ勧進的性格を有するとはいえ、宗派によって願人とは違った特徴があることを本章では明らかにしていきたいと考えている。かつて拙著において、近世後期の江戸市中に展開した「道場」[1]について検討をおこなった〔竹ノ内 二〇一六年、一〇二―一三四頁〕。そこでは、文化・文政期には「道場」が一般的な寺社と変わらない規模の空間を形成していたこと、文政〜天保期ごろ、「道場」の所在把握とその削減に、幕府がいかに対応したかについて考察し、これが天保改革期の神職・修験に対する町方居住の禁止と、被下地への移転へ繋がったことを明らかにしている。この「道場」の持主は修験が多数を占めているとみられるが、修験の組織や実態までふまえた検討までには至らなかった。そこで本章では、主に江戸の修験組織を中心に検討を加えていきたい。

一　江戸における修験組織――本山・当山・羽黒修験

まず江戸に展開した修験集団について押さえておきたい。山中の研究によると、慶安五(一六五二)年二月の江戸居住修験は一八三人〈うち一三人家持〉、安永七(一七七八)年には九四人、天保一四(一八四三)年の神職・修験市中引き払いの際に移住した人数として一九三人がいたとされる。さらに『御府内備考』に記録された修験については、本山派二七ヵ院、当山派三三ヵ院、羽黒派三四ヵ院、その他五ヵ院と合計九九ヵ院が存在したという（山中 二〇〇八、八七―八八頁）。ただし『御府内備考』の記述は、江戸城外堀から外側の江戸郭外を対象としているため、日本橋周辺や内神田など外堀以内の町場に関する実態はつかみきれない。ただし、「町方書上」と「御府内寺社備考」（以下寺社備考と略す）[2]のふたつの史料を照合すると、その実態がかなり明らかになってくる。以下これらの史料をもとに、宗派ごとの修験組織について明らかにしていきたい。

1 本山派

本山派は京都聖護院門跡を本山とする天台系の修験であるが、その組織はやや複雑である。先行研究[3]によると、本山派内は門跡―院家―先達―年行事―直末院（聖護院の直院）―准年行事―同行という序列の格式が設定されており、この序列に応じて衣体・袈裟などの色が決められ、僧位僧官も補任された。門跡の下にあった若王子・積善院・住心院などの院家は、全国の先達職を一国単位で分有して霞と称し、それぞれ配下とする山伏から、大和国大峰山への入峰に当たって徴集した入峰役銭や、補任領を取り立てることで得分としていた。元禄ごろの史料とみられる「寺社方諸覚」[4]によると、江戸の本山先達として川瀬石町大聖院、大聖院下年寄として同町の海蔵院・正宝院、本郷三丁目長覚院、芝松本町覚宝院の四名がいた。このほか、勝仙院下年寄として烏森稲荷社別当快長院と文殊院、武蔵国幸手不動院下として福正院、播磨国伽耶院下として芝新馬場同朋町安兵衛店の舎行院を確認できる。勝仙院[5]と伽耶院[6]は院家であるが、幸手不動院と川瀬石町大聖院の肩書は先達となっている。この先達とは、院家の持つ諸国の霞を支配する頭としての役目を持つ職である[7]。つまり元禄年間の段階で、二院家の年寄と二先達のもとに江戸の本山派修験が展開していたとみられる。ただし配下修験の数など、全体像について把握はできない。

表1　町方書上にみる本山派修験の分布

	住　所	住居	名　前	空間	祭祀	由　緒
(1) 赤坂氷川明神社別当大乗院配下						
1	白金台町二丁目	店借	泰玄院	い	A	6代
2	芝新網町	店借	幸学坊		A	初代（文政9年～）
3	芝中門前二丁目	店借	大秀院栄長（39歳）		A	9代（元禄年中～）
4	芝金杉片町	店借	万宝院		A	4代
5	芝金杉裏二丁目	店借	相生院		A	初代（文化7年～）
6	芝車町		大宝院	う	C	延宝8年古跡帳面書き入れ
7	芝泉岳寺門前		引接院	う	C	4代（天明元年～）
8	麻布本村町	地借	大徳院	う	A	3代（元文3年～）
9	麻布長松町	店借	神力院	い	A	4代（享保年中）
10	本所清水町	店借	和国院相常		A	4代（宝永年中）
11	本所菊川町二丁目	店借	吉祥院	う		享保3年～？
12	桜田伏見町	地借	円蔵院賢道法印		A	9代（元和年中）
(2) 大久保西向天神別当大聖院配下						
1	牛込水道町	店借	明王院智観		B	文政8年～
2	駒込追分町	店借	神力院文教		B	2代
3	浅草正定寺門前		雲龍院		B	3代
(3) 幸手不動院配下						
1	神田佐久間町二丁目	店借	金剛院秀興		A	3代（享保年中）
2	深川扇橋町	店借	宝明院賢詮		B	5代（宝暦年中）
3	亀戸町	地借	三乗院盛弁		B	12代
4	浅草天王町上ヶ地	店借	宝蔵院		D	2代
5	浅草阿部川町	店借	正本山善明院		A	
6	深川蛤町続北本所代地町	店借	林明院有髪清龍		A	初代
(4) 若王子触頭梅之院配下						
1	芝中門前三丁目	店借	万行院大泉（35歳）		A	8代（元禄年中）
2	四谷塩町三丁目	店借	林照院朝孝		B	3代
3	神田旅籠町一丁目	店借	観音院		A	
4	本郷元町	店借	大宮院祐法	い	C	2代
5	深川西平野町	店借	念力院	う	B	宝永年中～？

注）あ：6坪未満　い：6～8坪　う：9坪以上.
A：本尊が不動明王（二童子像とのセットも含む）　B：本尊不動明王にほかの神仏を祀るもの　C：その他の神仏を祀るもの　D：本尊なしと明記されているもの.

さらに時代が下れば、江戸における本山派修験の組織編成についてもう少し明確に追うことができる。まず「町方書上」から、文政一〇(一八二七)年前後の江戸郭外の本山派修験の分布を表1としてまとめた。これをみると、武蔵国幸手不動院が六人、院家若王子配下の江戸触頭梅之院が五人、大久保村西向天神社別当大聖院が三人、赤坂今井町の赤坂氷川明神社別当大乗院が最多の一二人と、それぞれ配下を編成していたことがわかる。

まず幸手不動院は前述した武蔵国の先達職であり、書上の記述から、当時は神田鍛冶町二丁目実応院と、飯田町多楽院というふたりの触頭によって、江戸での配下編成を行っていたといえる。また院家若王子配下の江戸触頭梅之院については、高埜利彦の研究〔高埜 一九八九、一九七―二一一頁〕によると、元禄年間に若王子が駿河国富士村山浄蓮院を江戸触頭としてから、武蔵国神奈川大日堂別当重宝院が二代、江戸京橋白魚屋敷稲荷別当明現院が二代触頭を勤めたのち、天明五―六(一七八五―八六)年の争論を経て触頭となった修験である。当時は築地小田原町またはその近所の南本郷町に居住していた。さらに大久保西向天神別当大聖院は豊島郡東大久保村の修験で、「新編武蔵風土記稿」によると、梅松山五大尊寺と称し、代々「正大先達職」を勤めていたという。(8) しかしこれ以上の情報は無く、元禄年間の大聖院に繋がるのかもまた不明である。

もっとも配下の多い赤坂氷川明神社別当大乗院は古跡社であるが、徳川吉宗の産土神という由緒から、享保一四(一七二九)年に社領二〇〇石および境内地・社殿・屋敷および門前町屋を拝領して、幕府の庇護を受ける有力神社となった経緯を持つ修験である。(9) この幕府からの寄進があったことで、社僧の修験五ヵ院、および自身の弟である斎藤右膳を社家として境内に置いて、神社組織を編成しただけでなく、聖護院門跡からも享保一七年に先達職を与えられ、聖護院門跡の江戸役所として本山派惣触頭の地位を得ることとなった〔『御府内寺社備考一　神社』、二二七―二二九頁〕。社僧の修験五ヵ院も、先達の業務を補佐する年行事職と大僧都の僧位を与えられている。さらに「寺社備考」には、大乗院配下の江戸修験も書き上げられている。これをみると、古跡地寺社の別当を称しているものが一二人、居住地

表2　「寺社備考」掲載の修験管轄古跡地寺社

(a) 本山派修験の古跡地寺社

名　称	所在地	備　考
本隆院	下谷茅町一丁目	境稲荷社別当，氷川大乗院触下
大宝院	芝車町	真崎稲荷別当，氷川大乗院触下
寂浄院	芝口三丁目	日比谷稲荷別当，氷川大乗院触下
薬乗院	下高輪	高山稲荷社守，氷川大乗院触下
修善院	小石川春日町	出世稲荷留守居，京橋梅之院支配
龍王院	麻布長坂	竹長稲荷別当，播州伽耶院配下
快長院	新橋	烏森稲荷別当，京都住心院霞下
和明院	南本所荒井町	第六天社守，武州幸手不動院触下

(b) 当山派修験の古跡地・除地寺社

名　称	所在地	備　考
満願寺	西葛西請地村	
仁王院	神田柳原	大秀寺，文化年間学奨
安重院	神田駿河台	
利益院	本所谷右衛門新田	住宅深川富川町
大寿院	本銀町一丁目	石雲寺，白旗稲荷社，住宅深川石原町立身稲荷別当
願性院	赤坂寺町	神宮寺，鈴降稲荷社別当，鳳閣寺代役
覚源院	麻布谷町	林昌寺，久国稲荷別当，延宝4年より
大長院	芝田町	五光稲荷別当
良宝院	浅草山谷土手下	
帝釈院	浅草田町	春向寺，袖寿里稲荷別当
宝幢院	浅草三軒町	相円寺，宮戸森稲荷別当，浅草寺惣祈願所
玉蔵院	浅草平右衛門町	宗林寺，笹塚稲荷社別当
覚吽院	浅草福井町	円明院兼帯，銀杏八幡社別当
重宝院	四谷内藤宿	
学宝院	渋谷宮益町	御嶽権現社別当
大正院	代々木	
大乗院	西大久保	稲荷社社守
本明院	小日向東小松原新屋敷	平塚稲荷社社守
瀧本院	小日向五軒町組屋敷	出世稲荷社社守，関口水道町住宅
達室院	赤坂丹後坂下	縁起稲荷社守，当時無住
成就院	深川海辺大工町裏町	満穂稲荷社守

(c) 羽黒修験の古跡地寺社

名　称	所在地	備　考
観善院	赤坂御門外	玉川稲荷別当，東叡山末仙寿院配下

注）本山派と羽黒派は『御府内寺社備考』第一冊の各神社書上より，当山派は第一冊の神社書上および第七冊青山鳳閣寺の配下書上より作成．

の町名のみを記すものが三二人、兼帯一人と四四人の配下が確認できる。また三二人のうち、ほかの修験と同居するものが二人いる。居住地域をみると麻布―本郷より西北の町方と浅草にほとんど居住していないのが特徴的である。ただし表1のもととなった「町方書上」の記載と比較してみると、郭外居住者の半数ほどしか名前の重複を確認できないが、この理由については後段で考察したい。なお、江戸における本山派全体の総数は正確に把握できていない。ただし、天保一四(一八四三)年五月に市中を引き払い被下地へ移住した本山派修験の数を見ると、氷川大乗院配下が二二人、大久保大聖院配下が五人、若王子・住心院触頭梅之院配下が二一人、幸手不動院触頭実応院配下が一七人、伽耶院触頭竜王院配下が一人と、計六六人が書き上げられている〔「寺社奉行書留」(国立国会図書館所蔵旧幕府引継書)〕ことから、氷川大乗院配下の数より類推して、文政期の本山修験はおよそ九〇人前後であったと考えられる。

以上、江戸における本山派修験の組織編成についてまとめると、赤坂氷川社別当大乗院が先達および惣触頭・江戸役所として本山派修験の多数を編成し、そのほか若王子、幸手不動院、大久保大聖院など院家や先達の配下らが個別の組織化を遂げていたことがいえる。なお院家住心院・伽耶院の霞下については、「寺社備考」から古跡地寺社の修験をまとめた表2をみると、古跡社別当にそれぞれ一人いることを確認できる。住心院(勝仙院)の江戸触頭について考察した高埜利彦の研究によると、元禄期、寛延三(一七五〇)年ごろから宝暦一〇(一七六〇)年ごろ、および享和三(一八〇三)年ごろの三つの時期に、烏森稲荷社別当快長院が触頭を勤めており、その他の時期は善正院や大蔵院など他の修験、または若王子江戸触頭の明現院や梅之院が触頭を勤めたと、関係文書の発給状況から類推している〔高埜一九八九、一九六―一九七頁〕。しかし快長院の由緒書をみると、初代清岩(貞享三年没)が正年行事職および住心院触頭を勤めたと明記されている以外は、二代貞岩(元禄三年没)が貞享四年に、七代清光(安永二年没)が寛延三年に、八代清方(文化六年没)が寛政二年に、それぞれ正年行事職に任じられたという記録しかない〔『御府内寺社備考』一、三六三―三六三頁〕。このことから、住心院に関しては江戸の年行事職が江戸触頭の機能をつとめたのではないかと推

本郷·湯島		小石川		浅草·吉原		本所·深川		その他	
0		0		5	1	1		2	
0		0		2	1	2	1	0	
6	3	2	1	1	1	3	2	3	1
1		3	1	3	1	1		2	
7		5		11		7		7	

3，国書刊行会，2000 年）から情報を補った．

測しておきたい。

2 当山派

当山派は真言系の醍醐三宝院門跡を本山としている修験である。一七世紀までは、当山十二先達衆と呼ばれる畿内近国の寺院が、全国の当山派修験らに大きな影響を及ぼしていた。寛文年間ごろから三宝院は、配下修験の直接掌握を試みるようになり、その一環として元禄一二(一六九九)年、江戸在住の修験である戒定院俊尊（享保一二年没）を、大和国吉野郡鳥栖村（現奈良県吉野郡黒滝村）の有力寺院鳳閣寺の住職に補任し、三宝院直末および正大先達並の座位を与えて、諸国惣袈裟頭として三宝院による直接支配の代官たる地位を与えた[10]。また翌一三年には、先達職である浜松二諦坊住職も兼任し、当山派修験の補任、諸方式の制定、公事など全て江戸鳳閣寺で執り行うこととなった（宮家 一九七三、一三二―一三二頁）[11]。このころの鳳閣寺の所在について、「寺社方諸覚」（『祠部職掌類聚』）では下谷三枚橋とあるが、元禄の補任前は「境内と可称地無之」といわれているので、元来町住居であった可能性が高い。延享三(一七四六)年九月に、湯島聖堂脇一〇〇〇坪の土地を付与されたとあるため、ここで初めて境内を有する寺院としての体裁を整えたのではないかとみられる。さらに寛政一〇(一七九八)年二月には青山五十人町へ替え地を命じられ、幕末まで動くことはなかった[12]。この替え地後の鳳閣寺境内図をみると、境内の中心には表屋敷（一二間×三間）、勝手向（一〇間×二間）および住居向（一一間×二間）を中心に置き、信仰の空間である護摩堂（二間×四間）と不動堂（四間四方）が南脇に配置されていることから、信仰の空間よりも、江戸役所としての機能をより

表３　鳳閣寺配下の江戸分布

	日本橋南・八丁堀		外神田		日本橋北・内神田		赤坂・青山		四谷・鮫ヶ橋		市ヶ谷・牛込		芝・高輪・麻布		下谷	
古跡	0		0		3		1		1		0		2		0	
准古跡	12	8	0		2	2	0		3	3	2	1	1		0	
出世並	1	1	3	1	2	1	2	1	4	2	3	3	9	6	3	2
不明	1	1	0		8	3	2	1	3	1	1	1	0		1	
小計	14		3		15		5		11		6		12		4	

注1）『御府内寺社備考』7（名著出版，1987年）294-295頁をもとに，「高演大僧正入峰行列記」（『修験道章疏』
注2）各地域の左の欄が文政年間の配下数，右の欄が天保改革期に被下地へ移住した配下数である．

中心に据えた、特殊な寺院空間であったといえる。なお「寺社書上」には、代役目坊として信州佐久郡望月観音別当台応院、江戸中橋上槙町於満稲荷社務峰本院、江戸赤坂寺町鈴降稲荷別当願性院、武州足立郡小室氷川明神別当吉祥院（勤役名金千院）の四人がおり、鳳閣寺にかわって御礼献上などを行うこともあったとされる。

鳳閣寺およびその配下についてさらに検討してみたい。三宝院・聖護院門跡は吉野大峰山へ峰入りする際、全国の配下修験を呼びよせて一世一代の大行列を仕立てており、将軍上洛・朝鮮通信使とともに「都の三壮観」として位置づけられていた[13]。文化元（一八〇四）年六月、三宝院門跡高演が峰入りした際の行列について、その詳細ならびに参加した修験についてまとめた「高演大僧正入峰行列記」をみると、鳳閣寺は門跡の後方で網代輿に乗り、徒士山伏二名や侍のほか、御用長持、対の挟箱、対の鎗、長柄傘、沓持、草履取などの用具持ちを多数揃えて参加していたが、これは当山十二先達中とほぼ同格の様式である（『修験道章疏』第三巻、二〇〇〇年、四二〇―四二一頁）。この鳳閣寺の後ろに、乗物に乗った代役が先徒士・薙刀・侍などを、騎馬の用人が若党などを従えて続くことから、代役だけでなく処務を司る用人も江戸役所に組織されていたとみられる。また代役・用人ともに一定の従者・用具を調えて行列に参加していることから、安定した収入を確保できる地位にいたと推察される。

さらに行列の前方には「江戸十一騎」として、若党・長柄・草履取・床几・鎗・挟箱などを従え、「江戸古跡衆」と称する集団が乗物または騎馬で、用人と同様の従者・用具を用意して加わっていた。この記録には行列に加わった修験の院号が、国・

表4　町方書上にみる当山修験の分布

	町　名	住　居	名　前	空間	祭祀	由　緒
(1) 青山鳳閣寺配下						
1	白金台町五丁目	店借	養学院	い	A	3代
2	市谷甲良屋敷	借地	万性院清教	う	B	6代（天和3年～）
3	牛込御納戸町	店借	清光院		B	初代（文化元年～）
4	牛込払方町	店借	宝幢院雄智		A	6代（宝永年間～）
5	牛込中里町	（地主）	真乗院	う	B	天和年間～
6	駒込追分町	店借	本明院阿闍梨寛英法印		B	4代（天和年中～）
7	宇田川町	店借	清宝院		A	
8	芝浜松町二丁目	店借	泉瀧院清昇		A	3代
9	芝金杉通二丁目	店借	東源院栄順		A	3代
10	芝田町二丁目	店借	吉祥院	あ	A	
11	本郷新町屋	地借	大正院	う	B	8代（寛文11年～）
12	本郷竹町	店借	宝鏡院栄真	あ	B	3代
13	本郷元町	店借	金剛院隆長	い	B	6代
14	本郷菊坂台町	店借	不動院	い	A	元和年間～
15	一ツ木町続元赤坂代地	店借	瀧本院	い	A	8代
16	麻布桜田町	店借	賀納院	う	A	寛文13年～
17	四谷伊賀町	店借	明宝院		A	7代
18	四谷仲町	店借	大光院春海		B	6代（延享年中～）
19	麹町十一丁目	店借	正宝院昌山		B	元禄13年～
20	上野仁王門前町		宝蔵院行貞	う	B	7代
21	浅草茅町二丁目	地借	大応院東啓	う	B	7代
22	浅草田町二丁目		大徳院			慶長・元和年間～
23	本所松坂町一丁目	店借	円蔵院芳恩（52歳）			初代
24	深川六間堀町	店借	諏訪院峰松		A	4代（享保年中～）
25	芝二本榎承教寺門前	店借	源宝院	い	B	3代
26	下目黒町	店借	清法院		B	10代
27	下目黒町	店借	覚宝院		A	10代
28	柏木淀橋町	地主	円覚院	う	B	
(2) 奥州仙台城下先達明王院配下						
1	深川坂本町代地	店借	宝鏡院	—		9代

注）あ：6坪未満　い：6～8坪　う：9坪以上.
A：本尊が不動明王（二童子像とのセットも含む）　B：本尊不動明王にほかの神仏を祀るもの　C：その他の神仏を祀るもの　D：本尊なしと明記されているもの.

地域別に記されていて、江戸の修験を確認すると、最初に「古跡」として一四人の修験が寺号として出てくるほかは、「准古跡」・「出世並」の肩書しか見られない。そのため、「江戸十一騎」が組織内でどのような位置にあるものなのかについて伺うことができない。ただし古跡については、表2の古跡地修験のうち、大寿院（本銀町一丁目）や代役でもある願性院（赤坂寺町）などが持つ寺号と合致することから、彼らを指すことは間違いない。また「出世」とは本来三六回以上の峰入りを果たした法印大先達の別称であったが、天保期にはすぐ大先達や出世を称することができたといわれる〔宮家 一九七三、一三三―一三四頁〕ことから、一般的な町方修験をさすものとみられる。准古跡はその中間に位置する格式であろう。最後に、江戸の配下で「学奨」と称する大秀寺周賢・心覚院亮弁の両名がこの行列記をまとめたとして、漢文の跋文が付されている。大秀寺は神田柳原町の古跡、(14)心覚院については行列記と鳳閣寺の書上を照合して、南伝馬町に居住し准古跡の格式を得た修験として確認できる。詳細な位置づけは不明だが、なんらかの教学上の役目を負った修験と推察される。このように、鳳閣寺は三宝院門跡にとって重要な役割を担っており、その膝下である江戸の修験組織も、鳳閣寺の強いイニシアチブのもとに、古跡―准古跡―出世並という階層性をもって編成されていたといえよう。

鳳閣寺配下修験について、「寺社備考」に掲載された配下一覧をもとに情報を補ったものを表3としてまとめたが、古跡一五人、その他九二人の実に一〇七人にもおよぶ。いっぽう、本山派と同様に「町方書上」から抽出した、文政期の郭外における当山派の所在については表4にまとめたが、ほぼ青山鳳閣寺配下のもので占められており、地方先達配下のものは、仙台城下の先達明王院配下のひとりしか見られない。さらに、先述の「高演大僧正入峰行列記」に記録されている文化元(一八〇四)年の江戸修験をみると、古跡一四人、准古跡三〇人、出世並八三人と計一二七人を数える『修験道章疏』第三巻、四二二一―四二二四頁〕。この情報を文政期の配下に落とし込むと、約八割が重複する。ただし文化年間には確認できるものの、文政年間には確認できない修験については准古跡六人、出世並四一人を数えている。このような下層修験の存続に関する問題は後段で考えたい。

最後に、この江戸における配下修験の数は、他の地域に比べても多い。先述の「高演大僧正入峰行列記」をもとに宮家が集計したところによると、江戸の次に当山派修験の数が多い国は、江戸を除く武蔵国で四六人、その次は二諦坊が先達を務める遠江国で四四人、常陸国が三八人と続く〔宮家 一九七三、二四五―二四六頁〕。このため宮家は、江戸と浜松の鳳閣寺を中心とする三宝院の末派支配が軌道に乗っていると評価しているが、これは先述した江戸における本山派の組織編成と対照的といえる。つまり、江戸役所を触頭として組織化した集団が最大になるのは共通しているものの、院家や大先達の配下もまた多く、個々に組織が存立している状態にある本山派に比べ、当山派は鳳閣寺のもとで組織の一元的な収斂がかなり進んでいるのである。これは中世末期に全国各地の修験集団を包括化することに成功した本山派と、近世初頭の争論により本山派から分離し、既存の当山十二先達中の組織に被さる形で組織化した当山派との、組織成立過程の違い〔宮家 一九七三、一一一―一三四頁〕が影響しているといえよう。

3 羽黒修験・湯殿山行人

さらに江戸で多いのが、輪王寺門跡の管轄下にあった出羽国羽黒山の修験である。羽黒修験は近世初頭本山派配下に組み込まれていたが、朱印状交付や山領をめぐって庄内藩と対立した経緯から強力な後ろ盾を求め、寛永一八(一六四一)年に当時の別当天宥が主導して本山派から分離し、輪王寺門跡の管轄下に置かれたとされる〔宮家 二〇〇〇、六七―六九頁〕。いっぽう湯殿山四ヵ寺は真言宗で、さらにその所在は羽黒山と対立した庄内藩領にあったため、羽黒山から統合の働きかけを寺社奉行へ行ったものの、寛文六(一六六六)年、湯殿山の法流は真言宗であるとする寺社奉行の裁可が下りて分離した〔宮家 二〇〇〇、七〇頁〕。

羽黒一山の別当は寛永寺の院家で大僧都以上のものが就く院家地とされるが、ほとんどの別当は羽黒へ赴任せず、別当代と付添に処務を委任した。羽黒修験の霞（檀那場）は陸奥・出羽が中心であったが、関東にも羽黒修験が散在していた。このうち江戸では承応二（一六五三）年に行人頭六人（神田鍋町普門院・神田留沢町金剛院および高徳院・小石川餌差町運徳院・浅草聖天横町正徳院および東朝院）、相談老分四人（神田明神下日明町宗法院・葺屋町学法院・本誓寺下高学院・本町宝性院）が置かれ、末派や他派との間の公事において寺社奉行所との折衝にあたった（宮家 二〇〇〇、一一一―一二三頁）。これらを羽黒十老と称している。その後、延享三（一七四六）年における武蔵国内での羽黒修験総数は三六一人（うち神子二一人・清僧八人）を数えるが、江戸府内の数については剔抉できていない。そこで表5の町方書上にみる羽黒修験・湯殿山行人をまとめた表をみると、日本橋呉服町新道（元大工町）触頭仙寿（千寿）院配下が三四人と圧倒的に多い。この仙寿院について、「羽黒役所」と称している史料もあることから、江戸において羽黒修験を組織していた主要な修験であったと考えられる。一方、先達正徳院同行と普門院触頭配下が一名ずつ確認できるが、これらの院号から羽黒十老の行人頭支配にあるものとみてよかろう。つまり、羽黒十老は寺社奉行所との折衝役を担うものの、江戸の組織編成においては別に触頭が設定され、多くは彼らのもとに編成されていることになる。これについては、天保一四年の修験・神職被下地移住のとき、羽黒修験触頭として利益院・良善院の二名が置かれ、彼らの配下として五九人の修験が書き上げられていること、また羽黒十老触頭として運徳院・東朝院、同十老として普門院・金剛院・正徳院の五名が別途書き上げられて屋敷地を与えられていることからも確認できる（「寺社奉行書留」[15]〔国立国会図書館蔵旧幕府引継書〕）。寺社地に拠点を置く羽黒修験の数は正確な数が確認できないが、当時六〇人を越える羽黒修験が江戸市中に展開していたと考えてよかろう。

いっぽう湯殿山行人については、触頭福本院配下の一人が確認できるだけである。その後の天保十四年の移住においても、触頭の福本院と宝乗院が移住しているだけで、配下はひとりも確認できない。このことから、江戸市中の湯殿山行人はかなりの少数派であったとみてよいだろう。

表5　町方書上にみる羽黒修験・湯殿山行人の分布

	町　名	住居	名　前	空間	祭祀	由緒
(1)	日本橋呉服町新道（元大工町）　東叡山支配羽黒山修験触頭仙寿院配下					
1	市谷田町三丁目	店借	清祥院大円（40歳）	い	A	2代
2	牛込御納戸町	店借	東元院知定		A	初代
3	牛込改代町	地借	東福院実道		B	初代
4	駒込浅嘉町	店借	大日院広善	あ	A	初代
5	西久保同朋町	店借	実導院法元		A	初代
6	芝口二丁目	店借	不動院雲海		B	
7	芝中門前三丁目	店借	三光院覚眼（37歳）		A	3代
8	芝田町二丁目	店借	龍光院		D	
9	本郷元町	店借	利益院慈護	う	C	2代
10	本郷春木町一丁目	地借	真乗院	う	B	初代
11	本郷菊坂台町	店借	東教院儀山	あ	A	初代
12	本郷菊坂田町	店借	学善	い	A	初代
13	一ツ木町続元赤坂町代地	店借	大宝院	う	C	4代
14	麻布坂江町	店借	神力院・伜神性院		A	3代
15	麻布龍土町	店借	光照院	い	A	2代
16	四谷伝馬町三丁目	店借	歓喜院秀海		C	初代
17	谷中明王院門前	店借	宝幢院芳明		A	初代
18	麴町平河町一丁目代地	店借	源沢院	あ	B	2代
19	神田久右衛門町一丁目蔵地	地借	慈眼院	う	A	3代
20	下谷通新町	店借	寿性院		A	
21	小石川富坂町代地	店借	宝道院		B	初代
22	浅草新旅籠町代地	店借	蓮光院		A	初代
23	浅草御掃除屋敷	地借	常明院影重		A	初代
24	浅草東仲町	店借	金剛院元英		A	60年
25	浅草金龍山下瓦町	店借	胎蔵院		C	
26	山谷浅草町		法力院栄応	う	C	2代
27	浅草猿屋町	店借	全学院祐応		A	2代
28	深川一色町	店借	正覚院		A	
29	深川大和町	店借	輝祥院		B	
30	深川富川町	店借	法泉院阿迦	い	A	2代
31	長峯町	店借	了漸	あ	A	初代
32	東青柳町	店借	福寿院	い	B	2代
33	西青柳町	店借	梅松院	う	A	初代
34	音羽町七丁目	店借	東性院・伜東学院	い	B	初代
(2)	羽黒山先達正徳院同行					
1	神田山本町代地		大教院体寔	あ	A	3代
(3)	羽黒山聖之院出張　霊岸島湊町普門院触下					
1	浅草三間町	除地	理性院歓道	う		
(4)	坂本町一丁目喜八店湯殿山行人方触頭福本院配下					
1	二葉町	店借	金剛院快敬		B	

注）あ：6坪未満　い：6〜8坪　う：9坪以上．
　A：本尊が不動明王（二童子像とのセットも含む）　B：本尊不動明王にほかの神仏を祀るもの
　C：その他の神仏を祀るもの　D：本尊なしと明記されているもの．

以上の検討から、江戸市中の修験は当山派・本山派だけでなく、羽黒修験もふくめたみっつのグループが存在し、それぞれ組織編成を果たしていたことが確認できる。しかし組織編成の内実は宗派により異なる。本山・羽黒の修験については、ほぼ一元的な触頭による組織化を遂げるものの、本山派はその教団編成の歴史的経緯から、院家や先達など複数の集団による組織編成が主流であったといえよう。

二　江戸の宗教者居住の実態

本節では、これまで各宗派の修験組織を把握する過程で参照した文政書上のデータをもとに、町方修験の置かれた状況について検討を深めてみたい。かつて拙稿では、「道場」と称する町方所在の宗教的施設について検討を行った。修験などの町方の宗教者は、「道場」とした借地借宅内で仏壇神供を飾るだけでなく、手水鉢や提灯などを置き、古跡地寺社、つまり寺社奉行管轄の寺社のように施設を構えるものも多数存在していた。なかには薬研堀不動のように、『江戸名所図会』に描かれるほどの規模をもつものもあった。さらに、これらの借地借宅に設けた「道場」では、毎月縁日が設けられ、これに植木屋や「手遊び類」などの玩具を売る小商人が繰り出すなど、定期的な宗教行事により参詣者を呼び込むだけでなく、都市内外の諸商人も商いの場として吸着していたことを明らかにしたが〔竹ノ内 二〇一六、一〇二―一三五頁〕、江戸町方に展開する修験を全体的に把握しながら検討するには至っていなかった。以上をふまえて、「町方書上」の記載から垣間見える実態について考察したい。

1　居住空間

書上中にみえる居住空間の情報は、必ずしも必要とされていなかったとみられ、記述は提出した修験によりまちまちとなっている。それでも各宗派で一定の情報量を得られることから、彼らの居住空間に関する実態を把握することは可能といえる。これをみると、最小空間は羽黒修験の大日院広善〈表5(1)—4〉の間口一間×奥行九尺(一・五坪)、東教院儀山〈同表(1)—11〉の九尺×二間三尺(三・七五坪)、大教院体寔〈同表(2)—1〉の九尺×二間(三坪)、当山修験の宝鏡院栄真〈表4(1)—12〉の九尺四方(一・七五坪)とあげられるが、当山修験吉祥院〈表4(1)—10〉は間口五尺一寸×奥行二尺七寸の祈禱壇間しか記載していない場合もあり、極端に狭い空間については判断に注意を要する。[16]

それ以外の店借はだいたい二間×三間(六坪)から二間×四間(八坪)と、仏壇の設置空間を考慮してやや広めの店を借りていることが多い。なかには羽黒修験学善〈表5(1)—12〉のように、間口二間×奥行三間半の表店であることを明記している史料もあることから、六坪以上の空間は表店が多かった可能性がある。最大の空間を保有するのは本山修験大宝院〈表1(1)—6〉の一一六坪だが、これは古跡地の鎮守稲荷別当を勤めているため、厳密には町方修験といいがたい。次点で本山修験吉祥院〈同表(1)—11〉が本所菊川町の鎮守敷地五六坪を管理しているが、古跡地とは認可されず、町内持ちとなっているため町方修験といえる。同様当山修験円覚院〈表4(1)—28〉(地主・六〇坪以上)、羽黒修験法力院栄応〈表5(1)—26〉(六三坪余・浅草寺年貢地)も確認できるが、いずれも郊外部に拠点を置いているため、広めの空間を保有できるといえる。なお九坪以上の空間を保有している場合、羽黒修験慈眼院〈表5(1)—19〉のように、数代相続する地借として現れてくることが多い。ここから、町方修験にとって九坪の空間を保持することが、店借と地借を区別する線、ひいては安定的な生活を送ることが可能な線となることが予想される。

なお宗派別にみると、本山派は九坪以下五人・九坪以上三人、当山派は九坪以下七人・九坪以上七人、羽黒修験は九坪以下一二人、九坪以上五人と、羽黒修験がやや九坪以下の空間居住者の多い傾向にある。

次に彼らの住居でどのような祭祀空間が営まれているのか、また檀家が存在するのかについて考えたい。三つの表を見比べるとわかるとおり、不動明王立像単独、もしくは不動明王・二童子立像を祀っていることが多い。本山修験泰玄院〈表1（1）―1〉や当山修験養学院〈表4（1）―1〉のように、住居二間×二間半の平均的な居住空間を有する修験も、不動明王・二童子立像であることが多い。なお、これらの像の大きさは、一尺未満から三尺ほどと幅がある。それ以外の神仏を祭祀している場合、土蔵造りの堂社など町屋から独立した祭祀空間を構えるか、より広めの空間を確保する傾向にある。例えば本山修験大宮院祐法〈表1（4）―4〉は、不動明王だけでなく、毘沙門天木像や金比羅大権現幣束などを祀り、護摩壇や釣り灯籠、手水鉢などの荘厳もそなえているが、間口二間×奥行三間半の一階に加えて、二間四方の二階間を伴っており、実質一一坪の空間を有しているのである（「本郷町方書上」〈国立国会図書館蔵旧幕府引継書〉）。つまり、町方空間にありながら古跡地寺社のような祭祀施設を設ける場合、やはり九坪を越える空間を保有する必要があるといえる。

さらに修験の重要な宗教活動の基盤である檀家（霞）について、数人の修験が保有概数を書き上げているため比較してみると、本山修験大宮院祐法〈表1（4）―4〉（本郷元町店借・一一坪・二代相続）は二〇〇軒余、当山修験大正院〈表4（1）―11〉（本郷新町屋地借・一八坪・八代相続）は四五〇軒余、当山修験金剛院隆長〈同表（1）―13〉（本郷元町店借・七坪・六代相続）は四〇〇軒余、当山修験不動院〈同表（1）―14〉（本郷菊坂台町店借・八坪・数代相続）は四〇〇軒余、羽黒修験利益院慈護〈表5（1）―9〉（本郷元町店借・二七坪・二代相続）は三五〇軒余、羽黒修験真乗院〈同表（1）―10〉（本郷春木町二丁目地借・一九坪・初代）は二〇〇軒余、羽黒修験源沢院〈同表（1）―18〉（麹町平河町一丁目代地店借・五坪半・二代相続）は一八〇軒余と、本郷地域に事例が集中しているとはいえ、二〇〇―四〇〇軒の檀家を保有していることがわかる。なお羽黒修験真乗院は、水戸城下細谷村百姓二男仁右衛門の次男であったが、寛政七（一七九五）年江戸へ出て松下町の羽黒修験大乗院に弟子入り、文化五（一八〇八）年に峰入りして補任を受けていることから、補任

表6　宗派ごとの相続代数

	本山	当山	羽黒
初～2代	7	3	25
3～4代	8	7	5
5代以上	8	18	1

表7　相続代数と空間の相関関係

	9坪以下			9坪以上		
	本山	当山	羽黒	本山	当山	羽黒
初～2代	0	1	10	1	0	3
3～4代	2	3	2	2	0	0
5代以上	1	3	0	1	7	1

を受けた時期の前後に檀家を獲得したのではないかとみられる。それは同じ本郷地域に居住する羽黒修験東教院儀山〈表5（1）―11〉が、文化四年に弟子入りするも檀家がないと記載があることと、峰入りの記録がないことからも類証できる。檀家軒数と居住空間の広さ、相続代数に相関関係はあまり見られないが、本郷周辺の地域内で二〇〇〇軒余の檀家を分け合っていること[17]、峰入りして僧位僧官を得ることで、はじめて檀家を保有することができることが確認できる。ただ、羽黒修験真乗院のように、別の身分から志願して修験になった人物が、どのような手法で檀家を得ていたのかは、次の相続のケースで検討したい。

3　相続と弟子

宗派ごとの相続代数について表6にまとめたが、均等に分布する本山派、数代以上の相続が多い当山派に比べ、羽黒は初代から二代目と、家職として年数の浅い修験が多いことがわかる。居住空間と相続代数の相関関係についても表7で示したが、やはり右記の結果を反映したものとなっている。これは一八世紀後期に入り、他の身分から修験を志願する場合、羽黒修験の受け皿が多かったことを示す。例えば羽黒修験の場合、先述の真乗院だけでなく、東教院儀山〈表5（1）―11〉は武蔵埼玉郡上野田村の生まれ、学善〈同表（1）―12〉は下谷坂本町二丁目地借舂米屋三郎兵衛三男の助四郎、常明院影重〈同表（1）―23〉は浅草田原町医師寿順倅、全学院祐応〈同表（1）―27〉の先代は市ヶ谷茶之木稲荷神主の倅と、本人および父がほかの身分から修験になった者は一四例にのぼることからもうかがえる。特に学善の場合は、元来病身のところに享和二（一八〇二）年父が病死、兄二人もまもなく亡くなって店を退転、二五年間にわたり武州秩父郡大宮町の百姓四郎兵衛方に身を寄せていたが、文政九年二月に江戸へ出て池之端七軒町の羽黒修験真学院に弟子入りし、本郷菊坂田町へ居住したということから、生活のために修験となったことがわかる例である。ただし、なぜ羽黒修験がこうした外の身分からの受け皿となっていたのかについては今後の検討課題である。

なお名跡を数代相続していても、子孫・親類へスムーズに相続された結果というわけではない。例えば本山修験大宮院〈表1（4）―4〉の場合、父祐学は本郷二丁目本山修験観音院の同行となり、大峰入りのあと権大僧都の位を得て、大護院の院号を名乗り、本郷竹町へ移住したが、文化一〇（一八一三）年に病死した。その跡式を現代祐法が継ぐのだが、その前に父と同様観音院の同行となり、三年後に大峰入りしてはじめて大宮院を名乗っている。また本山修験林照院朝孝〈表1（4）―2〉の場合、豊島郡内藤新宿出身の初代峯遵は赤坂氷川大乗院配下の円蔵院〈同表（1）―12〉の弟子となって四谷塩町二丁目政次郎店に住居、文政四（一八二一）年に死去すると、実子峯見は尾張町一丁目鎮守吉祥稲荷祠守安養院弟子となり、亡父の跡式を相続した。しかし病身のため三年後の文政七年に隠居、武蔵国豊島郡大久保新田上戸塚村百姓武兵衛倅で、同じく安養院弟子の朝孝が相続することになったとある。つまり、親の跡式を相続するにも、同宗派の先達に弟子入りして修行を積み、峯入りして僧位僧官を得る必要があること、その途中、死亡や病気による隠居で血縁者が相続できない場合、弟子入りした師匠の裁量によって、別の弟子が相続することになるといえよう。また当山修験円蔵院芳恩〈表4（1）―23〉の場合、もともと紀伊国伊都郡橋本組山内村源次郎倅であったが、享和二（一八〇二）年神田富山町杉本院の峰入り修行に同道して江戸へ下り、神田柳原町の古跡修験大秀寺の弟子となった。その後文化一四（一八一七）年八月に本所松坂町兼春稲荷司守円蔵院を相続しているが、これは同宗派の准古跡名跡をうまく相続できたパターンといえる。先述した羽黒修験真乗院も、こうした師匠が関与する弟子の跡式を得た可能性があるといえる。もちろん当山修験正宝院昌山〈表4（1）―19〉の場合のように、もともとは当山十二先達のひとつ、近江国飯道寺梅本院正大先達の同行であったが、ある時点で師父を正宝院定賢に定め、文政八年に師父が死去してから跡式を相続していることから、師父の跡式を相続するケースも存在している。

さらに弟子との関係をみると、先述の通り父や養父の跡式を相続するとはいえ、独立前に先達のもとへ弟子入りして、峰入りまで同行として修行することになっている。また音羽町七丁目の羽黒修験東性院〈表5（1）—34〉をみると、本人はもと秩父郡上鷹村百姓の伜であったが、寛政九（一七九七）年七月に本郷二丁目東光院弟子東性院の弟子になり、小石川伝通院前に住み始めた。そして七年後の文化元（一八〇四）年には峰入りを果たし、師の院号をそのまま受け継いでいるので、彼の跡式を相続したといえよう。なお東光院弟子には西青柳町梅松院〈同表（1）—33〉がおり、彼は先達の元へ峰入りまで随身している。彼の弟子を見ると、まだ峰入りまえの享和三（一八〇三）年に、東元院知定〈同表（1）—2〉（文政七年移転）を弟子として抱え、峰入りのあとの文化二年に牛込改代町東福院実道〈同表（1）—3〉、文化四年に東教院儀山〈同表（1）—11〉を弟子に抱えている。東福院は文化三年に小石川水道町七右衛門店に移転後、文化四年に峰入りして院号を得、文政元年に借地して町道場を仕立てていることから、もともと官金を拠出できる財力があったのではないかとみられるが、弟子がまだ峰入りしていなくても先達と同居しているとは限らないことがわかる。この先達と弟子との間に、修法上以外にどのような関係があるのかは、実態解明の上で重要な論点ではあるが、十分な論拠を得られていないため今後の課題としたい。

4　格式との関係

最後に表4・5の鳳閣寺配下当山修験の情報を比較して、空間や生業の実態と格式との関係性について考えたいが、結論から言うと明確なことはいえないのが現状である。先述の通り江戸の当山派組織には古跡・准古跡・出世並という階層が存在しているが、表4の修験のうち明確に准古跡として該当するのは、3・清光院、22・大徳院、23・円蔵院のわずか三人である。彼らの空間構成は史料に記載がないが、祭祀について清光院が不動明王・妙見菩薩像、円蔵院が町内持ち稲荷の司守（祠守）であることから、まず一定の生業を維持できる層にあると推察される。裏返せば、表4でも見られるとおり、主要な准古跡修験は繁華な郭内居住が主であることから、十分生業を維持できていたことを物語っているといえよう。

おわりに

文政町方書上を基礎史料として、当時江戸町方に展開していた修験の組織およびその生業の実態について考察を加え、文政年間に三つの集団・約三〇〇名の修験たちについて、その概要について明らかにした。他方、他の町方居住宗教者については、同じ町方書上に記録された神職・陰陽師・神事舞太夫・その他の宗教者についても同時に情報を集計したが、幣束を主とした社壇を設置していることはわかるものの、修験ほど祭祀・居住空間に関するデータが史料中にほとんど収録されていなかったため、比較することが不可能であった。これは彼らが勧進や竈祓い、占術といった屋外での活動を、修験よりも重視していることが影響しているのではないかとみられる。これは反面として、屋内の「道場」で宗教活動を行う主体が、専ら仏壇で祈禱を行う修験であり、天保二（一八三一）年正月・二月の町触により、町方「道場」の取締りが、町内に住む宗教者の申告と出商人の出入り禁止を行う形でスタートする〔竹ノ内 二〇〇六・二〇一〇〕のも、こうした取り締まるべき「道場」の主体は修験たちであったためであると推察される。

その後幕府は「道場」へ出入りしている小商人の生業に配慮して、強制的な市中「道場」の取払いよりも、火災などにより破却された「道場」の再建を認可しない形で、徐々に「道場」の数を減らす方策を採っていった。天保一〇年四月二八日付の寺社奉行伺書に、天保七年九月の段階で奉行所が把握していた「道場」および小社の数が書き上げられている。それによると、武家地の邸内社が五六軒のほか、町道場が当初六〇〇軒ほど存在していたという。その後病気などを理由に国許へ引き払った分が九〇軒余、天保五年の火災などで類焼し再建を求めるものが五六軒、差し引き市中に五〇〇軒ほどの「道場」が展開していたと概算している〔竹ノ内 二〇一六、一二一頁〕。こうした「道場」の排除と宗教者人別把握の厳密化が、天保改革期における修験・神職の強制移住につながったとみてよいだろう。

最後に、都市民衆と修験等との関係性についてあまり言及できなかった。羽黒修験の場合、浅草三間町の理性院歓道〈表5（3）―1〉の管理する除地は、毎年羽黒山参詣の講中が出発前に行を行う場所であった〔「浅草町方書上」四（国立国会図書館蔵旧幕府引継書）〕。また、嘉永二（一八四九）年三月の羽黒山別当玄良坊の於竹大日如来および霊宝が開帳のため江戸に入った際、その行列に大日如来を警固する山伏だけでなく、木魚講中五十三組や羽黒山護摩講中らが参加していた〔吉田 二〇〇三、三三七―三三八頁〕。こうした民衆が組織する講中と修験との関係は、さらに検討すべき課題といえるだろう。

（1）「道場」とは、町方に住む宗教者が表店・裏店など居住空間に仏や神を祭祀して、祈禱など宗教活動の拠点としていた空間のことであり、町触などで確認できる。これは伊藤毅が都市内の寺院を分類する際に指摘した「町寺」型の施設にあたる。「町寺」型の施設については〔伊藤 一九九二〕を参照。

（2）いずれも国立国会図書館所蔵旧幕府引継書。「御府内寺社備考」については名著出版より一九八六年刊行の影印本第一冊（神社）および一九八七年刊行の第七冊（一向宗・修験・庵室・陰陽師）をもとにした。

（3）本山派修験に関する組織と役職については、〔宮家 一九七三、一一一―一二五頁、高埜 一九八九〕を参照。

（4）『内閣文庫所蔵史籍叢刊七　祠部職掌類聚』（国書刊行会、一九八二年）一三一―一三二頁。なお「寺社方諸覚」に年代は記載されていないが、前後の記述が元禄・宝永期のものが多く確認されること、後述する当山派修験江戸触頭鳳閣寺の所在地が下谷三枚橋であることから、少なくとも元禄頃の史料とみられる。

（5）勝仙院については高埜の研究によると、宝永から正徳期に勝仙院が退転していた住心院の名跡を再興して名称を変更したことがわかる〔高埜 一九八九、一七〇―一七三頁〕。

（6）伽耶院は兵庫県三木市にある寺院で、本山派修験の運営を担う院家のひとつにあげられている。〔宮家 一九七三、一一三頁〕。

（7）先達は地方の本山派修験掌握の要をなす職で、全国で二七ヵ院おかれていた。しかし先達が管轄する霞内の実質的な運営はその下の年行事がおこなっていたとされる〔宮家 一九七三、一一八―一二〇頁〕。

（8）『新編武蔵国風土記稿』巻一一（内務省地理局、一八八四年）。国立国会図書館デジタルコレクションより参照。

（9）『内閣文庫所蔵史籍叢刊七　祠曹雑識（一）』（史籍研究会、一九八六年）、四三七―四三八頁。

（10）戒定院はもと実相寺吉蔵院と称して観応年中伊豆国内に開かれ、鎌倉公方の帰依を受けたが永享の乱により廃絶し、永禄―天正期（一五五八―九三）江戸へ住み始めたという由緒とともに、実相寺宛足利持氏書状の写を載せているが、詳細は不明。『御府内寺社備考』七、二八一頁。

（11）宮家は戒定院の鳳閣寺住職補任などの年を元禄一三年としているが、『御府内寺社備考』七、二八六―二八七頁に掲載されている補任状の写しなどを見ると「元禄十弐」とあるので、この年に改めた。

（12）以後の鳳閣寺に関する記述は『御府内寺社備考』七、二八二―二九四頁。

（13）門跡の峰入りについては〔宮家 一九七三、二二三―二四七頁〕を参照。

（14）「本所町方書上」一一（国立国会図書館蔵旧幕府引継書）、本所松坂町一丁目円蔵院芳恩（表4（1）―23）の記載から。

（15）ただし幕府からの移転に伴う下げ金として触頭および十老触頭には四八両、一般の修験へは二〇両が渡されているのに対し、十老へは二四両が渡され、一般の修験より少し多めに補助されるだけとなっている。

（16）大教院は神田山本町鎮守不動明王の堂守、宝鏡院は金念稲荷社別当となっているため、ここで報告されているのは生活空間か祭祀空間のどちらかのみの広さである可能性もある。

（17）居住地から少し離れた場所の檀家を保有している可能性もあるが、表4（1）―11・当山修験大正院の場合、六世良山法印が近所の湯島六丁目に居住していたことをはじめ、表1（1）―4・本山修験万宝院は明和七（一七七〇）年新大橋際埋立地若宮稲荷別当を勤め、二代目も同職を勤めながら天明七（一七八七）年芝中門前一丁目に移住し、文政九（一八二六）年には芝金杉片町に移転するなど、檀家を有する地域周辺に拠点を置くためか、あまり離れた土地へ移住しないケースが多く確認できることから、基本的に檀家のある地域周辺に拠点を置いているとみてよかろう。

参考文献

伊藤毅「近世の都市と寺院」吉田伸之編『日本の近世9　都市の時代』中央公論社、一九九二年（のち『都市の空間史』吉川弘文館、二〇〇三年に所収）

井上智勝「都市の小祠・小社をめぐる諸問題」『年報都市史研究』六、一九九八年
井上智勝「神道者」高埜利彦編『シリーズ近世の身分的周縁一　民間に生きる宗教者』吉川弘文館、二〇〇〇年
坂本忠久「近世後期の江戸における宗教者統制と都市問題」『ヒストリア』一三七、一九九二年（のち『天保改革の法と政策』創文社、一九九七年に所収）
高埜利彦『近世日本の国家権力と宗教』東京大学出版会、一九八九年（初出「修験本山派院家勝仙院について」『東京大学史料編纂所報』一四、一九八〇年、「近世の僧位僧官」『論集きんせい』四、一九八〇年、「江戸触頭についての一考察――修験本山派を中心に」『学習院史学』二〇、一九八二年）
竹ノ内雅人「近世後期江戸市中における「道場」の展開」『江戸の神社と都市社会』校倉書房、二〇一六年
竹ノ内雅人「神社と神職集団」吉田伸之編『身分的周縁と近世社会6　寺社をささえる人びと』吉川弘文館、二〇〇六年（竹ノ内 二〇一六）に収録）
竹ノ内雅人「天保期江戸における修験・神職の政策とその影響」塚田孝編『近世身分社会の比較史（国際円座報告書）』大阪市立大学大学院文学研究科・都市文化研究センター、二〇一〇年（竹ノ内 二〇一六）に収録）
塚田孝『近世大坂の非人と身分的周縁』部落問題研究所、二〇〇七年
林淳「天保十三年の宗教者市中取締の触をめぐる諸問題」『愛知学院大学文学部紀要』三一、二〇〇二年（のち『近世陰陽道の研究』吉川弘文館、二〇〇五年に所収）
宮家準『山伏――その行動と組織』評論社、一九七三年
宮家準『羽黒修験――その歴史と峰入』岩田書院、二〇〇〇年
山中清次「近世・町修験の基礎的研究」『佛教大学大学院紀要』三六、二〇〇八年
吉田伸之「江戸の願人と都市社会」『身分的周縁と社会＝文化構造』部落問題研究所、二〇〇三年

〈第9章〉

非人集団の近代

ジョン・ポーター

はじめに

近世の非人身分は、乞食・貧人として生み出され、勧進によって生存を支える集団として定着した。三都ではいずれも町奉行所の御用を勤めたが、その存在形態はそれぞれ固有のあり方をとった。江戸の場合は、関八州えた頭弾左衛門の支配下の賤民組織に組み込まれて集団化した。本章では、こうした近世江戸の非人のあり方を前提として、江戸幕府倒壊直後の市政裁判所から東京府の下での非人集団の再編過程を見ていきたい。

あらかじめ、塚田孝の研究によって、江戸の非人身分と非人集団のあり方について確認しておこう〔塚田 一九八七〕。関八州のえた身分の者たちは、えた頭弾左衛門を頂点として、斃牛馬処理の権域である職場を編成単位に組織されていた。江戸の都市的な発展とともに、乞食・貧人として生み出された非人集団は、この職場を編成単位とした賤民組織に組み込まれ、その下で江戸の四ヵ所非人頭（浅草の車善七・品川の松右衛門・深川の善三郎・代々木の久兵衛）は江戸の市街地を四つの職場＝勧進場に分割し、自らの領域内で斃牛馬処理の実務を担うことによって、その範囲を勧進場として安堵された。さらに、非人が担った公的役務（御用）を見ると、弾左衛門を介して賦課された御仕置御用を負担するとともに、溜役・囚人送迎役・牢屋役など町奉行から直接命じられる御用も勤めた。

四ヵ所非人頭らは江戸における無宿・野非人の（悪ねだり）取り締まりを担ったが、それは自らの勧進権を守ることを意味した。その具体的な方策として、非人頭の勧進場を単位とする「制道廻り」と非人小頭の持場を単位とする「勧進場所廻り」が行われた。また、他の巨大都市の場合とは違って、善七の所持地や溜界隈に所在した居住地を除いて、江戸の非人は独自の集住地を持たず、市中の公儀地（河岸地・広小路など）や寺社境内地に散在して一軒から数軒の非人小屋が設けられていた。特定の町で勧進権を得た非人はその見返りとしてその町の掃除や火の番などを担うこともあった。

本章では、こうした江戸の非人のあり方をふまえて、明治初期東京の非人集団について、その内部階層、および権力や他の社会集団との関係に着目しながら、過渡期の様相を摘出することを目指す。具体的には、市政裁判所や東京府が直面した課題との関係で、維新期東京における非人集団の役負担の再編過程を考察する。

一　明治初期東京における非人の役負担

1　維新後における弾内記支配の再確認と賤民組織の役負担

慶応四（一八六八）年五月、関八州賤民組織の支配者である弾内記（近世には弾左衛門）は江戸町奉行所の後継である市政裁判所へ呼び出され、裁判所手下に任命されるとともに、家業を「是迄の通り」勤めるよう、申し渡された（ポーター 二〇一五）。その翌日、弾内記は裁判所に対して、これまで勤めてきた御用のすべてを書き上げて提出した。このうち、主として非人が関わった部分を史料1（部落解放研究所 一九八六、五―七頁）として引用する。

上

①一、御仕置き御用都て相勤め申し候

但し、在方関八州の内御仕置きもの御座候節も、御下知により同様相勤め申し候、

（三ヵ条略）

②一、御法事にて御施行御座候節、手下共引き連れ御用相勤め申し候

③一、両御番所様へは手下の者諸番人足差し出し相勤めさせ申し候、溜御用の儀は手下共え相勤めさせ申し候

（一ヵ条略）

④一、御用御馬斃御差し送り相成り候節は、出役の者差し遣し手下非人足に申し付け掘り埋め申し候

⑤一、御府内無宿制道廻の者差し出し、日々御月番御番所様へ跋御訴え申し上げたてまつり候

（三ヵ条略）

⑥一、御堀ならびに其外川筋不浄物取り片付け御用手下共へ申し付け、夫々相勤めさせ申し候

右の外臨時御用　仰せ付けられ候節々、是迄相勤め罷り在り候儀に御座候、以上

五月廿九日　　　　　　　　　　　　弾　内記

右の①―⑥は、近世において、江戸の非人が勤めた御用の内容である。このうち、①⑤には「手下」を動員していると明示されていないが、御仕置御用①は、近世には弾左衛門を通して非人も動員されることが確認されている。無宿野非人の臨時狩込（制道）⑤も同様である。御用馬斃死の際の掘り埋め④は、えた身分の者が出役する下で非人が実務に当たる。これは職場を勧進場に安堵することで賤民組織に組み込まれた非人たちのあり方とつながっている。その他、両町奉行所と仮牢・牢屋の間の囚人送迎役や溜御用③、堀川の不浄物取片付け⑥は（弾左衛門が「勤めさせ」ると表現しているが）、町奉行所に直結して勤めていたものである。

恒常的に勤める御用は以上の通りであるが、これ以外に臨時の御用を勤めることもあったという。

2　維新期における定式役負担の継承・再編

以上のような江戸の非人たちの御用は、これまで通りとされたが、維新期における東京の社会的再編とそれに伴った行政的諸改正は御用負担の変更を必然化させた。これまで、南北両町奉行所の機能が市政裁判所に引き継がれたが、南町奉行所跡に統合されることによって、両町奉行所の下で仮牢番を担っていた新四郎と次郎兵衛の勤め方が改編されたのである。それに関する弾内記の願書を引用しよう〔東京都公文書館蔵「順立帳」明治元年・二632. E1. 03〕。

弾内記申し上げ奉り候

上

一、私支配非人頭善七跡庸の助後見善三郎手下(i)、本材木町三丁目四丁目河岸小頭新四郎儀、是迄北御裁判所様御仮牢番、ならびに圏番人足取締方諸御用向相勤め来り候処、(ii)今般御同所様南御裁判所様へ御引き移り、御役人様方迄御一手に御勤め遊ばされ候儀に付き、(iii)御同所様御仮牢番の儀は、同手下本材木町五丁目六丁目境河岸小頭次郎兵衛相勤め罷り在り候えども、(iv)御用多の折柄、同人のみにて御用向御差し支え相成り候ては恐れ入り奉り候儀にて、且又右新四郎儀も従来相勤め候御用の儀に付き、(v)以来共万端両人申し合わせ、是迄の通右御用向精々相勤めたき段、善三郎を以私方へ申し出で候間、何卒出格の　御憐愍を以って、(vi)右両人にて相勤め候様、御賢恕御沙汰成し下し置かれたく、此段恐れながら書き付けをもって願い上げ奉り候、以上

辰八月廿七日

弾　内記印

近世には、北町奉行所の仮牢番などの御用は、非人頭車善七手下の本材木町三・四丁目河岸の非人小頭（小屋頭）新四郎が勤め、南町奉行所のそれは本材木町五・六丁目河岸の小頭次郎兵衛が勤めていた。しかし、慶応四年八月に両者が南町奉行所跡に姿勢裁判所として統合されることに伴い、北町奉行所の御用を勤めてきた新四郎も、南町奉行所の御用を勤めてきた次郎兵衛と一緒に勤めることにしたいと、車善七跡庸之助（後見善三郎）から弾内記に願い出

た。それを受けて、弾内記から提出された願書が、この史料である。この出願は即日認められ、弾内記の手代忠助にその旨が申し渡されている。

つまり、南北町奉行所の後継として、慶応四年五月に開設された南北市政裁判所が、同年八月に統合されたことに伴い、新四郎・次郎兵衛が別個に勤めてきた仮牢番などの御用を共同で務めるように改編されたのである。注目されるのは、仮牢番の御用とそれに伴う金銭収益を守るため、新四郎は主体的な動きを示し、非人頭庸之助（後見善三郎）と弾内記という二重の媒介を通じて裁判所に願い出たことである。非人小屋と勧進場を持つ小頭新四郎や次郎兵衛の下には、人足を勤める一般小屋持ち非人や抱非人がいたのであるが、この時の措置は、そうした階層的な集団構造の有り様を公認するものでもあった。

慶応四年の江戸の混乱は、近世以来の浅草・品川両溜の管理方式にも変更をもたらした。近世には、浅草・品川の両溜はそれぞれ浅草の非人頭車善七と品川の非人頭松右衛門が管理を任されていたが、溜預け囚人の病死の際は両町奉行所の「年寄同心」（同心のうちの老練の者か）が検使として派遣されていた。ところが、同年五月に江戸城の内堀諸門の取り締まりが強化され、検使の者の通行も制限されたため、当面の措置として非人頭（庸之助代）善三郎と松右衛門の見分で不審がなければ、死骸の処分を申し付けることとされた。

七月になって、南北市政裁判所の改正掛・調役は、諸門の通行は以前の通りに戻されたものの、一般的に溜預けの者の病死には不審がないことが普通であり、双方からの立会いは不要であるとして、一方の検使とすることを上申した〔東京都公文書館蔵「諸事留」慶応四年 605. A5. 01〕。これはすぐに認められたものの、翌月には、市政裁判所が一つに統合され、意味を失ったのである。

近世以来の非人たちの御用は、五月に基本的に継続とされたが、その時期の江戸・東京の政治的・行政的改編によって非人たちの御用にも改編がもたらされたのである。

3　非人の役負担と維新期東京の都市問題への対応

さらに、この時期固有の都市社会状況と都市問題は、非人集団に新しい御用をもたらした。周知のように、江戸の市街地の三分の二が武家屋敷によって占められていたが、徳川幕府の崩壊に伴って、空屋敷が急増し、その警備が慶応四年六月より新政府を悩ませる緊急問題として立ち現れた。この問題を解消すべく、維新政府は新たな管理体制を構築したのである。その体制の下、武家地全体は弁官の管轄下に置かれ、「御曲輪内変死取片付方等」の業務は市政裁判所市政局に委ねられた〔東京都編 二〇〇一、二五〇頁〕[1]。そこでの非人集団の位置を見ておくことにしよう。

江戸開城期において、「御曲輪内外」（武家地）の取締が一気に緩んで、そこに死体が放置される事態が生じたのである。そのため、慶応四年六月に、市政裁判所に対して次の指示が出された〔東京都公文書館蔵「鎮台府一件」明治元年・一 605. A5. 06〕。

御城内外共死骸等見当たり候者、市政裁判所より取り捨てさせ、見分書とも、監察局へ差し出すべく候事

市政裁判所

辰六月

この直後に、市政裁判所判事は、「伺書」を提出した〔東京都公文書館蔵「鎮台府一件」明治元年・一 605. A5. 06〕。すなわち市政裁判所判事は、この命令を受けて、鍛冶橋御門内阿波中納言屋敷前の空となった辻番所で死臭があるとのことで、「見分」の同心を派遣したところ、「無宿体之もの」の死体があったが、死亡から日数が経っており、「全身腐爛」して傷の有無もわからない状態だったため、死体の取片付を命じ、「見分書」を監察局へ提出したという。この時期、大名たちは辻番人を引き払い、空き家のままにしていたが、そこが「乞丐非人の巣穴」となり、「浮浪潜伏のもの」が潜むような場所になることが危惧され、また死体があっても届け出る者もいない状況なので、今後どのよう

な異変が起こるとも限らない。武家地は市政裁判所の関与する空間ではないが、取締りにかかわるとして、以下の方針を提案したのである。

すなわち、もともと「市中徘徊いたし候野非人の類」は良民の害となる者なので、弾内記に命じて、配下の者を巡回させ捕り押える仕来りもあるので、今回も弾内記に命じて辻番所内の野非人を追い払わせ、怪しい者は裁判所に引き連れるようにしてはどうかというのである。あわせて、裁判所よりの巡邏の者にも辻番所に注意するように指示したいとしている。ここで市政裁判所判事が想起しているのは、天保期などに行われた臨時狩込〔塚田 一九八七〕のことであろう。通常の時期には、非人頭の下での「制道」の機能に委ねられていたが、飢饉時の御救小屋が設置されるような救済が必要な時期や治安統制を強化しようとする時期には、弾左衛門に臨時狩込が命じられたのである。その際には、えた身分の「出役廻之者」とともに「四ヵ所非人足」を引き連れるということなので、今回も「配下のもの」とだけあるが、非人も動員されたと考えられよう。なお、巡邏＝警察関係者にも警戒を求めることに言及している点も注目される。

ここでは、近世の臨時狩込が想起されていることが注目されるが、実際に非人たちが担った主要な役割は、変死者の死骸の取片付だったと思われる。それを窺わせるのが、次の賃銭の見積書である〔東京都公文書館蔵「鎮台府一件」明治元年・一605. A5. 06〕。

上

一、今般

御廓内外変死倒死のもの御座候節、両　御裁判所様御年寄様方御見分の上、死骸取り扱い取り片付け横目人足賃銭見積り、左に書き上げ奉り候

死骸御見分の節取扱人足ならびに御検使済寺院

一、銭十貫文　方へ差送り人足共四人、同断横目小屋頭
壱人、都合五人賃銭食事代共
但し、壱人に付き弐貫文宛

右の通、御入用其度々頂戴奉りたく、尤も水死縊首等の節人足の儀は、其時義に寄り増し御願申し上げ奉りたく候

右御尋につき、恐れながら書き上げ奉り候、以上

慶応四年辰年六月廿七日

庸之助後見
善三郎煩ニ付
勝三郎（印）
品川非人頭
松右衛門（印）

非人頭両人は、裁判所年寄（前出の「年寄同心」か）の検使の際、およびその後の埋葬寺院への運送方に要する人員は、一人の片付けに横目一人と人足四人が必要で、賃銭食事代共で銭一〇貫文を下付してもらいたいと願っている。横目（監督）には小屋頭が当たり、実際の仕事をする人足はその抱非人が担わされたと思われる。一人当たり二貫文とされているが、この金額が均等に分配されたかどうかはわからない。非人集団内の重層性は御用の勤め方を規定しただけでなく、御用に伴った収益の分配にも格差があったことも想定すべきではなかろうか。この見積りが弾内記を通さず、非人頭両人から提出されているのは、死体取片付の業務は非人頭の下で行われていたからであろう。

こうした見積書を念頭におくと、先の市政裁判所判事の示した方策は、事実上、曲輪内武家地の辻番所の内外での変死体の取片付を非人集団に委ねることに帰結したのではなかろうか。弾内記による臨時狩込では十分な対応には至らず、翌月には、市政裁判所の判事三人（西尾遠江介・土方大一郎・陸原慎太郎）は、特に御曲輪内への「乞食非人之

類」の徘徊を阻止するための対策を迫られた。その伺書（七月二二日付）〔東京都公文書館蔵「順立帳」明治元年・三632.E1.04〕では、弾内記の追い払いでは「無宿頑愚之族」はすぐに立ち帰る状況である一方、「御諸門番兵」に取り締まらせればいいのだが、「乞食非人之類」の制方をすることは彼らの面子が立たず「気配」に関わるので、「番組人宿肝煎箔屋町豊蔵地借政次郎」に見張り番人の請負を命ずることにしたいと言うのである。

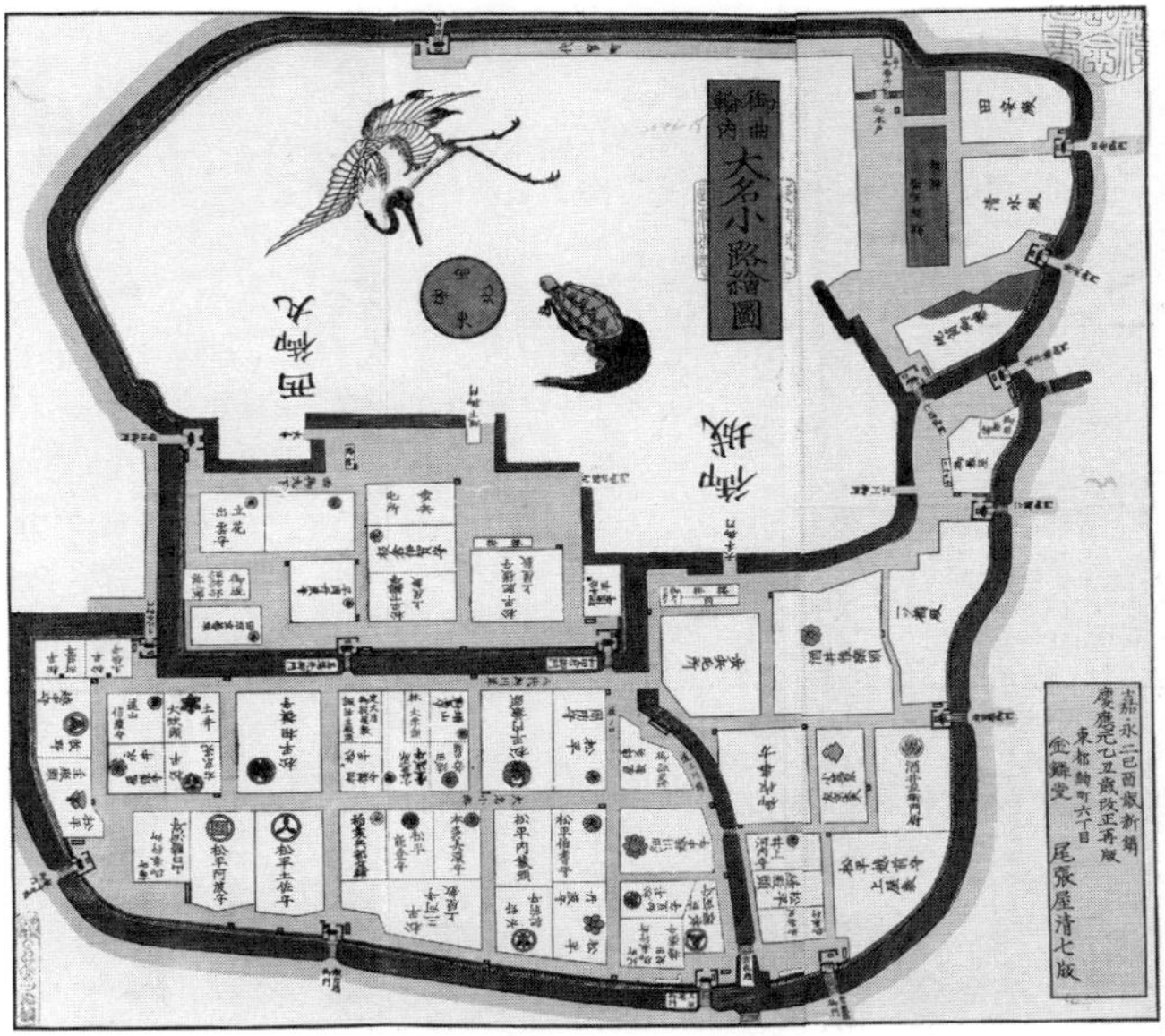

図1 「御曲輪内大名小路絵図」

出典）「尾張屋板切絵図 1」東京都立図書館蔵.

ここで注意しておきたいのは、政次郎に委託されたのは、江戸城内堀（曲輪）の九ヵ所（数寄屋橋御門・鍛治橋御門・呉服橋御門・常盤橋御門・神田橋御門・一橋御門・雉子橋御門・外桜田御門・日比谷御門）の「外張番所」への三人ずつの番人の配置である（図1）。そして政次郎方請負の番人たちは、曲輪内の諸家屋敷が空き家となって「道端等へ草生茂り、中には往還へ塵芥」が捨てられるような状態になっているとして、その草刈りや掃除も行うこととされたのである〔東京都公文書館蔵「順立帳」明治元年・三632.E1.04〕。

九月に入ると、東京府からの御尋ねを受けて、政次郎はこの方針の実施状況について報告しているが〔部落解放問題研究所編 一九八六、二四―二七頁〕、それによると九門以外の山下御門・幸橋御門が通行勝手次第の状況になっており、効果を上げ得ない現状を上申している。

政次郎を中心とする請負体制は明治二年六月三日に廃止された。同年五月に作成された伺書において、東京府庶務方の役人は番人体制の廃止理由について、「月々御入用多分ニ相懸」ったため、維持するのが不可能になり、廃止すべきだと説明している。

慶応四年六月から政次郎の請負が続いていた時期は、非人たちの変死体取片付も曲輪内に集約されていたと思われる。しかし、この直後の明治二年七月段階で武家地全体に広げて、四ヵ所非人頭らによる変死体取片付の対応を再編する動きが見られた。東京府からの御尋ねを受けて、弾内記は七月二五日に「上」書を提出した〔東京都公文書館蔵「順立帳」明治二年・二七 632. E5. 06〕。

上

一、御武家方御上地の内、当時御持主取り極めず罷り在り候明地、亦は右居廻り往還等に、変死倒れ死の者これ有る節、訴え出で候ものこれ無く候に付き、私配下四ヶ所非人頭共、勧進場持に見廻りの者心付け、見当り次第当　御府へ御届け申し上げ、且　御検使様御案内等相勤め、兎角御弁利第一に仕法相付け、右御入用も見積り申し上ぐべき旨仰せ渡され候に付、左に申し上げ奉り候
一、御武家地の内、亦は右居廻り往還等に、倒死変死の者これ有り候節、地主方より御訴に相成らざる分は　御府内四ヵ所非人頭共勧進場持に相廻り候非人共より日々心付け、見当り次第、直に当　御府へ御訴え申し上げ　御検使方御案内共相勤めさせ申すべく候、尤も右入用として、壱度に付き銭壱貫五百文ずつ頂戴仕りたき段、非人頭共申し立て候
一、右御見分済の上、死骸取り片付け方の儀は、其所勧進場持主小屋頭共にて取り片付け、御入用の儀は、是迄頂戴仕り候御振り合いを以、壱人分銭拾貫文ずつ頂戴仕りたき段申し立て候

但し、死骸取り片付け候寺院の儀は、是迄変死倒れ死の者取り片付け来り候左の寺院へ埋葬仕りたき段申し立て候

本所回向院小塚原下屋敷　浅草非人頭庸之助後見　善三郎方

南品川海蔵寺　品川非人頭松右衛門方

深川字藪の内大雄寺・砂村永代新田極楽寺　深川非人頭見習　佐助方

柏木成子町常泉院・代々木新町諦聴寺　代々木非人頭　久兵衛方

砂村永代新田極楽寺　木下川非人頭欠落久兵衛跡引受人　小屋頭文次郎方

一、右御入用頂戴の儀、是迄通毎月晦日当　御府へ書き上げ、頂戴仕りたき段申し立て候

右　御尋に就き、恐れながら書き付けをもって申し上げ奉り候、以上

明治二巳年七月廿五日　　弾内記

これは、弾内記から東京府常務局へ提出されたものである。一条目は、この「上」書提出の経緯が記されている。そこでは、武家地で上地となった明地やその周辺で変死・倒死の者があっても届け出もない状況なので、四ヵ所非人頭たちの下で勧進に廻る者が日々気を付け、届け出る仕法を立て、その入用の見積りなどを申し上げるように言われたと説明している。ここでは、対象となっているのが曲輪内だけではなく、武家地全体に広がっていることがまず注目される。

二条目では、検使の案内に伴う入用について、一回につき一人当たり銭一貫五〇〇文を支給してもらいたいとしている。

三条目では、死骸の取片付については、死骸一人につき銭一〇貫文を支給してほしいとしている。この費用は、これまでの前例に基づいているとあり、先の曲輪内での死体取片付の入用と同額である。勧進場を所持する小屋頭が、その内部を勧進に廻る生活スタイルに組み込んだ方式と言えよう。銭一〇貫文は、前掲史料四を参照すると、五人分

の賃銭と考えられ、抱非人も動員されたと想定される。この箇条の但し書では、これまで死骸を埋葬してきた六つの寺院に埋葬したいと申し出ている。

最後の第四条では、毎月末に非人頭から東京府に賃銭を書き上げて、受け取りたいとしている。この「上」書は弾内記から提出されているが、実際の業務が始まれば、非人頭レベルで進められると考えられよう。これらのことは八月二日に聞き届けられている。

以上をふまえて考えると、死骸取片付の対象範囲が曲輪内から武家地全体へと拡がることが重要である。その際、入用（人員）・埋葬先などもこれまでの方式が踏襲されているが、四ヵ所非人頭の下での小屋頭たちの勧進場を枠組みとする勧進の体制に組み込まれたものであったことが注目される。対象範囲が拡大されたことで、非人組織全体の取組みへと編成替えされたのではなかろうか。

4　明治初期東京の救貧体制と非人の役負担

ここまで、武家地の空き屋敷化に伴う状況への対応について見てきたが、市中全体の無宿野非人への対応も喫緊の課題であった。その対策として、明治二（一八六九）年九月、高輪救育所が開設された。そこでは、それまで抱非人として非人集団に包摂されていた野非人の一部は高輪救育所へ送られ、長期的な授産支援などを受けることになった。一方、弾内記とその手下は、高輪救育所の設立に備えて市中の野非人・乞食の調査を行い、その収容に当たるとともに、救育所に入所した窮民の日常的な世話に従事した。

高輪救育所の設置直後の一〇月五日に弾内記手代元七は、無宿非人を同所に引き連れるに当たって手当銀の支給を願う願書を東京府に提出した〔東京都公文書館蔵「府治類纂」救恤 634. B7. 32〕。

弾内記申し上げ奉り候

一、今般高輪表へ御救小屋御取り建ての上、市中無宿非人共の内、老幼廃疾不便の者、非人小屋頭共にて取り調べ、右御救小屋へ召し連れさせ、手当方心付け、御趣意貫徹候様取り計らうべき旨仰せ付けられ承知畏み奉り、すなわち四ヶ所非人頭共へ精々申付候義に御座候、就ては右相勤め候小屋頭共義、何れも貧窮にて日々経営にも差し支え候もの共にて、殊に懸隔の場所より引き連れ候には弁当の用意も致さざれば相成るまじく、旁不便に存じ候間、何共恐縮の至には存じ奉り候えども、右無宿共引き連れ候もの共え、御仁恤を以ていささか御手当頂戴仕らせたき段、御賢慮伺い奉り候処、然る上は何程位と見込みを付け申し上ぐべき旨　仰せ聞けられ、有り難く存じ奉り候、相成るべき御義に御座候はゝ、引き連れ候無宿壱人に付き御手当銀五分、尤も弐り以上引き連れ候ものは同七分五厘宛も頂戴致させたく存じ奉り候えども、併しながら何程にても御賢慮次第にて宜しく御座候間、何卒御憐恕の御沙汰成し下し置かれたく、此段恐れながら書付けを以て願い上げ奉り候、以上

明治二巳年十月五日

弾内記手代　元七（印）

弾内記（手代元七）は、高輪救育所の開設に際して、その御用を担う非人小屋頭は貧窮な者たちであるとして、引き連れた無宿一人当たり手当銀五分、さらに二里以上の遠隔地からの場合は七分五厘の支給を願っている。これは、東京府よって一〇月二二日に聞き届けられている。

この御用は、行刑役などと同じく、弾内記に命じられ、そこから非人頭に申し付けている。さらに、実際に業務を行ったのは市中の非人小屋頭とその抱非人である。その際、弾内記は、東京府に対して、非人の利益を擁護する形で行動し、彼らの貧困状況を訴えて、非人小屋頭への報酬を獲得しようとしたことも注目される。もちろん、その背後

には非人たち自身の要求があったことは言うまでもないであろう。

高輪救育所の開設に際して行われた野非人の調査・狩込みは、当初臨時的なものであったが、その後、弾内記の配下の者たちが恒常的に勤めるようになった。つまり、近世以来の諸役と並んで、高輪救育所の御用は賤民組織の構成員が負担する定式御用として位置づけられたと言えよう。

二　非人の役負担と生存

維新期の動乱に伴う物価騰貴を背景として、町方から施された米銭は激減し、非人の生存を支えた従来の社会的メカニズムが脅かされていった。こうした状況に直面して、非人身分の者たちは、御用の人足賃銭の増額や日勧進の再編・拡張を目指すとともに、いくつかの非人稼ぎの独占を出願していった。以下では、非人集団のこうした動向を解明していこう。その際、明治初期の非人集団にとっての役負担の意義について考えてみたい。これは非人たちによる社会的有用性の主張であると同時に、役負担の勤仕に伴った手間賃収入は集団の存続と個々の非人の生存にとって重要な意味を持っていたと考えられるからである。

1　近世後期の日勧進出願

文政五(一八二二)年正月に、江戸の四ヵ所非人頭手下の小屋持ち非人の勧進に加えて、町方の表店から「日々隔日或は二日置位に」一銭ずつ勧進することを認める町触が出された。いわゆる日勧進である。この前提には、文政四年九月に非人頭車善七から相次いで町奉行所に提出された二つの出願があった〔塚田　一九八七〕。一つは、時節柄の倹約で、勧進が減少する一方、御用が繁多になって困窮している状況を訴えて、溜役や囚人送迎役の賃銭を「御牢屋敷御伝馬人足並」の一人前銭一〇〇文に引き上げて欲しいが、それでは高金になるので、せめてこれまでの倍増にして欲しいというものである。

もう一つは、焚物となる古木拾いなどを場末の風呂屋などが行い、下水浚などを「町々素人之方」も行うなど、非人稼ぎが減少し、また願人坊主や「気楽小屋」に集まる野非人らの悪ねだりが横行し、勧進が減少しているとして、町方表店から日々一銭ずつの臨時勧進を願ったものである。これが認められれば、御用向を滞りなく勤めるとともに、野非人らの悪ねだりの制道をきちんと行うとしている。前者は認められなかったが、後者は認められ、先の町触となったのである。ただし、あくまで「志」のない者に強制するものではない（任意のもの）と言い添えられている。

2　人足賃銭増加の出願

明治維新期の社会的混乱のなかで困窮した非人たちは、文政期と同様の二つの方向から出願を行った。まず一〇月に、浅草非人頭庸之助後見善三郎が、弾内記の奥印を得て、囚獄見廻り役人へ願書を提出した〔東京都公文書館蔵「御廻シ留」慶応四年 605. A4. 03〕。

恐れながら書付を以て御願い申し上げ奉り候

一、当　御役所様へ差し出し候御伝馬非人足の儀、最初小伝馬町より差し出し来り候処、百四拾七年以前享保七寅四月十八日、南　大岡越前守様北中山出雲守様御内寄合へ、私幷に品川非人頭松右衛門召し出だされ、町人足御差止めの上、以来両人手下抱非人差し出し御用向相勤むべき旨仰せ渡され、非人□等御調の上、私松右衛門と六分一の割合にて人足差し出し、賃銭四拾八文宛下だし置かるべき旨、同日御請御証文　仰せ渡され、其後百四年以前明和二酉二月中、南　土屋越前守様、北　依田豊前守様御勤役の節、手下非人共減少仕り候に付き、御伝馬人足日々三拾人宛限差し出したき段御願い申し上げ奉り候えども、手下人数等追々御調の上、御聞済これ無く、同八卯九月五日、非人稼一日百文宛引き当て、一ヶ月御勘定にて壱人に付百文宛下し置かれ候様、猶又御願い申し上げ奉り候処、同十二月廿一日、南　御番所様にて願の通り　仰せ付けられ、其節より御伝馬非人足賃銭百文宛頂戴仕り候、尤も品川松右衛門方は遠方、殊に手下共人少なにて差し支え難渋の由にて、相対の上私方一手に引き受け、年来私手下小伝馬町壱丁目河岸小頭長兵衛へ申し付け、非人足差し出させ、諸御用向相勤め来り候処、近来米価諸品共格別高直にて、人足扶助に差し支え、難渋の趣同人ゟ度々相願い候えども、旧来御定式の御入用増御願いも恐れ多き儀と存じ奉り候、是迄相勤めさせ候えども、弥以て人足扶助に差し支え、窮迫罷り在り候儀にて、旧来御用向此上恙無く相勤めさせたく存じ奉り候、これにより恐れながら非人足賃銭の儀壱人三百文宛、掃除人足同断百四拾八文宛下し置かれ候様、同人幷に小頭治郎兵衛、新四郎相願い候に付き、何卒御慈悲を以て御憐愍御聞き済み成し下し置かれ候様、恐ながら御願い申し上げ奉り候、以上

明治元辰年十月

庸之助後見　善三郎

右善三郎儀、前書の通り御願い申し上げ奉り候に付き、私奥印仕り差し上げ奉り候、以上

弾　内記

囚獄御見廻り　御役人衆中様

この願書において、浅草非人頭（庸之助後見）善三郎は、まず牢屋敷関係の御用の由来について述べている。先述のように「御伝馬非人足」という表現は近世から見られ、牢屋敷から町奉行所などへの囚人送迎役のことである。これについて、最初は小伝馬町の者が町人足役として勤めてきたものを、享保七（一七二二）年に両町奉行から浅草非人頭車善七と品川非人頭松右衛門が呼び出され、今後、手下・抱非人より勤めるように命じられたという。その後の賃銭が四八文から（非人稼ぎ一日分に相当する）一〇〇文に引き上げられたこと、松右衛門方の勤役を止め、車善七方一

手に勤めるようになったことなどを説明している。

近世の史料（中尾編 一九九五）によると、車善七方では、享保四年から牢屋敷への駈付人足が始まること、享保六年に小屋頭長兵衛らによる囚人送迎役が始まること、また天保期には非人足が不足の時は町人足役で補い、揚屋入の者の呼出・差出の縄取人足は町人足役として勤めていること、などが確認される。これから、史料にあるように、もともと小伝馬町の者が勤めたことや享保期に非人たちが勤めるようになったなどの説明は、概ね事実を反映していると考えてよいだろう。

現状では、牢屋敷近所の小伝馬町一丁目河岸の小頭（小屋頭）長兵衛から非人足を差し出しているが、諸物価高騰のため困窮しているとして、その囚人送迎人足の賃銭を一人三〇〇文に、掃除人足の賃銭を一四八文に増額を願っている。長兵衛とともに、小頭治郎兵衛・新四郎がいっしょに願っていることが注目される。近世には、治郎兵衛は南町奉行所、新四郎は北町奉行所の仮牢の番と囚人送迎役を担っており、先に市政裁判所の統合に伴って、共同で御用を勤めるようになった者たちである。文政四年の出願は、溜役や南北町奉行所仮牢からの囚人送迎役の賃銭を牢屋敷伝馬人足並みに増額することを求めたものであったが、ここでは牢屋敷関係の御用の賃銭の三倍化を願うとともに、その他の御用の賃銭もそれに準ずることを暗に願うものだったと思われる。

この出願を受けて、囚獄見廻り役人である松原晋三郎・中田潤之助は、すぐに出願内容をそのまま認めるように東京府に上申した。この上申書には、朱書で「浅草・品川両溜番人足幷同所より諸向え御呼出囚人送迎人足の義は、壱人に付玄米五合下され候儀に御座候」と書き添えられている。ここには、溜関係だけが言及されており、治郎兵衛、新四郎の担当する御用については触れていないので、両人の担当分は、長兵衛の担当する牢屋敷関係の御用に準じたものとして扱われているのであろう。

はっきりとは確認できないが、おそらくこの上申は許可されたものと思われる。なお、溜関係の御用の一人玄米五合という現状が変更されたかどうかは不明であるが、おそらく別扱いとされたのではなかろうか。

3　日勧進の拡張出願

浅草非人頭（庸之助後見）善三郎から御用人足賃銭の増額願いが出されたのとほぼ同時期に、勧進と非人稼ぎに関するもう一つの出願が行われた。この願書は四ヵ所非人頭から東京府へ提出されたと思われるが、願書自体は残されていない。しかし、この願書を受けて、東京府裁判所捕亡方・捕亡方下目付が、非人の出願内容について「市中差障有無」を取り調べた報告書が残されている。そこから出願内容も推察できるので、それを引用しよう〔東京都公文書館蔵「諸向掛合」明治三年・三 605. B3. 17〕。

捕亡方下目付
捕亡方

上

非人共儀、近来諸色高直に相成り、殊に御用非人足相増し、是迄の日勧進にては一同渇命に及び候趣にて、町々より小間割集銭其外ケ条書を以て、品々申し立て候書面御渡し、市中差障有無密々探索の上申し上ぐべき旨仰せ渡され候間、取り調べ候趣左に申し上げ候

一、市中一般に、表店の分小間割にて日々八文宛、裏借家の分一軒に付き同弐文宛取集めと申す廉、此義市中表小間凡十四万五千間余りこれ有り、日々八文にて

一日分　銭千弐百八貫三百三十壱文

一ヵ月分　銭三万六千弐百五十貫文

一ヵ年分　銭四十三万五千貫文

此金四万三千五百両　両に十貫文替

右の外、裏住居の分、壱軒に付き弐文宛取り集め候は、聊の様相見へ候共、金高相成り候ては莫太《ママ》の事にて、裏住居は多く其日稼ぎのもの共故、一同難渋申し唱え、迚も取集方行き届き申すまじく、表店のものも右申し立て候出銭にては、一同迷惑に及ぶべきやに相聞え申し候

一、社寺境内見世物幷に市中寄せ場神仏開帳法談等の下番足

一、下水浚い

一、藁草履幷に草鞋造

右の分、非人持ちに致したき旨申し立て候得共、是迄小前の町人共渡世にて日々之露命を繋キ罷り在り候義に付き、非人の手業と相成り候へ者、多人数のもの共産業を失い、家族扶助に差し支え、一同難渋致すべきやに相聞え申し候

一、湯屋渡世のもの木拾い止めさせ、右御用い相成らず候はゝ、湯屋より一軒日々四拾文宛取り集めたき趣、此義前々より右渡世にて古木拾い取り炊木に相用い候義故、今更御差止め相成り候はゝ、又々湯銭等引き上げ、市中一般に差し支え可申すべきや、且壱人分の湯銭日々取集めの廉も、御取り用い相成りがたき義と存じ奉り候

一、紙屑買素人相止め、非人買取り、漉返し、市中へ売り払い申し度く、此義紙屑買い等致し候もの、多くは病身又は差し定め候商売も致し兼候もの共の渡世にて、此上非人共渡世に相成り候はゝ、紙屑買は勿論、右屑紙買い取り候建場、場末紙漉屋等多人数の貧民渡世に離レ、一同騒ぎ立て申すべき哉も計り難く相聞え申し候

右の通にて、今般非人頭共申立候ケ条、何れも府下小民一同難渋の事柄にて、一ヶ条も御取用い相成り難き義に候えども、近来諸色騰貴致し、是迄の勧進にては非人共家族養い方に差し支え候義は余義なき次第に相聞え

候間、前書ヶ条の内、小間割の義高相減らし、表店の分取り集め、裏店の分は是迄の勧進通に致し候はゝ、強て市民難渋には相成るまじきやに御座有るべく候えども、是迄差し定め候町入用其外都て御差し免しに相成り候程の処、非人共取り立て候入用相増し候ては、御仁恵に反し候間、右廉々は何れも沙汰に及ばず、外に市民の害に相成らざる勘弁致し、相願うべき旨仰せ渡され然るべきやに存じ奉り候

右承る様、此段申し上げ候、以上

辰十一月

冒頭に記されているように、非人頭たちは物価高騰と御用人足増加のため、これまでの「日勧進」だけでは「渇命」に及ぶとして、日勧進を「町々より小間割集銭」として拡張するとともに、数箇条の新たな要望を出願したのである。これに対して、東京府裁判所内の捕亡方・捕亡方下目付は次のような調査結果を書き上げている。

まず、日勧進の拡張としての「小間割集銭」についてである。非人頭たちは、表店については、小間割りで一日に八文ずつ、裏借家は一軒に付き一日二文ずつを取り集めることを願ったのである。捕亡方・捕亡方下目付は、これが認められると、表店分だけで年間四万三五〇〇両という莫大な額になり、またその日稼ぎの裏借家の者にしても甚だ迷惑であるとして反対している。

非人頭たちは、新たな要望として、五ヵ条（①社寺境内の見世物や市中の寄席・神仏開帳法談等での下番足、②下水浚い、③藁草履や草鞋作り、④市中の古木拾い（湯屋へ販売）、⑤市中での紙屑買いと漉き返し紙の販売の独占）を願っている。

これに対して、捕亡方・捕亡方下目付は、①―③は、非人持ち、すなわち非人たちの独占となれば、「小前の町人共」すなわち都市下層民衆が生業を失うとして反対している。非人頭たちは、④が認められないならば湯屋より一日四〇文を集銭したいとしているが、ここには古木拾いを非人稼ぎと位置付けている非人頭たちの意識がうかがえる。しかし、これでは湯銭の値上りにつながり、市中一般の差支えになるとして、捕亡方・捕亡方下目付は反対している。

⑤の紙屑買の独占は、非人稼ぎとしての紙屑拾いの延長としての着想ではないかと思われるが、これも都市下層民衆の生業を奪うものとして反対している。しかし、実態はもう少し複雑である。吉田伸之が指摘するように、近世社会の全階層による紙消費を背景として、反古と呼ばれる紙屑は価値のある資源となり、その回収・再生産をめぐって複雑な関係構造が形成された。そのようななか、有料回収にあたった紙屑買は独立した職分として成立し、仲買と買出人という二階層に別れた〔吉田 二〇〇四〕。一九世紀前半までに前者は独自の集団内法および非公認の共同組織を形成し、売子と呼ばれる買出人を従属的に編成しつつ、市中の漉屋へ紙屑を供給した。それに対して、売子の多くは零細な貧民であり、独自の集団を形成することはなかった。さらに、非人は町屋敷での紙屑拾いから阻害されたものの、彼らは「手元銭なしで」路上などでの紙屑を収集し、有償で市中の紙屑仲買に提供したと推測される。以上の論点をふまえて考えると、非人頭の提案は直競合者である町方の零細な紙屑拾いの利害だけでなく、紙屑仲買を中核とする近世以来の紙屑流通システムそのものを脅かしたと考えられる。

最後の部分で、捕亡方・捕亡方下目付は、非人たちが困窮しており、何らかの助成が必要との認識を持っているが、これらの出願内容は一ヵ条も認められないとしており、都市下層民たちの害にならないことを考えて願い出るように申し付けるべきだとしている。

四ヵ所非人頭たちは、文政期には非人稼ぎが減少していることを前提に臨時勧進〔日勧進〕を願ったのであるが、この出願では、日勧進の拡張と五種の非人稼ぎの独占をともに願っている点で、困窮状況が一段と深刻になっていることが窺えるのではなかろうか。しかし、小間割集銭は莫大となり、また五種の非人稼ぎの独占は都市下層民衆の生業を奪うことになるとして認められなかったのである。

明治元年にも、文政期における御用人足賃銭の増額願いと臨時勧進〔日勧進〕の願いと重なる二つの方向からの出願が行われたことがわかる。その意味では、近世後期からの都市社会における非人集団をめぐる動向の延長上にある出願と言えよう。しかし、文政期には人足賃銭の増加は認められなかったのに対し、ここではその三倍化が認められた。一方で、日勧進の拡張は認められなかったのである。文政期の出願とは反対の結果となったと言える。それは、非人たちの政治的・社会的位置づけの変容にもつながっているのではなかろうか。その際、文政期の囚獄見廻り役人は、非人頭の要望を支持したのに対し、捕亡方・捕亡方下目付は市民の利害（生業の確保）を擁護しようとしたのである。これもそうした結果につながる一要因であったと言えるであろう。また、非人頭たちが新たな生活手段として要望した生業は、都市民衆世界の基底的な存在である裏借屋層の生業の一部にもなっていたのであり、両者は近似的であると同時に、相克的な関係が読みとれるのではないか。

おわりに

以上、武家地の管理問題を中心として、明治初期東京における非人集団の役負担の継承・再編過程をスケッチするとともに、非人の視座より役負担と生存との関係を考察した。維新直後、非人集団の構成員の近世以来の諸役が再確認され、弾内記を介して賦課された御用と直接に非人頭へ命じられた諸役を担い続けた。それだけでなく、空き武家屋敷内外での死骸取片付など維新期に生じた新たな都市問題へ対応すべく、東京の賤民組織が動員されたのである。つまり、その組織の根強い自律性と近世以来の勧進の体制を前提としつつ、新政府が直面した最も喫緊な治安上の課題の一つへの対策を構築・実施したのである。当初、その範囲は曲輪内に限定されたが、明治二年夏に至ると、武家地全体へ広げられたのである。それに伴って、武家地で立ち現れた死骸の処理は非人組織全体の取組みへと編成替えされたと考えられる。

維新期において、非人の役負担と平時における生存は密接な関係にあり、役の勤仕に伴う賃金収益は非人集団の再生産を支えた不可欠な収入源の一つであった。維新期において、紙屑買いなどの近世以来の「非人稼ぎ」と並ぶ形で非人の主要な生活手段＝勧進を補い、非人の複合的な生計構造の一環をなした。当時は、手間賃収入を伴う用役給付金労働に類似する性格を持つ御用も広く見られ、生産労働から疎外された非人にとって貨幣を取得する貴重な契機であったと考えられる。そのため、非人集団の成員はその収益を期待して自らの従来の役負担を守るとともに、積極的に新たな御用を努めようとした。

維新期の物価騰貴を背景として、こうした二次的収入源の重要性が増したと考えられる。したがって、塚田が分析した文政期の事例と同様に、四ヵ所非人頭は非人足へ支払われた手当の増額を要求するとともに、勧進をめぐる文政期以来の規範の再編および諸非人稼ぎに対する独占権を獲得しようとした。周知のように、近世身分制のもとで、紙屑買いなどは非人の独占的な職分として位置づけられたのではなく、町方窮民の一部の生存をも支えた重要な生業であった。しかし、非人の貧困状況が深刻化する中、非人頭は町方窮民の排除を求めるとともに、こうした生業の一部に対して排他的な営業権を得ようとした。なお、文政の場合とは違って、勧進の規範の再編は認められなかったものの、非人足の賃金増は認可されたと考えられる。

この運動の事例が示すように、維新期において東京の非人集団は主体的に動き、直接にないしは弾内記を介して公的権力へ働きかけ、自らの旧来の権限を擁護するとともに、新たな権限を得ようとした。そのさい、非人頭は手下の極貧状況を訴えるとともに、役負担を媒介とした都市社会への貢献を強調したのである。つまり、自らの利権を主張するさい、御用は重要な根拠となり、非人によって展開された重層的な論理構造の一環をなした。

（1）この体制は明治二年秋まで維持されたが、同年一一月に「武家地之分共一切管轄」は東京府に移された。

参考文献

塚田孝『近世日本身分制の研究』兵庫部落問題研究所、一九八七年
東京都編『東京市史稿　市街篇第四九』臨川書店、二〇〇一年
中尾健次編『弾左衛門関係史料集　第一巻　旧幕府引継書』解放出版社、一九九五年
ジョン・ポーター「明治初期東京における貧民の救済と統制」『部落問題研究』第二一一号、二〇一五年
部落解放研究所編『史料集　明治初期被差別部落』解放出版社、一九八六年
吉田伸之『21世紀の「江戸」』山川出版社、二〇〇四年

〈特論3〉

駕籠昇

吉田伸之

一　江戸の町駕籠

駕籠は、近世の江戸や諸城下町、また諸街道において、人の移動に用いられた重要な交通手段であった。しかし、これが歴史研究の素材とされることはなく、今でも喜田川守貞『守貞謾稿』における乗物、駕籠、箯輿（あおだ）の概略に関する記述（『守貞謾稿』後集・巻之三）がほぼ唯一の手がかりとなっている。その内容は次のようなものである。

・乗物は、将軍・日光門跡・大名・医師（医者駕籠）・武家の女性（女乗物）などが用い、家格の高下、在府か在国か、道中用か、また担ぎ手（輪夫）の数（二―四人）に応じ、大きさや意匠など多様な種類がある。

・乗物の一種である駕籠として、御忍駕籠、留守駕籠、けんもんかご、はうせんじ（宝泉寺）駕籠、京四つ駕籠、あんぽつ、箯輿（竹駕）、四つ手（よつで）駕籠（江戸）、京坂垂れ駕籠、山駕籠、宿駕籠などをあげている。これらの内、はうせんじ駕籠以下を「町かごと称して民間に用ふ」とする。

守貞の記述によると、広義に「乗物」と呼ぶものを、将軍・大名・医師などが用いる乗物と、大名らの潜行や留守居、家来が用いる駕籠、そして「民間」で用いる町かごの三つに大きく分類しているようである。この内、町かごは、「豪富等の市民」や、「大名家来の小身」が用いる「はうせんじ駕籠」（町駕籠α）と、四つ手（四手駕籠）など（町駕籠

β）があり、江戸では、「四つ手の数も万をもって数ふべし」とする。この四つ手を用いて、江戸市中の路上で客待ちするものを辻駕籠と呼んでいる。

こうした守貞による近世後期の「乗物」の三区分を念頭に置き、江戸町触によって、一七世紀後半から一八世紀前半ごろの江戸町方における駕籠の様相をみておこう。まず寛文・延宝年間の町触から摘記してみる。

a　寛文五（一六六五）年二月〔『江戸町触集成』四一四号史料〕

町中にてかこ・あんた（箯輿）に乗り候者これある由に候、前々より御法度候間、自今以後町中は申すに及ばず、品川・千住・板橋・高井戸・比内を限り堅く乗り申すまじく候

b　寛文八（一六六八）年八月〔同、六九九号史料〕

此以前も申付け候ごとく、町中辻々横町新道に、乗物幷びにかこ、箯出し置き、往行の者に借し申すよし相聞え候、自今以後相改め、違背のものこれあるにおいては曲事に申し付くべく候……

c　延宝九（一六八一）年七月一三日〔同、一八五五号史料〕

一、町人乗物の儀、御免にて只今乗り来たり候共、向後は無用に致し、先ず惣様かこに乗べし、去りながら拠ろなき子細これある者は、支配方え相達すべき事

一、向後御免成され候かごの仕様、此度相極まり候間、町年寄共方え参り、様子承わり、拵え乗り申すべく候

……

a・bの「かこ」は後の町駕籠α、また「あんた・箯」を粗末な町駕籠β＝四つ手とすれば、aではその以前から江戸市中における町駕籠の利用や営業が一律に禁じられていることがわかる。またbでは、「乗物」（後の町駕籠αか）を含め、辻々で客待ちする町駕籠がすでに多様に発生しているようすがうかがえる。

興味深いのはcである。まずこの以前から江戸市中で「乗物」の使用を許された（御免）町人がいたが、これを停

止し、一同みな「かこ」に乗るよう指示している。そして新たに「御免」とされた町人が用いる「かこ」の仕様を定めている。この仕様（駕籠往文）は詳細にわたり、駕籠の大きさ・形態・意匠を規定する内容で、守貞が図と共に説明を加える「ほうせんじ駕籠」にほぼ相当するものではないか。このようにみると、延宝九年七月の町触は、狭義の乗物の利用から町人を排除するとともに、「御免」の駕籠（後の町駕籠α）を、四つ手・簡易などの簡易なそれ（後の町駕籠β）と明確に区分することを併せて意図したものと考えられる。

元禄一三（一七〇〇）年八月、江戸市中では大八車と共に「借駕籠」について、大伝馬町・南伝馬町の名主＝道中伝馬役から極印を受け、月々極印賃を支払うよう命じている（『江戸町触集成』三六四二、三六四三号史料）。これまで禁止されてきた借駕籠持主の経営が公認されたのである。『御伝馬方旧記』によると、このとき免許された借駕籠は当初四〇〇挺余とあるが、同年末には九四二挺、翌一四（一七〇一）年は月平均三六一二挺にも及んでいる（『御伝馬方旧記』二三二一—二三三頁）。その後、元禄一六（一七〇三）年に、辻駕籠員数の取極で六〇〇挺に減され、正徳三（一七一三）年には一五〇挺にまで限定されている（『江戸町触集成』四六五六号史料）。しかしこうした制限にもかかわらず、「無印辻駕籠」の横行は止まなかった。

元文二（一七三七）年三月、堀江町三丁目喜平治ら二人は、町奉行所に「辻駕籠損料引き下げ」による駕籠舁への一手貸渡し独占を求めて出願した（同、六四二七号史料）。江戸各地に多勢存在する「辻駕籠損料を以借り請渡世」の者、すなわち乗物屋・駕籠屋を傘下に収め、駕籠を安価で駕籠舁に貸し付けたいというのである。この新規願には一七人の「所々かこかき共」一同が共同して願書を出しているが、市中の乗物屋・駕籠屋は強く反発し、「町中数千人之駕籠かき共」もこれまで通りにするよう求めている。この出願は却下されたとみられるが、享保期を経て、辻駕籠の員数限定は解除され、すでに相当数に達していることが窺える。

またその後の寛保三（一七四三）年の町触には、「戸立候辻駕籠、前々停止」と触れられている（同、六六五六号史料）。

敷居や鴨居があり戸を立てる駕籠とは、先にみた町駕籠αに外なるまい。すなわち一八世紀半ばまでに、町駕籠αは辻駕籠から除外され、辻駕籠とは粗末な四つ手などの町駕籠βと同義のものになったと考える。

宝永元(一七〇四)年八月、次のような町触が出された〔同、三九三七号史料〕。

一、町中駕籠舁候者、常々日用と紛しく候間、向後駕籠舁の者の分は、日用座より札を取り置き申すべく候、但し札賃は差し出し申すまじく候、尤も駕籠かき相止め候は、右の札日用座え相返すべく候……

また宝永四(一七〇七)年八月の町触では次のように記す〔同、四一四〇号史料〕。

一、町中借駕籠かき候者共、只今迄日用札取り申さず候故、日用取り候もの紛わしく、向後借駕籠かき候者共も、伊勢町日用座え参り、定の通り札銭を出し、日用札請取り申すべく候……

右の「町中駕籠舁」と「町中借駕籠かき」を同義とみると、その実態は、日用稼と変ることなく、寛文五(一六六五)年三月に設置された日用座によって、宝永元(一七〇四)年以降、札交付の対象とされたことがわかる。当初、札銭は免ぜられたか、宝永四年からは日用と同様に札銭を日用座に上納することとされた。こうして江戸市中の駕籠舁は「日用」層の一形態として把握されることになったのである。

以上から、江戸市中の町駕籠β＝辻駕籠は、乗物屋・駕籠屋という借駕籠の所有者と、これを借りて駕籠稼を営む(借)駕籠舁＝「日用」層の二つの位相で構成されることが明らかとなる。

二　江戸の町駕籠と品川三宿

一八世紀半ば以降の町触類からは、江戸市中の町駕籠をめぐる動向はほとんど追えなくなる。その中で、元文三(一七三八)年三月に江戸南郊の品川宿役人が代官伊奈半左衛門役所に宛てた上申書〔『品川町史』上巻、七六二—七六三頁）は、江戸の町駕籠βと、品川三宿の宿駕籠の差異と相克をうかがわせる点で興味深い。

この時、江戸の町年寄（奈良屋か）が「品川南北本宿・歩行新宿共に、日用取・駕籠舁の類、江戸日用座より札請取り、稼ぎ仕り候筈」として、品川三宿の日用取と駕籠舁を江戸市中に準じて日用座の札を取るよう求めてきたのである。これに対して品川宿役人らは次のように反論している。

①品川宿は東海道宿場の多様な「御役」をつとめており、江戸日用座の札を取る必要はない。

②すでに宿の駕籠については、宝永年間に「江戸辻駕籠」と区別すべく、「品と申す小古字焼印」を捺すことを命じられている。

③宿内の者が江戸に出て日用稼や辻駕籠を営むのであれば日用座の札をうけとるべきだが、いずれも街道筋の仕事か、江戸市中への継送りのみで、対象とならない。

この結果、品川三宿は日用座の管轄域外であることがとりあえず確認された。しかし、その後、江戸の町駕籠と品川三宿の宿駕籠をめぐる争いが顕在化してゆく。そのようすを、明和七年六月の品川歩行新宿惣家持が伊奈代官所に差し出した訴状にみておこう（同、七六四―七六五頁）。そこでは宿駕籠をめぐる当時の状況が次のように述べられている。

①品川宿駕籠は宝永年間以来、「江戸入の儀は戻りの稼ぎ決して仕まつらず」、伝馬御用同様に江戸に向う「下りの分」のみの「片稼ぎ」を守ってきた。つまり、品川宿から江戸行の客は乗せるが、帰りに江戸からの客を拾うことはない、ということである。

②ところが江戸日用座の札を交付された駕籠稼の者が「当宿最寄の近き町々」、すなわち品川宿近くの江戸町方支配域[1]にいて、品川宿内で辻駕籠を営んでいる。また高輪町の（茶屋の）「手引」で、「旅人休泊の所」へ「江戸入り迎え駕籠」（江戸に向う、迎えの駕籠）と名付け、江戸の町駕籠が乱入し、宿から江戸へと多くの客を乗

せ、宿駕籠との間で度々争いが起っている。

③宿内の駕籠舁は、いずれも「軽き者」で裏店の居住者であり、その店賃によって家持たちは宿役を勤めてきた。しかし、町駕籠に圧倒され、宿内から高輪町へ続々と引越し、三宿では明店がふえて家持が困惑している。つまり、宿内の駕籠舁が近隣の江戸市中へと流出している、ということである。

右の訴状で、歩行新宿の惣家持たちは、こうした町駕籠による宿内での辻駕籠や「江戸入り迎え駕籠」の停止を強く求めている。この時の品川三宿における駕籠営業をめぐる町駕籠との相克は、一つは、宿駕籠—駕籠屋と駕籠舁—との間で、今一つは歩行新宿など三宿の家持層との間にみられたことになる。

一八世紀後半以降、江戸市中の駕籠屋・駕籠舁の動向をうかがわせる史料は今のところ確認できていない。そこで次節では、元文期の争論の当事者であった品川宿に舞台を移し、一九世紀前半、江戸近郊の東海道と宿・立場を渡世の場とした駕籠舁について少しみておきたい。

三　品川三宿の駕籠渡世

江戸を起点とする東海道の初宿である品川は、南・北の品川宿に、享保七年に新たに取り立てられた歩行新宿を加え、三宿からなる。ここの旅籠屋の大半は食売旅籠屋、すなわち事実上の遊女屋であり、茶屋を含めて関連業種が集中するなど、品川三宿は新吉原に次ぐ有力な「擬似遊郭」でもあった〔吉田 二〇一三a・c〕。そして先にみた元文三年の一件からもうかがえるように、街道を行き交う人々や、特に江戸市中から食売旅籠屋をめざす遊客をあてこんで、数多くの駕籠屋・駕籠舁が存在した。これら駕籠をめぐる渡世は、近世後期の品川宿において、宿ド（やど）駕籠、片棒駕籠、の二つの異なる業体に区分された〔『品川町史』上巻、七六一頁〕。歩行新宿の場合、天保一三（一八四二）年二月「駕籠渡世之者取締連印帳」(同、七八六―七八八頁)によると、宿ド駕籠屋が六軒、片棒駕籠が四三人いた。宿ド駕籠は、何人かの駕籠舁を抱え(抱駕籠舁)、旅籠屋や茶屋の求めに応じて遊客の送迎を行なう者で、同時に、問屋場の差配の下で宿《しゅく》の役としての宿《しゅく》駕籠を務めた。そして、旅籠屋らからの要請に応じ、抱駕籠舁に不足が生ずると、宿内の片棒駕籠を雇用する、という関係にあった。この雇用や宿への役をめぐって、宿ド駕籠六軒と片棒仲間との間に争論が生じ、内済に至った結果、天保一三年にこの「取締連印帳」が作成されたようである。その結果次のような取りきめがなされている。

・宿ド駕籠屋が宿方に対して務める諸役の内、出火時の火消道具持人足に、片棒駕籠屋一同も出動すること。
・宿ド駕籠屋の抱駕籠舁はこれまでどおり一軒八人、六軒で人足四八人までとし、それ以上抱えないこと。
・旅籠屋や茶屋中からの依頼がある時、表1のような割合で双方から派遣すること。
・宿ド駕籠屋に雇われた片棒は、駕籠賃の一六%を口銭として差出すこと。

この外、賃銭や「営方」をめぐる詳細な規定がみられるが、これらから、歩行新宿の二つの駕籠渡世をめぐる関係はほぼ以下のようであったことがうかがえよう。

① 宿内には、宿ド駕籠六軒・抱駕籠舁四八人からなるグループと、片棒仲間四三人とが併存する。後者の片棒駕籠は、一でみた江戸市中の辻駕籠と同質のものであろう。

② 宿ド駕籠は宿の役を務めつつ、旅籠屋・茶屋の遊客を主な対象として営業する。この営業局面には片棒も雇われるが、その場合は宿駕籠屋へ口銭を支払う。

③ これを実際に労働する人足＝駕籠舁の側からみれば、宿ド駕籠屋に従属する抱駕籠舁の者と、片棒の者とにほぼ二分されることがうかがえる。

表1 「営方」の振合

旅籠屋・茶屋中の雇い駕籠数(計)	振合の内訳	
	宿ド駕籠	片棒
3挺	2挺	1挺
4挺	2挺半	1挺半
5挺	3挺半	1挺半

出典)『品川町史』上巻,788頁による.

南品川宿、北品川宿を含めたこれら駕籠渡世の全体像を示す史料は見出せない。南品川宿の弘化二年六月「駕籠稼之者共其外取締向規定帳」(同、七七六―七七九頁)によると、宿ド駕籠については不詳であるが、同宿には二丁目組六一人、四丁目組五一人の片棒が確認できる。一―四丁目にはそれぞれ五〇―六〇人の駕籠舁からなる片棒仲間が二組存在していたのである。

こうした片棒とその仲間とはどのような特徴をもつのか。この点を文政九年の一件から見ておきたい。

四　六郷川端と片棒駕籠仲間

表2　文政9(1826)年一件の一札差出し人

八幡塚村	吉兵衛店	源次郎
八幡塚村	三郎右衛門店	三右衛門
北品川宿3丁目	安兵衛店	吉兵衛
南品川宿4丁目	長兵衛店	善五郎

文政九(一八二六)年三月一〇日、「六郷川端」すなわち東海道が多摩川を越える六郷渡しの手前の河原で事件が起こった(『品川町史』上巻、七六六―七六八頁。および利田家文書六五四)。ここは八幡塚村の南端部分にあたる。これは「六郷川端に立居候駕籠渡世の者」が「御支配御出役様御通り懸り成され候節、右家来中えがさつがましき義申し懸け」たというものである。つまり六郷川端で駕籠舁を営む者の一部が、代官所役人に対して暴言を吐いたということのようで、当人は逃走してしまう。代官所ではこれをみて、八幡塚村の名主らに対し、今後の六郷川端での駕籠渡世を禁ずると命じた。これに対して同所の「稼方惣代」四名が八幡塚の村役人に善処を懇願している。これをうけて村役人らは、即ぐ江戸に出て代官所へ「御慈悲」の扱いを願ったところ、「是迄稼方の通り」を許されたというものである。こうして稼方惣代から八幡塚村役人にあて提出された一札(利田家文書六五四)には、表2の四名が連印している。これをみると、六郷川端で渡世を営む駕籠舁の仲間には、八幡塚村のみでなく、少なくとも南北品川宿の片棒も含まれることが明らかとなる。またこの一札の奥書に、「立場渡世一同」として八幡塚村の忠右衛門と与三郎が奥印している。これから六郷川端は立場であり、駕籠渡世と密接に関連する立場茶屋などの

営業者が複数存在したことがうかがえる。

右の一件に関連する史料が二点残されている。一つは文政九年四月の「両《ママ》駕籠渡世之者箇条取締請印帳」（『品川町史』上巻、七六六―七六八頁）で、今一つは年欠の「駕籠渡世之者取締連印帳奥書」（利田家文書a一二七）である。前者は、先にみた六郷川端での「がさつ一件」を経て、品川三宿の片棒仲間の者たち一同が「旅人え対し不礼・がさつの儀」や「雇賃銭の外ねだりがましき儀」のないように申合せ、「三宿限り仲間合印付け候下ヶ札」をして、家業にいそしむよう取極めたものである。これによると、下札に捺す焼き印と仲間名前帳は、北品川宿↓南品川宿↓歩行新宿の駕籠屋世話人が月順に預ること、また下札の数を株式のように制限するものではないこと、下札のない「他所同渡世の者」の営業を妨げないこと、等を定めている。この取極めに加判した駕籠稼人惣代は表3のようである。一六人のうち六人しか記名がないが、この内、冒頭の北品川宿三丁目吉兵衛は表2にもみられる点が注目されよう。

後者の史料について全文を引用しておく。

表3　文政9(1826)年 駕籠稼人惣代

北品川宿	3丁目	安兵衛　地借	吉兵衛
	2丁目	伊八店	巳之助
南品川宿	4丁目	三五郎　地借	兵助
	4丁目	小左衛門店	八五郎
	4丁目	源七　地借	久蔵
	1丁目	清助店	松次郎
			外10人

出典）『品川町史』上巻，767-768頁．

奥書

前書の通り、八幡塚村建場において、駕籠渡世の者の内にて不取締りの義これあり、厳敷御取締りも仰せ付けらるべき処、同村役人中より御慈悲願致しくれられ候に付、右の通り四人の者より村方へ差出し候書面の趣を以て、当宿各方えも申し出候間、御取調べの上、駕籠賃高直に致さず、定め候外、酒手等ねだり申すまじき旨、其外取締り方御法度これあり候所、先前より右建場へ出駕籠渡世致し来たり候者は、此度相改め、仲ケ間相定め、議定取結び候証據として、壱人に付一ヶ月に銭三拾弐文宛、日懸け銭積み溜め置き、仲ケ間の内にて長病等相煩い候か、又は死去跡取り置き等の手当に仕りたき旨申し合わせ候趣、私共えも南北品川同渡世の者より相談これあり候所、当宿駕籠渡世、左の名前惣人数四十壱人の内、源太郎外九人は八幡塚村建場へ罷り出、是迄も稼ぎ方いたし来たり候に付、右仲ヶ間へ加入、日懸銭いたし、不取締りの義これなき様申し合わせ、前々の通り渡世仕りたく、吉五郎外三拾人は御府内の方重もに相稼ぎ、東海道筋相見廻わり、又は大師河原・池上等へ相雇われ罷り越し候義これあり候ても、帰りの節八幡塚村建場にては、旅人相勧め乗せ申すまじく候間、日懸銭仲ケ間へ加入致さず候とて、少しにても不取締りござ候ては相済まざる義に付、別て心付け、相互に吟味いたし合い、急度取締り方仕るべく候、且吉五郎外三拾人の者共、東海道筋通し駕籠等に罷り越し候節、其外近在神社仏閣参詣の者乗せ参り、六郷川端往返いたし候義も度々これあるべき義に候えども、右の分は是までの通りにて差支えこれなく、其余八幡塚を除き、外建場にて人乗せ候分は、決して差障り申し候者これなきはずにござ候、これにより連印取締り一札差出し申す所、件の如し

月　日

品川歩行新宿壱町目安兵衛店　源太郎

外九人連印

〆拾人

同宿壱町目半七店　吉五郎

外三拾人連印

〆三拾壱人

名主中

史料冒頭に記されることから、この奥書が先にみた表2四名の連印のある一札を受けて、品川歩行新宿において作成されたものであることを示す。この時、南北品川宿の片棒仲間から歩行新宿の同業者に対し、八幡塚村建場、すなわち六郷川端に出て営業する者で仲間を作り、一人月三二文宛の「日懸銭」を集めて、仲間の者の長病や死亡の際の手

当にしてはどうかとの打診があった。これに対して、従来から六郷川端で渡世してきた源太郎ら一〇人の者は、この「日懸銭仲間」に参加することとしたが、吉五郎ら三一人の多数派は、江戸への営業が中心であるとし、この仲間への参加を拒んだのである。つまり品川三宿の中で一番江戸に近い歩行新宿の片棒駕籠舁は、二派に分立することとなり、少数派の一〇人は、南北品川宿の片棒らと共に六郷川端での渡世の優先権をもつ仲間の一員となったのである。この一札の後半は、こうした分立をふまえて、六郷川端方面における営業内容についての、二派の間での合意内容を記す。その内容は難解であるが、三一人のグループは東海道を南下し、大師河原や池上などの名所地へ客を運ぶことがあっても、帰りに六郷川端で旅人を乗せてはならないこと、しかしその他の建場での営業についての妨害をうけないこと、が確認されている。東海道筋の建場（立場）は品川宿内の品川問屋場前をはじめ、観音前（品川寺前）、浜川立場（大井村）、大森立場、六郷川端、さらに川崎宿へと至る。歩行新宿の三一人のグループは、これらの方面に客を運んだ「戻り駕籠」に、六郷川端以外の建場から客を乗せることは自由であったことになる。

また注目されるのは、六郷川端をポイントとする片棒仲間の構成である。先にみた一札から明らかなように、この仲間は、八幡塚村の駕籠舁をも包摂する。南北品川宿と歩行新宿の一部、さらには八幡塚村の者を含む、東海道を稼場とする広域的な仲間が存在したのである。

以上、小稿では、近世中期までの江戸市中の町駕籠、なかでも辻駕籠と、近世後期、江戸に隣接する品川三宿から六郷川端にかけての片棒駕籠舁の様相を垣間みた。この内、品川の片棒駕籠舁を、江戸市中の辻駕籠と同質とみれば、かれらは駕籠の所有主体ではなく、その外部には借駕籠業を営む駕籠屋が存在したはずである。品川三宿の宿ド駕籠がこれに相当するのか、あるいは片棒仲間の内にそうした駕籠屋が包摂されるのかが問題となろう。近世後期から近代移行期の江戸市中の駕籠渡世の実態解明とともに、今後の課題としたい。

（1）この訴状では、こうした江戸町々として「高輪町辺」をあげる。しかし〔吉田 二〇一三b〕でみたように、東海道沿いに品川三宿と入りくみ、また街道の西側一帯に分布する多くの寺社門前（品川十八ヶ所寺社門前）は、延享二—三（一七四五—四六）年に「江戸町方」に組み込まれ、これによって江戸の辻駕籠が品川にどう浸透したかが注目される。

参考文献

吉田伸之「幕末期、江戸の周縁と民衆世界」『歴史評論』七五八号、二〇一三年a。

吉田伸之「北品川の寺社門前」塚田孝・吉田伸之編『身分的周縁と地域社会』山川出版社、二〇一三年b。

吉田伸之「品川歩行新宿と食売旅籠屋」佐賀朝・吉田伸之編『シリーズ遊郭社会』1、吉川弘文館、二〇一三年c。

〈第10章〉

三都の浮世絵版画

浅野秀剛

はじめに

浮世絵版画は江戸で作られたもの（江戸絵ともいう）が圧倒的に多いが、京都や大坂でも制作された。それらのものを今日、上方絵（上方浮世絵）という。上方の錦絵の祖として知られている流光斎如圭が役者絵を初めて制作したのは寛政三（一七九一）年であり〔松平 一九九九・b、一一二頁〕、上方の錦絵はそこから始まる。しかし、配り物である摺物では、安永・天明期（一七七二—八一）には既に多色摺（つまり錦絵）が行われており、与謝蕪村や慶子（初代中村富十郎）などが描いたものが制作されている〔浅野 一九九七、二九、一五五頁、ガーストル 二〇〇五、七二—七三頁〕。遡ると、錦絵以前の墨摺りの一枚絵は一七世紀から、墨摺りに合羽摺で彩色された一枚絵は一八世紀半ばから制作されている。

一七世紀後半から一八世紀初めにかけての浮世絵版画の黎明期は、江戸では菱川師宣や杉村治兵衛・鳥居清信・奥村政信らが一枚絵を制作しているが、京都でも、天和三（一六八三）年の「朝鮮人曲馬の図」一二枚組が知られている〔浅野 二〇〇八、五九、二九〇頁〕。その後、大森善清が画帖装の絵本を大量に制作するが、善清の絵本は現在では、多くのものがバラバラになった一枚絵として伝存している。また、師宣・政信の絵本の図像を善清が取り入れたり、西川祐信の絵本を政信以降の江戸の浮世絵師が競うように参考にするなど、江戸と京都の間には密接な情報のやりとりが認められる。

寛政三年以前に制作された京都と大坂の一枚絵はわずかである。それでも、梅雪堂貞道や雪圭斎昌房の版画〔貞道は墨摺筆彩、昌房は墨摺に合羽摺〕が複数認められ、円山応挙、不韻斎、国花堂による名所絵〔応挙は墨摺筆彩、他二者は墨摺に合羽摺〕も伝存している。また、明和期〔一七六四―七二〕には伊藤若冲が正面版〔拓版画〕の傑作を残しているが、その影響もあってか、安永・天明〔一七七二―八九〕頃には江戸でも正面版筆彩掛物絵が一〇点以上制作されている〔浅野 二〇一五、一七八―一八一頁〕。

大坂で流光斎が役者絵を制作するのに少し遅れて、京都では有楽斎長秀も役者絵の刊行を開始する。しかし、大坂は原則として錦絵であったが、京都では合羽摺が主流であり、その相違は幕末まで続く。江戸はすべての多色摺版画が錦絵であり、京都の合羽摺が際立つ。京都で長く行われた合羽摺の制作は、作品の質感と、手間と経費の問題を考えるうえで興味深いものがある。

従来、ほとんど論じられることがなかったのが絵入折手本の制作である。折手本は、手習い用に一七世紀から、三都で、〔おそらく〕大量に生産されたが、遅くとも一八世紀初めには絵入折手本が制作されたことが明らかになった。興味深いのは、絵入折手本は専ら京・大坂で制作されたようであり、現時点では江戸でも制作されたのか不明であるという点である〔浅野 二〇一六、二二三―二四九頁〕。

合羽摺と絵入折手本は京・大坂が主であったが、売品の錦絵は江戸が圧倒的な生産量を誇った。一九世紀に大坂で制作された錦絵は大判の役者絵が過半であったが、天保改革の役者絵禁止の後、弘化四〔一八四七〕年頃の復活に際し、大坂では中判が専ら行われ、その後、明治前半に廃絶するまでその状態が続いた。すなわち、幕末・明治の役者絵は、江戸の大判、大坂の中判という時代が続いたのである〔北川 二〇一一、二三〇―二三五頁〕。

この章は、三都の浮世絵版画の特質と相違点を明らかにすることであるが、もとよりそのすべてを詳説することはできないので、顕著な違いが明らかになりつつある合羽摺、絵入折手本と大坂の中判錦絵について見ていくこととしたい。一口に上方絵といっても、京都と大坂を一括りに論じることはできないということが近年少しずつ明らかになってきたので、その辺を意識して論を進めていきたい。

一　合羽摺と大津絵、京都、大坂

1　『明朝紫硯』と大津絵

合羽摺とは、型紙によって着色した彩色版画をいう。すなわち、木版で輪郭の墨線を摺った後、渋紙をくり抜いた型紙を当て上から刷毛などで着色する方法である。版彩色の錦絵と比較して、少部数の彩色摺版画を手軽に制作できることが幸いし、上方、なかでも大坂より京都で親しまれ普及した技法である。

合羽摺作品の最初のものは、延享三（一七四六）年刊（『大阪出版書籍目録』と『開板御願書扣』では出願が「延享四年十一月」となっているので、実際の刊行は延享五年春頃と推定される）、大岡春卜画『明朝紫硯（明朝生動画園）』（上・中巻二冊、大坂・渋川清右衛門版）とされる。該書は、清版『芥子園画伝』を念頭にその和刻本的イメージを意図し、多色摺、合羽摺、筆彩（筆彩といっても、型紙を当て賦彩しない部分をガードしながら筆で彩色しているので、広義の合羽摺というべきものが多い）の三技法を混在して入念に仕上げたものである（国会図書館蔵本による）。渋川清右衛門は下巻を刊行しないまま版木を京都の菱屋孫兵衛に売却したと思われ、菱屋は下巻を追加して文化一〇（一八一三）年に三冊本として刊行するが、下巻は合羽摺や筆彩を併用しない普通の彩色摺である。『明朝紫硯』が出版された延享期に、江戸では初期の多色摺版画である紅摺絵が全盛を迎えていたことは重要であろう。

図1　「位牌」の大津絵（部分）
出典）　個人蔵.

ところが、合羽摺の歴史を記述するうえで重要な事象を忘れていたことに近年気付いた。大津絵の存在である。江戸時代の大津絵は、その大半が合羽摺と筆彩を併用して描かれていたのである（木版摺や木版印も用いられているが多くはない）（横谷 二〇一七、三二頁）。そのことは大津絵に詳しい人の間では常識であったらしい。大津絵における合羽摺の使用は早く、遅くとも貞享（一六八四―八八）頃には始まっていたのは「位牌」（図1）の大津絵の遺品に照らして明らかである（大津市歴史博物館 二〇〇六、一五―一七頁）。また、次項で詳述するが、京都・大坂においても、『明朝紫硯』が最初というわけではない。

大津絵のことも含め、日本での合羽摺が、何時どのように、何の影響を受けて始まったかについては未だ明らかでないが、それについて松平進は「合羽摺りの技法自体は大変簡単素朴なものであって、少し工夫をする職人ならだれしも思いつくほどのものである。筆彩色を多量生産しようとすれば必ずこういうものになるであろう。特定の場所に発生してそれが継承されたと考える必要はないであろう。」（松平 一九九九b、七六―七七頁）と述べている。一考に値する説と思われる。

2　浄瑠璃絵尽しと歌舞伎絵尽し

宝暦（一七五一―六四）に入ると、京・大坂で刊行される長谷川光信・北尾辰宣が挿絵を担当した絵入本に合羽摺のものが現れるようになる。それと期を同じくして、浄瑠璃絵尽し、歌舞伎絵尽しの袋の絵（後に表紙絵）が合羽摺になるといわれているが、九州大学附属図書館（以下、「九大」という）蔵、慶應義塾大学図書館（以下、「慶大」という）蔵や早稲田大学演劇博物館（以下、「演博」という）蔵などの絵尽しを改めて確認すると、絵尽しの袋絵に合羽摺が施されるのは、それよりかなり早いと思われる。

元文四（一七三九）年二月、大坂豊竹座で上演された「奥州秀衡有鬠婿」に取材した絵尽しが九大に所蔵されているが、その包紙の表が二色の合羽摺（主版は墨摺、版元は未詳）で彩色されている。最終丁に「堀尾守保筆」とあるので絵師も判明する。同年四月、大坂竹本座で上演された「ひらかな盛衰記」に取材した絵尽しが慶大に所蔵されているが、その包紙の表が四色の合羽摺（主版は墨摺、絵師未詳）で彩色されている。京都の正本屋山本九兵衛版である。また、元文五（一七四〇）年二月、大坂豊竹座で上演された「鶊山姫舎松」に取材した絵尽しが演博に所蔵されているが、その包紙の表も合羽摺で彩色されている。京都の鶴屋喜右衛門版で、絵師は大坂の堀尾新九郎守保である。同年四月大坂竹本座「今川本領猫魔館」に取材した絵尽しの包紙の表も合羽摺（版元と絵師は未詳）、同年九月大坂豊竹座「武烈天皇㼐」に取材した絵尽しの包紙の表も合羽摺（鶴喜版、堀尾守保筆）、同年一一月大坂竹本座「恋八卦柱暦」に取材した絵尽しの包紙の表も合羽摺（鶴喜版、絵師未詳）である。翌寛保一年五月大坂竹本座「新うすゆき物語」に取材した絵尽しの包紙の表も合羽摺（山本九兵衛版、絵師未詳）である。そして寛保二年以降も連続して複数の伝品を確認できるので、浄瑠璃絵尽しの包紙の絵の合羽摺は遅くとも元文四年には開始されたようだ。さらに、九大の享保期（一七一六―三六）の絵尽しにも合羽摺のものが散見されるので始期はさらにさかのぼる可能性が大きい。慎重に考えるとすれば、後述する絵本の例のように、初摺は墨摺で合羽摺は後摺、という可能性も念頭に置かなければならないが、絵尽しの後印のものは墨摺のまま合綴して刊行されるのが通例なので、現時点ではその見解を採らない。ということは、京坂における合羽摺の創始は『明朝紫硯』ではなく、浄瑠璃絵尽しの袋絵ということになる。しかしながら、

『明朝紫硯』と浄瑠璃絵尽しの袋絵とでは、その精度に格段の開きがあるので、『明朝紫硯』の価値を減じる見解にはくみしない。

歌舞伎絵尽しの袋絵も、浄瑠璃絵尽しに倣ってまもなく合羽摺になった。確認している早い例は、寛保三(一七四三)年一一月、大坂大西芝居の「大門口鎧襲」の絵尽しである(演博蔵、大坂の版元であるが詳細は未詳)。江戸でも、寛延四(一七五一)年八月、肥前座「八幡太郎東海硯」に取材した浄瑠璃絵尽しが刊行されているが、その包紙の表も合羽摺(大坂の「正本屋□吉板」、絵師未詳)である。慶大に所蔵されているものを見ると、白雲母入りの豪華なもので、特別製の趣である。翌宝暦二年七月の肥前座「太平記枕言」に取材した絵尽しの包紙の表も合羽摺(慶大蔵、江戸の「鱗形屋孫兵衛板」、「江戸画菱川忠正筆」)である。前者が大坂の版元から刊行されているのは不審であるが、板株の関係で名義を借りただけで、実際は江戸の版元(例えば鱗形屋)の制作刊行と推定しておきたい。わずか二例ではあるが、江戸でも合羽摺が行われた例証として興味深い。寛延三年以降、江戸で断続的に刊行された中本の浄瑠璃絵尽しに、合羽摺のものは見出していない。

3 絵本・絵手本

京・大坂の浄瑠璃絵尽しは、寛政期(一七八九―一八〇一)には刊行されなくなるが、歌舞伎絵尽しは明治期まで連綿と刊行されている。京・大坂で刊行される絵本・挿絵本についても、一部あるいは全部を合羽摺にすることが幕末まで行われている。すなわち、江戸時代中後期の京・大坂の絵本・挿絵本は、墨摺、合羽摺、木版による彩色摺が混在するということになる。一八世紀前半に京都で大量の絵本を制作刊行した西川祐信は、寛延三(一七五〇)年に亡くなるため、初版の絵本に合羽摺が施されることはなかったが、後摺本には、一部あるいは全部を合羽摺にしたものが見出せる。既述したように、宝暦(一七五一―六四)に入ると京・大坂の絵本・絵入本の一部あるいは全部を合羽摺にするとされるが、その具体的状況は報告されていないように思われる（北川 二〇一六、五七頁）。

京・大坂で刊行される絵本・挿絵本の一部に合羽摺を施すことは、江戸で刊行されたものの板木を京・大坂の版元が買い取って版行する場合も行われた。そういった例をいくつか確認してみよう。

天明八（一七八八）年刊、西村源六版、北尾重政画『絵本琵琶湖』（三冊）は、源氏物語の各帖を当世風俗に変容して描き、そこに雪中庵一門の発句を添えた墨摺絵本である。その絵本は、後に『絵本はなこと葉（花言葉）（花異葉）』と改題されるが、それに合羽摺を施したものが見出せる。改題本『絵本はなこと葉』で実見しえたのは、国会図書館の二本と、ホノルル美術館レインコレクションである。いずれも零本であるが、序文の「琵琶の湖と題したる」を「はなこと葉と題したる」に入れ木で改刻している。その三本はいずれも刊記などを欠くが、鈴木俊幸は原題簽が「絵本花異葉　下」となっている下巻一冊を確認し、それに「耕書堂蔵板目録」半丁が付されていたと記している（鈴木 二〇一二、二八六―二八七頁）。『絵本琵琶湖』の板株が寛政六年頃、蔦屋重三郎に移り、改題されて刊行されたことは「耕書堂蔵板目録」からも確かめられる。確認しえた三本のうち、国会図書館蔵の二本は墨摺であるが、ホノルル本は合羽摺となっているのである。さらに、松平進は、原題簽が『絵本春の寿』となっている三冊本を紹介している。版元は「大阪心斎橋の寿桜堂阿波屋文蔵」、「原本（『絵本琵琶湖』）の各巻冒頭六図をとり、三冊で十八帖十八図として合羽摺りで着色した」本という（松平 一九九九a、二二八頁）。大坂本屋仲間の記録である文化九（一八一二）年改正の『板木総目録株帳』によると、「絵本花言葉」三冊の版木を「山嘉（山田屋嘉右衛門）」から「阿文（阿波屋文蔵）」が買い取ったことが記されているので、松平の記述と一致する。また、早稲田大学図書館にも原題簽が『絵本春の寿上』となっている合羽摺の一冊が所蔵されている。早稲田本は、状態は良好ながら序文はなく、内容の改竄が松平氏の紹介した本より著しいので、さらに後の摺であろう。残念ながら、いずれの本にも年記がないので、いつ合羽摺が施されたのか正確にはわからないが、板木が大坂に移った後であることは間違いないであろう。

安永四（一七七五）年刊、須原屋市兵衛版、北尾重政画『絵本世都の時』（三冊）は、江戸の四季風俗の絵に一陽井素外らが発句を添えた墨摺絵本である。それは、『絵本はなこと葉』と同様、寛政六年頃、蔦屋重三郎が求板し、『絵本許の色』と改題して刊行される。文化九年改正の『板木総目録株帳』によると、その板木は更に大坂の「山嘉（山田屋嘉右衛門）」から「阿文（阿波屋文蔵）」に移る。阿波屋文蔵は『絵本千代宝』と改題し、合羽摺の彩色を施して販売したという（肥田 二〇〇八、一二一－一七頁）。また、その改題本『絵本春の寿』（二冊、題名は原題簽による）が東北大学図書館狩野文庫にあり、それも合羽摺となっている。残念ながら『絵本春の寿』には刊記がないので、いつどこで合羽摺が施されたのかは判然としない。既述の早稲田図本もこの狩野文庫本も同じ『絵本春の寿』であるのは、おそらく偶然ではないであろう。

北尾政美画『絵本英雄鑑』にも合羽摺のものがある。この絵本は寛政三（一七九一）年刊、江戸・前川六左衛門版であり、『割印帳（江戸出版書目）』には「全五冊」とあるが、初印本と思われる完本は実見していない。しかし、版彩のものに接していないので、初印本が墨摺本であったことは確実である。『絵本英雄鑑』の合羽摺本は、舞鶴市糸井文庫に所蔵されている。原表紙原題簽の五冊本で、一見、初印の完本に見えるが、初印本の三巻三冊分を編集し直して五巻五冊本とした後印本である。刊記は「寛政三辛亥歳初春　江戸日本橋通三町目　前川六左衛門　大阪心斎橋通北久太郎町　河内屋木兵衛版」となっている。したがって、前川六左衛門から版木を買った河内屋木兵衛が合羽摺を施して刊行したものと推定される。刊行時期は未定であるが、文政（一八一八－三〇）以降と思われる。

最後は、鈴木春信画『絵本八千代草』である。この絵本は、明和五（一七六八）年刊、江戸・山崎金兵衛版の墨摺三冊本で、隅田川に取材した図様に隅田川に因む古歌の賛を添えた絵本であるが、図と和歌は必ずしも密接に連携していない。合羽摺の後印本の一本（個人蔵）は、上下巻のみで中巻を欠くが、原題簽も具わり、下巻巻末に「絵本弐冊物書目」半丁と「絵本三冊物書目」に「大坂書肆　南久宝寺町心斎橋筋　小林六兵衛（板）」とある半丁が付されている。春信の絵本も「絵本弐冊物書目」に「絵本操節車」と「同浮世袋」が、「絵本三冊物書目」に「絵本諸芸錦」「同わらべの的」「同千代のまつ」「同花かづら」「同さざれ石」「絵本八千代くさ」が記されている。小林(勝尾屋)六兵衛の蔵版書目は、寛政二年と文化九年の『板木総目録株帳』の記載ともおおむね一致する。もう一本の合羽摺本である国文学研究資料館本(仮題『絵本墨田川』を採っている)は図のみの改装二帖本であるが、これも小林六兵衛版であろうか。したがって、山崎金兵衛から版木を買った小林六兵衛が合羽摺を施して刊行したものと推定される。小林六兵衛版には、中身は『絵本八千代草』ながら、外題が「絵本千代春」となっている墨摺本(個人蔵)もあるので、様々な方法で販売したことが窺い知れる。

大坂本屋仲間記録の『板木総目録株帳』を見ると、鈴木春信、北尾重政、鳥居清長、喜多川歌麿など、江戸の著名浮世絵師の絵本の版木を、大量に大坂の本屋が買い取り再版していることがわかる。その際、その一部が合羽摺で刊行されたことは疑いない。

合羽摺の一枚絵について述べる前に、明和四(一七六七)年刊、北尾辰宣画の絵本である『彩色画選』三冊について述べる。『彩色画選』は、大坂の渋川大蔵(松寿堂)版であるが、輪郭線にも木版を用いない、完全な合羽摺の絵本としてほとんど唯一のものである。一部に吹きぼかし(吹き絵)が認められるが、それも型紙を用いているので、合羽摺の延長上にある技法ということができる。下絵は辰宣として、序文によれば、合羽摺を施したのは、版元の松寿堂自身という点でも特異なものである。『明朝紫硯』や『彩色画選』の施された合羽摺は、他の絵本や絵尽しものと違って精巧であり、「手軽に制作できる」というレベルを超えたものであることを追記しておきたい。

4 一枚絵

それでは一枚絵の場合はどうであろうか。

江戸では、売品の浮世絵版画の場合、墨摺、墨摺筆彩のあと、寛保二年に初期の版彩色である紅摺絵の細判作品が出現するが、京・大坂では、墨摺、墨摺筆彩のあと、彩色摺のものに先駆けて合羽摺の版画が出現する。その早い例は、京都の菊屋安兵衛版の名所絵である。合羽摺の菊屋安兵衛版の名所絵は、神戸市立博物館に大判二図、間判七図、小判七図所蔵されているが、そのなかの小判の一図「都島原あげや座敷」の画中の衝立に「国花堂」と記されている。また、画中の衝立に「不韻斎」と記されている「都東山ざしきの図」も早くに紹介されている〔黒田 一九二九、三四図、八四—八五頁〕。しかし、他の図は無款であり、無款作品が不韻斎または国花堂の作画かどうかは慎重に検討されなければならないであろう。制作された時期については、大判「うきゑ役者かを見せ」(無款)が、画中に描かれている吊提灯の役者名と紋から、明和六(一七六九)年一一月、京都尾上条助座の顔見世に取材した作品と判明するのが一つの基準となるであろう。菊屋安兵衛版、明和六年正月刊の浮世草子『一角仙人四季桜』の蔵版目録〔東京大学国文学研究室蔵本〕に「都名物浮絵　阿羅陀目鏡絵新図　一枚物品々」とあることから、遅くとも明和六年に名所絵が制作されていたことは確実である〔山本 二〇〇〇、二六頁〕。

一枚絵全体を見渡すと残存数が最も多いのは、役者絵と練物図である。合羽摺の役者絵の上限は、松平によると、明和五年三月中座「小野道風青柳硯」に取材した無款の「二代目加茂川野塩のおみなへしと初代富士松三十郎のおのゝ介よりかぜ」で「天満とりゐノ内　本屋宇兵へ板」という。また、絵師の判明する合羽摺役者絵の上限は、明和八年三月中座「清水清玄行力桜」に取材した岡本〔雪圭斎〕昌房画「初代中村歌右衛門の清玄と初代三枡大五郎の奴波平」〔細判、天理図書館蔵〕という。

一九世紀に入ると、合羽摺一枚絵の主たる制作地は京都に移る。一九世紀前期の最大の絵師は有楽斎長秀である。練物図は大坂新町や北新地の練物図もあるが、数で圧倒するのは文化・文政期の京都、祇園神輿洗いの練物図である。一九世紀の上方の一枚絵の版行に関しては、大坂の版彩色、京都の合羽摺という状態が続くが、その詳細は、松平進と北川博子の研究を参照してほしい。江戸時代後期の上方において、合羽摺はあらゆる図様に展開されたこと、特に京都ではそれが著しかったことを再度述べておきたい。

二　絵入折手本と京都、大坂

1　絵入折手本の概要

折手本とは、寺子屋で字を習うとき、師匠に手本を書いてもらうための折本である。折手本の大きさは種々あるが、絵の入っている絵入折手本に限定すると、永（長）手本が三〇―三二×六・五―七センチメートル、半手本が一七―一八×六センチメートルほどで、大半はそのどちらかであるが、その中間のものや半手本より更に小さいものなどもある。永手本は、幅四〇センチメートル余の紙を五―七枚継いで、折り畳んだものなので、一帖は一七折前後（折り目と折り目の間はその倍）となる。半手本は八―一〇枚と紙数も多く、したがって三〇折を超えるものが多い。絵は、一紙に一図描かれており、稀に画題に統一的なものを見出せないこともあるが、概ね京名所、王朝風俗、忠臣蔵など、主題は明確である。

肥田晧三は、絵入折手本の特徴として、最初の図は色数が多く華麗に、後は二色摺の簡単なものになっていくことを指摘している。更に、上方独得のものという。私も百を超す作品を調査してきたが、江戸名所や江戸風俗を題材とした絵入折手本はわずか二本なので、絵入りは京都、大坂が中心だったことは確かであろう。

絵入でない折手本が一七世紀から制作されていたことは確実であるが、絵入折手本も遅くとも一八世紀初頭には制作されていた。正徳（一七一一―一六）の年の墨書入りのものが肥田晧三所蔵の絵入折手本にあり、兵庫県立歴史博物館入江コレクションにも、「享保弐拾年卯霜月」とある子どもの遊びを描いた絵入折手本があるからである。これら正徳や享保二〇(一七三五)年のものは、墨摺筆彩なので、墨摺筆彩のものは一八世紀のものと判断してよさそうである。残念ながら、多色摺の折手本で、一八世紀の制作と判明するものには接していないが、墨摺筆彩のものに続いて現れる紅と緑の二色摺のものは一八世紀中後期のものと推定される。二色摺のものの盛行が一八世紀後半とすると、本格的な彩色摺すなわち錦絵の絵入折手本が制作され始めるのは、一八世紀末であろうか。また時々、合羽摺のもの(主版は木版の墨摺か藍摺)や、版彩色と合羽摺を併用したものもあるので、一九世紀に入ると種々の絵入折手本が制作されたのは確実である。

ここで、雲母を含む合羽摺で彩色された「大江山(酒呑童子)」(舞鶴市糸井文庫蔵)を、高価な絵入折手本の例として紹介しておきたい。三一・二×六・四センチメートルの永手本で、筆彩色された木製の表紙・裏表紙を具え(題簽は後のもの。絵入折手本のほとんどは無題)、三二×四一センチメートル大の六図六紙より成る。図は「頼光から金札を授かる綱」に始まり「頼光一行と酒呑童子の酒宴」に終わる。青色(水藍か)で摺られた主版に、第一紙は濃淡の紅三色、紫、雲母の合羽摺で彩色、第二紙は紅二版と紫、第三紙は紅一版と紫、第四紙以下は紅一版のみで彩色されている。余白に墨で『伊勢物語』の第六段「芥川」が書かれているが、通常の絵入折手本は図の上にも構わず手本を書くのに、図の部分を避けているのは、雲母入りの特製という意識があるからであろうか。一九世紀の上方製と推定できるが、残念ながら、版元や正確な制作年代はわからない。

肥田が絵入折手本を上方独得のものという根拠は、主題に江戸名所など関東のものがほとんど見いだせないのが第一、そして第二に、幕末期のものであるが、引札に絵入折手本を記している店が京・大坂に限定されるからであろう。肥田は、幕末の大坂の富士屋政七版の書物の巻末に「折手本類　半手本・永手本・絵入」、同じく石川屋和助版の巻末に「絵入・無地　折手本いろ〳〵」とあるのを指摘している。さらに、後述するように、現時点で判明している版元と絵師がいずれも京都と大坂であることがそれを補強する。

2　絵入折手本の版元と絵師

ここで、管見に入った絵入折手本の版元とその住所について述べる。

その第一は、絵入折手本の第一紙に「松園堂」と墨で摺られ、その下に「福井」という朱印様のものを摺刷している版元（「福井」印のみのものを含む）である。この版元を仮に福井松園堂と呼ぶ。この版元印のある作品は、「娘四季風俗」（永手本、肥田コレクション）、「源氏物語」（永手本、肥田コレクション）、「鎌倉三代記」（永手本、入江コレクション）、「所作事尽し」（永手本、ホノルル美術館）、「女児四季風俗」（半手本、肥田コレクション）、「女児風俗」（半手本、入江コレクション三本、ホノルル美術館）、「都名所」（半手本、肥田コレクション、入江コレクション、立命館大学アート・リサーチセンター）、「東海道」（半手本、入江コレクション）、「太閤記」（半手本、中出明文コレクション）があり、九種、一四本に及ぶ。別に、第一紙の題辞「江戸名所尽」の背後が「福井福井」と紅摺白抜き文字になっている永手本（架蔵）もある。確証はないがこれも福井松園堂の商品であろう。

住所を記載したものは見いだせないが、商品の内容から、店はおそらく京都か大坂にあったと思われる。「江戸名所尽」は、管見に入った絵入折手本のなかでも珍しい江戸名所物であるが、こういったものも制作していたことになる。それらの中で、半手本の「女児風俗」と「都名所」は記載の通り複数本確認しているが、同じものでも順序が完全に一致するものはむしろ少ない。「女児風俗」でいえば、最初の図の「書初め」と二番目の「お手玉・鞠遊び・羽根突き」は同じであるが、それ以外は四本すべて異なる。「都名所」の三本にしても、最初の「都名所　祇園会長刀鉾」は共通するが、他は異なる。立命館大学アート・リサーチセンター本には、他の二本にない図が入っているという具合である。他の例をつぶさに検討したわけではないが、それはおそらく絵入折手本に共通する現象と思われる。

福井松園堂に次いで多いのは、第一紙に「彩錦堂」が墨で、「近」「長」が紅で摺り入れられている版元である。この版元は、『買物独案内　大阪商工銘家集』に「万摺物幷折手本所　北久太郎町中橋西へ入　彩錦堂近江屋長五郎」とある店に相違ない（鈴木俊幸ご示教）。この版元印のある作品は、「富士三十六景」（半手本、ホノルル美術館、入江コレクション、ボストン美術館）と「都名所」（半手本、「近」「長」の印のみ。中出明文コレクション）を確認している。

他には「女子風俗」（永手本、ホノルル美術館）の最終図に「雲海堂」とある作品（この「雲海堂」は絵師名であるかもしれない）と、最初の図に「□勝喜」（朱印）「画刀　花□　不二木」（版刻）とある「忠臣蔵」（永手本、入江コレクション）を確認している。後者の「勝喜」は京都の版元・勝田喜右衛門、それとも大坂の版元・勝島喜六郎であろうか。「画刀」とあるのは絵師、彫師のことであろうか。残念ながら今のところ、これ以上は不明である。

絵入折手本の版下を描いた絵師はほとんど分かっていないが、中出明文は、二つの興味深い作例を紹介している（中出　二〇〇五、五五—九八頁）。その一つは、「二十四孝」（永手本、中出明文コレクション）の最終図「呉猛」の衝立に「春貞」とあるもので、京都の絵師、保川春貞画とわかる。この春貞は二代（一八三〇—八七）であろう。また、「水滸伝」（永手本、中出明文コレクション）の巻頭には、「稲村氏応好　長谷川貞信画」とあり、これは大坂の絵師、初代長谷川貞信（一八〇九—七九）画と分かる。「稲村」は版元であろうが未詳である。また、「京名所桜尽し」（永手本、肥田コレクション）には「玉水画」とあるが、これは京の絵師、黒川玉水と思われる。

3　江戸の錦絵の模倣

京・大坂で刊行された絵入折手本のなかには、明らかに江戸で刊行された錦絵を模倣した図様ものも確認される。そういった例を見てみたい。

最初は、半手本「富士三十六景」で、未使用のものがボストン美術館に、使用しているものがレインコレクションと入江コレクションにあった。既述したように、彩錦堂近江屋長五郎版である。三本の中で唯一原形態を留めるレインコレクションにしたがって図様を記すと、「富士三十六景　下目黒」「万年橋下」「遠江山中」「相州江之島」「不二見原」「上総海路」「甲州三島越」「深川雪の旦」「隅田川関屋の里」「犬目峠」という順になる。「富士三十六景　下目黒」の色数が最も多く、「万年橋下」がそれに次ぎ、三枚目以降墨版の他は二色の色版で摺られているのも、絵入折手本の典型を示している。入江コレクションに「嘉永七年六月需に応じて書之」という識語があるので、この半手本はそれ以前に制作販売されたことが分かる。画題を見て直ちに気付くのは、葛飾北斎の「富嶽三十六景」との関係である。「深川万年橋下」が「万年橋下」、「尾州不二見原」が「不二見原」、「甲州犬目峠」が「犬目峠」と略記されていることなどの小異はあるものの、両者はほとんど一致する。図様もほぼ一致する。ただ、「富嶽三十六景」の「礫川雪ノ旦」が「深川雪の旦」となり、「下目黒」の図様が両者で異なるのはなかなか興味深い。「礫川雪ノ旦」と「深川雪の旦」を比較すると、「深川雪の旦」は「礫川雪ノ旦」の左右を反転し、富士山の下の部分を江戸湾の景に改変するなどの手を加え、そのうえで地名を変えているということがわかる。また、「下目黒」は北斎の「富嶽三十六景　下目黒」とは全く別の図で、「富士三十六景　下目黒」は、実際に現地を見たか、あるいは『江戸名所図会』の「富士見茶亭」図などを参考に制作したものかもしれない。ともあれ、「富士三十六景」が「富嶽三十六景」を下敷きにした折手本であることは動かない。「富士三十六景」は、「富嶽三十六景」のうち、最初に刊行された三六枚が完結したと思われる天保四（一八三三）年以降、嘉永七（一八五四）年までに制作されたことになるが、今、それ以上に時期を絞るのは難しい。

次も北斎画を模倣した「水滸伝」である。「葛飾北斎展」（江戸東京博物館、一九九五年）に出品された『水滸伝折帖』（一帖、個人蔵）と「古典籍善本展観」（大阪古典会、二〇一四年六月）に『水滸伝五景』（葛飾北斎画、一帖）として出品されたものを確認している。きちんとした調査をしていないので詳しい記述は差し控えるが、永手本と半手本の中間サイズ（仮に中手本と表記する）で、『葛飾北斎展』図録には「魯智深、周通、柴進」、『古典籍善本展観図録』には「劉

図２　絵師未詳の絵入折手本「水滸伝豪傑之内」より「花和尚魯智深」

出典）東京都立中央図書館加賀文庫蔵.

唐、雷横、阮小二」が載る。この中手本「水滸伝」が依拠したのは、文政一二（一八二九）年序刊、葛飾北斎画『忠義水滸伝画本』（墨摺一冊）で、両者を比べると模倣は歴然である。ただし、『画本』が見開きに四人描いているのに対し、中手本は一図につき三人とし、しかも「林仲」を「柴進」とするなど、粗忽このうえない。

文政（一八一八—三〇）後期に出されて一世を風靡した、歌川国芳画の錦絵のシリーズ「通俗水滸伝豪傑百八人之一個」を模倣した永手本もある。東京都立中央図書館加賀文庫『武将豪傑錦絵帖』（一帖）に「水滸伝豪傑之内　轟天雷凌振」「水滸伝豪傑百八人之内　入雲龍公孫勝」「水滸伝豪傑百八人之内　浪裡白跳張順」「水滸伝豪傑之内　花和尚魯智深」（図2）「水滸伝豪傑之内　清河県之産武松」の五枚が貼り込まれており、対照すると、すべて国芳の錦絵に依拠していることがわかる。ただ、全図が同様に模倣されているわけではなく、ほとんどそのままの「武松」、左右反転させている「凌振」と「張順」、少し図様を変えている「公孫勝」と「魯智深」（図3）といった具合である。「公孫勝」の正面向き、剣を天に向ける姿形は、国芳画の嘉永期（一八四八—五四）の水滸伝シリーズの一図「入雲龍公孫勝」（中判、山本屋平吉版）に酷似するので、「通俗水滸伝」とのミックス形である可能性が高い。そうであれば、制作期は嘉永以降ということになる。また、「魯智深」の姿形は、北斎画の読本『新編水滸画伝』初編巻九（一八〇七年刊）の「松を折て魯智深董超薛覇を懲す」に似るので、その読本も見ている可能性がある。

国芳画を模倣した絵入折手本はもう一種確認している。横中判二丁掛（大判）錦絵「福禄寿あたまのたわむれ」（七種一四図ある）を模倣した中手本「福ろく寿あたまのたはむれ」（「木の車」による、題のない図もある）で、六図がボストン美術館に所蔵されている。六図中、四図はほとんどそのまま模しているが、「木の車」は大黒天を弁天に変え、「瓜と茄子」には弁天を加えている。国芳画が天保一三（一八四二）年頃なので、絵入折手本はそれよりも後の制作ということになる。

最後に、北渓画『狂歌東関駅路鈴』が『道中画譜』に変貌し、半手本「東海道」の種本になるさまを見てみたい。『狂歌東関駅路鈴』は、臥龍園梅麿撰、葵岡北渓画、「花園連蔵」版、つまり私家版の狂歌集で、文政一三（一八三〇）年の「三月分兼題」以降の各月の狂歌を載せているので、同年から順次制作刊行されたものである。北渓画に狂歌を加えた部分と、狂歌のみの部分から成るが、その北渓画のものから狂歌を除き、改題して刊行されたのが『道中画譜』である。刊行は天保五年頃。名古屋の版元、永楽屋東四郎が江戸出店を果たしたのを記念して刊行したものと推定されるが、訝しいのは、「前北斎為一翁」の筆とする高井蘭山の序と、誰の下絵か不明の、東壁堂永楽屋江戸店店頭図半丁と、日本橋の見開き図が加えられていることである。その『道中画譜』をもとに制作したのが、福井松園堂版の絵

図３　歌川国芳「通俗水滸伝豪傑百八人之一人　花和尚魯智深初名魯達」
出典）山口県立萩美術館・浦上記念館蔵.

入折手本「東海道」である。「東海道」は一〇図から成るが、『狂歌東関駅路鈴』にない「日本橋」図の模倣図が入っているので、『道中画譜』に依拠したものであることは明白。一〇図はすべてほとんどそのまま写しているので、両者の関係も紛れがない。

幕末に、江戸の広重の風景画を、大坂の版元が長谷川貞信が大量に縮模させて刊行していることは知られているが、錦絵の先進地である江戸の絵師のものを、上方で模して刊行することは珍しくなかった。したがって、絵入折手本の事象も、珍奇でも非難すべきことでもない。

三　大坂の中判錦絵

1　天保の改革以前の大坂の役者絵

大坂で出された最初の錦絵は、寛政三(一七九一)年一一月の中の芝居「仮名手本忠臣蔵」に取材した、流光斎如圭画の細判「桃井若狭之介　中山来助」である。それから文化九(一八一二)年まで、京・大坂の一枚絵(役者絵が大半である)は細判が主たる判型であった。いわゆる細判の時代である。江戸では錦絵の役者絵が明和期(一七六四—七二)に始まるが、その主たる判型もしばらくは細判であった。美人画に倣ったか、江戸では次第に大判が増え、寛政(一七八九—一八〇一)後期には細判を凌駕するようになる。その境目は微妙であるが、寛政六年から刊行が開始される、歌川豊国画、和泉屋市兵衛版「役者舞台之姿絵」の連作や、同年の東洲斎写楽の大判役者絵の制作刊行が契機になったと考えている。江戸における、細判から大判への役者錦絵の移行が、少し遅れて京・大坂でも起こったのである。

ところが、大坂はそうではなかった。弘化四(一八四七)年から中判の時代となったのである。江戸ではそのまま大判時代が続き、明治後期にその終焉を迎えた。

天保の改革の影響で、上方でも江戸と同様に役者絵の制作販売が数年間停止する。停止の期間は、天保一三(一八四二)年半ば頃から、弘化四年半ば頃までの五年間である。復活後の役者絵は、例外はあるにせよ、ほとんどすべてが中判となった。その原因は必ずしも判然としないが、北川博子は、天保後期に中判役者絵を制作したのは、大判版行の権利を持たない版元が役者絵を出す手段として生み出された判型、とし、その多くは彫師と摺師であるという〔北川 二〇一三、五一―一八頁〕。その彫師・摺師は、天保期に「摺物様式の役者絵」を制作し、既存の版元に卸していた者が主体ではないかという。北川がいうように、中判の時代となる契機は、天保後期に中判役者絵が制作刊行され、それらが、

(1) 彫摺の技術が高く、高価な絵の具を使用している
(2) 役者名が明記されていないことが多い
(3) 版元名がないか、あっても摺印ではなく押印であることが多い

という特徴を有しているのは確かであろう。北川はさらに踏み込んで、復活再開後の中判役者絵の主たる制作者は、彫師・摺師であり、制作したものを版元に卸し、版元は版元印を押したり、あるいは版元印を付さずに販売したと推定しているが、制作主体をそこまで限定するのは疑問がある。

2 嘉永期の役者絵組物

ここで、再開後の嘉永期(一八四八―五四)の役者絵組物の版元について検討してみたい。再開後の役者絵を圧倒的な制作量で主導したのが五粽亭広貞であることには誰も異存がないであろう。広貞の役者絵は、弘化四年―嘉永一年(一八四八―四九)は大首絵が大半であったが、嘉永二年から次第に全身図が増え、まもなく全身図の二枚続、三枚続を同一の題名(題字のデザインも統一している)で揃えた連作(組物)を刊行するようになる。それらは数組で一〇枚以

上、時に一〇組を超え二〇枚以上も制作している。それらの図に表されている版元印は、ほとんど押印であり、版元印のないものも多い。例を挙げてその実態を見てみよう。

最初は、嘉永三年一月中座「けいせい誉両刀」に取材した「伊賀越武勇伝」である。画中に「伊賀越武勇伝」と記された作品は以下のとおりである。画中の人名を右図から順に記し、その後に版元印と所蔵先の情報を記す（画中に役者名は記されていないので［ ］でそれを示し、所蔵は、池田文庫（池田）、和泉市久保惣記念美術館（久保惣）、早稲田大学演劇博物館（演博）、ボストン美術館（ボストン）を中心に、適宜その他の所蔵品も加えた）（所蔵先の次の数字は複数所蔵されていることを示す）。

◎「誉田内記［三枡大五郎］、唐木政右衛門［中村歌右衛門］」中判二枚続
蔦勘…池田・ボストン、鹿嶋堂……演博2・久保惣3
◎「唐木政右衛門［中村歌右衛門］、おたに［中村南枝］、山田幸兵衛［三枡大五郎］」中判三枚続
川音…久保惣3・演博・ボストン、版元印なし…池田・久保惣
◎「唐木政右衛門［中村歌右衛門］、池添孫八［実川延三郎］」中判二枚続
京伊三…池田（右図にのみ印）・演博（右図にのみ印）、版元印なし…久保惣・演博（左図のみ）
◎「唐木政右衛門［中村歌右衛門］、本田内記［三枡大五郎］」中判二枚続
版元印なし…池田・久保惣・演博・フィラデルフィア美術館
◎「鳴見大八［片岡市蔵］、池添孫八［実川延三郎］」中判二枚続
版元印なし…池田・久保惣2
◎「沢井又五郎［片岡市蔵］、渡辺志津馬［実川延三郎］」中判二枚続
川音…久保惣3、版元印なし…池田

◎「渡辺志津馬［実川延三郎］、石留武助［中村歌右衛門］」中判二枚続（無款）
版元印なし…池田・久保惣・演博
◎「石溜武助［中村歌右衛門］、女郎小ふじ［中村南枝］」（左に衝立）中判二枚続
北香川…池田、版元印なし……演博
◎「石溜武助［中村歌右衛門］、女郎小ふじ［中村南枝］」（左奥に石灯籠）中判二枚続
北香川…久保惣、版元印なし…池田・久保物
◎「娘お袖［尾上芙雀］、唐木政右衛門［中村歌右衛門］」中判二枚続
蔦勘…演博（左図のみ）、錦鯱堂…ボストン、版元印なし…ボストン（右図のみ）
◎「石溜武助［中村歌右衛門］」（人を追いかける武助、背景は広重画「東海道五拾三次之内　庄野」に似る）中判、続物か
摺工新助…池田、版元印なし…久保惣・演博
◎「石溜武助［中村歌右衛門］」（左上に石灯籠）中判、続物か
版元印なし…池田
◎「石溜武助［中村歌右衛門］」（落雷）中判、続物か
版元印なし…久保惣・演博
◎「池添孫八［実川延三郎］」（笠を持ち人を倒す）中判、続物か
版元印なし…演博
◎「若とう平作［中村鷺助］、唐木政右衛門［中村歌右衛門］」中判、続物か
鹿嶋堂…久保惣、版元印なし…演博

以上、都合二六図となり、版面に押されている印は、蔦勘、鹿嶋堂、川音、京伊三、北香川、錦鯱堂、摺工新助の

七種である。「摺工新助」など、これらの印がすべて版元（制作者）を表わすかは今後精査されるべきであろうが、原則として、版面に押されている版元などが協力して二六図もの組物を制作し、摺り上がったものを相互に融通しあい、時に自店の印を押して販売したと考えるべきであろう。残念ながら、個々の出資割合、版権のことまでは判然としない。

もう一例見てみよう。嘉永三年九月中座「花街模様劇稲妻」に取材した「稲妻双紙」である。

◎「稲妻双紙巻ノ一　佐々木桂之助［三枡梅舎］、名古屋山左衛門［三枡大五郎］、不破伴左衛門［中村歌右衛門］」中判三枚続

版元印なし…久保物

◎「稲妻双紙巻ノ弐　名古屋山左衛門［三枡大五郎］、不破伴左衛門［中村歌右衛門］」中判二枚続

名楽堂…久保物・ボストン・ボストン（左図のみ）、松喜…演博、版元印なし…池田

◎「稲妻双紙巻ノ三　名古屋山三［実川延三郎］、梅津嘉門［三枡大五郎］、斯波左衛門［三枡梅舎］、猿次郎［三枡源之助］」中判三枚続

版元印なし…久保物2・ボストン・演博（中と左のみ）

◎「稲妻双紙巻ノ四　佐々木蔵人［三枡大五郎］、不破伴左衛門［中村歌右衛門］、名古屋山三［実川延三郎］」中判三枚続

川音…池田・久保物・ボストン

◎「稲妻双紙巻ノ五　娘かるで［中山南枝］、下人野介［中村鷺助］、名古屋山三［実川延三郎］」中判二枚続

天喜…池田・ボストン・フィラデルフィア美術館（右図のみ）、版元印なし…フィラデルフィア美術館・ボストン（左図のみ）

◎「稲妻双紙巻ノ六　大津屋又平［中村歌右衛門］、番頭門兵衛［中村友三］、名古屋山三［実川延三郎］、娘かゐで［中山南枝］」中判三枚続

川音…池田・ボストン・久保惣（右図のみ）

◎「稲妻双紙巻ノ七　不破伴左衛門［中村歌右衛門］、おくに［山下金作］、かつらき［中山南枝］」中判三枚続

鹿嶋堂…池田、版元印なし…ボストン

◎「稲妻双紙巻ノ八　名古屋山三［実川延三郎］、奴鹿蔵［三枡梅舎］」中判二枚続

川音…久保惣（朱印）・演博（墨印）・ボストン（墨印）

◎「稲妻双紙巻ノ九　名古屋山三［実川延三郎］、不破伴左衛門［中村歌右衛門］、かつら木［中山南枝］、佐々木蔵人［三枡大五郎］」中判四枚続

版元印なし…池田・久保惣・ボストン2

以上、九組二五図となり、版面に押されている印は、名楽堂、松喜、川音、天喜（天満屋喜兵衛）、鹿嶋堂の五種である。版元印が確認できない続き物が三組もあるので、制作に参加した（出資した）版元はもっと多かった可能性はあるが、原則として、それらの版元が協力して組物を制作し、摺り上がったものを相互に融通しあい販売したと考えるべきであろう。

二セットの組物に現れる版元印は、ほとんど詳細不明の版元の印である。天保の改革では株仲間が一旦解散させられるので、再開後は誰でも役者絵を刊行できた（禁令が廃止されたわけではないが）と思われる。役者絵再開に「大判版行の権利」云々は関係なかった。版元印の押印と摺印の問題は、既成の版元と新興版元の違いというよりも、営業的要素が大きいと思われる。版元印は摺印が原則であるが、卸しに出したり、交換したりするなど、複数の版元印を入れるのを想定するならば、押印の方が小回りが利く。そういう要因から、版元印を画中に摺り込まないことが普及

したと考えるべきであろう。

役者絵の復活に際し、中判は、豪華に作っても、役者名が明記されていないなど摺物的要素が高いので、様子見に出す判型として選択されたが、予想以上に好評で売れ行きも良く、そのまま定着した、と私は考えている。再開後しばらくは作品の大半が大首絵であるのも、中判で十分と考えた理由であろう。少々手の込んだものを作っても、制作コストを抑えられるのが大きい。検討したように、嘉永二年からは全身図も多くなり、それは次第に大首絵を凌駕するようになるが、一旦定着した中判はそのまま継続され、幕末・明治へと引き継がれていったのである。

弘化四年以降の大坂の錦絵の中判化は、美人画や名所絵など、錦絵の全分野に及んだことを付記しておきたい。

おわりに

最後に、江戸の地で行われた浮世絵版画について述べなければならないが、それは概説に止めざるを得ないことをお許し願いたい。理由は、現存する浮世絵版画の九〇%以上は江戸で制作された、いわゆる江戸絵であり、それを詳説することはほとんどそのまま浮世絵版画の歴史を述べることになるからである。

江戸で一枚絵が制作され始めるのは延宝(一六七三―八一)頃からである。初めは組物であったと推定されるが、貞享(一六八四―八八)頃から純粋な一枚絵が制作され始める。その頃のものは全て、墨摺絵か墨摺筆彩であったが、寛保二(一七四二)年に版彩の細判が制作され(今日、紅摺絵と呼ばれるもの。売品の彩色摺の一枚絵の上限。版本や摺物はそれより早い)、明和二(一七六五)年に多色摺版画の完成形である錦絵が誕生する。その後は、夥しい数の錦絵が江戸で制作され、ついには明治末(一九一〇年頃)に及ぶというのがあらましである。

売品の一枚物に限っても、美人画(美人風俗画)、役者絵(役者風俗画)、名所絵(名所風俗画、風景画)、武者絵、花鳥画、相撲絵、子ども絵、戯画・風刺画、そして春画など、広範なジャンルのものが制作販売された。実用的なもの（鑑賞が主体でないという意味で）でいえば、立版古、双六、おもちゃ絵、番付絵、疱瘡絵、読売、絵半切、袋絵、絵図など、画像を必要とするあらゆる分野に浮世絵版画は進出した。摺物も然りで、大小、俳諧摺物、狂歌摺物、祝賀・広報用摺物、引札、千社札など、多種多様な摺物が制作配布された。

それらの中で、京・大坂ではほとんど制作されず、ほぼ江戸に限ると思われるものを挙げると、錦絵時代の春画、文政期（一八一八—三〇）以降に歌川広重が大量に制作した花鳥画、遅くとも天保期（一八三〇—四四）に制作され始めた観賞用の千社札（交換納札）などが浮上する。

さらに、京の伊藤若冲が試みた正面版（拓版画）が江戸の正面版筆彩掛物絵に影響を及ぼす事例や、天明三（一七八三）年に司馬江漢が創製した腐蝕銅版画が、一九世紀になると京で盛行するさまなど、興味深い事例もあるが、それらについては個々の研究成果を参照していただきたい。

参考文献

浅野秀剛『江戸の摺物』展図録、千葉市美術館、一九九七年
浅野秀剛『菱川師宣と浮世絵の黎明』東京大学出版会、二〇〇八年
浅野秀剛「正面板筆彩掛物絵について」『春信一番！　写楽二番！　フィラデルフィア美術館浮世絵名品展』図録、読売新聞大阪本社・あべのハルカス美術館、二〇一五年
浅野秀剛『浮世絵細見』講談社選書メチエ、二〇一七年
大津市歴史博物館『大津絵の世界』展図録、二〇〇六年
ガーストル、アンドリュー『大坂歌舞伎展』図録、大阪歴史博物館・早稲田大学坪内博士記念演劇博物館、二〇〇五年
北川博子『上方歌舞伎と浮世絵』清文堂出版、二〇一一年
北川博子「上方浮世絵における「中判」の意義」『浮世絵芸術』一六五号、二〇一三年
北川博子「上方浮世絵研究——一枚絵・肉筆・版本」『美術フォーラム21』三四号、二〇一六年

黒田源次『上方絵一覧』佐藤章太郎商店、一九二九年
鈴木俊幸『新版　蔦屋重三郎』平凡社ライブラリー、二〇一二年
中出明文『私の上方絵物語　錦絵編』中尾松泉堂、二〇〇五年
肥田皓三「心斎橋文人録」『新菜箸本撰』五号、「心斎橋研究」同人、二〇〇八年
松平進「上方の合羽摺りについて」山口桂三郎編『浮世絵の現在』勉誠出版、一九九九年a
松平進『上方浮世絵の再発見』講談社、一九九九年b
山本卓「菊屋安兵衛の出版動向」『近世文芸』七一号、二〇〇〇年
横谷賢一郎「大津絵——土産物肉筆絵画としての答え」『美術フォーラム21』三六号、二〇一七年

〈特論4〉

人気役者の抱え方

西田亜未

はじめに

近世後期の芝居興行において、給金を含め人気役者に掛かる費用は経営を左右する最大の問題であった。歌舞伎興行には芝居小屋と経営者、「名代」と称される興行権、「座本」と呼ばれる一座の興行責任者の三者の連携を要し、上方では三者の役割が分かれていたが、江戸の場合には、この三者の役割を「座元」が兼帯していた。幕府は座元を通じた芝居統制を図っており、座元は幕府の認可を受けたという権威も備えていた。なお、出資者のことを上方では「銀主」、江戸では「金主」といい、顔ぶれは興行ごとに異なったが、巨額の資金のため複数で分担することが多かった（服部 一九九六、斉藤 二〇一七）。

本来、役者は契約を介して座元に奉公する立場にあったが、財政難で座元の権威が低下し始めた安永頃には、一座をまとめる座頭格の役者が座元の権限を侵す事象が見られるようになる（黒石 一九九七）。寛政五（一七九三）年には、経営難のために三座すべてが控櫓（三座が興行不能に陥った時に、代わって興行する権利を持つ座）に代わり、翌年には、旧来の放漫な経営を改め、役者や囃子方の給金に上限を設けた「三座狂言座取締方」議定書を作成した。

しかし、化政期には人気役者の払底と、金主大久保今助の登場により役者の給金が高騰し、多発する火災も相まって座の経営を苦しめた。今助の来歴は不詳だが、水戸の出身で、一説には土木請負業で財をなし、拾った富くじが当たって中村座を中心に金主を勤めたといい、興行の話題作りに出費を惜しまなかったとされる。役者は高給と厚遇に与り、手付金の二重取りや、衣装代、本来の役柄と異なる役柄を勤める際の加役金など座元への要求も増大していった。これを補うために見物料を値上げし、かえって客足が遠のくという悪循環に陥った座元たちは、文政一一（一八二八）年に「三座永続願」を町奉行に提出して役者の統制を図った。しかし、翌年には芝居小屋が焼失して役者は旅芝居に出てしまい、座元による役者の統制は徹底されなかった〔守屋 一九八五〕。

天保改革では芝居地移転をめぐり、老中水野と町奉行遠山が攻防を繰り広げ〔藤田 一九九二〕、最終的に猿若町へ移転となった。遠山は、高額な地代に悩まされていた座元に土地を与えるとともに、役者の給金は上限五〇〇両とする、三都以外での旅芝居を禁止する、芝居関係者は猿若町に集住するなど、座元による役者統制を後押しする規定を設けて、芝居興行の安定化を図った〔市川 二〇一六〕。しかし、水野失脚後の天保一五（一八四四）年には、三座の座元、役者、人形遣い、茶屋、「其外懸り合之者」が議定〔『東都劇場沿革誌料』下、四七三―四七四頁〕を作成し、女形が男役を演じる場合や、一人で七役、九役を演じる所作事では主要な役者が格別の働きをし、本来の持役以外の衣装も必要となるため、座元か金主が衣装を用意するとしており、給金の上限設定は現物支給によってなし崩しとなった〔今岡 一九九七〕。こうした議定類は『東都劇場沿革誌料』[1]に収められており、同書に基づく先行研究も数多あるが、天保末から弘化期の座元と役者の関係について具体的な事例に基づき、検討したものは見られない。

そこで本稿では、四代目中村歌右衛門（以下「歌右衛門」と表記）と二代目尾上多見蔵（以下「多見蔵」と表記）が給金を前借りしたまま他の土地の芝居に出勤し、訴訟された事例を検討しながら、天保末から弘化期の、給金をめぐる座元と役者の関係について考えてみたい。

一　四代目中村歌右衛門の場合

歌右衛門は江戸下谷に生まれ、振付師藤間勘十郎の養子として育った。三代目中村歌右衛門が江戸に下った際に弟子入りして上方で修行し、天保七(一八三六)年より四代目中村歌右衛門を名乗った。師匠と同様に江戸と上方を行き来した名優で、その出演が興行の成功を左右した。

ここでは、嘉永元(一八四八)年に、大坂の木綿屋東右衛門が江戸の座元を相手取り、江戸滞在中の歌右衛門の帰坂を求めた一件を「市中取締類集」(「市中取締類集　遠国伺等之部　巻五ノ六」国立国会図書館所蔵)より取り上げる。

天保九(一八三八)年の正月、大坂では芝居の掛け持ちが頻発するほど役者が不足していたにもかかわらず、中村座から給金を前借りしていた歌右衛門は江戸に下ることになり、一人で忠臣蔵の七役と七変化舞踊を勤めるという急場しのぎの名残狂言(役者が興行地を去る際に行う狂言)を行って、大坂を出発した。

一方、歌右衛門の大坂での芝居出演を見込んで給金を前貸ししていた大坂の銀主たちは、歌右衛門の甥で(『手前味噌』、二五四頁)、上方での興行を仕切っていた木綿屋を通じて帰坂を求めるようになった[2]。木綿屋は歌右衛門に再三帰坂を促すが、歌右衛門は帰坂しないため、銀主の紀伊国屋佐二兵衛らが天保九年に歌右衛門の帰坂を求めて出訴した。そこで木綿屋が間に入り、翌年には帰るという歌右衛門の口約束を基に証文を作成してその場を収めたが、翌年も歌右衛門は帰坂せず、紀伊国屋は給金の前払いを示す「住込證文」を根拠として、大坂に帰るよう歌右衛門へ命じてほしいと再び訴えた。

これを受けて江戸町奉行は、天保一〇(一九三九)年一〇月に帰坂するよう歌右衛門に命じたが、江戸でも給金を前借りしていた歌右衛門は、中村座の後には市村座へ出勤することが決まっていた。その上、給金の支払いをめぐって中村座関係者と諍いを起こすなど金銭問題を抱えており、帰坂は再び延期されてしまう（『日本庶民文化史料集成』第一二巻、六八八頁）。歌右衛門の代理人和助が上坂して猶予を乞い、この頼みを聞き入れた木綿屋は、紀伊国屋に翌年一一月までに歌右衛門を帰坂させる旨を記した証文を渡し、五〇〇両を立替えて訴えを取り下げさせた。

しかし、その後も歌右衛門は帰坂せず、天保一五年に木綿屋は江戸で歌右衛門に直談判したが、三座の座元からは役者の不足を理由に断られてしまう。銀主の督促に窮した木綿屋は嘉永元年正月に歌右衛門の在坂期間中、江戸での前借り給金を立て替えることを条件に、歌右衛門を木綿屋が取り仕切る芝居に三年出演させるよう願い出た。これに対し、三座の座元、帳元（劇場の勘定方）、芝居附茶屋の惣代そして歌右衛門が同年四月に連名で次のような対案を提示した。すなわち、一五五五両にのぼる歌右衛門の大坂での前借り給金のうち八〇〇両を三座の座元が立て替え、残りの七五五両を嘉永二（一八四九）年からの四年で完済し、できなければ歌右衛門を帰坂させるというものである。この案に対する申渡は不詳ながら、同年一〇月まで中村座に勤めた後上坂する予定だった歌右衛門は、市村座帳元の和助に請われて翌年は市村座に出勤し、嘉永三（一八五〇）年正月にようやく上坂した。

上坂直後にもかかわらず、大坂での口上で歌右衛門は、三年の大坂興行後に江戸へ戻ることを二度述べた（『歌舞伎年代記』続編、五八七頁）。この三年後とは木綿屋が提案した年数でもあるが、三座が返済を終える嘉永六（一八五三）年にもあたり、三座の座元たちは後日の江戸興行の約束を取り付けた上で、歌右衛門を大坂に帰したのであろう。

本件では、歌右衛門を江戸に留め、各々の座で抱えようとする三座の座元と、その帰坂を一二年待ち続けた木綿屋との奪い合いが露呈している。互いに、相手側の前貸し給金を立て替えてでも歌右衛門を出演させようと画策しており、歌右衛門に対する高い需要がうかがえる。また、天保一五年の議定と同様に、嘉永元年四月の対案には三座の座元、帳元に加えて、桟敷や高土間といった上席を仕切る芝居附茶屋惣代も、座の経営を担うものとして役者の確保に与しており、芝居小屋と茶屋の密接な関係が読み取れる。

二　二代目尾上多見蔵の場合

次に、第一節で見た事例と近い時期に、江戸で給金を前借りし上方に上った多見蔵が、金主から貸金返済を求めて訴えられた事例を「中村座日記」〔「中村座日記帳　弘化二年」早稲田大学坪内逍遥博士記念演劇博物館所蔵〕より見てみよう。多見蔵は京の床山の子として生まれ、三代目中村歌右衛門の門下として大坂で活躍した後、三代目尾上菊五郎の門下として江戸に下り、文政三(一八二〇)年より二代目尾上多見蔵を名乗った。多見蔵も江戸と上方を行き来し、天保改革時には五〇〇両を上限とする給金体系において四〇〇両に格付けされている。

天保一二年六月に江戸に下った多見蔵は、中村座の帳元文七を証人として、深川富川町で舟積渡世を営んでいた金主の宗七より給金八〇〇両を前借りした。同年一一月に堺町の中村座が焼失すると、多見蔵は河原崎座に出勤となり、座元権之助からも給金を前借りして給金相応の出演をしないまま、翌一三(一八四二)年正月には座元に無断で上方に上った。

金主の宗七は同年一二月に多見蔵を訴え、以降、使者を遣わしたり、大坂で直談判したりして貸金の返済を求めるが多見蔵は二〇両を返済しただけで一向に取り合わない。宗七は座元の勘三郎に給金の取立てを願うが、勘三郎は煮えきらない対応を示したため、宗七が勘三郎と文七を訴えると、即座に勘三郎は宗七と和解し、弘化二(一八四五)年九月に連名で多見蔵を訴えた。そして同年一二月二五日に示談が成立し、多見蔵の借金を勘三郎が立て替え、多見蔵は中村座に出勤して立替金を返済することになった。宗七には三五〇両を勘三郎が立て替え、さらに五〇両を五月末日までに返済する旨の証文を作成し、残り三八〇両は免責となった。

もう一方の貸主である河原崎座の権之助は、天保一三年二月、奉行所に訴え出て、同年一一月には多見蔵を一旦連れ戻して出演させたが、その後、多見蔵は再度上坂し督促にも応じないため、天保一五年一一月に再び訴え出ていた。この間に権之助と勘三郎は、権之助が貸した給金の残金二五六両四〇匁を勘三郎が立替えて多見蔵を中村座に出演させるよう座元同士で取り決めており、弘化三（一八四六）年正月に一七六両四〇匁が支払われ、残金八〇両は後払いとする旨の証文を作成した。

この後、多見蔵は中村座に弘化三年の正月から翌四（一八四七）年の一〇月まで出勤し、嘉永元年に江戸を離れた。この出演に際し、宗七が三八〇両の損失を被った直後にもかかわらず、勘三郎が、宗七と権之助への立替金と後納分を合わせた六五六両四〇匁をどのように手配したのかは不明である。

おわりに——役者の人気と興行の実態

本稿では、天保末から弘化期の人気役者の給金問題に関する二つの例を元に、芝居興行の実情の一端を探ろうと試みた。最後に、天保一五年二月の議定と、勘三郎と市村座の座元後見人との間で策定された弘化二年一二月の議定〔『東都劇場沿革誌料』下、四七四―四七六頁〕を照合しながら、ここでみた二例から指摘できる論点をまとめておきたい。

第一に出演契約の重複と前貸し給金の高騰である。手付金の前払いは文政期より横行していたが、歌右衛門の一五五五両、多見蔵の八〇〇両という額は、契約の重複が慣例となり、より高額な給金の前貸しをもって役者を確保していたことを示している。第一節で触れた中村座関係者と歌右衛門の争いも給金の支払い方法をめぐるもので、分割払いを提案した関係者に対し、歌右衛門は八〇両一括払いでなければ出演しないと断っている〔『藤岡屋日記』第二巻、一一三頁〕。天保一五年の議定にも「手付金の二重取りはしてはならない。契約時に座元がきちんと確認すれば二重に渡すようなことは起こらないはずである。先口の契約があるのを承知の上で、後の者がより多くの手付金を渡し、役者達の方では手付金の良い方への出演を引き受けることもあるようだ。今後は金額の多寡に拘わらず先に手付金を渡した方を優先させるように」という条目があり、また別の条目では「契約以前から手付金を貸付け、契約に至ると、以前の手付金は、定められた給金とは別とすることがあるようだ。今後は、こうした事前に貸付けた手付金は、契約時の給金の一部とすること」とされている。さらに弘化二年の議定では「給金前貸しが高額となり、芝居関係者一同も困っているので、貸付先の役者からは一〇年分割で返済させたい。今後はどのようなことがあっても前貸しをしない様に」と取り決めており、前貸金の高騰が芝居小屋の経営に直結する深刻な問題となっていたことが指摘できる。

第二に、役者の移動と人気役者への需要の集中がある。第一、二節で見たように役者は上方と江戸を往来して督促を逃れているが、これは両地において需要があったことを示してもいる。第一節でも触れたように大坂では慢性的に役者が不足しており、猿若町移転直前の江戸は主要な役者や狂言作者の世代交代の時期にあった〔今岡 一九九七〕。人気役者に需要が集中し、改革時の制約が薄れていくなかで、興行関係者たちは、今岡〔一九九七〕が指摘した衣装に関する条目のように、人気役者を抱えやすい体制を整えたのではなかろうか。

化政期以来、主要な役者が給金以外に要求し、座元たちを悩ませた費目には、門弟や懇意にしている芝居関係者の昇給要請および雑費など、徒弟制度にある役者同士の関係において必要な要求もあったが、原則として役者が用意する衣装は、役者個人の評判にも影響したため自然と華美になり、財政逼迫の要因として問題視されてきた。しかし天保一五年と弘化二年の議定では、条件付きではあるが衣装を座元か金主が用意するとなっており、「重立候役者」への待遇は現物支給の形をもって旧来に復したことになる。人気役者を厚遇する一方、天保一五年の議定では、下り役者の旅費は貸金ではなく、金主が負担するよう定めた条目もあり、座元を介した貸金を減らす意図が読み取れる。

冒頭で述べた通り、芝居経営の安定化を目指した遠山は、役者の給金を引き下げ、三都以外の旅芝居を禁じることで、座元を介した役者の統制を図った。しかし、役者の人気に依存した興行形態である以上、第一、二節で見てきたように、改革の前後を通して主要な役者ほど座元の意向だけでは統制できない状況にあり、座元を含めた興行関係者たちは、実情に即した議定を定めて対応していたのではなかろうか。(3)

また、弘化四(一八四七)年には、同心が町の見聞として金主の利益が以前より増した旨を報告している(『大日本近世史料　市中取締類集二』一四頁)が、第二節で見た三八〇両という宗七の損失や、給金前貸しの横行という点からはそのまま鵜呑みにし難く、一考の余地がある。興行に携わる者のうち金主の性格は重要だが、弘化二年の議定にも「内金主にも多分の損耗のみ相掛り」とあり、損害を被る前提で出資する金主の心性や、座元がどのように金主を手配したのかなど、興行の中枢に関する実態は未詳である。

加えて、天保一五年の議定には、三座の座元、役者、人形遣い、茶屋、「其外懸り合之者」が名を連ねており、芝居興行が芝居に関わる人々や集団、さらに芝居町全体にもたらす影響がうかがえる。これらの検討は今後の課題としたい。

(1)　幕末・明治の歌舞伎研究家であった関根只誠が、歌舞伎に関する随筆や内規、法令を収集、編纂した史料集。
(2)　史料中「私引受芝居興行仕」、「年限證文書替等、大坂木綿屋東右衛門方江諸色相任有之事」とあり、木綿屋は歌右衛門の借金の窓口とされていた。
(3)　天保改革における七代目市川團十郎の江戸追放は、主要な役者への見せしめだったが、紙幅の関係上本稿では言及しない。

参考文献

市川寛明「猿若町の成立」『東京都江戸東京博物館　調査報告書　第三〇集　浅草地域のあゆみ――江戸の信仰とにぎわい』東京都江戸東京博物館、二〇一六年
今岡謙太郎「幕末の歌舞伎(江戸)」鳥越文蔵・内山美樹子・渡辺保編『岩波講座　歌舞伎・文楽　歌舞伎の歴史Ⅱ』岩波書店、一九九七年
『歌舞伎年代記』続編、鳳出版、一九七六年

黒石陽子「宝暦歌舞伎（江戸）」鳥越文蔵・内山美樹子・渡辺保編『岩波講座　歌舞伎・文楽　歌舞伎の歴史I』岩波書店、一九九七年
斉藤利彦「江戸時代の上方歌舞伎と座本」『歌舞伎——研究と批評』五八号、歌舞伎学会、二〇一七年
三代目中村仲蔵『手前味噌』青蛙房、一九六九年
服部幸雄『江戸歌舞伎の美意識』平凡社、一九九六年
藤田覚『遠山金四郎の時代』校倉書房、一九九二年
守屋毅『近世芸能興行史の研究』弘文堂、一九八五年
『大日本近世史料　市中取締類集　二』東京大学出版会、一九六〇年
『東都劇場沿革誌料』国立劇場芸能調査室編、一九八四年
『日本庶民文化史料集成』三一書房、一九九七年
『藤岡屋日記』三一書房、一九八八年

〈第11章〉

巨大城下町近郊地帯の海面秩序

吉田伸之

はじめに

本章は、巨大城下町江戸の周縁部における社会＝空間構造の特質を解明する作業の一環として、主に武蔵国荏原郡を中心に、江戸内湾の臨海部村落（磯付村々）において、海産物をめぐる利権関係を軸にどのような海面秩序が形成されたかを、江戸（商人）との関係に留意しながら検討しようとするものである（図1）。

ここでとりあげるのは、大森・羽田・品川であり、海産物として、貝類と海苔を中心にみてゆくことにしたい。これら対象とする地帯や産物をめぐる研究史としては、海苔の歴史に関する包括的な叙述である大著〔宮下 一九七〇〕を除くと、海苔生産の習俗などを扱うもの〔平野 二〇〇五〕のほか、品川区・太田区などの自治体史類が主たるものである〔『品川町史』・『品川区史』・『羽田史誌』・『大田区史』〕。この内、〔宮下 一九七〇、羽田史誌編輯委員会 一九七五、大田区 一九九二〕では、海苔生産をめぐる紛争に関する過程についてていねいに叙述するが、海面秩序の基盤にある所有や権利構造、あるいは諸集団や村との関係にふみこむような論述はみられない。本章でも残された史料群による拘束から、こうした論点に十分ふれることはできないが、争論関係の史料から村・町間の海面秩序形成の過程とその論理を抽出し、その基盤にある生産・流通関係をみてゆく上での前提とすることをとりあえずの課題としたい。また、こ

図1 江戸南部近郊の臨海部村々.（1881年測量「迅速図」による）.

うした海面秩序の存立構造が、江戸という巨大城下町によってどのように条件づけられているかを併せてみてゆく。

まず第一節では、海面の利権をめぐる秩序形成の過程を追い、第二節で、磯付村々における「代替渡世」とその展開を貝類と藻草＝海苔を素材にみてゆく。そして第三・四節では海苔生産に焦点を定め、文化・文政期の様相を検討することにしたい。

一 磯付海面の漁業秩序

1 正徳五年の裁許――貝類と藻草

まず前提の第一として、正徳年間における羽田・大森と江戸深川・八丁堀との間の、海面用益をめぐる争論と裁許の内容についてみておきたい。

次の史料は、正徳五（一七一五）年一二月の評定所裁許状の本文である。

〔史料1〕〔大田区教育委員会 一九七四、七三―七四頁〕

深川猟師町八町、中嶋町・蛤町・奥川町・北川町、南八町堀三町訴えの趣、右諸町地付の磯浦これなく、古来より御領所内海の分入会に付、六郷領羽田・大森等の村下え入会、貝類巻猟致し来たり候処、今度羽田・大森より入会差し留め候旨これを申し、羽田・大森両村答え候は、羽田は当浦貝猟を以て渡世いたし、大森は村前の貝類・藻草等を以て田畑こやし致し来たり、他村入会候儀古来これなき旨これを申し、吟味を遂ぐる処、深川猟師町幷びに八町堀よりは、羽田・大森村下え入会と申し、羽田・大森は古来入会これなしと申し、証拠双方共にこれなく、糺明せしむる処、深川幷びに八町堀は、出洲・三枚洲等所々貝類の猟場これあり、羽田・大森等の村は、前浦ばかりにての貝類・藻草を以て家業田畑の養い致し来たる儀歴然なり、且つ去る巳五月、蛤町より羽田浦内大師河原え貝猟に入り候に付き、大師河原より猟道具これを抑え取り、向後猥りに入るべからざるの趣、蛤町よりの証文これを取り置き、然る上は双方無証拠たりといえども、羽田村右の証文これを所持し、殊に羽田・大森等皆村前ばかりにての貝猟渡世紛れなき間、向後北は大森村前・御林町浦境一之澪杭跡より、東南棒杭跡の内、論所え深川諸町幷びに八町堀より貝猟堅くこれに入り会うべからず、網猟は双方入り会い候場所有り来たりの通りたるべし、後鑑のため裁許の趣、三方えこれを書き下ぐるの間、永く此旨を相守り、遺失すべからざる者也

正徳五乙未年十二月十一日

この時、深川猟師町八町など南八町堀三町の者らは、六郷領の羽田・大森両村「村下」の浦——以下、前浦・磯浦などとよぶ——に入会い、「貝類巻猟」を行ったところ、両村からこれを阻止されたとして訴え出たものである。深川・南八町堀側は、公儀の場所（「御領所」）である江戸内湾（「内海」）は周辺の町や村々にとって入会の空間であり、江戸南部荏原郡六郷領の磯浦における貝猟は自由であると主張している。これに対して羽田・大森両村の側は、①羽田村は羽田浦（「当浦」）での貝猟を（漁業の一環として）行い、②また大森村は、「村前」の貝類・藻草を田畑の肥料に用いるために採取するとし、ここに他者が入会うことは以前からなかった、と反論している。

評定所は、両者の主張の正しさを示す証拠をともに欠くとしながら、次の二点から、羽田・大森側の主張を認めている。すなわち、一つは深川・南八町堀の者たちが、「出洲・三枚洲」①など、広大な貝類の漁場を抱えており、一方で羽田・大森の者たちは、「前浦」のみで貝類・藻草を採取している、という点である。深川・南八町堀側による一

方的で利己的な他浦への進出を不当としたものである。二つめは、先例としての正徳三(一七一三)年五月にあった深川堀側と、「羽田浦内」大師河原村との争論である。この時、蛤町の者が大師河原の礒浦へ貝猟に入ったところ、同村の者に猟道具を押収されたという事件で、この時、蛤町側から、今後は同場所に立ち入らないとする証文が残っていた点である。こうして深川・南八町堀側が羽田・大森の「村前」へ貝猟に入会うことは停止され、一方で「網猟」については、従来通り「双方入会」の場所であることが確認されている。また、他者の入会が排除される礒浦の範囲は、北は「大森村前、御林町浦境一之澪杭跡」から、東南は「棒杭跡」とされた。これは後述のように、御菜浦である羽田猟師町が漁業権を占有する海域＝羽田浦内の、六郷領沿いの礒浦の範囲を示すものとみられる。[②]

この一件で注目されるのは、以下の点である。第一。「御領所内海」すなわち江戸内湾の漁業や貝類・藻草をめぐる沿海部の町や村の「地付礒浦」に対する権益は、「網猟」については「双方の入会」、貝類・藻草採取は浦境を枠とする「村前」、とで二分される点である。

第二。羽田・大森両村の反論にみられるように、羽田と大森とでは礒浦の用益における差異のあることがうかがえる。羽田は貝猟であるのに対し、大森は貝類・藻草を田畑の肥料に用いることとされる。「羽田・大森等の村は、前浦計にての貝類・藻草を以って、家業・田畑の養い致し来たり」とあるが、これは、羽田＝貝猟＝漁業の一環としての家業、大森＝貝類・藻草の採取＝肥料の獲得による農業経営、という区分を一括して表現したものではなかろうか。この内、特に藻草の採取権は、その後の海苔生産の圧倒的な展開を準備し、担保してゆくことになる。

2　享保一五年の裁許——「海面稼方」

さて、次項にみる武蔵国荏原郡・橘樹郡沿海地帯での争論の中で、相手側とされた磯付一八ヶ村からの長文に及ぶ「御箱御歎願書」から、先例としてとりあげられた享保年間の「海面稼方」をめぐる一件の裁許に関する下りを、史料2として掲げてみる。

［史料2］〔野村 一九三五、一〇四頁〕(3)

（前略）殊に私共村々の儀は、享保十巳年、羽田猟師町と当組合内稲荷新田・大師河原村・川中嶋村と海面稼方の儀に付き出入に及び候処、同年御裁許仰せ渡され、猟師の儀は藻草・貝類これを取り、売買の儀は以来致すまじく、百姓の儀も手取の貝類売り候儀、是又以来決して致すまじく、双方え右売買御停止仰せ渡され、然る処、海面稼方に付き、猟師百姓間柄穏やかならず、これに依り前書村町の者ども、猶又再論に及び出入に罷り成り、其の節御支配伊奈半左衛門様御役所において、一件御糺明の上、同十五戌年再御裁許仰せ渡され、猟師の儀も藻草・貝類これを取り売り候儀停止せしむる旨、先年申し渡し候えども、軽き猟師ども渇命に及ぶの間、五拾銭・七拾銭宛代替渡世致しべし、百姓の儀も手取の貝類売り候儀停止せしむるといえども、末々の百姓、女・童の者、渇命に及ぶの間、是れまた近在え持ち運こび、弐拾銭・三拾銭宛代替渡世致すべき旨、双方え御慈悲の御裁許仰せ渡され、且つ江戸問屋・仲買等え売り候儀、一切相成らざる趣仰せ渡され候上は、猟師どもに限り、勝手儘に江戸問屋・中買え売り候儀と申す儀にはこれあるまじく、猟師も百姓も心得違い私欲に長じ、金銭融通のみ専一に心掛け、江戸問屋・中買等に売り候ては、自ずと田畑の肥類不足に相成り、且は百姓どもは農事疎そかに相成り候故、御裁許仰せ渡され候趣と、私共村々古来よりの申し伝えにて、銘々承知罷り在り候儀に御座候

享保一〇(一七二五)年に、羽田猟師町と、磯付村々のうち稲荷新田・大師河原村・川中嶋村との間で、「海面稼方」をめぐる争論があった。この年の代官伊奈の裁許で、a「猟師之儀」は藻草や貝類を採取し売買してはならず、b「百姓の儀」は「手取の貝類」――道具を用いず、素手で貝を採ることか――を販売してはならない、と命ぜられた。すなわち御菜浦の猟師は、今後藻草や貝類を除く漁業特権（漁獲物の販売特権）を持つこと、また磯付村々の百姓においては「手取の貝類」販売を停止された、ということである。これによると、猟師＝魚類のみの漁業者、百姓＝「田

畑之肥類」に用いる貝類・藻草の収取権の所有者、と同一の「海面」における「稼方」が二分され、右では貝類の売買が両者ともにできないことになる。

しかしこの裁許で両者の対立は収まらず、争論は再燃し、享保一五（一七三〇）年に二度目の裁許が伊奈半左衛門役所で命ぜられるに至った。それによるとa´「猟師の儀」については藻草・貝類の売買を停止されると「軽き猟師」が立ちゆかなくなるので、少額の販売を「代替渡世」として認める、b´「百姓の儀」においても「手取の貝類」の売買を停止すると下層の百姓や女・子供が窮乏するので、わずかな収入を得るため近隣で売ることは「代替渡世」として認める、というものであった。併せて藻草や貝類を「江戸問屋・中買等」へ売ることは、猟師も百姓も一切認めない、としている。

享保一五年の裁許④によれば、①藻草・貝類は本来「田畑之肥」に用いるものであること、②零細な猟師が藻草・貝類を売り、また下層の百姓などが少々の貝類を近隣に売ることは「代替渡世」として容認されたことになる。ここでいう代替とは、当の職分において本来のものではないが、貧窮者に限って、異質の業躰を例外として認める、という含意であろう。⑤こうして磯付の海面は、猟師＝漁業の場（藻草・貝類を含む）、百姓＝田畑経営の基礎をなす肥料（藻草・貝類）の採取源として、それぞれの「稼方」が二分され、その一部が、江戸市場などと結びつかない限りでの商品として流通することになったわけである。しかしこのことは逆に、磯付村々においても藻草や貝類をめぐる「海面稼方」が「江戸問屋中買」との結合を強く志向するものであったことを明示するといえよう。

3　天保一三年の裁許

ついで天保期の事例となるが、第一節2でふれた武蔵国荏原郡・橘樹郡沿海地帯における前浦での漁業や貝猟をめぐってくりひろげられた大規模な争論をとりあげてみたい。⑥

この争論は、天保一一（一八四〇）年七月に、荏原郡内の御菜浦である南品川猟師町・大井御林猟師町・羽田猟師町・橘樹郡の生麦浦・新宿浦・神奈川猟師町の、合わせて六ヶ浦の猟師・浦役人らが、荏原・橘樹両郡の磯付十八ヶ所を相手に訴え出た、主として貝猟をめぐる「漁猟出入」である（表1を参照）。当該地帯において海面をめぐる漁業秩序は、六ヶ浦の主張に基くと大概次のようであった〔小田村文書12　冊1〕。

① 荏原・橘樹両郡に沿う海面のうち、羽田浦と生麦浦は広大な範域に及ぶ「大浦」であり、ここでは各浦＝猟師町の猟師が排他的な「海業」として漁猟に従事した。そして対価として、公儀に対し御菜肴代永、月々の「正魚」上納と船役を負担した。

② 当該地帯の磯付村々は、「居村下」磯の「白洲」域でのみ「肥魚藻草類」の取りあげが認められる。白洲の先にある「藻通《もどおり》」（海草が繁茂する海域）での猟は認められていない。この内、「肥魚猟」（肥料用の漁業）については「おち突・簀引・黒小曳」のみ、また貝類については「歩行」に限り（史料2の「手取」）、船を用いての猟は禁じられている。

③ これら磯付村々における海面からの漁獲物や海草類は、田畑の肥料用か自己消費分（「食用」）のみ認められ、これらの売買、中でも仲買や問屋を介して江戸むけに販売することは厳しく停止される。

④ この内貝猟については、夏の土用明けから「浜留」として休猟期に入り、一〇月下旬から一一月上旬に「浜開」され、一斉に猟が始められる。これら「浜留」・「浜開」は、羽田猟師町から各浦と磯付村々あてに触れられる。

以上①―④のような浦の漁業秩序の下で、磯付村々は逸脱行為をくりかえしている、と六ヶ浦側は主張する。告発されているのは以下のような磯付村々の行為である。

① 「浜留中」を無視し、「腰巻」(7)という道具で貝猟を行う。

表 1　御菜 8 ヶ浦と磯付 18 ヶ村

御菜 8 ヶ浦			
豊島郡	麻布領	本芝町	浦元
		金杉町	浦元
荏原郡	品川領	品川猟師町	浦元
		大井村内 御林猟師町	万治元，金杉町の一部御用地 化による猟師 6 軒の代替地
	六郷領	羽田猟師町	
橘樹郡	神奈川領	新宿村	
		生麦村	
		神奈川猟師町	

注）『羽田史誌』147 頁 f などを参照.

海辺組合（磯付村々組合）18 ヶ村		
荏原郡	六郷領	糀谷村
		東大森村
		北大森村
		西大森村
		不入斗村
橘樹郡	川崎領	小田村
	川崎領	菅沢村
	川崎領	潮田村
	神奈川領	東子安村
	神奈川領	西子安村
	川崎領	渡田村
	川崎領	下新田村
	川崎領	大嶋村
	川崎領	池上新田
	川崎領	稲荷新田七左衛門組
	川崎領	稲荷新田六郎左衛門組
	川崎領	川中島村
	川崎領	大師河原村

注）小田村（代官所を含む 4 給支配）を除き，全て幕領.

② 三大森村の者が中心となり、認められている黒小曳網ではなく、細目の網を用いて「曳荒し」藻に産卵した魚の「子胤」を損い、また小田村などでも猟師が大切にしてきた藻を乱獲し、稚魚まで取り尽くしている。文政六(一八二三)年にはこうした動向の下で訴訟となり、磯付村々側が全面的に非を認め、詫証文を提出しているが、その後も同様の行為がくりかえされた、とある。

こうした中で天保九(一八三八)年に、次のような状況に立ち至る。

［史料3］〔小田村文書12―冊2〕

（磯付村々は）白洲の外、藻通りより明洲一之渕辺り迄も罷り出、猟場差し妨たげ、取り揚げ候魚貝、仲買問屋え相廻し、既に相手の内、小田村五郎右衛門義は年寄役も致し居りながら、仲買・問屋致し、稲荷新田七左衛門組百姓弥助・喜八儀も同様の渡世相始め、駅場・在町・江戸廻し売買仕つり、何様差し留め候ても我意のみ申し募り、相止め申さず……

磯付村々の者が藻通からさらにその外縁で魚貝の猟を行い、仲買・問屋の業躰をつとめる小田村・稲荷新田の者三名によって、近隣の宿駅（神奈川宿や川崎宿か）や在町、また江戸にむけて販売した、というのである。これをみて六ヶ浦側は同年九月、勘定奉行に出訴するが、「不法の現場を抑え、当人を捕らえた上で出訴せよ」と訴状は一旦返却されてしまう。

その後も大森村の者を中心に、猟師と同じように船で「大巻」という道具を用いて貝類をとり、毎日のように数艘の「にたり（荷足）船」により、これを江戸に積み送ることが続く中、江戸に貝類を運ぶ積船三艘と稲荷新田・池上新田の百姓らが摘発される事件が起こる。またその後も、

① 天保一〇年三月五日、江戸の貝問屋忠兵衛（木挽町四丁目七郎兵衛店）の河岸で、大師河原村吉右衛門の貝積船が摘発され、積荷の貝類、にたり船や船具が没収・拘束されて忠兵衛に預託される。

② 天保一一年には、大森村百姓らが、猟師同様の網や「縄船」を用いて猟場を荒す、という事件が続いた。これらをうけて天保一一年に、六ヶ浦は改めて訴訟を起こし、今回はこれが受理されている。そして翌年秋に、幕府役人による論所の調査が実施され、天保一三年春には磯付村々の小前らによる駕籠訴などがあり、紆余曲折を経るが、同年一一月五日に内済に至り、済口証文が提出されてようやく一件は落着している。

済口証文における合意の内容をみる前に、相手方とされた村々の概容とその主張をみておこう〔小田村文書12―一紙

1）。それは次のようである。

① 相手方の村々は、「北は荏原郡不入斗村」から「西は橘樹郡子安村」までの十八ヶ村であり（表1）、七里余にも及ぶ「村下通」の海面は入会稼の場所である。そして藻草や船役について上納金を納め、その対価としてここではどこでも貝猟を行ない、藻草をとりあげ、いずれも田畑の肥しにして百姓を営んでいる。

② この十八ヶ村には山林や秣場がなく、「海一方」が稼ぎの源泉である。これは田畑の肥料の採集源であり、また無宿水呑の百姓にとって貝や魚は渡世の「代替」物である。

③ 六ヶ浦の中の新宿浦は、元禄期に東西子安村から分立したが、その後も「三ヶ村入会」で猟業や田地経営を行なってきた。その新宿浦が訴詔側の「重立ち」となっているのは不実である。また大森村も早くから猟師が混在しており、この者らは御菜浦と同様の役を務めてきた。羽田村や鈴木新田は、本来磯付村々の内であるのに、羽田猟師町の者と共に漁場で浜稼を行ない、海面の役を勤めてないのは不当である。

右の①―③からは、これら十八ヶ村が、荏原郡・橘樹郡の磯付村々として、海面での魚貝猟や藻草採取を入会で行なう、という共同性を有す連合体――海辺組合――を形成していることがわかる。そしてこれには、羽田村と鈴木新田、また大井村が含まれない点に注意しておきたい。また②の点は、第一節2でみたように、享保期裁許で容認された「代替渡世」を基盤とする点が明らかである。

かくて、天保一三年一一月五日に作成されたこの済口証文の内容は、以下のようになっている。

① 三大森村が古くから漁業を行なってきたのは明らかである。これにより年貢割付時に示されるように、流網六九帖分の運上、船役永を上納すること。船役をつとめる船の「御印幟」をもつ三大森村の猟船を一八艘と定める。

② このほか、磯付村々の内、御菜浦の「助合」を務める猟船を七二艘とする。その内訳は、羽田村四〇艘、鈴木

新田一五艘、東西子安村一七艘であり、大井御林猟師町の差配をうける。

③ これら計九〇艘の猟船に捺す船目印として、八ヶ浦が焼き印一本を作り、これを八ヶ浦・大森村・子安村の立会いの下で各猟船に捺す。

④ 不入斗村から東西子安村までの磯付一八ヶ村では、「村下通」で貝類・藻草を採取し、田畑の肥しとすること。

⑤ 魚類については落突・簀引・黒小曳の「三職」が、「村下通磯付白洲」の内側のみを猟場とし、「藻通」やそれより沖での漁業は停止される。

⑥ この内、黒小曳網については、今後一八村に五五帖の網数を許可するので、村々で割合うこと。

⑦ 貝類の「代替渡世」は享保一五年裁許のとおりとする。

そしてこうした「海面稼方」をめぐる秩序を根源から規定するものとして、「正徳・享保度御裁許」、すなわち第一節1・2でみた裁許が存在することを最後に強調している。

4 荏原・橘樹両郡沿海部海面の漁業秩序

以上、本節1―3項で検討した、正徳・享保・天保の争論関係史料から、当該域海面の魚類・貝類・海草をめぐる近世中後期の漁業秩序について、概略をまとめておこう。それはほぼ以下のようなものである。

a 武蔵国の荏原・橘樹両郡にわたる磯付海面に関わる村や町は、御菜八ヶ浦と磯付村々からなる。磯付村々は表1にみる二〇ヶ村に及ぶが、この内、羽田村と大井村を除く十八ヶ村は「海辺組合拾八ヶ村」としての共同性を有した。〔小田村文書12―冊3〕

b 海面における「磯付」とは、沿岸部分から沖合にむけてのある範域を示している。これには海岸から一定の距離が設定されている可能性もあるが、ここで検討した史料からは確認できない。この磯付海面は、白洲と藻通とに大きく区分される。一八世紀のはじめ頃まで、白洲は磯付村々が入会で肥料としての魚貝類の猟を行なう、海底が砂地の浅瀬の空間であり、またその沖にひろがる海草の繁茂する藻通は、恰かも入会の採草地のように、肥料の供給源として不可欠の場であった。そして藻通での磯付村々による魚猟や貝猟は禁止された。また御菜浦の猟師が藻草や貝類を販売することも停止されていた。

c ところが享保期の後半に、猟師が藻草・貝類を、また磯付村々百姓がそれぞれ近隣へ小規模なレベルで販売することが「代替渡世」として認められることとなった。

d 磯付村々は本来江戸市場むけの漁業が三大森村を除き公式には認められてこなかったが、天保末年に至り、さらに羽田村・鈴木新田・東西子安村の計四村について、新たに猟船の所持が公認されることになった。

二 「代替渡世」の展開

1 貝類

さて前節でみたように、磯付海面における「稼方」として、藻草と貝類をめぐる「代替渡世」すなわちその商品としての売買が公認されたことは、近世後期の武蔵国荏原郡・橘樹郡の磯付村々にとって重大な意義を持つものとなる。貝類は何よりも浅蜊・蛤など重要で安価な蛋白源としての食品であり、これを扱う貝問屋の存在も垣間見え、魚市場における取引のあり様や、小売りの局面に及ぶ実態をみたいところだが、今のところ史料を得ていない。今一つは貝殻の商品化という問題である。この点については、江戸とその周辺における石灰について精緻な基礎研究を行なった川勝守生の仕事が注目される。川勝は近世初期以来の八王子石灰と、元禄期ごろから成長をとげる蠣殻灰との競合関係に着目する中で、後者の特徴を次のように指摘している〔川勝 二〇〇七〕。

・享保一七（一七三二）年、蠣殼灰を扱う蠣殼灰竈持石灰問屋一〇竈が公認される。
・享保期以降、八王子石灰竈主が上納する運上の一部を負担し、文化年間に設けられた野州八王子両山石灰御用置場取扱会所（新大橋会所）は蠣殼灰竈持がその資力を以って管理し、江戸の石灰市場は蠣殼灰竈持のヘゲモニー下におかれる。
・竈は主として深川猿江代地町と本所大島町に集中し、材料の貝殼は貝殼買集人によって集荷される。買集人たちは周辺漁場の「貝類商人」から貝殼を仕入れ、一両三八〇―二八〇樽で竈持に売却する。
・貝殼には集荷主の産地によって、「地殼」と「旅殼」がある。川勝も参照した「諸色調類集　石灰貝灰之部」嘉永元（一八四八）年八月の十七番組（深川地区）、諸色掛名主四人の上申書によると、これら産地については次のようにある（国立国会図書館所蔵、旧幕府引継書「諸色調類集」一九―下）。

［史料4］

灰竈都合拾弐口え種貝古来より仕入れ候場所

一、地殼と唱え、深川大嶋町・蛤町外六ヶ町、築地五ヶ町、芝金杉町分、本芝町分、品川門前町々

一、旅殼と唱え候、下総国堀江・猫実・馬加・検見川、上総国五井最寄、武州在羽根田・大師河原辺り此場所々え、貝殼兼て仕入れ引き合い致し置き、積み取り候て、竈場最寄に晒し置き、古貝より順々焼き立て候間、灰仕立も上品に候処、右旅殼の内、下総国堀江・猫実・馬加、上総国五井最寄は、其の土地え新竈各出来候間、竈持共買取り候荷高、当時十分一程に相成り候由、幷びに大師河原・羽根田辺も、折々新竈より買廻り候

（下略）

右で「灰竈」が一二口とあるのは、竈持一〇人の外に人足寄場分が二口と数えられるためである。これによると、「地殼」は深川・築地・芝金杉・本芝と「品川門前町々」とある。品川門前町々とは、南品川宿猟師町と品川寺門前

などの門前町々のこととみられる。また、「旅殻」としては下総の堀江・猫実・馬加・検見川、上総の五井周辺と共に武州の羽田・大師河原近辺が貝殻の仕入場所とされる。そして下総・上総の場所では、近くに新規の蠣殻灰竈〈新竈〉が作られ、大半の貝殻が買い占められてしまい、これら新竈の者が羽田や大師河原まで買い集めにやってくるとある。

以上から、羽田や大師河原などの貝殻は、石灰〈貝灰〉の原料として江戸の本所・深川、あるいは石川島人足寄場で稼働する灰竈に大量に供給され、さらには、下総や上総の地殻供給地界隈に作られた新竈にも運び込まれているようすをうかがい知ることができる。ここで疑問となるのは、例えば羽田・大師河原における「地殻」とは、すでに剝身を除去した文字通りの殻なのか、あるいは浅蜊・蛤などの貝そのものとして深川などに送られ、そこで剝身とされたあと貝殻として扱われるかである。前者の場合、羽田・大師河原か、あるいは貝類の漁業地点で剝身をとり分ける作業工程が存在したことになろう。いずれにしても、貝灰生産が大規模に行なわれていた当時において、貝類は食用としての剝身と、貝灰原料の貝殻との二重の価値をもつ商品として流通したことになるのである。そして武蔵荏原・橘樹両郡域の海辺において、貝殻は、先にみた「代替渡世」の内容となる価値ある漁獲物なのであった。

2 藻草＝海苔

御菜浦や磯付村々における「代替渡世」として、もう一つ注目されるのが藻草である。荏原郡の沿岸域において想起されるのは海苔の生産であろう。例えば『江戸名所図会』巻之二所掲の図「浅草海苔」には、次のように書き込まれている〔角川文庫版『新板江戸名所図会』上巻、四七〇―四七一頁〕。

［史料5］

大森・品川等の海に産せり、是れを浅草海苔と称するは、往古かしこの海に産せし故に、其の旧称を失はずしてかくは呼び来れり、秋の時正《ひがん》に麁朶を建て、春の時正に止るを定規とす、寒中に採るものを絶品とし、一年の間囲い置くといへども、其の色合風味ともに変る事なし、故に高貴の家にも賞翫せらるゝを以て、諸国共に送りて、是を産業とする者夥しく、実に江戸の名産なり

かつては浅草近くの海でとれた海苔が、その後大森・浅草で作られ、全国に送られる江戸の名産となって、これに携わる人々が多数存在する、とある。浅草海苔と呼ばれるについては、浅草茶屋町の旧家で寛永寺の海苔御用を勤めた海苔商売正木四郎左衛門の由緒に〔大日本地誌大系『御府内備考』一巻三二一頁〕、

……古来百姓にて植木渡世いたし居り、寛永の末、葛西中川の海辺、蠣殻・流木等え付き候海苔を掻き取り候て、当所において干し立て、植木商いながら売り弘め候処、後年大森・品川の海中に朶を建て、海苔採り候事に相成り、元禄・宝永の頃より大いに弘まり候て、家業躰も多分に相成り、自然浅草海苔と唱え候由

等とあるのが参照される。起源は中川の河口部ということだが、大森・品川の海中で養殖が盛んとなり、正木屋の海苔商売も大きくなったということである。

本項では、こうした海苔生産の勃興と拡大がもたらす磯付海面をめぐる相剋について、まず享保一七（一八三二）年の一件をみておこう。次の史料6は「烏賊を取候作り藻相止出入訴状写」の本文部分である。これは享保一七年五月二一日に、金杉町・本芝町・大井御林町・羽田猟師町の猟師組頭と町役人らの連名で、大森村と品川猟師町の者を相手に伊奈半左衛門役所に宛てた追訴の訴状である。

〔史料6〕〔「芝浦漁業起立」第三冊〕

恐れながら書付を以て御訴訟申し上げ候

一、麻布領金杉町・本芝町、品川領御林町、六郷領羽田猟師町、右四ヶ町の猟師共申し上げ候、先達て訴状差上げ候通り、烏賊を取り候ために、大森郡・品川猟師町のものども、近き頃凡そ弐三尺廻りに土をまろめ、む

しろ、又は縄菰にて包み申し候上へ帚を多く付け、此上に長き竹を持ち候て、作り藻と名付け、夥しく海中一面に入れ置き申し候場所、先規より私ども入会に網猟仕来り候海上に御座候處、右作り藻仕入れ置き候間、殊の外網猟の障りに罷り成り、殊に烏賊の儀は、右両所のものばかりにて取り尽し申し候程にて、迷惑仕り候、右作藻の儀、先年曽て仕まつらざる義に御座候處、堀江村・猫実村にて近き頃右の作藻仕まつり、網漁の障りに罷り成り候段、当春佃島の者より申し断わり候て、作り藻相止めさせ候處、又候大森村・品川猟師町之ものども、右の通り先年御座なき儀を仕まつり、私ども猟職の妨げ仕まつり候段不届に存じ奉り候間、相止め候様に内証にても拙者ども度々申し候えども、得心仕まつらず候間、是非なく当月十一日御役所へ願出で申し候えば、今日双方召し出され、有りがたく存じ奉り候、何分とも御詮議の上、早々相止め申し候様に願奉り候

一、大森村のものは猟職一廉にも御座なく、田畑所持仕まつり候陸《おか》百姓にて、猟職の儀は謀計に仕来り候、私ども町々猟師の義は猟職一廉に御座候間、田畑居屋敷等所持仕まつり候ものは稀に御座候、大方地借・店借にて、浮漁ばかりの助成を以て、御菜御肴役幷びに舟役銭・浦役品々相勤め、其の余分にて地代・店賃相済し、妻子育み申し候儀に御座候間、網猟に少にても障り申す事御座候えば、渇命に及び申し候儀に御座候、其の上、近年不漁に御座候上に、右等の妨げ出来仕まつり候えども、弥以って困窮仕まつり候御事に御座候、且又品川猟師町の儀は、私ども同前の猟師にて、常々諸事職分の義申合わせ、相互に猟職障り御座なく候様に仕まつり来り候處、右の通り私ども職に相障り申す儀仕まつり、不実の仕形に存じ奉り候

右の通りに御座候て迷惑至極仕まつり候間、何分とも御詮議成し下され、作り藻相止め、惣て向後とも網猟に相障り、新規の儀仕まつり申さず候様に仰せ付け下し置かれ候はば、有りがたく存じ奉るべく候、以上

この年五月一一日に、金杉町ほか四町は訴状を伊奈役所に提出し、二一日の吟味に際してこの追訴状を記したとある。

史料6によると、金杉町ほか四町側が出訴にふみきった経緯は、次のようになる。

・大森村と品川猟師町の者が、最近磯での烏賊猟ばかりか、篊木や竹を海中一面に大量に立てて、「作り藻」(海苔)を生産し、網漁の支障となっている。

・この年の春に、下総の堀江村・猫実村の者が作り藻生産を行なったところ、佃島から抗議があり、いったんはこれをやめさせたが、今度は大森村・品川猟師町の者が始めている。

・これらは先年にはなかったことであり、猟師による網猟の妨げとなるもので、内々に再三やめるよう申入れたが了解せず、そこで大森村・品川猟師町による作り藻生産の停止を求めてやむなく出訴した。

右で訴状の主題にある烏賊猟については、「弐三尺廻りに土をまろめ」云々とある部分の解釈や、これと「作り藻」栽培との関係などが未詳である。とりあえずここで注目したいのは、第一節2にみた、享保一五年の裁許で認められた「代替渡世」との関係である。特に藻草の「海面稼方」が公認されたことで、大森村・品川猟師町による「作り藻」生産が急速に拡大しつつある状況が、この一件の背景に存在するのではないか。しかもこうした作り藻=海苔の生産は、大森の「陸百姓」のみでなく、訴人側と同様に猟師を職分とする品川猟師町の者によってもとりくまれているとされるのである。

3　海苔ひびと境界

次に、海面での「作り藻」の生産場所が「海苔ひび」の問題として顕在化する様相を、宝暦期における三大森村と、その南隣にある糀谷村との相剋に関する一件からみておこう[8]。

宝暦三(一七五三)年、糀谷村は伊奈役所に対して、「村前海面」へ一つが長さ五〇間・横幅三〇間という大きさの「海苔ひゝ」を五ヶ所「建」て、一ヶ所につき年永三〇〇文の運上を上納したいと出願した。ところが大森村は、そのひび場所とされる区域が同村の「村前」にも及ぶとして抗議し、争いとなった。この時は、近隣村々の名主たちの嗳いで、両村の「ひゝ境」を「卯之二分余通り」とし、また糀谷村のひび場所は三ヵ所とすることで内済し、済口証文を伊奈半左衛門まで提出した。

同年は右の争論のために糀谷村では海苔の生産に着手できず、運上永のみ上納している。そして翌宝暦四年のひび建ての時期を迎え、この海面の漁業権を有す羽田猟師町の立会いを得て、糀谷村がひび建てを実施したところ、大森村からとりきめたひび境を越えて建てているとして伊奈役所に訴え出た。そこで同役所の役人が調査し、糀谷村に境を越して建てたひびを抜きとるよう命じたのである。宝暦五年も前年通りにひびを建てようと、糀谷村では「目印之竹」を設置したところ、目印の位置が不明瞭であるとして、大森村は伊奈役所に現地の見分を求めた。その結果、宝暦三年の内済に従い、「卯之二分余之通り」に仮杭を打ち、境を確定させるに至った。ところが糀谷村側は、再び「大森村前沖」にむけ四六間ほどを「筋違」のかたちでひび建することを求め、争いが再燃することになる。そしてひび建の時期を間近かに控えた同年九月、糀谷村惣百姓が幕府評定所の目安箱に箱訴する挙にまで出ている。これを受けたものか、幕府普請役の場所見分が行なわれ、宝暦四年に合意されたひび境では糀谷村前の海面が狭く、ひびを建てる場所が十分確保されていないことが明白とされ、大森村と羽田猟師町の了解を得て、次のように境の目印を改めることになる。

・「卯之壱分通り見通し」を境とすること。

・糀谷村の磯から沖の方へ一〇一〇間余の内側でひび場所を営むこと。これが守られるなら羽田猟師町の者による漁業には支障とならない。

このとりきめは、一八世紀後半以降の当該海面をめぐる海苔ひび場所の設置域を規定するもので、重要な画期となる。

右の一件からは、第一に、すでに大森村で海苔の生産を一定の規模で先行して営んでいることが明らかである。この海面は、前述のように羽田猟師町が漁業権を占有しており（羽田浦）、この時期には大森村による沿岸浅瀬での海苔生産が承認されているわけである。また第二に、羽田浦において糀谷村が海苔生産を正式に開始したのが、宝暦三―五年であることがわかる。

さて、この時三大森村と糀谷村の海苔ひび場海面を区切ることになった「卯之壱分通り見通し」についてその意味を確認しておこう。

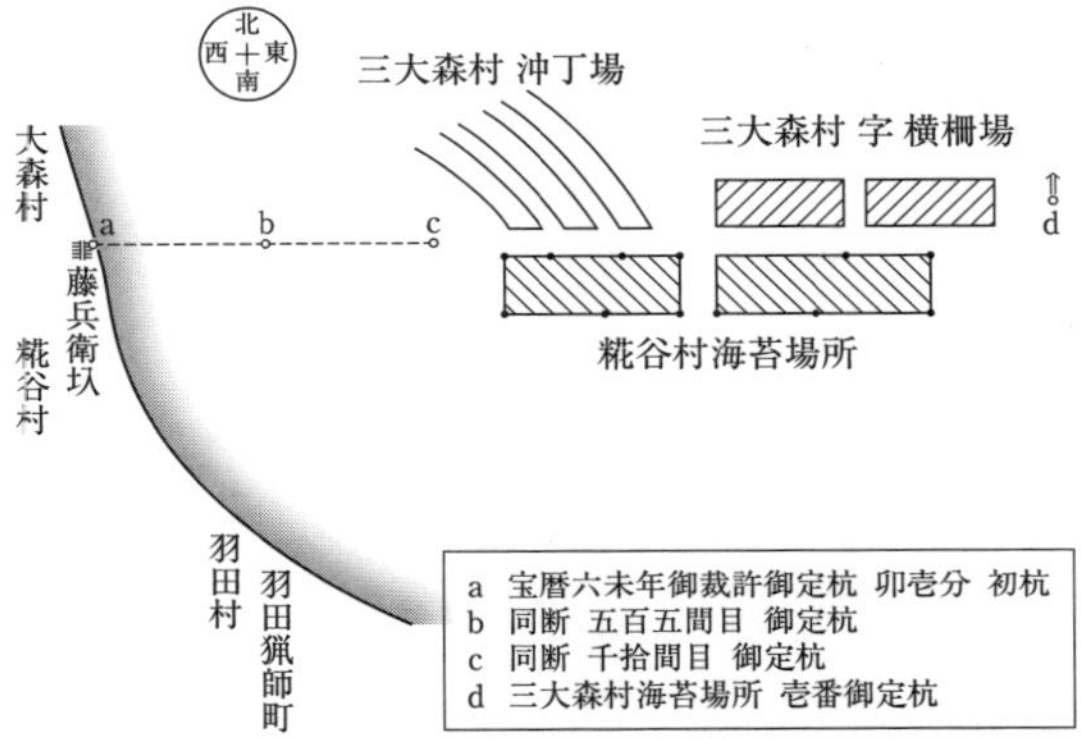

図2 文化9(1812)年12月の裁許における三大森村・糀谷村の海苔場所

図2は、嘉永四（一八五一）年八月に、羽田村・同猟師町の惣代らが代官所にあてて提出した願書に添えられた絵図である。[9] これは糀谷村の海苔場所をめぐり、三大森村との間で争論がつづいた時のものであるが、その際三大森村と糀谷村の海苔場所と境を描く図が作成されたのである。海苔場所については後述するが、ここでは海岸から破線で描かれた境に注目したい。これによると、両村の海岸部分の境を示す「藤兵衛圦《いり》」のところに「宝暦六未年御裁許御定杭、卯壱分初杭」とあり、そこから五五〇間目、一〇一〇間目にそれぞれ「御定杭」が幕府役人の手で打たれたことがわかる。宝暦六年段階では、この沖合一〇一〇間の定杭までが海苔場所として限定されたことになろう。

次に「卯之壱分通り」「卯之弐分通り」であるが、これについては『地方凡例録』の記述（近藤出版社版、上巻、八六頁、一〇五―一〇六頁）が参考となる。それによると、検地について「間盤にて方角を見込ミ、午の何分とか未の何分とか、十二支の当る処を野帳に記し、其盤より先の梵天竹まで間数を打ちて帳面に番付を致し、肝要の処へは杭を打て番付

表２　宝暦７年12月　海苔ひびヶ所と運上永

	海苔ひびヶ所	延享３年～ 永	指数 文	伊那代官吟味 永	文	宝暦７年運上 永	文
大森村	15	4120	100	6180	150	9870	240
内，東大森村	6					3948	
北大森村	5					3292	
西大森村	4					2632	
不入斗村	2.5	612.5	100	918.8	150	943.8	154
大井村	4	1020	100	1530	150	2826	277
海晏寺門前	1	255	100	382.5	150	706.5	277
品川寺門前	0.5	127.5	100	191.3	150	349.7	274
南品川宿	0.75	191.3	100	287	150	531.8	278
計	23.75					15227.8	

注）『品川町史』341-342 頁による．数値は史料のまま．

をなし……」とあり、また「分間」の説明に「分間と云ハ、検盤とて磁石を立て、十二支を割付、夫を以て方角を振り、間数を引き、百間を四寸とか六寸とか、或ハ壱尺とか、場処の広狭に応じて極め、絵図に仕立ることなり」とある。つまり、検地など土地丈量の技術を海面の区画や線引きに直接応用したことがうかがえる。「卯之壱分通り」とは、図で初杭が打たれた海岸部のポイントから間盤（羅針盤）を用いて「卯」すなわち真東から、「壱分」すなわち三度南にずらして方位を定める、ということを意味する。当初、境とされた「卯の弐分」では真東から六度南にふれる方向となり、糀谷村側の海面はその分狭まることになるのである。

『品川町史』には品川海苔に関する史料も収録されるが、その中で海苔運上について、これが延享三(一七四六)年以来のこととし、運上は海苔ひび場所一ヶ所につき永二五〇文位であったとする（『品川町史』中巻、三三一頁）。そして宝暦七(一七五七)年一二月における「ひゝヶ所御改」、すなわちひび場所の吟味に関する史料を紹介している。これによると、ひび場所一ヶ所は長さ五〇間・横三〇間と定められ、併せて運上永の増額をはかっている。表2はこのヶ所数改と運上永増額に関する記載をまとめたものである。まずここには、まだ海苔ひび三ヶ所の設置を公認されたばかりの糀谷村が記載されていない点に注意したい。表2によれば海苔ひび場所は計二三・七五ヶ所に及び、その過半となる一五ヶ所を三大森村が占めている。三大森村の圧倒的な地位が注目される。また運上永の増額は、「伊奈半左衛門様御吟味」と「此度各様御吟味」の二段階とあり（同前、三四一頁）、後者は宝暦七年一二月であるが、伊奈による吟味についてはいつのものかが未詳である。また、延享三年時を基準に増額の指数をみると、伊奈の吟味では一律に一・五倍化であるが、宝暦七年では、大井・品川では二・七倍余とほぼ一律のほかは、ばらつきがみられている。そして運上永の総額十五両余のうち一〇両弱を三大森村が占めているのである。

三　文化年間の「改出」

1　文化一〇年の「改出」

北大森村堀之内の野口六郎左衛門が残した「海面ひゝ一件御裁許証文写」[10]四冊は、主に文化八（一八一一）年から文政四（一八二一）年にかけて、大森村が糀谷村や羽田村・羽田猟師町（以下この二町村をまとめて「羽田両村」とも記す）との間でくりひろげた争論に関する三大森村の記録である。これには、第一・二節でみた正徳・宝暦期の争論に関する裁許などが、先例として第一冊冒頭に掲載される。本節では主にこの一件史料によって、海苔ひび経営にとって重大な画期となる当該期の状況をみてゆくことにしたい。

まずこの時期の全体的な状況を窺うために、表3を掲げる。これは、「海面ひゝ一件」第四冊の冒頭にある文化一〇年一〇月の南品川宿など九ヶ町村から代官大貫次右衛門役所に宛てて提出された、海苔ひび運上請負証文から作成したものである。この請状の前半には、各町・村の海苔ひび場所数（一ヶ所＝長五〇間×横三〇間）と、五年季の間に上納する運上額（年額）が書き上げられている。請状の内容によると、糀谷村と大森との出入につき前年一二月に裁許が下され（後述）、これをふまえて代官所の手付・手代による場所坪数の調査があり、その結果をうけて五年季の

表3　文化10(1813)年10月，海苔ひびヶ所改出

	海苔ひびヶ所数			1ヶ所当運上永（文）		運上永高（文）		運上永合計
	有来り	改出	合計	有来り	改出	有来り	改出	(文)
南品川宿・同猟師町	1.75	12.864	14.64	804.4	724.9	1408.6	9317.9	10726.5
海晏寺・品川寺門前	1.5	11.141	12.641	804.7	724.7	1207.1	8073.9	9281
大井村	4	30.765	34.765	804.75	724.75	3219	22296.9	25515.9
不入斗村	2.5	1.245	3.745	466.52	386.52	1166.3	481.2	1647.5
三大森村	15	65.806	80.176			11272.5	43765.7	55038.2
内，東大森村	内6	26.701	32.701	751.5	671.5	4509	17506.7	22015.7
北大森村	5	21.725	26.725	751.5	671.5	3757.5	14588.3	18345.8
西大森村	4	17.38	21.38	751.5	671.5	3006	11670.7	14676.7
糀谷村	3	14.758	17.758	343.33	333.33	1030	4919.3	5949.3
合計	27.75	135.939	163.689			19303.5	88854.9	108158.4

注）野口家文書・下-1による．数値は史料のまま．

運上永高を確定したものであることがわかる。

表3の「有来り」とは、これ以前の公認された海苔ひびヶ所であるが、これと先にみた表2の宝暦七年のものとをくらべると、南品川宿・同猟師町で一ヶ所、また宝暦期に参入が認められた糀谷村三ヶ所が増加している外は同じ数であり、合計は二八ヶ所弱である。ところがこの時の調査で、「改出」、すなわち新たに公認された海苔ひび場所とされたのは合計一三六ヶ所近くに及び、全体として五・九倍の規模に激増したことがわかる。町・村別にみると、不入斗村（一・五倍）を除くと、品川や大井で八倍以上、三大森村と糀谷村が五—六倍にと、いずれも激増している。そして三大森村が、改出以後も運上永額ともども全体のほぼ半数に及ぶ圧倒的な位置を占めていることがわかる。これらの内、品川や大井では一ヶ所当りの運上永が大森よりも高く、特に大井村の量的比重は大森につぐ点が注目されよう[11]。また、一ヶ所当運上永が他の半数以下である糀谷村でも、六倍近くに海苔ひびヶ所が拡大していることが目立つ。以下表3にみられる状況を一つの帰結とする文化年間の動向を検討しておきたい。

2　一件の経過と「江戸の名産」

以下、文化六（一八〇九）年から同一〇（一八一三）年にかけての「海面

ひゞ一件」の動向を三つの段階に区分して、その要点をみておきたい。

第一段階　この争論はまず文化七(一八一〇)年に、糀谷村惣百姓が、大森村による「ひゞ建方」を不当として出訴したことに始まる。この時糀谷村は、「(宝暦期の)裁許に従って、当村のひび場所三ヶ所は、(羽田猟師町の)漁業の支障にならないよう、毎年羽田両村と大森村の者一同も海面に立会い、場所を確認してひび建をしてきた。ところが近年、大森村がひび境の北側の場所を大規模に拡大し、これをみた羽田猟師町名主がひびを抜きとるぞと警告したが、大森側はこれを無視した。糀谷村にとって、同村のひび場所の北側海面が塞がれてしまうと海苔の生育に支障となり、このままでは小前百姓の冬稼である海苔生産ができなくなる」として、代官所に対策を求めたのである。

これに対し大森村は、「最近糀谷村の側こそひび場所を大きく拡げており、お互いに場所をせり合う状況にあり、これをみて羽田村から糀谷・大森両村に掛合いがあったものである(大森のみが警告されたのではない)。大森村は宝暦期の境界(卯之壱分通り)を守っており、羽田の漁業の妨げにならない限り、沖にむけてはいくら場所をひろげても問題とされないはずだ。こうして「横柵」では文化六年に「四〇〇柵余」のひびを建てていた。またここは宝暦期に移設した場所で近年新たに立てた場所ではない」等と反論している。この時は扱人として大井村と川崎宿の名主が入り、横柵については幕府の許可も得ずに設置したことから「先年」の場所に引戻しとして、いったん撤去することで合意し、文化八年三月に内済に至っている。

ここで問題とされた横柵とは、大森村の海苔ひび場所の海面における字名である。今、図2を参照すると、宝暦六年に決められた大森・糀谷の海面境界の延長線上に接するように、その北側に「三大森村　字横柵場」の二つのブロックがみえる。この図は後述の第二段階の決着となる文化九年十二月の裁許時の様相であり、第一段階で争点となった横柵場がこの位置にあったかは微妙である。しかし、宝暦期のひび場所設置域よりすでにはるか沖合にあったことが想定され、これは糀谷村と競うようにひび場所を沖合へ拡張していった結果であろう。そしてこうした沖合への進出が、一方で羽田村・羽田猟師町を強く刺激し、この争論への介入を招くことになる。

右の内済に先立ち、文化七年八月ごろ、羽田両村の「小前百姓七十四人惣代」の羽田村組頭佐五右衛門ら三人は、代官大貫次右衛門役所へ「糀谷村南之方新規海苔ひゞ相建てたく」と駆込願を敢行している（「十五種」第四冊）。しかし代官所に召喚された村役人らは、「右場所のひゞ相建て候儀は、村役人ほか小前百姓四百余人のものども一同、猟業・通船等の障り」になると上申し、七四人の出願は八月一一日に却下されている。これからは、羽田両村の内部で、漁業や船稼ぎを第一とし、羽田の海面に海苔ひびが作られるとその支障となるとする、村役人をはじめとする圧倒的多数と、大森や糀谷によるひび場所の拡張をみて、自村海域でも海苔生産をはじめたいとする少数のものとの相剋が顕在化している点が注目される。

第二段階　糀谷村と大森村との争論が内済に至り、済口証文が提出された直後の文化八年五月、三大森村の小前物代らは代官所に対して、撤去について承諾したはずの横柵を、この年以前のとおり設置したいと出願するが、すぐに不許可とされた。この後同年一〇月に入り、勘定奉行柳生主膳正に対して駆込訴の挙に出ている。そしてこれも代官の添翰がないとして却下されると、さらに一〇月一九日に、大目付中川飛騨守に駆込訴を敢行している。こうした激しい行動をくり返す小前百姓らの出願内容は次のようである。

・大森村の海苔ひび場所には「竪柵」と「横柵」がある。竪柵は「地浅」の場所で「下海苔」しか取れないが、沖にある横柵は「清浄の場所」であり、江戸城への御膳御用の海苔は専らこの横柵でのみ生産されてきた（「海面ひゞ一件」第二冊）。

・すでに一〇月に入り、横柵で即刻ひびを設置しないと、御膳海苔を納めることができなくなる。

小前惣代らの願書は、即日勘定奉行有田播磨守に引き渡されるが、代官添翰のない出願であるとして、大貫代官へと下げ渡しとなった。代官所に召喚された大森村の名主三名は、小前惣代らの必死の要求をみて、代官への願書に奥印することになる。

かくて同年一一月に入ると、三大森村名主三名は、小前百姓の意をうけて、文化七年と同規模の二七〇柵を横柵において許可することを求めるが、削減を求められ、一一月一七日に二四〇柵・横四〇間で許可されるに至り、これについて小前らも合意している（「海面ひゞ一件」第二冊）。こうして、江戸城への御膳海苔は、大森村内では横柵においてのみ生産されるという主張が功を奏した形となり、一時撤去された横柵は息を吹き返すことになった。

『品川町史』中巻収録（三一五―三一八頁）の史料によると、大森村横柵での御膳海苔栽培と上納について、この御膳御用を請け負う浅草の海苔問屋永楽屋が、御膳御用には横柵海苔のみを用いてきたと上申した旨を聞いて、「品川海苔」の生産域である南品川宿など六ヶ所が強く反発している。御膳海苔は、大森に限らず品川海苔もこれまで御用として年来用いられているとして、今後も仕来りの通りとすることの確認を求め、勘定奉行に出願し了解を得ている。

第三段階　さて、こうした横柵をめぐる糀谷村との争論や大森村内の小前らの動きとは別に、羽田両村と、大森村・糀谷村との間での争いが派生している。この争論については羽田側の訴状等がみられないので、文化九年一二月六日付の一件について、勘定奉行による裁許に際して作成された請証文（「海面ひゞ一件」第一冊）からその内容を復元することにしたい。

その発端は、羽田村と同猟師町の百姓三八人物代三人が、「糀谷・大森両村で建てているひび場所が、古来からの仕来りに違反し過剰に広げられている（「過坪」）。この分をわれわれが引きうけ、運上永を上納したい」と出願したことにある。これは年月未詳であるが、先にみた第二段階の時期ではないかと推定する。羽田両村三八人の惣代らは、代官所での吟味中に箱訴や勘定奉行への駕籠訴まで行っており、三大森村小前物代らの動きと似て、激しい訴訟運動を行っている。しかしこの裁許では、「羽田両村百姓五二一名が、この一件の中で出願しているが、本件とは別の論点であり対象としない」とされている。すなわちこの三八名は羽田両村のごく一部にすぎず、圧倒的多数の百姓らと村内で相剋する関係にあったことが予想される。

こうした羽田両村三八名の出願に対して、糀谷・大森両村がそれぞれ反発したことから、新たな争い（第三段階）が展開することになった。この時、糀谷村・三大森村の側は、羽田両村の出願を奇貨として、ひび場所拡大の公認を得ようと企図したようである。裁許の内容は、①羽田両村三八名の出願は「自余の障り」となるので却下、②糀谷・大森のひび場所はこれまでの通りとし、建増しは不可とする、③御膳海苔は横柵からだけとは限らず、「恠合宜しき分」を選んで永楽屋に送ること、④大森村の横柵は前年許可した規模でひび建てし、御膳御用が済み次第すぐ取り払うこと、などとなっている。これによって文化六年以来、三つの段階を経た三大森村と糀谷村、さらには村内に相剋を孕んだ羽田両村をめぐる争論は、とりあえずの解決をみることになったのである。

こうして本節1でみた文化一〇年一〇月の「改出」に及ぶことになる。表3にみたような、この時に公認された海苔ひび場所の激増とは、本項でみた過程がもたらした到達点といえるのである。すなわち幕府は、大森村横柵の認可だけでなく、大森村の他所や糀谷村における「過坪」をも全面的に許可し、さらに、品川海苔の海面においても同様に、海苔生産の圧倒的な拡大という状況を追認した。これは、幕府にとっては海苔運上の大幅増額という成果となるが、大森海苔・品川海苔の生産・加工・流通に携わる地帯にとって、はるかに重要なメリットをもたらしたことになる。「江戸の名産」としての「浅草海苔」の確立がこれである。

四　横柵と御膳御用

1　文政二―三年の争論

さて、前節でみた海苔場所の大規模な「改出」から間もない文化一四(一八一七)年に、糀谷村は、村前のひび場所を沖合へ「繰替」、すなわち移転することの許可を求め、代官所に出願している。これは、文化九(一八一二)年の裁許後に多摩川が氾濫し、土砂が海に流れ出てひび建場が浅くなってしまったためとされる。そこで役人による現地検分が行われ次のように「繰替」が許可されている。

[史料7] (「海面ひゞ一件」第一冊)

糀谷村にて是迄建て来り候ひゝ場所、高丁場の内、横三十間・長さ弐百間、半柵の分相止め、以来大森村横柵、辰巳之角より午の五分五リンえ百間相離し、それより午の六分五リンえ横三十間、卯の九分え百間、夫より右見通しを、長さ五十間船道を明け、猶午の六分五リンえ長さ百間ひゝ建場繰り替え相建つべし……

右で繰替の具体的実施内容は難解であるが、図2を参照すると、少なくとも既存の糀谷村高丁場が南から南東方向の沖合へと大きく展開したことがうかがえる。この件の吟味中に、大森村小前惣代が老中に駕籠訴の挙に出たとして「急度御𠮟り」に処されるが、糀谷村のひび場所繰替要求に際して、既に大森側が強く反応していることがうかがえる。というのは、この繰替によって「横柵ひゝの汐先を塞さぎ、同所海苔生方宜しからず　御膳海苔不足」(「海苔ひゞ一件」第三冊)とあるように、糀谷村のひび場所が沖合に移設されることで、大森村横柵の海苔の生育に大きな打撃になるとみたためである。

実際に大森村は、文政元(一八一八)年冬に横柵の海苔が「格別不出来」となったとしている。ここでは横柵の沖合い移設を強く要求し、文政二年正月に横柵のひびを五分一ぬきとり、沖に長さ二五〇間・横五〇間余の規模で移動させ「仮場所」とすることが許されている。ところが翌年、これは文政元年冬限りの臨時の措置(仮建)であったとされ、以前の場所に戻され、文政二年一〇月には横柵の海苔の七割が育たず、「格外之不作」に陥ったと大森村の小前らは訴えている。

こうした状況の中で、江戸城への御膳海苔上納を一手に請負う永楽屋庄右衛門は、勘定奉行石川主水正に召喚された時に提出した書付で、大略以下のように述べたとされる（「海面ひゞ一件」第四冊）。

・御膳海苔は、品川と、大森の北場・中場・横柵から取揚げたものから品質をみて仕立て、御賄所に納入します。ところが去寅（文政元）年は全般的に生育がよくなく、御用に差支えたので、大森村では横柵の移動を願うまでに至りました。そこで糀谷村で取揚げた海苔も交ぜ御膳海苔に仕立てて納めました。

・また寅年には、糀谷村その他から送らせた海苔を「御囲にいたし」[12]試してみましたが、質のよい御膳海苔になりました。

・当年（文政二）は糀谷村から、「石数を増やしたいが差支えないか」と打診がありました。大森村が沖合に横柵の仮建場所を移さなくても（糀谷村の海苔で補塡するので）御膳海苔の支障にはならないでしょう。

・大森村では「横柵の海苔を毎年三〇石づつ納めること」という証文を永楽屋から取っているとしますが、そのようなことはありません。

・以上から、糀谷村の「御建場所」で昨年冬に取揚げた海苔は御用に立ち、御囲分も検査したところで、横柵と同品質であることが確認できました。大森には横柵以外の場所もあることですし、横柵の仮場所が設けられなくても差し支えありません。

この永楽屋の書付は、その写が代官所に下げ渡され、大森村の者に読み聞かせられた。これを聞いた大森村の「小前中」は激昂し、文政二年一〇月に勘定奉行にあてて捨訴を実行した。また一一月には、永楽屋を相手に長文の訴状を以て大貫代官所に出訴するに至る（「海面ひゞ一件」第二・三冊）。その願書では、永楽屋は「浜方の義」もよく知らず、大森村との契約（年三十石の海苔を納入）も無視し、相談もなく「全く同人一己の見込み」によってこれまでにない方法を企てていると激しく糾弾し、併せてこれと「馴合」う糀谷村については、すべて「上品の場所」である大森とは異なり、運上永も半数以下の「下品の場所」であるにもかかわらず、「御膳海苔草等納め方を羅り取り、往々大森村横柵御用場所を掠め潰し、同村高丁場を御膳海苔場所にいたし、御用海苔一手に引請け相納むべく巧らみ」と非難している。つまりこの海面で御膳御用を独占してきた横柵の地位を、糀谷村が沖合に繰替となった場所（高丁場）を以て奪おうとしている、と訴えているのである。

この後紆余曲折を経て、文政三（一八二〇）年九月二二日に一件は勘定奉行により以下のような裁許を得ることになった（「海面ひゞ一件」第一冊）。

a　大森村六郎左衛門など三一九人：御膳海苔は横柵に限るとする主張は却下。文化九年の裁許にあるとおり、その外からも「恠合よろしき」ものを選定して納品すること。仮場所への復旧は認めない。

b　糀谷村：沖合への繰替建は御膳海苔取揚げのためではない。「過建」により横柵の支障となっているので、繰替建は全て撤去し、文化一四年以前の建方に戻すこと。

c　永楽屋庄右衛門：文化九年の裁許で御囲海苔は横柵のみに限らないとあるのに、御賄所などに大森村の横柵・北場・中場などからのみ御膳海苔を用いているなどと申立てたため、大森村の者も心得違いし、また今回の勘定奉行所での吟味で上申したことと異なる内容をいい出すなど、不届であり、海苔御用達を罷免し手鎖とする。

以上から、基本は文化九年段階に戻すこととなり、大森・糀谷間の争論は、永楽屋の失脚を伴いながらも、それまでのように大森村横柵の優位――ただし御膳御用の独占は否定――が担保される形で、表面上は収束することになったのである。

表4は、この時の裁許で請証文に連判した被処罰者と当事者の一覧である。大森村側では六郎左衛門（野口氏）をはじめ惣代らが追放刑に、また糀谷村でも年寄の内一名が追放、五名が過料銭を課されるなど、争論の当事者にきびしい処分が加えられている。この表で注目されるのは、直接の当事者ではないグループがみられることである。一つは、羽田村・同猟師町の四五五人で「急度御叱り」に処されている。かれらはこの一件の吟味中に「差越御願（越

表 4　文政 3(1820)年 9 月 22 日の裁許と連判者

大森村・六郎左衛門外 318 人			
北大森村	惣代　百姓	六郎左衛門（野口）	中追放
〃	〃　〃	庄七	所払
東大森村	〃　〃	長左衛門・八郎右衛門	所払
西大森村	〃　〃	長兵衛・五右衛門	所払
		外 313 人	過料銭 70 貫文
五郎右衛門外 313 人			
東大森村	惣代　百姓	五郎右衛門・織右衛門	
西大森村	〃　〃	又左衛門	
北大森村	〃　〃	清七	
吉重郎外 163 人			一同，急度叱
東大森村	惣代　百姓	吉重郎・五左衛門	
西大森村	〃　〃	忠右衛門	
糀谷村			
糀谷村	年寄	治郎左衛門	所払
〃	〃	善右衛門・久兵衛・五郎右衛門・茂左衛門・久左衛門	過料銭 10 貫文
〃	〃	茂右衛門	
〃	百姓	源七	中追放・御構場所徘徊禁止
百姓兵七外 107 人			過料銭 25 貫文
	惣代　百姓	兵七・小右衛門・利左衛門・市兵衛	
羽田猟師町			
猟師町	名主	弥五右衛門	
	年寄	弥惣右衛門	
羽田村	〃	佐兵衛	
猟師頭嘉右衛門外 454 人			一同，急度叱
猟師長七外 17 人			
	惣代	加右衛門（ママ）	
	猟師代	茂八・惣右衛門	
	惣代　百姓磯五郎地借	勘兵衛	
		永楽屋庄右衛門	海苔御用達取放

出典）「海面ひび一件」第 1 冊による．

訴)」に出たことを咎められたものである。今一つは、大森村である。大森村は次の三つのグループに区分されている。

α　六郎左衛門ら三一九人。

β　五郎右衛門ら三一四人。

γ　吉重郎ら一六四人。

この内αはいうまでもなく今回の一件の訴人グループである。またγについては、αグループの「取計方不宜」ということを、この三人が惣代となって「差越御願」に出たことが「不埒」として「急度御叱り」になっている。かれらが何を不服としたかについては後で検討したい。今一つのβグループについては特に処分を受けておらず、大森村の構成員として連判に加わったものであろうか。この三つのグループ計七九七人が当時の三大森村の百姓全体に相当するとみれば、例えばβグループは海苔ひびに関わらない陸百姓や東海道沿いを稼業の場とする人々かとも推測させる。

2　大森村内の相剋

前項でみた一件の終盤、文政三年五月に大森村内の内紛が派生している。六郎左衛門らグループαの惣代六人から勘定奉行にあてた訴状によると、横柵の仮場所継続を出願中にもかかわらず、「村内三途子之者共」が、横柵の旧来の場所を一手に引き受け御用を勤めたい、と「麁忽之義」を申し出たとある(「海面ひゞ一件」第三冊)。こうした行動は、かつて三途子による「うろこと申稼場所」の新規設置願いをグループαが全体として支援しなかったことを「遺恨」としたものであるとする。これについて奉行の尋問をうけた三大森村名主らの上申によると、村方には十四の途子があり、横柵場所の仮建継続要求をめぐり、この内の三途子は同調せず、残る十一途子と対立していると述べられ

表５　三大森村 間数割渡帳（天保５年）

	南丁場沖	南丁場陸	仲場沖	仲丁場陸	北丁場沖	北丁場陸	横作	Σ
川端	66間４尺	49	53.5	49	49	49	66.3	383
南堀	35間４尺	26.1	28.5	26.1	26.1	26.1		169.1
北堀	31間２尺	24	26間２尺	24	24	24		153.4
北原	31間	23.5	26	23.5	23.5	23.5		142.2
浜端	66間４尺	51	56	51	51	51		326.4
小花和	66間５尺	51	56	51	51	51		326.5
沢田	35間３尺	27.1	29.6	27.1	27.1	27.1	37	211.1
北山野	44間１尺	33.5	37	33.5	30.5	30.5		213.3
南原	57間	43.4	47.6	43.4	43.4	43.4	59.2	339
中原	41間１尺	31.4	34.5	31.4	31.4	31.4	42.5	245.3
谷戸	38間３尺	29.3	32.2	29.3	29.3	29.3	39.5	228.4
南山野	36間	27.4	30間１尺	27.4	27.4	27.5	37.2	214.2
前方	27間２尺	21	23	21	21	21	28.5	163.1
宿	22間１尺	17	18.4	17	17	17	23	131.5
						舟道	10	
								3259.3 縦の合計
Σ	600	456.3	501	456.3	453.3	453.4	344.4	3265.5 横の合計

注）**太字**は小名で確認できるもの（『新編武蔵風土記稿』）．数値は史料のまま．
出典）『大田区史　諸家文書 3』323-324 頁による．

ている。これから、先にみたグループα＝十一途子、グループγ＝三途子であることが想定されることになる。この途子とは何であろうか。

表5は、天保五年の三ヶ村「間数割渡帳」（『大田区史』史料編・諸家文書三、三二三―三二四頁）から作成したものである。関連する史料がみられず内容は難解であるが、三大森村が海面に抱えるひび場所について、前年の天保四年秋の実績によって、この年に各小字ごとの集落にそれぞれの場所内で割当てる場所を間尺数によって定めたものと考える。前掲の図2を参照すると、沖合の横柵のほかに、南丁場・仲丁場・北丁場がおそらく三列で展開し、それぞれ陸側と沖側とでさらに場所が区分されていることがうかがえる。『新編武蔵風土記稿』「荏原郡之三」（三巻、二五五頁）によって作成した表6によると、三大森村の「小名」として表5にある一四のうち一〇が確認できる。これから、途子とは小名それ自体、あるいは小名を単位とする海苔稼の者の地縁的な共同組織とみることができるのではないか。

また表5をみると、南・仲・北の各丁場には全ての小名＝途子が間数の割当てを持つのに対し、横柵については、六つの小名〃途子が全く関わっていない。これが文政三年における一四途子の分裂とどう関係するのか、注目されるところである。

表6　三大森村の小名

小花和	村の東．本村と呼ぶ．
谷戸	海道の裏通り．
谷戸宿	宿とも．海道の南，新宿村境三町ばかりの間．往還立場あり．
南山野	谷戸宿の北，一町ばかりの間．
北山野	南山野より北へ二町ばかり．内川橋まで．
南原	内川橋から北へ五町ばかりの間．往還西側を八幡原という．
北原	南原内の字中原に接す．北へ三町ばかり．不入斗村の境に至る．
沢田	谷戸宿の西南．
前方	村の西南．
堀の内	谷戸宿より東．呑川の岸に沿う．
川端	堀の内・小花和の間．座頭橋の左右．前瀬島・向瀬島などの字あり．
穢多村	西大森川端厨子にあり．

注）『新編武蔵風土記稿』荏原郡之三による．

3　永楽屋庄右衛門

文政三年九月の裁許により、海苔御用達を取放ちとなった永楽屋庄右衛門については、その実態を知る上での十分な史料を得ていない。「浅草町方書上」〔旧幕府引継書〕には次のように記す。

同所同町（浅草茶屋町）与兵衛店
永楽屋庄右衛門

右庄右衛門先祖義、享保年中より海苔渡世仕まつり来り、宝永の頃より東叡山え御用仰せ付られ、安永二年、両御丸御用仰せ付けられ相勤め罷り在り、御賄方御支配に御座候

これから、永楽屋の居所は浅草寺領の浅草茶屋町にあり、享保期から海苔渡世を営み、それ以前からの東叡山御用と共に、安永二年には江戸城本丸・西ノ丸の御膳御用を勤め、賄方支配に属すとされる。文政七年「江戸買物独案内」〔『江戸町人の研究』（吉川弘文館、一九七三年）三巻収録〕には表7のように「御膳海苔所」とされ、文政三年に御用達を罷免されたはずの永楽屋を含む五人の名が見える。これをみると、江戸城本丸・西ノ丸への御膳海苔御用は永楽屋一軒であったことがうかがえる。これを含めいずれの海苔屋も、将

軍家や三家・三卿などの御用達として浅草雷神門前や日本橋近辺を拠点に営業を行なっている。

表7　御膳海苔所

正木四郎右衛門	浅草雷神門前	東叡山・尾州御用
久保田屋義左衛門	日本橋瀬戸物町	紀州・尾州御用
長坂屋伝助	浅草雷神門前	東叡山御用
永楽屋庄右衛門	浅草雷神門前	御本丸・西御丸・東叡山・水戸
金子屋勘六	日本橋通１丁目	清水御用・京都御公家様方奉納

注）文政７年「江戸買物独案内」より．

本節1・2でみた文化・文政初期の争論史料（海面ひゞ一件」第一冊・三冊）によると、大森の場合、納入される御膳御用の海苔は、まず「生海苔仲買人」の東大森村百姓長作と北大森村百姓藤助が買集め、これを大井村内浜川町の「製方人」あるいは「海苔製人」とある百姓庄助・長右衛門へ渡し、ここで「干立」た上でさらに永楽屋へ送られた等とある。品川海苔の御膳御用に永楽屋の関わりを記す文化八年の史料（『品川町史』中巻、三一六―三一七頁）には、「古来より大井村の内、浜川町百姓ども三拾人余り、生海苔買い出し干し立て候者これあり、庄助・長右衛門義も相加わり、品川海苔清浄の品撰び訳け、御膳に干し立て圍い等に相成す」とあり、浜川町が海苔の干立を行なう場であったことがうかがえる。

　また年欠の三大森村小前らの嘆願書（『大田区史』史料編・諸家文書三巻三二九頁）によると、「漉立引受人永楽屋」手代の若者が「海苔ニ不案内」にも拘わらず、海苔の「生（性）合」に口を出し難題を申しかけ、さらには正月の休みに品川宿の売女屋で遊興し、その「埋め草」に海苔産地に「非道」を強いるなどと告発されている。

　以上から、永楽屋の業体を推定するとほぼ次のようになろう。

・御膳御用の請負いを梃として、大森や品川一帯の生海苔の買取りを行なう。
・買取りは、現地の仲買によって担われ、浜川町の「製方人」がこれを干立てる。
・永楽屋は、産地村々で海苔生産に携る百姓や仲買・製方人まで含めて、前貸し的な支配を及ぼす。

　要するに、例えば鮮魚の集荷・販売における魚問屋と類似の機能を永楽屋などの海苔屋は有したのではないか。文政二―三年の争論は、専ら三大森村小前惣代らが永楽屋を相手に起こした訴訟を軸に展開するが、そこにみられるのは永楽屋と手代らが、御膳御用の請負人としての地位を基盤として、大森・糀谷、さらには品川海苔地帯に及ぼす強い磁力である。海苔の商品化は、こうして永楽屋のような江戸の有力海苔屋〔問屋〕によって媒介され、そうすることで「江戸の名産」である浅草海苔という単一ブランドへと昇華してゆくのである。

おわりに

以上、本章では巨大城下町江戸南郊の武蔵国荏原郡の磯付村・町を事例に、海面利用に伴う利権を軸とする秩序構造の一端を垣間見てきた。江戸との関係性という点では、貝類における二重の流通・消費の構造――魚介類としての貝＝剝身と、石灰の原料としての貝殻との――のそれぞれの局面で、また藻草＝海苔については、御膳御用請負人を核とする「江戸名産」＝浅草海苔としての商品化において、これら磯付の地帯は大きくこれに依存し、拘束されたということができる。いいかえれば、幕藩権力や多様な市場社会の併存、さらには厖大な消費人口の集中という事態が、近郊の磯付村・町の地帯構造にとって特異な存立条件を与えたということである。田畑の肥料として消費されるはずの貝類や藻草が特産品と化す、さらには貝殻までが商品化するような機会を、巨大城下町は産み出したというべきであろう。

しかし本章では、ここで主にとりあげた地帯の海面秩序の特質について、まだ端緒的にしか検討できていない。第一に、主に後半でみてきた海苔については、この後、天保年間の活鯛囲場の一次設置に伴なう羽田両村の動向、また嘉永期において大森海岸に設置された大筒打場をめぐる羽田両村と大森村・糀谷村との争論など、重要な一件が連続する。そこでは一九世紀初頭以来、羽田両村の一部グループによる海苔ひび場所開設要求の運動が村内の対立を伴いつつ執拗にくりひろげられることになる〔吉田 二〇一八〕。第二に、冒頭でも述べたように、海苔ひびの経営、そこでの労働や分業、ひび場所の売買や小作のあり様などにはほとんど踏み込めていない。第三に、三大森村や糀谷村、さらには羽田村・同猟師町の社会＝空間構造の解明も不可欠の課題である。例えば三大森村の場合、磯付村としての性格にとどまらず、広大な田畑を抱える農業村落でもあり、また第一節3でみたように御菜浦である大井御林猟師町の差配の下で猟業も公認され、一方、村内中央を縦断する東海道沿いが町場化するなど、多様な職分をその内に包摂するのである。以上の諸課題を自覚しながら、これらの素材における地帯構造の全体的把握をめざすこととしたい。

（1）三枚洲は現・荒川の河口から沖合に広がる浅瀬。出洲は未詳であるが、深川の沖合浅瀬とみられる。
（2）これは「羽田浦内」とされる。
（3）〔野村 一九三五〕は武蔵国橘樹小田村文書（慶應義塾大学文学部古文書室蔵。以下、小田村文書と略称）からの史料紹介であるが、この史料2を含む天保一三年三月の長文の歎願書については、その原本を確認できなかった。
（4）同右、天保一三年三月歎願書の記述による。裁許状の原文は未見である。
（5）この点は紀州藩による伊豆産天草の買い付けについて検討した〔後藤 二〇〇七〕が注目される。そこでは産地の白浜村が、天草の独占を村請として維持するために、田地肥料の不足を補うものとして天草販売を正当化しようとしたことが明らかにされている。
（6）注（5）に同じ。
（7）〔平野 二〇〇五、二七―二八頁〕の「腰捲・大捲」の項を参照。ただし「金網製の籠に、長さ一―二mの木の板をつけた漁具」とあり、近世期についての説明ではない。
（8）「海面ひゞ一件御裁許証文写」第一冊（大田区大森野口博康家所蔵文書）。同史料は全四冊よりなり、一部を除き〔大田区教育委員会、一九七四〕に翻刻されている。以下、同史料からの引用は本文中に（「海面ひゞ一件」第一冊）などと略記する。なお以下の争論については〔大田区 一九九二〕を参照した。
（9）「武州羽田海苔場願書外十五種」（東京国立博物館資料館所蔵）第五冊。本史料の所在については北村敏氏の御教示を得、大田区立郷土博物館所蔵写真版によった。原本は全一五冊であり、この内、五・八・九・一〇・一一冊については『大田区立郷土博物館紀要』二・三号（一九九一・九二年度）で北村敏氏が解題を付して史料紹介されている。以下同史料については本文中に（「十五種」第五冊）などと表記する。同史料は「羽田村金五郎」の作成にかかる一件記録であるが、東京国立博物館の所蔵に帰した経緯は未詳である。なお図2の写真は前掲『紀要』三号にも掲載されている。

(10) 注(8)参照。

(11) 大井村における海苔関係史料は未見であり、その実態の解明は今後の課題である。

(12) 「御囲」については未詳。御膳用の生海苔を特別に製造する過程のことか。

参考文献

川勝守生『近世日本における石灰の生産流通構造』山川出版社、二〇〇七年

後藤雅知「紀州藩の天草集荷請負人」斎藤善之編『身分的周縁と近世社会2 海と川に生きる』吉川弘文館、二〇〇七年

北村敏「史料紹介・嘉永三・四年大森大筒御丁打場関係史料」『大田区立郷土博物館紀要』二・三号(一九九一・九二年度)

野村兼太郎「羽田海面稼方に関する紛争」『三田学会雑誌』二九巻一一号、一九三五年

平野栄次郎『江戸前漁撈と海苔』岩田書院、二〇〇五年

宮下章『海苔の歴史』全国海苔問屋協同組合連合会、一九七〇年

吉田伸之「海辺の近代化――江戸(東京)近郊地帯を事例として」ダニエル・V・ボツマン、塚田孝、吉田伸之編『明治一五〇年」で考える――近代移行期の社会と空間』山川出版社、二〇一八年

『大田区史』中巻、大田区、一九九二年

『大森海苔資料』、大田区教育委員会、一九七四年

『品川町史』中巻、品川町、一九三二年

『品川区史』通史編・上巻、品川区、一九七三年

『羽田史誌』羽田史誌編輯委員会 一九七五年

執筆者一覧（執筆順）

吉田伸之（編者）　飯田市歴史研究所
柘植信行　品川区立品川歴史館専門（研究員）
小松愛子
角和裕子　世田谷区立郷土資料館
滝口正哉　成城大学（非常勤）
下田桃子　成蹊中学・高等学校
高山慶子　宇都宮大学
岩淵令治　学習院女子大学
永原健彦　武蔵高等学校
池田真歩　北海学園大学
竹ノ内雅人　イェール大学
ジョン・ポーター　東京外国語大学
浅野秀剛　大和文華館
西田亜未　たばこと塩の博物館

シリーズ三都　江戸巻

2019年6月27日　初　版

［検印廃止］

編　者　吉田伸之《よしだのぶゆき》

発行所　一般財団法人　東京大学出版会

代表者　吉見俊哉

153-0041 東京都目黒区駒場 4-5-29
http://www.utp.or.jp/
電話 03-6407-1069　Fax 03-6407-1991
振替 00160-6-59964

印刷所　株式会社三陽社
製本所　牧製本印刷株式会社

ISBN 978-4-13-025181-5　Printed in Japan